DIE ALPEN
IN DER EUROPÄISCHEN GESCHICHTE
DES MITTELALTERS

VORTRÄGE
UND FORSCHUNGEN

Herausgegeben vom Konstanzer

Arbeitskreis für mittelalterliche Geschichte

geleitet von Theodor Mayer

Band X

JAN THORBECKE VERLAG SIGMARINGEN

DIE ALPEN
IN DER EUROPÄISCHEN
GESCHICHTE DES MITTELALTERS

REICHENAU-VORTRÄGE

1961–1962

JAN THORBECKE VERLAG SIGMARINGEN

CIP-Kurztitelaufnahme der Deutschen Bibliothek

*Die Alpen in der europäischen Geschichte des
Mittelalters* / Reichenau-Vorträge 1961–1962. –
2. Aufl. – Sigmaringen: Thorbecke, 1976.
  (Vorträge und Forschungen / Konstanzer
  Arbeitskreis für mittelalterliche Geschichte;
  Bd. 10)
  ISBN 3-7995-6610-4
NE: Reichenau-Vorträge ⟨1961–1962⟩

2. Auflage 1976
© 1965 by Jan Thorbecke Verlag KG Sigmaringen

Gesamtherstellung: M. Liehners Hofbuchdruckerei KG, Sigmaringen

Printed in Germany – ISBN 3-7995-6610-4

INHALTSÜBERSICHT

Theodor Mayer
   Die Alpen als Staatsgrenze und Völkerbrücke im europäischen
   Mittelalter   7

Rudolf Egger
   Der Alpenraum im Zeitalter des Überganges von der Antike
   zum Mittelalter   15

Hermann Vetters
   Die Kontinuität von der Antike zum Mittelalter im Ostalpen-
   raum   29

Hans Sedlmayr
   Probleme der Kunst in den Alpen am Paradigma des karolin-
   gischen Mailand   49

Hans Eberhard Mayer
   Die Alpen und das Königreich Burgund   57

Heinrich Büttner
   Vom Bodensee und Genfer See zum Gotthardpaß   77

Otto P. Clavadetscher
   Flurnamen als Zeugen ehemaligen Königsgutes in Rätien   111

Otto P. Clavadetscher
   Die Herrschaftsbildung in Rätien   141

Stefan Sonderegger
   St. Gallen an der Wiege der deutschen Sprache   159

Bruno Boesch
   Entstehung und Gliederung des deutschen Sprachraumes der
   Schweiz vom Blickpunkt der Sprachgeschichte und Namenkunde   185

INHALTSÜBERSICHT

Friedrich Schürr

    Die Alpenromanen 201

Bernard Bligny

    Le Dauphiné médiéval: quelques problèmes 221

Giovanni Tabacco

    La formazione della potenza sabauda come dominazione alpina   233

Franz Huter

    Wege der politischen Raumbildung im mittleren Alpenstück .. 245

Karl Finsterwalder

    Das Werden des deutschen Sprachraumes in Tirol im Lichte der
    Namenforschung 261

Herbert Klein

    Salzburg, ein unvollendeter Paß-Staat 275

Die Alpen als Staatsgrenze und Völkerbrücke im europäischen Mittelalter

Eine Einleitung und Zusammenfassung

VON THEODOR MAYER

In jahrhundertelangem Vorrücken gegen Norden haben die Römer in ihre Herrschaft ganz Italien einbezogen; nachdem sie um die Mitte des ersten Jahrhunderts vor Chr. Gallien erobert hatten, haben sie im Jahre 15 vor Chr. die Alpen überschritten und die Grenzen ihres Reiches bis zur Donau vorgeschoben. Fast 500 Jahre hat die Herrschaft Roms hier gedauert, dann mußte die Reichsgrenze zurückgenommen und das Gebiet nördlich der Alpen geräumt werden. Die romanische Bevölkerung der Städte machte diesen Rückzug mit, die romanische Landbevölkerung blieb zum größten Teil an Ort und Stelle. Die Alpen wurden damit die große Schranke, die Europa in zwei Lager trennte. Waren bis dahin die Römer bemüht, ihr Reich auszudehnen, es dann wenigstens zu erhalten, so konnten nunmehr meist germanische Völker in den Raum zwischen Donau und Alpen nachstoßen und über die Alpen hinweg nach Süden vordringen. Dieser jahrhundertewährende Vorgang bedeutete den Übergang vom Altertum zum Mittelalter; in der Folge ergab sich eine Zusammengehörigkeit der europäischen Völker auf beiden Seiten der Alpen, und die politischen, kriegerischen, wirtschaftlichen und kulturellen Auseinandersetzungen zwischen den Nationen und Staaten bestimmten in den folgenden Jahrhunderten das nachbarliche Zusammenleben über die Gebirge hinweg und drückten der mittelalterlichen Geschichte Europas ihren Stempel auf. In diesem großen historischen Prozeß spielten die von der Natur gegebenen geographischen Grundlagen und besonders der Gebirgszug der Alpen eine wichtige Rolle.

Die Alpen umschließen in einem großen Bogen vom Mittelländischen Meer bei Marseille bis zu den Karawanken die oberitalienische Tiefebene, sie reichen aber nicht bis zur Adria, sondern lassen an der Nordostflanke Italiens eine weite Lücke offen. Sie bilden einen breiten Grenzstreifen, der im Norden und im Nordosten die italienische Halbinsel von der Donaulandschaft trennt. Mitteleuropa war im frühen und hohen Mittelalter in zwei Großlandschaften geteilt, die sich gegenüberstanden und von verschiedenen Völkern bewohnt waren: die Flußsysteme der einen waren nach dem Mittelmeer ausgerichtet, die der anderen nach den nördlichen Meeren. Beide

wurden durch den Gürtel der Alpen voneinander getrennt, der einen leicht zu verteidigenden Grenzsaum darstellte. Zwar wurde er von Straßen und einfachen Wegen
überquert, bot aber für den Übergang von großen Massen schwer zu überwindende
Hindernisse infolge der Beschaffenheit des Geländes. Die Schwierigkeiten lagen weniger auf den Paßhöhen selbst als vielmehr auf halber Höhe in Gestalt von Steil-
stufen und tiefen Schluchten. Die germanischen Völker, die im frühen Mittelalter
von Norden an die Alpen herankamen, konnten diese nicht als geschlossene Gruppen
überschreiten, sie wichen bei ihren großen Zügen meist nach Westen aus und zogen
sogar bis nach Spanien und Nordafrika. Andere germanische Völker, so die Langobarden, wandten sich nach dem Osten und zogen von Norden kommend durch Böhmen
und Mähren in das Donaugebiet, besonders in die große, vom Karpathenbogen ein-
gesäumte, von der Donau gebildete Tiefebene. Diese Tiefebene war durch Jahrhunderte auch das Ziel asiatischer Heerscharen, der Hunnen, der Awaren, der Magyaren,
um nur die größten Völker zu nennen; sie bildete lange Zeit das dynamische Zentrum des europäischen Geschehens. Diese Völker vermochten das oströmische Reich
nicht zu erobern, sie zogen vielmehr an ihm vorbei und unternahmen weite Kriegs-
züge bis zum Rhein und nach Gallien; sie kamen wohl auch durch die oberitalienische
Pforte nach Italien, ohne aber dort dauernd Fuß fassen zu können. Im 5. und 6. Jahrhundert stießen germanische Völker in die Landschaft am Karpathenbogen vor und
zogen weiter nach Oberitalien, die West- und Ostgoten, die sich aber in Italien nicht
zu halten vermochten; die Westgoten zogen nach Südgallien und Spanien, die Ostgoten wurden großenteils von Byzanz vernichtet. 568 gelang es schließlich den Langobarden, in Ober- und Mittelitalien dauernd Fuß zu fassen.

Der römische Senator Cassiodor, der in die Dienste des ostgotischen Reiches getreten war, hat in den *Varia* Briefe und Kanzleiformeln gesammelt und bringt im
Jahre 537/38 in einem Mandat an den Befehlshaber in den Alpen den Satz: *»Raetiae
namque munimima sunt Italiae et claustra provinciae.«* [1] Cassiodor sah also eine Gefahr nur von den Germanen, die vom Norden kamen. Damals drohte von Osten noch
kein Angriff auf Italien, die große Straße von Byzanz nach Mailand hielt noch Ost-
und Westrom zusammen, sie bildete noch die Grundlage für die Verteidigung, das feste
Syrmium war der wichtige Angelpunkt, der aber 582 von den Awaren zerstört
wurde. Dagegen schreibt Ende des 8. Jahrhunderts Paulus Diaconus in seiner Geschichte der Langobarden: *»Siquidem omnis Italia, quae versus meridiem vel potius
in eorum extenditur, Tyrreni sive Adriatici maris fluctibus ambitur ab occiduo vero
et aquilone iugis Alpium ita circumcluditur, ut nisi per angustos meatus et per summa
iuga montium non possit habere introitum; ab orientali vero parte, qua Pannoniae coniu-
gitur et largius patentem et plansissimum habet ingressum.«* [2] Mit diesen wenigen

1) Varia VII MGH Auct. antiqu. XII S. 209.
2) MGH SS rer. Lang. et Italicarum, II 9 S. 77.

Sätzen sind die geographischen Grundlagen und ihre militärische Auswirkung an der Nordgrenze Italiens, besonders die gefahrdrohende Pforte im Nordosten, treffend umrissen. Die Langobarden erkannten die strategische Bedeutung der großen nord-östlichen Pforte, sie sorgten sofort für eine militärische Sicherung und errichteten starke Befestigungen. So übernahmen sie mit der Herrschaft in Oberitalien auch den Schutz der Grenze gegen weitere Eindringlinge, da die eingesessene Bevölkerung dazu nicht mehr fähig war.

Die Germanen hatten mit den Einrichtungen der römischen Staatlichkeit auch deren Wesen und Wert erkennen gelernt, darum waren sie bestrebt, sie zu erhalten. Am frühesten haben im nordöstlichen Gallien die Franken den römischen Staat nach generationenlanger Symbiose übernommen, sie fühlten sich gewillt und in der Lage, das römische Regierungssystem weiterzuführen. Sie übertrugen das römische Vorbild der Verwaltung, und ihr Staat war befähigt, sich zum führenden germanischen Staat zu entwickeln. Sie eroberten das rechtsrheinische Gebiet und richteten eine geordnete Verwaltung ein; sie faßten die germanischen Völkerschaften zu Stammes-staaten zusammen und gliederten sie in ihr Reich ein; sie blieben in enger Verbindung mit den Mittelmeerländern, denn sie erkannten in den Straßen die Adern eines gro-ßen Körpers, der von ihnen durchblutet wurde. Italien war machtlos und nicht mehr zum Waffendienst bereit; um neben Byzanz, das noch immer dorthin übergriff, be-stehen zu können, mußten die Franken nach Italien ziehen. Das staatliche System des frühen Mittelalters war noch für lange Zeit auf die Mittelmeerlandschaft ausgerich-tet, Rom war das Zentrum der Kultur und der Religion; von Rom erhielten die Fran-ken das Christentum und verteidigten es siegreich gegen den Islam. Das römische Erbe bot den Franken Möglichkeiten zur raschen Entwicklung, aber es brachte auch schwerlastende Aufgaben mit sich.

In dieser Welt hatten die Alpen eine doppelte Funktion als trennende Scheide-linie wie als Verbindungszone der Alpenvorlande auf beiden Seiten; trennende Scheidelinie waren sie zwischen den Großräumen, Verbindungszone aber auf Grund der seit Urzeiten bestehenden Besiedlung. Die einzelnen Siedelgruppen waren von-einander unabhängig und auch nicht stammesmäßig verwandt, ihre Wohngebiete schlossen sich an die verschiedenen Alpenübergänge an, dort kam es zur Ausbildung kleinerer volklicher Gruppen. Die vorgeschichtliche Forschung hat festgestellt, daß die inneralpine Bevölkerung aus vorrömischer Zeit stammte, auch in der Römer-zeit keine einschneidenden Änderungen erfuhr und nach dem Abzug der Römer unter einer neuen Herrschaft ebenfalls unverändert blieb; nur die Träger der Herrschaft wechselten, die breite Unterschicht der Bevölkerung blieb durch Jahrtausende. Auch die großen Verkehrswege über die Alpen wurden von den Wechseln nicht berührt.

Eine Ausnahme bildete in dieser Hinsicht Kärnten. Diese Landschaft war in der spätrömischen Zeit in wirtschaftlicher und kultureller Hinsicht wegen des reichen Bergbaues besonders hoch entwickelt. Durch den Einfall der Awaren um 600 wurde die blühende Provinz soweit zerstört, daß die romanische Bevölkerung vertrieben und das Land menschenleer wurde. Eine Neubesiedlung erfolgte im 7. Jahrhundert durch eine slavische Einwanderung, der aber eine bairische Einwanderung gegenüberstand. Der bairische Herzog Tassilo III. gründete das Kloster Innichen im Pustertal (766) und bairische Adlige errichteten große Grundherrschaften im leeren Kolonisationsgebiet, nachdem die Slaven um 700 von den Baiern geschlagen worden waren.

In Tirol, im Raum der heutigen Schweizer Eidgenossenschaft sowie im italienisch-französischen Westalpengebiet hat sich dagegen ein umfangreiches Erbe aus römischer und vorrömischer Zeit erhalten. Die neuesten Forschungen von E. Egger und H. Vetters sowie von H. Büttner und O. Clavadetscher haben gezeigt, daß im alpinen Raum die Bewohner, und zwar die Bauern – nicht die Städter – blieben; während die in der Römerzeit vorhandenen Einrichtungen der staatlichen Verwaltung allmählich verschwanden, hatten die kirchlichen Einrichtungen Bestand, Bischöfe und Bistümer übernahmen die staatlichen Funktionen. Die Grenzen dieser Organisationen waren aber ebenso veränderlich wie auch die Zugehörigkeit der einzelnen Bistümer zu den größeren Sprengeln der Patriarchate und Erzbistümer wechselte. Im nördlichen Voralpengebiet waren die Bistümer auf rechtsrheinischem deutschen Boden in einer besonders schwierigen Lage; der Bischof von Augsburg zog sich nach Epfach, sodann nach Tirol zurück und residierte schließlich in Säben. Der Bischofssitz in Winterthur wurde nach Avenches und dann noch weiter zurück nach Lausanne verlegt. In Chur dagegen blieb der Bischofssitz erhalten.

Die fränkischen Könige hatten ihr Interesse an den Vorgängen in Oberitalien nie völlig verloren, sie suchten immer wieder dort Fuß zu fassen. Dafür kamen als Verbindungswege besonders die Pässe in Graubünden in Frage. Der Weg dorthin führte über den Bodenseeraum und das Hochrheintal nach Chur. Zur militärischen Sicherung wurde in Bodman ein fester Stützpunkt errichtet, der später eine Königspfalz wurde. In Konstanz entstand um 600 ein Bischofssitz, der von den fränkischen Königen ausgestattet wurde. Älter als das Bistum Konstanz war das von Chur; von dort beginnt der eigentliche Anstieg zu den Pässen. Der Weg über die Bündner Pässe hat seit der Römerzeit nie ganz aufgehört, ein starker Handelsverkehr, der ägyptische Waren brachte, kam aus Italien und führte zum Mittelrhein sowie den Landschaften am Niederrhein, von dort weiter zum Meer und nach England.

Im 10. Jahrhundert kamen wiederholt Magyaren durch die breite Nordostpforte nach Oberitalien. Durch die Schlacht auf dem Lechfeld (955) wurden sie zur Seßhaftigkeit gezwungen, seither spielt die große Pforte keine Rolle mehr.

Das Bistum Chur entwickelte sich zu bedeutender weltlicher Macht; ursprünglich gehörte es zum Sprengel des Erzbistums Mailand, kam aber dann zum Sprengel des Erzbistums Mainz. Die bischöfliche Würde lag in der Familie des Tello, die auch im Besitz der staatlichen Gewalt war. In Graubünden gab es noch Reichsgut aus der

spätrömischen Zeit; Karl der Große führte dort die Grafschaftsverfassung ein, übernahm das vorhandene Reichsgut, unterstellte das Bistum seinem Schutz und setzte
Grafen ein. In der folgenden Zeit vermochte der Bischof wieder eine gewisse Selbständigkeit zu gewinnen. Nachdem Otto I. die Herrschaft über Italien gewonnen
hatte, übertrug er die Alpenlandschaft mit ihren Pässen an den Bischof Hartbert von
Chur; diese Maßnahme kennzeichnet das System der Sachsenkaiser. Seit der Kaiserkrönung 962 wurde die politische Verbindung mit Italien verdichtet und verstärkt,
seither waren die Alpen nicht mehr die trennende Staatsgrenze, sondern für das ganze
christliche Abendland das wichtigste und notwendigste Verbindungsstück.

Die starke verbindende Kraft hatte sich schon früher besonders bei der Straße
über den St. Bernhard (2469 m) ausgewirkt, die aus der römischen Zeit stammte
und regelmäßig, aber nur im Sommer, begangen wurde; dort gibt es einen Punkt,
wo sich die Straße zwischen einem hohen, steil abstürzenden Felsen und dem Rhône-
fluß durchzwängt. An dieser Stelle wurde bereits 515 das burgundische Königskloster
St. Maurice d'Agaune errichtet, es war der Mittelpunkt des burgundischen Reiches.

Der Vertrag von Verdun (843) hat die Teilung des Reiches Karls d. Gr. in ein West-
reich (Frankreich), ein Ostreich (Deutschland) und ein lotharingisches Zwischenreich
gebracht, dessen Herrscher die Kaiserkrone trug. Für dieses Reich war die Verbindung
von Rom, der kirchlichen Hauptstadt, und Aachen, der Hauptstadt des Kaiserreiches,
das lebenswichtige Rückgrat; der Weg führte von Rom über die Toskana, den Apen-
nin und durch das Aostatal über den St. Bernhard in das Rhônetal, dieses hinab, über
den Jura und durch die burgundische Pforte nach Aachen.

Der Verfall des Karolingischen Reiches im 9. Jahrhundert führte zur Ausbildung
von kleinen Reichen, die bei geschickter Politik zwischen den stärkeren Mächten eine
Rolle spielen konnten. Auch in Italien traten damals kleinere Fürsten als Staatengrün-
der auf, die freilich keine dauernde Existenz erreichten; es waren die typischen Epi-
gonenerscheinungen, deren Machtstreben durch den Zerfall des karolingischen Groß-
reiches und während einer allmählich entstehenden neuen Ordnung des Staatensystems
kurzlebige Erfolge erzielen konnte; zumal im Alpenraum war wegen der besonderen
Verkehrsschwierigkeiten ein Streben nach kleineren staatlichen Gebilden sehr naheliegend und mochte verlockend erscheinen.

Entlang der Straße über den St. Bernhard bildete sich im hohen Mittelalter der
typische Alpenstaat von Savoyen, den Graf Peter weit nach Norden hin bis Freiburg
i. Ü. ausdehnte; zwei Engpässe dieser Straße gaben dem savoyischen Staat seine Eigenart und sicherten seinen Bestand: Saint-Maurice d'Agaune und das Seeschloß Chillon;
die Herrschaft über diese beiden Punkte war Grundlage für das Bestehen dieses Staa-
tes. Weiter westlich entstand ein Paßstaat im Gebiet des Mont Cenis, dieses Staatsgebilde, das B. Bligny treffend als »seigneurie de route« – Straßenherrschaft – bezeichnet, wies eine genossenschaftliche Organisation auf, wie wir sie in der Innerschweiz
wieder finden.

Die staatsbildenden Kräfte stammten aber vor allem im Norden nicht aus dem inneralpinen Raum, von dort aus wurden keine bedeutenderen staatlichen Gebilde errichtet. Die Anregung dazu kam immer wieder von außen her, sie wurde gegeben durch
die Kräfte, die am Übergang über die Alpen und am jenseitigen Land interessiert waren; bairischer, alemannischer und fränkischer Adel drang in den inneralpinen Raum
vor, sorgte für Rodung und Besiedlung und gründete Adelsherrschaften von kleinerem
oder größerem Ausmaß; fast alle Staatsbildung im Alpenraum geht auf den germanischen Norden zurück. Gegenüber diesen Einflüssen aus dem Norden wirkten von Süden, von Mailand und Verona, vor allem kulturelle Ausstrahlungen auf das Alpengebiet ein. 680 finden wir einen bairischen Grafen in Bozen; die Kammlinie des
Gebirges stellte keine Grenze dar. In Graubünden, wo die Bischöfe für geordnete
Verhältnisse bei der vorhandenen Bevölkerung sorgten, kam es erst später zu einer
Verdeutschung, als alemannische Adelsherren ihre Herrschaften errichteten. Weiter
westlich waren es die Lenzburger und die Rheinfelder, hernach ihre Erben, die Zähringer, denen dann teilweise die Kyburger und nach deren Aussterben die Habsburger
folgten; also durchweg Adelsgeschlechter, die von außen in den gebirgigen Raum vordrangen. Die Zähringer hatten von Kaiser Lothar III. das Rektorat über Burgund und
später von Konrad III. die »Vogtei« über die Bistümer Genf, Lausanne und Sitten
erlangt, sie beherrschten also die Zugänge zum Großen St. Bernhard und dem Simplon.
Aus dieser Stellung wurden sie von Kaiser Heinrich VI. 1189 weg und auf die zentrale
Innerschweiz hingedrängt. Seit ca. 1170 gab es auf der Höhe des St. Gotthard (2109 m)
ein kleines Hospiz, das vom Erzbischof von Mailand errichtet und dem hl. Godehard
geweiht war. Für den direkten Übergang über diesen Paß fehlte nur noch ein Weg
durch die Schöllenenschlucht, die tief in eine Felsschlucht eingeschnitten war. Die
neuere Forschung von H. Büttner hat es sehr wahrscheinlich gemacht, daß Herzog
Berthold V. von Zähringen, als er vom Großen St. Bernhard verdrängt war, den Bau
einer Brücke plante und von den Walsern, die große Erfahrung in ähnlichen Bauten
hatten, durchführen ließ. Um 1200 oder nicht lange danach ist das Werk gelungen,
seine Bedeutung wurde aber erst ein Menschenalter später erkannt. Als die Zähringer
1218 ausstarben, kam die Vogtei über dieses Gebiet an die Grafen von Habsburg; die
Reichsregierung hatte die Bedeutung des neuen Paßweges noch nicht richtig erfaßt.
1230 kauften sich die Urner mit Unterstützung der Reichsgewalt los, sie wurden reichsunmittelbar, 1241 folgten die Schwyzer. Damit hatte sich die Tendenz zum genossenschaftlichen und weiter zum kommunalen System zum ersten Male gegenüber der vordem herrschenden feudalen Ordnung in einem ganz wichtigen Punkt durchgesetzt
und zwar ist das Reich mit den Bauern gegen die aufstrebenden Dynasten, die Habsburger, zusammen gegangen. Als 1273 Rudolf von Habsburg König wurde, versuchte
er, die Herrschaft über den Gotthardpaß seinem Hause zu sichern. Die Wahl Adolfs
von Nassau zum König (1291), die Ermordung Albrechts von Habsburg (1308), die
Wahl des Luxemburgers Heinrich VII., der schon 1313 starb, und dann die Dop-

pelwahl des Habsburgers Friedrichs des Schönen und des Wittelsbachers Ludwigs des Bayern schwächten die Stellung der Habsburger und schalteten sie allmählich ganz aus. Ihre wiederholten Versuche, die Urner und Schwyzer mit Gewalt zu bezwingen, scheiterten, die Eidgenossen setzten sich durch, da sie unter sehr geschickter taktischer Ausnutzung der jeweiligen Bodengestaltung die eindringenden, in ihrer Taktik plumpen Ritterheere siegreich abwehren konnten. Es ist bemerkenswert, daß sich eine im Land nicht unmittelbar beheimatete Herrschaft nicht halten konnte, sondern unbedingt abgelehnt und erfolgreich abgewehrt wurde. Damit wurde der St.-Gotthard-Paß (2109 m) der König der Schweizer Alpenpässe, das Herrschaftsgebiet des bündischen Prinzips verdrängte an Bedeutung die Westalpenpässe, auch den Großen St. Bernhard (2469 m), der im Winter kaum passierbar war. Ebenso setzte sich in Graubünden das bündische Prinzip im Zusammenwirken von Adel, Kirche und Bauern durch und erwehrte sich einer fremden Herrschaft.

Eine andere Entwicklung ergab sich in Tirol. Der Brennerpaß (1369 m) war der niedrigste Alpenpaß, der früh einen starken Verkehr aufwies; Kaiser Konrad II. übertrug die Grafschaftsrechte im Inn-, Sill- und Eisacktal dem Bischof von Brixen (1027) und im selben Jahr die Grafschaften im Etschtal dem Bischof von Trient. Die Bischöfe mußten Vögte einsetzen, die Grafen von Tirol erhielten die Vogtei, die sie zu einer vollen Landesherrschaft ausbauten. Die Grafen von Tirol hatte ihren Sitz im Zentrum ihres Herrschaftsgebietes. In Tirol gab es neben dem gefürsteten Grafen keinen mächtigen Adel, einige größere Geschlechter wurden verdrängt. Dagegen hatte der Graf von Tirol im 15. Jahrhundert im ganzen Lande nachweisbar zahlreiche Eigenleute. Gegenüber der landesfürstlichen, auf der Verbindung mit Eigenleuten ruhenden Macht fielen die anderen weltlichen oder geistlichen Herren gar nicht ins Gewicht. Der Landesfürst hatte kein Interesse daran, die Bauern in unfreier Leibeigenschaft zu halten; diese erhielten ihre Güter nach dem Rechte der freien Erbleihe, sie wurden damit aus Leibeigenen praktisch zu freien Untertanen des Landesfürsten, die zu gewissen Abgaben und Leistungen verpflichtet waren und auch Kriegsdienst zur Verteidigung des Landes leisteten; noch im Mittelalter löste sich die Hörigkeit und Leibeigenschaft auf, ja, seit der Entstehung einer landständischen Verfassung im 14. Jahrhundert erhielten die Bauern als Vertreter der Gerichte Sitz und Stimme auf den Landtagen. Auf dieser Grundlage entstand in Tirol ein sehr enges Verhältnis zwischen dem Landesfürsten und den Bauern, diese hingen Fürsten und Land jederzeit mit aufrichtiger und unwandelbarer Hingabe an. Es verdient bemerkt zu werden, daß der Bischof von Brixen, der eine von der Gewalt des Grafen von Tirol, seines Vogtes, exemte Herrschaft besaß, mit Sitz und Stimme auf den tirolischen Landtagen erschien.

Wiederum anders verlief die Entwicklung in Kärnten. Wir sahen bereits, daß das ganze Land von den Awaren vor 600 völlig verwüstet wurde und in der Folgezeit erst einmal besiedelt werden mußte. Die Neusiedler waren im Norden und Westen Baiern und im Süden und Osten Slaven, um es einmal pauschal, ohne Rücksicht auf Einzel-

heiten, zu sagen. Die Besiedlung wurde, wie allgemein üblich, von adligen Grundherren durchgeführt, die aus Baiern kamen; daraus entstand ein machtvoller Adel. Daneben gab es noch die großen Grundherrschaften der Erzbischöfe von Salzburg und
der Bischöfe von Bamberg. Die Salzburger Erzbischöfe hatten wegen des starken Handels, der durch Kärnten nach Oberitalien, nach Venedig, Grado, Triest und Istrien
führte, ein großes Interesse an der Ausweitung ihrer nördlich der Tauern gelegenen
landesfürstlichen Herrschaft auf Kärnten. Nun erwarben auch die Habsburger Besitzungen und Hoheitsrechte in Kärnten, sie sperrten den Salzburgern durch starke Zoll-
erhöhungen den Handelsweg durch Kärnten und schalteten damit den Erzbischof aus.

Es ist kaum möglich, die staatliche Entwicklung im Alpengebiet auf einen positiven
Nenner, der nicht von fast nichtssagender Allgemeinheit wäre, zu bringen; man kann
und muß vielmehr feststellen, daß der ganze Raum klar in einzelne Abschnitte zerfiel,
die sich aus den Übergangsmöglichkeiten ergeben: die Einfallspforte an der Südost-
flanke, die zum Herrschaftsgebiet des Patriarchen von Aquileja gehörte, Salzburg –
Kärnten, Tirol mit dem Brenner und Reschenscheideck, das Bündner Paßsystem, der
St. Gotthard mit dem Simplon, der Große St. Bernhard, der Mont Cenis – so etwa
wären die Abschnitte zu kennzeichnen. Bemerkenswert ist, daß an allen Alpenstraßen
genossenschaftliche Bildungen auftraten. Altes Königsgut, Rodung und freie Erbleihen
haben zur Ausschaltung der Leibeigenschaft geführt und weiter zur Ausbildung eines
freien Bauerntums, das sich früh zu Gemeinden – Kommunen zusammenschloß. Aber
diese Gebilde sind nirgends große oder auch nur mittelgroße Staaten geworden, sie
haben ihren lokalen Charakter bewahrt. Die Staatenbildung ist für gewöhnlich von
außen gekommen; damit ergab sich auch das Streben nach linearen Staatsgrenzen auf
den Kämmen der Gebirgszüge, die der großen Staatspolitik entsprachen, während die
mittelalterlichen Alpenstaaten kleiner waren und aus den lokalen Lebensgemeinschaf-
ten erwachsen sind; diese griffen daher zumeist über die Kämme hinüber, was z. B.
dazu geführt hat, daß zu manchen Dörfern auch Alpwirtschaft auf der anderen Seite
des Gebirgszuges gehört.

Die Alpen beeinflußten im Mittelalter den Gang der europäischen, besonders der
mitteleuropäischen Geschichte bis in das 13. Jahrhundert in starkem Maße. Die Verbindung zwischen Papsttum und Kaisertum schuf die enge Beziehung zwischen Norden und Süden, die den mitteleuropäischen Raum zu einer politischen, wenn auch nicht
staatlichen Einheit werden ließ. Seit dem Ende dieser engen Bindung lebten die europäischen Staaten in steigendem Maß selbständig nebeneinander; mit dem Sinken des
Kaisertums sank auch die zentrale politische Bedeutung der Alpen.

Der Alpenraum im Zeitalter des Überganges
von der Antike zum Mittelalter

VON RUDOLF EGGER

Meine hochverehrten Damen und Herrn, die Zeit ist sehr vorgeschritten, infolge-
dessen wird mancherlei, was sonst für eine Einleitung längeren Umfanges in Betracht
gekommen wäre, wegfallen müssen. Darf ich gleich so beginnen: Für den Alpenraum
war von grundlegender Bedeutung, daß er fast ein halbes Jahrtausend im Zusammenhang mit dem großen römischen Reich gestanden ist. Denn dieser Staat, wie kaum
ein anderer, war wohl organisiert und ebenso wie in der Verfassung gilt das gleiche
für die Verwaltung. Bedenkt man, wie der Alpenraum vor dem Eintritt ins römische
Imperium ausgesehen hat, so ist unser Wissen ein beschränktes. Wir haben die Vorstellung, daß er einige Königreiche nach dem Muster der cottischen Alpen enthielt,
daß er daneben aufgeteilt war in lose Aggregate von Stämmen, daß es weite Strecken
gegeben hat, die man als kaum organisiert bezeichnen kann, und als größte politische
Leistung innerhalb des Gesamtalpenraumes soll hervorgehoben werden, daß etwa im
2. Jahrhundert vor Chr. dem zentralen Stamme der Ostalpenländer, den Leuten von
Noricum, es gelungen ist, eine Herrschaft politisch zu organisieren, die vom Oberlauf
der Save nördlich hinauf bis an die Donau reichte, das norische Königreich, das *regnum Noricum*. Daß dies möglich war, begreifen wir erst heute, seit wir über das
Wesen dieses Gebildes durch Ausgrabungen näher unterrichtet worden sind. Ihnen
brauche ich nicht zu sagen, daß zum Großarrondieren von Landschaften vor allem
anderen Macht und zusätzliche Mittel gehören, und diese haben kluge Führer der
Ostalpenländer aus den reichen Bodenschätzen zusammengebracht. Fragt man, wann
der Alpenraum sicher schon in seiner Gänze beim römischen Reich gewesen ist, so
darf das Jahr 15 vor Chr., das Ende des großen Alpenkrieges, genannt werden als
jener Zeitpunkt, von dem an kein Stück des Alpenlandes mehr außerhalb des Reiches
war. Und erörtert man zugleich die Frage, wann die Provinzen, also die Aufteilung
der Alpen in römisch organisierte Räume, geschaffen worden ist, so ist die Mitte des
1. Jahrhunderts die Zeit, von der an es dann keinen unorganisierten oder unter einem
Verwaltungsdiktat oder unter einem Besatzungsregime stehenden Teil gegeben hat.
Im allgemeinen sind einige kleine Bemerkungen zu machen, damit man die Gegebenheiten des alpinen Raumes vom Standpunkt des Historikers aus ordentlich beurteilen

kann. Das erste ist, daß die inneralpinen Landschaften strategisch durchwegs uninter-
essant sind, sie haben nicht die Eigenschaft von großen Ebenen wie das Karpathen-
becken oder wie Mähren, Böhmen, die Rheingegenden usw. Es gibt aber am Rande
des Alpengebietes neuralgische Punkte, die man als strategisch sehr wichtig bezeichnen
kann, etwa das Rheinknie bei Basel oder was alle kennen, die Veroneser Klause, und
am meisten wurde umkämpft und für die alten Zeiten am ausschlaggebendsten war
die Pforte im Osten Oberitaliens, dort wo die Alpen und der Karst aneinander stoßen
ohne sichtliche Grenze. Gemeint ist der Paß am Birnbaumer Wald, im Altertum
genannt Ocra. Das sind tatsächlich strategische Punkte ersten Ranges, die auf ihre
Weise Geschichte gemacht haben. Dieses gilt aber nicht für das Innere des Alpenraumes. Für das Schicksal seiner Bevölkerung ist wesentlich, daß die Alpen keine
Gelegenheit geboten haben, Latifundien großen Umfanges zu bilden, so wie es das
Schicksal Nordafrikas in römischen Zeiten war, daß dort die ungeheuren Latifundien
entstanden sind. Die Folgen sind wohltätige, denn wo es Latifundien gibt, bewirt-
schaften den Boden Zehntausende irgendwo in der Mittelmeerwelt oder an den
Rändern zusammengekaufter Sklaven unterschiedlichster Herkunft, und es ist gar
kein Zweifel, daß die Volkssubstanz der Einheimischen in der Nähe von solchen Latifundien durchsetzt wird und sich tatsächlich ändert. Wenn ich dergleichen sage, gebe
ich damit kein Werturteil ab, sondern konstatiere nur eine Tatsache. Solange das Reich
am Rhein und an der Donau stark war, erfreuten sich die Alpenländer durch Jahrhunderte eines tiefen Friedens. Die Bevölkerung blieb konstant, erfuhr weder vom
Reich aus noch von jenseits der Grenzen namhafte Zuschübe.

Um, wie der Auftrag des Herrn Präsidenten lautet, die ganzen Alpen von Südfrankreich bis zum Wiener Becken in diesem Vortrag zu behandeln, ist einerseits eine
straffe Disposition vonnöten, andererseits ein Minimum von Einzelheiten. Demnach
gliedere ich den Stoff also: Aufteilung des Alpenraumes auf Provinzen, Verwaltung,
Verteidigung, Städtewesen, christliche Organisation, ein kurzes Kapitel über die
Bevölkerung möge den Schluß machen.

Die Provinzeinteilung, wie sie am Ausgange des Altertums bestand, geht zurück
auf die diocletianische Reichsreform. Diese ist hervorgegangen aus der Not eines
Großstaates, der durch Usurpation, durch Korruption sowie durch Einbußen an
seinen Grenzen erschüttert war. Und wäre nicht einer gekommen, der mit Gewalt
und mit Verstand Ordnung machte, so wären die Stunden des römischen Imperiums
gezählt gewesen. Nur der Verstand, der Genius dieses Mannes hat die Krise zu ban-
nen vermocht, wenn ich ihn nenne, so sind inbegriffen auch seine Mitarbeiter und seine
unmittelbaren Nachfolger. Diese haben ein System aufgebaut, mit Hilfe dessen das
Reich von Grund auf umgestaltet worden ist, und tatsächlich noch 200 Jahre bestanden hat. Der Grundgedanke der Reform ist, daß alles durchorganisiert wird. Wir
sind reife Leute geworden und wissen, daß mit dem restlosen Durchorganisieren
natürlich nicht lauter Freuden verbunden sind, sondern im Gegenteil, wenn alles

organisiert ist, dann weiß man nicht, wo man noch etwas dazu tun soll, und es wird natürlich immer schlimmer. Die früher ohne Bindung nebeneinander liegenden Provinzen werden tatsächlich untereinander in ein System gebracht, d. h. das Reich wird aufgeteilt in Großbezirke *(praefecturae)*, in Mittelbezirke *(dioeceses)* und in Provinzen. Doch diese Provinzen sehen nicht mehr aus wie die alten, sondern sind Teile derselben. Als Beispiel diene vorderhand *Noricum*, nunmehr geteilt in *Noricum mediterraneum* und *Noricum ripense*.

Die Alpen wurden zum kleineren Teil der *praefectura Galliarum*, Zentrale Treviri – Trier, zugeordnet, zum größeren der *praefectura Italiae*, Zentrale Mediolanum – Mailand. Demnach werden die Westschweiz, Savoyen und Wallis, ferner die *Alpes maritimae* – Seealpen von Trier aus gelenkt, alle anderen Landschaften hängen von Mailand ab.

Das zweite ist die Trennung von Zivil- und Militärgewalt, die seit den Zeiten der Republik vereint in der Hand der Statthalter lagen. Die Usurpationen des 3. Jahrhunderts hatten allenthalben die Gefährlichkeit solcher Machtfülle vor Augen geführt. Abhilfe sollte das Prinzip der Gewaltentrennung bringen. Verwaltung und Verteidigung waren von nun an verschiedenen Personen anvertraut.

Die Provinzen sind verkleinert worden, nach dem Muster von Noricum wird Raetien, wo wir uns befinden, geteilt und zwar durch eine Nord-Süd-Linie, östlich von ihr liegt die *Raetia secunda*, Zentrum Augusta Vindelicorum – Augsburg, westlich die *Raetia prima*, Zentrum Curia – Chur. Was früher ein Stück von Obergermanien war, die nordwestliche Schweiz, wird eine eigene Provinz mit dem Namen *Maxima Sequanorum* und hängt nicht mehr vom Kommandanten der obergermanischen Armeen, sondern von einem *praeses* in Vesontio – Besançon ab. Im Osten reicht diese Provinz bis Ad Fines – Pfyn. Zwei Alpendistrikte werden zusammengelegt, die *Alpes Graiae et Poeninae* d. i. Savoyen und das Rhônetal bis zum Ursprung, mit dem *praeses* in Octodurum – Martigny. Auch die *Alpes maritimae* – Seealpen werden zum europäischen Westen geschlagen, ein aus zahlreichen kleinen Bezirken zusammengesetztes Gebilde, das kaum Geschichte gemacht hat. Es steht nicht einmal fest, wo der *praeses* seinen Sitz hatte, vermutlich zunächst in Vintium – Vence, im Südzipfel gegen Italien zu. Bekannt sind die Verhältnisse der Spätantike, wo die *civitas Ebrodunensium* – Embrun der Vorort war.

Bevor ich die alpinen Provinzen umschreibe, die zur *praefectura Italiae* gehörten, muß ich auf den tiefgreifenden Wandel hinweisen, den Italien selbst erfahren hat. Bis auf Diocletian war es gegenüber den Provinzen das privilegierte Mutterland mit der über alles erhabenen, heiligen Mitte Rom. Die diocletianisch-constantinische Reform beseitigte bewußt sowohl die Vorzugsstellung Italiens als die Roms. Aus der *Italia diis sacrata* – frei übersetzt »Gottes eigenem Lande« – wurde Provinzialboden, Rom entrechtet. An die Stelle Roms tritt Mailand als Sitz des abendländischen Augustus und der *praefectura*. Die erste Provinz im Alpenbogen ist die kleine der Alpes

Cottiae – cottische Alpen, Vorort Segusio – Susa. Die zwei in Oberitalien geschaffenen
Provinzen Liguria und Venetia-Histria, die erste mit Mailand, die zweite mit Aquileia,
umfassen die sich nach Süden öffnenden Alpentäler und zwar unterstehen die Landschaften südlich der Schweizer Pässe Großer Sankt Bernhard, Bernhardin, Splügen,
Julier, Ligurien, das Etschtal einschließlich Bozen, die Voralpen, bis zum Kamm der
Dolomiten, der Karnischen und Julischen Alpen, Venetien. Selbständige Provinzen
sind die beiden Rätien und die beiden norischen, die Binnenprovinz mit dem *praeses*
in Virunum (Zollfeld), die Uferprovinz mit Lauriacum – Lorch als Sitz des *praeses*,
dem später Ovilava – Wels folgte. Kein Zweifel, die administrative Gliederung der
Alpenländer ist eine reiche, in nicht weniger als zehn Provinzen.

Die Zivilchefs der Provinzen, die *praesides*, hatten, wie schon gesagt, mit der
Verteidigung des Reiches nichts mehr zu tun. Die Gewaltentrennung war streng
durchgeführt. Die neue Zeit ist dadurch charakterisiert, daß Grenzabschnitte, oft
mehrere Provinzen zusammenfassend, gebildet wurden, jeder von einem *dux* befeh-
ligt. An der Rhein-Iller-Donaugrenze entstanden für die Sicherung der Alpen drei
Kommandos: das des *dux provinciae Sequanicae* von Basel bis Pfyn, das des *dux Raetiarum*, d. h. der beiden rätischen Provinzen von Pfyn über das Südufer des Bodensees
und entlang der Iller an die Donau bis Passau, das des *dux Pannoniae primae et Norici
ripensis* von Passau bis Komorn. Das Reich hat große Opfer gebracht, um diesen
Grenzschutz zu verstärken, die Reihe der Kastelle mittlerer Größe ist ansehnlich und
zwischen ihnen gibt es Kleinstationen, *burgi*. In der *Raetia secunda* kennen wir Nach-
schubstationen, Foetibus – Füssen und Teriolis – Zirl. Ihre Belegschaft ist vom Legions-
lager *castra Regina* – Regensburg abkommandiert *transvectioni specierum* = für den
Transport des vielfältigen Heeresbedarfes. Die Grenzgeneräle hatten die Aufgabe,
Einbrüche ins alpine Hinterland zu verhindern. Waren sie zu schwach, kam rasch
Hilfe aus den Garnisonen hinter der Front, wo Kampftruppen einsatzbereit gehalten
worden sind. Militarisiert war auch der Südsaum der Alpen, ein letzter Schutzgürtel
für Italien. Die Erfahrung hatte gezeigt, daß, wenn die Grenzverteidigung versagt,
es gar nicht so schwer ist, zur guten Jahreszeit bei Zurzach, das ist dem traditionellen
Übergang, in die Schweiz hereinzukommen und auf der Marschierstraße vorbei an
Avenches an den Genfer See, und über den Sankt Bernhard ist man bald in Oberitalien.
Oder auch über den Brenner oder auch über den Julier. Alles ist von den Alemannen
praktiziert und daher schon vor dem Beginn unserer Periode ein eigener *limes Italicus*
geschaffen worden, mit einem sehr hohen General, der bei Hofe in Mailand sitzt,
dem *comes Italiae*. Wir haben den Staatsschematismus mit Nachträgen bis rund in die
Zeit um 430 erhalten. Da ist jede Behörde mit Zeichen versehen, mit Insignien, und
ich kann Ihnen zeigen, wie die Insignien des *comes Italiae* ausschauen (vgl. Abb.).
Da haben wir eine richtige Anschauung von den gewaltigen Schutzbauten. Im ersten
Weltkrieg konnten wir im Hinterland die Sperrmauern und, zum Teil durch Grabungen, ihren genauen Verlauf feststellen. Sie wurden im Karst fortgesetzt bis an die

Die alpinen Sperrmauern, Notitia dignitatum, Occident XXIV, S. 173, ed. Seeck.

Adria bei Fiume. Niemand hätte gedacht, daß es soviele Sperren mitten durch Europa hindurch auch später einmal geben wird. Unerwartetes kommt eben oft. Damals war es die Alemannengefahr, die den italischen *limes* entstehen ließ und mit ihm auch anderes. Wenn ich mich poetisch ausdrücke, so könnte ich sagen, es wurde das ganze Land wehrhaft. Weniger poetisch ausgedrückt: es kam zum Rückfall in die prähistorischen

Zeiten, wo jede Höhensiedlung ihre Palisaden und später die kombinierten Mauern aus Stein und Holz hatte, oder wo jede Stadt in der Ebene und jeder Flußübergang extra geschützt werden mußte, als lebendiges Zeichen der absoluten Unsicherheit. Nun ist's wieder einmal soweit. Es bekommen die im Hinterland liegenden Städte ihre Mauern, wenn die alten nicht niedergerissen waren, werden ihre Ruinen wiederum aufgerichtet, z. B. die Stadtmauern von Verona. Die Reichsverteidigung sitzt in Augsburg, aber Verona im Hinterland muß Mauern bekommen, Aquileia ebenso. Eine Neuerscheinung seltsamer Natur gibt es in Oberitalien, wo die Inseln im Comer See und im Lago di Orta befestigt werden, übrigens tief im Süden auch das Eiland im Bolsener See. Nichts kennzeichnet die Lage so gut als die Episode von der insula Comacina. Im Jahre 568 ziehen in Oberitalien die Langobarden ein. Sie übernehmen alle militärischen Einrichtungen, auch die Grenzverteidigung. Nur auf der Insel im Comer See verbleibt die oströmische Besatzung, unterstützt von der ganzen Gegend. Ohne daß die Langobarden diese Enklave beseitigen konnten, ergibt sich die Besatzung 588 nach zwanzigjährigem Ausharren. Eine andere Spezialität bedeuten die Binnenfestungen von Städten, die aus vorgeschichtlicher Zeit eine Akropolis besitzen. Diese wird wieder zur Festung, so in Genf, Basel, Zürich und anderen Orten. Der befestigte Ortsteil heißt *castellum* und die gleiche Bezeichnung erhält die an sicherem Orte gebaute Fliehburg für die Bewohner des Bauernlandes. Trotz dem enormen Aufwand, den die Verteidigung brauchte, waren die Anstrengungen vergeblich. Viel zum Versagen an der Grenze hat die Unredlichkeit jener beigetragen, welche von den Baugeldern abzweigten. Bei Ammianus Marcellinus sind Namen solcher Funktionäre, die Orte und die Beträge nachzulesen. Letzten Endes ein Ausdruck der Unsicherheit, und zwar ein sinnfälliger, ist die Zurückverlegung der Residenzen. Am Anfang des 5. Jahrhunderts wandert die oberste Behörde von Trier nach Arelate – Arles, Mailand wird auch unsicher, die Regierung siedelt hinter die Sümpfe, welche die Landseite von Ravenna beschützen, über.

Ich gehe über zum Kapitel Städtewesen. Das Stadtleben ist immer der Ausdruck der Kultur und der Träger der Wirtschaft. Wie der Alpenraum kein Latifundium so hat er auch keine Großstadt hervorgebracht. Wir besitzen vom Poeten Ausonius ein Gedicht über die hervorragendsten Städte seiner Zeit, den *ordo nobilium urbium*. Darin sind Mailand und Aquileia gepriesen, die Großstädte am Rande der Alpen, welche mit Massilia – Marseille wirtschaftlich und kulturell die Alpen auf friedlichem Wege durchdrungen haben, aber keine Stadt in den Alpen selbst. Bewunderung für alle Zeiten verdient ein Ziel römischer Kaiserpolitik: die westliche Reichshälfte in ein gewaltiges Aggregat von Städten zu verwandeln, die nach dem Vorbilde der Bürgerstädte Italiens Selbstverwaltung üben sollten, mit dem Fachausdruck unserer Tage die Urbanisierung. Aber zum Unterschiede von späteren Verhältnissen hatte die damalige Stadt ein möglichst großes Territorium, so daß die Ernährungsfrage spielend gelöst war. Doch auch der heute noch schwierige Gegensatz zwischen Stadt und Land konnte nie aufkommen; denn unter den meist hundert Gemeinderäten waren auch die Erfolgreichen des Territoriums. Diese Autonomie, beruhend auf dem Stadtrecht, hat in hohem Maße zur Romanisierung beigetragen; sie war ein Segen und dauerte, solange eine Stadt nicht in Schulden geriet, sei es durch Unglück oder durch schlechte Führung. Kamen die Finanzen in Unordnung, kam der Kurator, dessen Funktion mit *curator kalendarii*, Aufseher über die Buchhaltung, harmlos genug umschrieben ist. Im diocletianischen System wurde die Autonomie vielfach beschnitten, ich hebe nur zwei Maßnahmen heraus, den Innungszwang und die Haftbarmachung der zehn wohlhabendsten Gemeinderäte, der *decemprimi*, für den Eingang des Steuersolls. Die erste Maßnahme hatte den Zweck, den Bestand des Gewerbes zu garantieren, die zweite, jedes Steuerdefizit auszuschalten. Solche Maßnahmen sind keinem teuflischen Gehirn entsprungen, sie waren Versuche, die Not zu bändigen.

Mit dem neuen System verschwanden die alten Titel *coloniae* und *municipia*, die ersetzt wurden durch den einen, *civitas*. Im Prinzipat gab es auch *civitates*, die Reservate von Stämmen innerhalb städtischer Territorien, denen eine beschränkte Autonomie gewährt war. Diese *civitates* standen unter Häuptlingen, *principes*, ein Name, der sichtlich an die Zeit der Unabhängigkeit erinnert. Die Stadt der Spätantike heißt nunmehr gleich wie die Organisation der Stämme, sie ist der Mittelpunkt einer *civitas* d. i. aller Bewohner des Territoriums gleichgültig welchen Rechts. Verfolgt man auf der Karte die autonomen Städte, ergibt sich sofort deren recht ungleichmäßige Verteilung über den Alpenraum. Die meisten Städte, nicht weniger als neun, weist Noricum auf, verständlich, da es mit Rom alt verbündet und durch einen intensiven Handel mit dem Süden verflochten war. Ohne Stadt ist die Gegend zwischen Kaiseraugst und dem Bodensee, das österreichische Inntal und Obersteiermark. Für den Übergang ins Mittelalter ist von Belang, ob die Städte ohne Zaesur dauern, d. h. mit Lesen, Schreiben, und sei es den bescheidensten Resten einer geordneten Verwaltung. Oder ob das städtische Leben erlischt, und nur ein kleiner Teil der Stadt Siedler beherbergt, die deren Namen weitertragen. Solche Fälle verleiten die Forscher öfter, ein Kontinuum anzunehmen. Die dritte Gruppe bilden die zerstörten Städte, denen kein Wiederaufleben beschieden ist. Erfreulicherweise ist die Gruppe der Städte mit echtem Kontinuum die weitaus größte; es sind alle der *praefectura Galliarum*, alle der Provinz Liguria, alle der Provinz Venetia-Histria, in der Raetia prima Curia, in Noricum ripense vielleicht Ovilava – Wels. Eine Zaesur machen mit und erstehen hernach zu neuem Leben: in der Raetia secunda Brigantium und Cambodunum, in Noricum mediterraneum Juvavum, in ripense Cetium – St. Pölten, Lauriacum – Lorch (Enns). Am schlimmsten sind die Ostalpen daran, die nach dem Niederbruch des Limes im östlichen Pannonien eine offene Flanke hatten. In Noricum mediterraneum zerstörten die Goten des Radagais 406 Flavia Solva, die Awaren um 600 nach Chr. Virunum, Teurnia und Aguntum.

Weit entfernt, von allen Städten handeln zu können, möchte ich doch nicht unter-

lassen, auf ein paar Einzelheiten einzugehen, und beginne im Westen. Erst um 400
n. Chr. wurde Genava – Genf, früher ein von Vienna – Vienne abhängiges Dorf, zur
Stadt, der civitas Genavensium erhoben. Auch Basel erfuhr um diese Zeit den Aufstieg
zur Stadt. Aventicum wird die civitas Elvitiorum – schon Tacitus nennt sie *gentis
(Helvetiorum) caput* – und behält Stadtrecht bis 585 nach Chr. Lehrreich sind die
Stadien der dritten Stadt in der Maxima Sequanorum. Ursprünglich ein Keltenort
Noviodunum (Neustadt) erhält sie knapp vor Caesars Tod einen Kolonistenzuschub
von ausgedienten Reitern und den Namen *colonia Julia Equestris*, woraus zunächst
civitas Equestrium wird. Doch geht dieser Name verloren und bald im Mittelalter
taucht wieder der alte keltische auf, um als Noyon zu dauern. In der Maxima kennen
wir auch befestigte Orte kleineren Umfanges, die castra Vindonissa – Windisch, Ebu-
rodunum – Yverdon und das Rauracense (Kaiseraugst), wo das römische Augusta
Rauracorum längst aufgehört hatte, Stadt zu sein. In der Venetia – Histra befestigen
die Bewohner der Grenzstadt Julium Carnicum – Zuglio einen Hügel und bauen dort
eine Kirche. So entsteht das *castrum Juliense*, im frühen Mittelalter ein Bischofssitz.
Eine große Rolle spielt Forum Julium – Cividale. Die Stadt wird Sitz eines langobardischen *dux*, der die Ostgrenze zu verteidigen hat. Seither ist der Name der Stadt
civitas Austriae, Vorort der langobardischen Ostmark. In der Raetia secunda ist die
Hauptfrage, ob Augusta Vindelicorum, das zwar nicht im Gebirge liegt, aber einst
bis ins Eisacktal knapp oberhalb Bozen zuständig war, ein Kontinuum als Stadt hatte.
Ich möchte meinen, daß dort das städtische Leben nicht unterbrochen worden ist.
Brigantium und Cambodunum verlieren ihren Stadtcharakter, behalten aber bescheidene Reste der Einwohnerschaft, welche die alten Namen weitergeben. Juvavum
verliert den Namen, erlebt ein Zwischenstadium, in dem die Bevölkerung einen schon
in der Prähistorie besiedelten Hügel, den *mons Petenas* befestigt, wahrscheinlich Hohensalzburg. Ein städtisches Kontinuum gibt es in Ovilava – Wels, die ausgedehnte
Stadt ist schon im Prinzipat befestigt worden. Die Südostecke wird gegen die andere
Stadt abgemauert, dort dauert ein Klein-Ovilava.

Engst verbunden mit den Städten ist die christliche Organisation. Die Bischöfe
residieren in den Städten, freilich nicht in jeder. Die Bischöfe in den Provinzen, die
zur *praefectura Galliarum* gehören, sind *episcopi Galliarum*. In der *praefectura Italiae*
haben sich besondere Verhältnisse ausgebildet, indem Mailand und Aquileia Mittelpunkte ausgedehnter Metropolitansprengel wurden. Der Patriarch von Aquileia beherrschte ein Königreich: Dalmatia, Venetia-Histra, Raetia secunda und die beiden
Noricum. Zu Mailand gehörten die Alpes Cottiae und Raetia prima als Anhängsel
der Liguria. Die ausgedehntesten Diözesen sind jene, in denen sie mit der Provinz
zusammenfielen: die Raetia prima hat ihren Bischof in Chur, die secunda in Augsburg,
Noricum ripense in Lorch. Am dichtesten nebeneinander saßen die kirchlichen Wür-
denträger der *Alpes maritimae*, ihrer acht mit dem Metropoliten in Embrun. Untergegangen sind sämtliche norischen Bischofssitze, um nie wieder am gleichen Orte zu

erstehen. Das Bistum Lorch ist spätestens 488 nach Chr. verlassen worden, als die Romanen der Städte nach dem Süden rückwanderten, in Aguntum, Teurnia, Virunum wurden mit den Städten alle Kirchen von den Awaren zerstört.

Nur ganz kurz will ich das nicht gewöhnliche Schicksal zweier Bischöfe des Alpenraumes streifen, obwohl genug andere Einzelheiten zu berichten wären. Beide wirken in der zweiten Hälfte des 6. Jahrhunderts, beide müssen ihren Amtssitz verlassen. Der eine ist Marius von Aventicum – Avenches, der uns eine Chronik der Jahre 455–581 hinterlassen hat. Mit ihm schließt die Bischofsreihe der Stadt. Nach mehr als zwanzigjährigem Wirken (ab 574) übersiedelt er nach Lausanne. Als Teilnehmer einer Synode in Grado, zwischen 572 und 577, zeichnet ein Bischof von Sabiona – Säben im äußersten Südzipfel der Raetia secunda. Sein Nachfolger führt in einem etwas jüngeren Dokument den Titel *episcopus sanctae ecclesiae secundae Raetiae*. Säben war nie eine Stadt. Eine im Dom von Grado gefundene Grabinschrift gilt einem Bischof Marcianus, der 40 Jahre in der Fremde, vier in der Erzdiözese Aquileia Bischof gewesen war und 578 in Grado bestattet worden ist. Dieser Mann war ab 535 Bischof in Augsburg, übersiedelte 574 nach Säben. Dort residierte er als der Bischof der ganzen Provinz in der Hoffnung, daß er oder ein Nachfolger nach Augsburg zurückkehren könne. Die Hoffnung ging nicht in Erfüllung, vielmehr wurde das Bistum nach Brixen übertragen, wo es heute noch seßhaft ist. Ein befestigter Hügel als Ausweichstelle für einen Bischof illustriert vorzüglich die geringe Sicherheit der Städte jener Tage. Sabiona ist nicht die einzige. Ausgrabungen in der Umgebung von Aguntum (Osttirol) haben innerhalb der Befestigung des Kirchbichels von Lavant das Refugium des Bischofs von Aguntum aufgedeckt, eine große Kirche mit Taufhaus und der bischöflichen Kathedra im Presbyterium. Für den Bischof von Virunum scheint der Hemmaberg beim alten Juenna mit Festungsmauern, einer Kirche, einem Taufhaus und einem *confirmatorium* versehen worden zu sein. Nahe Teurnia kam auf der Hochterrasse nördlich des Millstätter Sees, im Orte Laubendorf, eine bescheidene Basilika zum Vorschein, durch die Kathedra im Presbyterium für den Bischof bestimmt. Die Notitia Galliarum verzeichnet neben den *civitates* (Bischofssitzen) auch das castrum Vindonissense – Windisch, das castrum Ebrodunense – Yverdon, das Rauracense – Kaiseraugst. Da diese drei *castra* im Kirchenschematismus stehen, dürfen sie auch als Fluchtorte der Kirchen angesehen werden.

Die Intensität christlichen Lebens bezeugt in Ufernoricum die Lebensbeschreibung des hl. Severin. Man kann sagen, kein Ort ohne Kirche, auch keine der Fliehburgen. Wiederum sind es die Ausgrabungen, welche altchristliche Kirchen des flachen Landes entdeckten, auch an Stellen, wo niemand Kultbauten vermutet hätte, so neuestens im fundleeren Inntal die Kirchen von Imst und Pfaffenhofen. Das gleiche gilt von der Maxima Sequanorum.

Ich gehe nun zum nächsten Kapitel über, zum heikelsten aber deshalb besonders anziehenden, dem der Bevölkerung. Im Rahmen eines solchen Überschauvortrages ist es natürlich nicht möglich, auf Details einzugehen, es müssen aber wenigstens Gedanken geäußert werden. Zunächst einmal etwas Sicheres. Die Vorstellung, die aufgekommen ist, daß es ein alpines Urvolk von Genua bis nach Wien gegeben hat, das später durch Beimischungen in Glieder zerfallen ist, ist sicher falsch. Solche Riesenvölker hat es in den Urzeiten überhaupt nicht gegeben. Die Überlieferung, die wir haben, ist keine großartige, die klassische kennt ein ligurisches Volk im Westen, ein rätisches in der Mitte und ein norisches im Osten, was mancherlei für sich haben mag. Zur Beurteilung von Volksschichten haben wir viel dazugelernt an anderen Orten, wo mehr Quellen vorhanden sind. Die Ausbreitung eines Namens ist nicht etwa die Folge von Eroberungen oder von Wanderungen, sondern vollzieht sich durch Zufälle und auf kulturellem Wege viel einfacher. Hüten muß man sich für alte Epochen, etwa Neolithicum oder Bronzezeit, die Träger dieser Kulturen mit Namen nennen zu wollen. Es ist geraten, die Bezeichnungen der Prähistoriker (Streitaxtleute, Glockenbecherleute usw.) beizubehalten; nicht einmal der Name der Illyrier für die Träger der Hallstattkultur hat sich halten können. Auf festem Boden stehen wir erst mit den Kelten. Ich habe mich einmal bemüht, nach den Volksnamen und den Ortsnamen eine Sprachenschichtenkarte zu machen, die im Jahre 1954 fertig war. Heute kann ich es nur bedauern, daß ich soviel Zeit darauf verwendet habe, denn es zeigt sich, daß im Detail fast alles überholt ist. Eine Tatsache bleibt: der Eintritt ins römische Reich hat für die Struktur der alpinen Bevölkerung wenig bedeutet. Der Historiker hat die Aufgabe, wenn er eine Bevölkerung schildern will, besonders auf die Struktur zu achten. Interessant ist, daß im Savetal keltische Kleinstämme angesiedelt worden sind, das waren die Brücken für die weiteren Eroberungen, die aber später nicht mehr gebraucht worden sind. Man kann das Eindringen der Kelten vom Rhein aus in die Schweiz studieren, aus der bayrischen Ebene in das Inntal, von Oberitalien etwa hinein ins Etschtal, oder auch ins Friaul, aber man kann nur im einzelnen sagen, intensiv keltisiert sind die Ostalpen, wo wieder der Besitz der Bergwerke eine große Rolle gespielt hat, während etwa das nördliche und mittlere Tirol, das schweizerische Rheintal von der Keltisierung nicht allzu viel gespürt haben. Man kennt das daran, daß in historischer Zeit die Stämme noch alle erhalten sind, manche von ihnen ins Mittelalter eingehen, so die Praegnarii südlich Innsbruck. Diese Kelten bilden Westeuropa, ihnen angeschlossen ist England und die Insel, die außerhalb des römischen Reiches liegt und dann im Mittelalter aktiv wird, Irland. Von den Kelten ist noch zu sagen, daß sie von allen anderen Völkern, die wir kennen, religiös die uniformsten waren, das Werk eines Priesterstandes. Das Urteil Caesars über die Kelten als *ritibus dediti*, den Zeremonien ergeben, hat volle Geltung, für die Inselkelten bis in die Neuzeit. Die Kelten haben die Volkssubstanz der Alpen zum großen Teil verändert, zum Guten, ein ausgezeichneter Zuwachs. Die Frage, ob die Romanisierung irgendwie die alpine Bevölkerung geändert hat, muß, wenn man die Sache ernst durchdenkt, auf jeden Fall verneint werden. Wer die Geschichte Italiens ordentlich kennt, der weiß ja, daß die Kraft des Landes um Chr. Geburt nicht so war, daß sie hätte Überschüsse in größerem Umfange abgeben können. Das ist praktisch unmöglich. Die Veteranenkolonien oder was an Militär an der Grenze sitzen bleibt, die Legionäre, können die Volkssubstanz nicht ändern, die gehen in der Bauernschaft der Umgebung einfach auf. So ist die Romanisierung innerhalb des Alpenraumes zwar eine gründliche, aber sie ist eine politische und selbstverständlich eine kulturelle. Hier zwei Beispiele vom italienischen alpinen Boden, die Ihnen zeigen, wie wenig eigentlich die Romanisierung auch in diesem Bezirk durchgegriffen hat, Salurn und das Nontal. Eine große Überraschung brachten die Ausgrabungen im Gräberfeld von Salurn, südlich von Bozen. Unten im Tal geht die große Brennerstraße vollromanisiert vorbei. In Salurn hat das Gräberfeld, das bis ins 4. Jahrhundert nach Chr. reicht, bei den Bestattungen gezeigt, daß die Leute wenige Kilometer von der Straße weg im Latènestil, d. i. der Kultur vor der Romanisierung, weiterleben. Wie sehr auch die Regierung selber die Romanisierung überschätzt hat, dafür gibt es ein geradezu klassisches Beispiel, das viel Aufsehen seinerzeit erregt hat. Der Name Ambrosius', Bischofs von Mailand, der vorher *consularis Liguriae* war, bevor er Bischof wurde, also Statthalter der schönen Provinz Ligurien in Mailand, ist Ihnen geläufig. Dieser erlauchte Mann hat zusammen mit dem Bischof Vigilius von Trient orientalische Mönche, die gekommen sind und um Betätigung angesucht haben, hinaufgeschickt ins Nontal. Nach wenigen Tagen Aufenthalt waren sie alle erschlagen. Das sind Beispiele, wie die Romanisierung oberflächlich locker und viel später erst tiefgehend ist.

Dann kommt der germanische Zuzug. Der erste erfolgte im Linzgau, das ist die Landschaft hier nördlich von uns am alemannischen Nordufer des Bodensees. 270 ist der Limes durchbrochen, westlich von der Illermündung ausgelöscht, da kommen die Alemannen und werden Nachbarn der beiden Rätien. Diese Alemannen sind als Studienobjekt besonders deshalb geeignet, weil man sie als Einbrecher ins römische Reich oder als Eroberer kennenlernt in dem Stadium, wo sie grundsätzlich jede Stadt, die sie treffen, solange belagern, bis die Stadt fertig ist. Das üben sie auf den ersten Zügen nach Italien und Frankreich. Wir haben aus der Zeit Julians bei Ammianus Marcellinus die genauen Nachrichten, es werden auch die Zahlen genannt: 45 Städte zerstört bei einem Raid nach dem Westen hin. Das ist das Stadium, in dem sie sich im 4. Jahrhundert befinden, dann kommt ein Jahrhundert der Angleichung an römische Sitten und man sieht, wenn man die Quellen prüft, daß sie sich langsam daran gewöhnen, auch in einer Stadt zu leben, d. h. wenn sie später kommen, zerstören sie die Städte nicht mehr. Bei den Alemannen sind wir als Historiker in der guten Lage festzustellen, von wann an sie die Städte konservieren. 450–470 wird die Nordwestschweiz wirklich alemannisch, aber es bleiben die alten Städte erhalten, Zürich usw. Diese Germanen haben nicht nur den Wert der Landarbeiter gesehen, sondern sie sind auf den Wert der Stadt gekommen. Was von dem germanischen Zuschub in die Westalpen überliefert ist, ist nicht allzuviel, es ist das einzige die Ansiedlung der Burgunder in Hochsavoyen. Das Schicksal der Burgunder mitten in einer stockromanischen Gegend war ein einfaches, sie vermehren sich, breiten sich nach Westen aus. Burgunder haben im übrigen nie Städte zerstört. Sie kommen in die romanischen Städte, dort verlieren sie ihr Volkstum, bilden eine wertvolle Komponente, wo sie Siedler sind. Diejenigen, die ihr Volkstum erhalten haben, sind die Alemannen, denn sie haben den Kontakt mit dem alemannischen Hinterland nie verloren. Wie die anderen Germanen sich am Rande der Alpen benehmen, ist bekannt. Im Wiener Becken sind die Markomannen um 395 angesiedelt, ohne je in die Alpen einzuwandern. Aus der vita Severini kennen wir auch die Rugier nördlich der Donau in Niederösterreich, auch sie haben mit der Volkssubstanz in den Alpen nichts zu tun. Bald nach 400 meldet sich ein sehr schöner und interessanter politischer Gedanke, den der Ihnen allen bekannte Westgotenführer Alarich gehabt hat, ein politischer Kopf höheren Ranges. Er hat dem weströmischen Kaiser den Vorschlag gemacht, bevor er nach Italien einmarschiert, es wäre doch das Gescheiteste, die gefährdete Ostgrenze des weströmischen Reiches zu organisieren und zu schützen. Es sollte eine Art Pufferstaat gebildet werden, der beide Noricum enthält, Friaul, den Ostteil von Venezien und Istrien samt der Verlängerung durch das Stadtgebiet von Emona – Laibach bis an die kroatische Grenze, bis nach Dalmatien samt Hinterland. Das sollte ein römisch-germanischer Staat sein unter romanischer Führung und germanischer Verteidigung. Alarich hat diesen Gedanken überbringen lassen an Honorius nach Ravenna von Kärnten aus, wo er wartete, und Mithelfer war sein Schwager Ataulf, der das Burgenland damals besetzt hatte. Man bedenke, wenn diese Idee Wirklichkeit geworden wäre, das große Malheur hätte es nicht gegeben und der Einbruch von Osten nach Italien häte gar nicht stattfinden können. Das Angebot wurde abgelehnt, Alarich hat in Italien schlimm gehaust, sein Schwager ist später nachgezogen. Die Westgoten bilden bald den Kern der gotischen Besiedlung von Südfrankreich und Nordspanien. Erwähnenswert aber ist, daß in der mittelalterlichen Geschichte die Versuche vorhanden sind, so etwas Ähnliches zu machen, mit den beiden Noricum einen Schutzwall für den Westen aufzurichten, was in der ottonischen Ostmark dann verwirklicht worden ist. Das Patriarchat von Aquileia unter den deutschen Bischöfen war etwas Ähnliches und, was von Ihnen nur wenige wissen werden, das Innere von Dalmatien ist das echte Rückzugsgebiet der 555 aus Italien durch die Byzantiner vertriebenen Ostgoten geworden.

Der dritte Volkszuschuß, der vor 600 erfolgte, kam mit dem Awareneinbruch. Die Awaren, also artfremde Leute aus dem Osten, sind mit den Sklabinen, Chroaten und dem bunten Völkergemisch anderer Art in kurzen, aber ausgiebigen Stößen in die Ostalpen, die ungeschützt waren, eingezogen, auch in Oberitalien. Sie sind in jenem Stadium, in dem die Alemannen waren, bevor sie an Städte gewöhnt waren, sie machen mit dem Städtewesen in den Ostalpen gründlich Schluß, sie vernichten jegliche Befestigung, auch die kleinste Fliehburg, auch das letzte Almdorf auf dem Ulrichsberg in Kärnten. Als Ausgräber wissen wir folgendes: sie vernichten auch jede Kirche und plündern die Friedhöfe. Sie haben die gleiche Technik wie die Vorgänger, mit einem Schlag einen Sarkophag an einer Ecke aufzuschlagen und hineinzugreifen, um einen Ring, ein Amulett oder irgend etwas zu finden, ebenso den Altarplatz auf jeden Fall zusammenzuschlagen, um die Reliquienkapsel aus Edelmetall, Silber oder Gold, herauszuklauben. Das ist überall geschehen, im übrigen auch wieder im Mittelalter, als die Türken in unsere Gegenden einmarschiert sind. Auf ihren Raubzügen haben sie in sämtlichen Kirchen die Altäre zerschlagen, um Reliquiare zu finden. Sie haben sämtliche Särge aufgebrochen, die zu finden waren. Die Awaren machen halt am Toblacher Feld, an den Grenzen Salzburgs und im Südosten Oberösterreichs. Mit diesen neuen Elementen geschieht nun folgendes: Sie siedeln selbstverständlich zwischen der ziemlich intakten romanischen Bauernbevölkerung. Das Leben in den Alpen ist zu vergleichen mit dem Leben am Meeresstrande. Die Fischer- und Schifferbevölkerung wird, gleichviel welcher Herkunft sie ist, allenthalben nivelliert unter dem Zwange der Natur. Die Gebirgsbauern, die alpinen Menschen unterliegen gleicherweise demselben Zwang. Das Durcheinanderleben und das Lösen der gleichen Aufgaben bewirken nun ein Ineinandergehen.

Es kommt dann später die bayrische Zuwanderung als ein weiteres Element hinzu, langsamer vordringend im Drautal, rascher längs der Donau. Alle sind in den ersten Jahrhunderten Analphabeten, die Romanen brauchen die Schrift nicht mehr, es sind Landleute, vergessen das Lesen und Schreiben, haben keinen Kontakt mit dem schreibenden Bereich. Die kulturelle Zäsur ist eine durchgreifende, eine echte. Das, was sie bietet, würde ich zwar als eine Barbarei bezeichnen, aber es ist keine ungesunde. Anders wäre es gewesen, wenn etwa ein slawischer Stamm Mongolen eingeführt hätte, das hätte die Bevölkerung artmäßig sehr verändert. Aber das Zusammenleben der drei Bestandteile in den Ostalpen bedingt keine sonderliche Änderung. Dasjenige, was gewöhnlich vergessen wird, ist, daß die Zuwanderer nach einiger Zeit, ob sie wollen oder nicht, nicht nur einen Tropfen, sondern ziemlich viel Gutes aufnehmen von der Grundbevölkerung, die ihren Romanismus verliert. Bei der Beurteilung der Bevölkerung ist immer zu beachten, daß die Grundbevölkerung in ausreichendem Maße vorhanden ist. Die Frage, die uns wichtig erscheint, ist die, ob von der Landbevölkerung etwas weiterlebt. Man kann diese Frage nicht anthropologisch lösen, man kann sie auch nicht durch Interpretation der Überlieferung lösen, aber man kann eines ganz simpel tun, an Hand guter Porträts der Grundbevölkerung römischer Zeit: Jeder sieht, daß die Typen fortleben. Der Historiker braucht nichts dazu zu sagen.

Die echten Volkszuschüsse an neuem artverwandtem Blut vollzogen sich in langen Intervallen. Von der Keltisierung der Ostalpen um 400 vor Chr. bis zu dem ersten Germaneneinbruch dauert es lange. Es sind also, wenn man die Schweizer Verhältnisse nimmt, bis die Alemannen kommen, von etwa 400 vor Chr. bis 450 nach Chr. 900 Jahre. Während dieser Zeit hat sich das Einheimische und Keltische untereinander gemischt, es waren ja keine Völker, die einander gemieden haben, die zur Selbsterhaltung notwendige Arbeit war immer die gleiche und es hat Zeit gehabt, daß sich hier alles setzen und ausgleichen konnte. Ebenso ist es in den Ostalpen der späteren Zeit. Bis die Awarenflut kommt, bis die Bayernzuwanderung kommt, sind 1000 Jahre vergangen, während welcher im Romanismus alle alten Unterschiede sicher untergegangen sind. 200 Jahre ist durch die Awaren jeder Krieg im Untertanengebiet verhindert worden, was zur Volksvermehrung führen mußte und auch zu ruhigem Ausgleich aller. Ein Großteil der Alpen ist aber, von der Keltenzeit angefangen, ohne weiteren Zuschuß an Volkssubstanz geblieben, das sind sozusagen die Schutzgebiete. An der Spitze stehen die Seealpen, vor allem anderen aber auch die Raetia prima. Sie ist eine der konservativsten Landschaften, die man sich denken kann, noch in karolingischer Zeit tritt, obwohl es kein römisches Reich mehr gibt, der diocletianische *praeses* an. Die Frage, die ich nun an den Schluß stelle, ist folgende. Es wäre naheliegend, anzunehmen, daß in den unruhigen Randgebieten: im bayrischen Raum, im alemannischen Raum eine Reihe von Romanen abwandern, um in den Alpen sicher zu sein, wie man gemeint hat, das romanische Element wesentlich verstärkend. Das ist ein guter Gedanke, aber ihn zu beweisen ist nicht so einfach. Vom österreichischen Boden haben wir die verläßlichen Nachrichten der vita Severini, daß 488 auf Anordnung von Odoakar die Stadtbewohner weggehen, da beim ständigen Einfall verschiedener Stämme kein rechtes Stadtleben mehr möglich war. Sie ziehen ab, auch von den geschlossenen Märkten, aber sie gehen nicht in die Alpen hinein, sondern nach Italien, verlieren sich auf italienischem Boden, ihr geistiger Führer, Severin, ist nach Neapel gewandert und bis auf den heutigen Tag dort bestattet. Das ist die einzige Wirklichkeit, die man quellenmäßig weiß. Keine zufälligen Zuschüsse, die wir erwarten, und Rückwanderungen spielen eine Rolle. Vielleicht läßt sich auf sprachlichem Gebiet da einmal etwas mehr machen, der Historiker kann nicht viel dazu tun.

Die Kontinuität von der Antike zum Mittelalter im Ostalpenraum

VON HERMANN VETTERS

Jede Fragestellung, die eine Beschäftigung mit dem Kontinuum verlangt, hat von mehreren Voraussetzungen auszugehen. Erst wenn diese beantwortet sind, kann man an die Untersuchung der gestellten Aufgabe gehen. Vor allem muß die schon von Aubin und manchen anderen gestellte Forderung geprüft werden, welche Verhältnisse historischer, insbesondere kultureller Art, haben in dem Gebiet geherrscht. Wer war der Träger der alten Kultur, wer war es, der sie allenfalls übernommen und weiter gepflegt haben kann.

Nicht der Gesamtüberblick der Kontinuitätstheorien mit weit voneinander entfernten Parallelen ist zunächst zu erstreben, sondern enge zum Teil landschaftlich geschlossene Gebiete mögen das Forschungsgebiet sein. Dabei sind nicht eine, sondern viele Wissenschaften beteiligt. Historiker des Altertums und des Mittelalters, Religionshistoriker, Kunsthistoriker und letzten Endes Archäologen müssen bei diesen Fragen zu Worte kommen.

Ein besonderes Gewicht fällt dabei der Bodenforschung zu, ist doch sie es, die in dieser so schriftarmen Zeit verhältnismäßig reichlich neue Quellen zu erschließen vermag.

Bevor ich daher auf die engere Fragestellung eingehe, mögen zunächst die Prämissen, die ich oben kurz genannt habe – ihre Zahl ließe sich noch vermehren – behandelt werden.

Ich werde zum Teil weit ausholen müssen, denn schon die erste Frage über die historischen Ereignisse des Ostalpenlandes in der Antike, über seine Bewohner führt uns in die früheste Historie zurück. Außerdem können diese Fragen nicht isoliert allein für einen Raumteil behandelt werden, sondern muß der ganze Ostalpenraum in Betracht gezogen werden.

Aus den zum Teil in der antiken Literatur genannten Stammesnamen im Zusammenhang mit der historischen Überlieferung und der Sprachwissenschaft lassen sich zwei bzw. drei Komponenten herausschälen: die ältere illyrisch-venetische und eine darüber gelagerte keltische. Beide Gruppen haben im Namensmaterial ihre Spuren hinterlassen, ja vielfach treten hybride Formen auf, so gleich beim Namen des Zentralstammes der Norici, die, wie P. Kretschmer und neuerdings wieder R. Egger eindringlich gezeigt haben, auf ein vorkeltisches Nori – Neuri zurückzuführen sind[1]. Auch die nur aus der klassischen Zeit erhaltenen Personen- und Gentilnamen zeigen die gleichen Vorgänge. Als Beispiel für viele seien nur die Namen vom Schlattenbauern erwähnt, wo Bildungen wie *Cadiasius* und weibliche Personennamen auf *u*, z. B. *Aiu*, diese Formen überliefert haben[2]. Diese Überschichtung ist auch archäologisch nachweisbar, wie manche Grabungen in letzter Zeit gezeigt haben. Auch hier seien nur einige Beispiele für viele erwähnt. So der Georgenberg[3] im Kremstal, der uns noch mehrmals beschäftigen wird oder der Ulrichsberg in Kärnten[4].

Über die alte Hallstattbevölkerung hat sich das keltische Superstrat geschoben, das uns auch in den aus römischer Zeit überlieferten Stationsnamen erkennbar wird. Als Herrenschicht haben die Kelten die wichtigen Straßenpunkte, die die alten Verkehrswege überwachten, besetzt. Auch hier mögen nur einige Beispiele angeführt werden, so die Donaustraße und der alte Weg über den Phyrn nach Kärnten[5].

Diese Kelten errichten verhältnismäßig früh ein Staatsgebilde, das schon an der Wende vom 2. zum 1. Jahrhundert engere Beziehung mit Italien besitzt. So nennt uns Livius die Bewohner als *Galli transalpini* aus Anlaß der Gründung einer Stadt im Nordosten Italiens für die Jahre 186–183 v. Chr.[6]. Die damals geführten Verhandlungen, die für den Kenner römischer Gewaltpolitik unverständlich waren und bleiben mußten, führten letzten Endes zum Rückzug des rund 12 000 Menschen starken Auswandererschwarmes nach Kärnten. Die Ursache für dieses vorsichtige diplomatische Vorgehen war der schon damals anzunehmende gewinnbringende Metallhandel, vor allem Eisen, Blei, Kupfer und Gold, dessen Niederschlag wir bei den Grabungen auf dem Magdalensberg in den tiefsten Straten feststellen konnten[7].

Auch weiterhin blieb das Verhältnis mit dem nördlichen Nachbarn ungetrübt, wenn auch vereinzelt Übergriffe von beiden Seiten vorgekommen sind. Bald entwickelte sich ein intensiver Handel, der vor allem von Aquileia, aber auch von der Zentrale in Rom gepflegt wurde und letzten Endes zum Entstehen eines *conventus civium Romanorum negotiandi causa* auf dem Magdalensberg führte. Diese erste südländische Ansiedlung auf dem Magdalensberg sind wir gerade am Werk freizulegen.

1) Mit dem Namen hängt das griechische Wort νωροψ zusammen, das norisch bedeutet und schon bei Homer vorkommt: Glotta 32, 1953, S. 1 ff.
2) Ö. Jh. 38, 1950, Sp. 113 ff. Ähnliches Material ergaben auch die Personennamen auf dem Magdalensberg, Eggerfestschrift III, 1954, S. 32 ff.
3) Ö. Jh. 43, 1958, Sp. 123 ff.
4) A. NEUMANN, Carinthia I 145, 1955, S. 143 ff.
5) Donaustraße: Boiodurum, Stanacum, Joviacum, Lentia, Lauriacum, Favianae, Vindobona. Phyrnstraße: Ovilava, Tutatio, Gabromagus, Matucaium, Virunum, Tasinemeton, Santicum, Larix, vgl. RE IXA/1 Sp. 266 ff.
6) Liv. 39, 22, 6; 39, 45, 6; 39, 54, 11; 43, 5.
7) Carinthia I 148, 1958, S. 50 ff.; ebda. S. 155 ff.; Carinthia I 149, 1959, S. 30 ff.; ebda. 1961, S. 7 ff.

Osten des norischen Landes bis zum Wienerwald wurde abgetrennt und zum Militär-bezirk der Pannonia geschlagen, wo seit der Regierung des Tiberius das große Stand-lager Carnuntum [17] entstand, dem in hadrianischer Zeit die zweite große Festung Vindobona folgte [18].

Die ländlichen *civitates* im späteren Stadtgebiet von Carnuntum standen unter der Leitung einheimischer Adeliger, die natürlich bereits das römische Bürgerrecht er-halten hatten [19], zum Unterschied vom benachbarten pannonischen Raum, wo römische Präfekten die Stämme geführt haben, wie CIL III 5363 zeigt. Diese Funde beweisen, daß im ganzen Land, mit Ausnahme der oben genannten Teile, das bodenständige illyrisch-keltische Volkstum bestehen blieb. Die Bevölkerung hat aber die neue Le-bensform und mit dieser die Stadtkultur bejaht und übernommen, so daß in der er-staunlich kurzen Zeit von rund 50 Jahren Noricum als Vorland Italiens gelten konnte und sich harmonisch dem Bereich der römisch orientierten Ökumene einfügte.

Trotzdem aber hat das Land in vielem sein ursprüngliches Gesicht gewahrt. Die alte einheimische Religion mit ihrem keltischen und illyrischen Pantheon bestand weiter und verwandelte ihre Form nur gering [20]. Die *interpretatio Romana* und dieser parallel gehend eine *interpretatio Celtica* glich, wenn auch nur oberflächlich, die göttlichen Mächte an.

In hadrianischer Zeit folgte das Donaugebiet dem Süden nach und erhielten Aelium Cetium, Ovilava und im pannonischen Raum Carnuntum Stadtrecht, nachdem in Steiermark schon unter den Flaviern Solva als *municipium* konstituiert war. Etwas später folgt Vindobona nach.

Schwer ist es, ein Bild von der Höhe der geistigen Kultur zu entwerfen. Die bis in den entlegensten Tälern auftauchenden Inschriften zeigen, daß lateinisch Lesen und Schreiben – ohne öffentliches Schulwesen – allenthalben gekonnt wurde. Sicher aber hat sich, wie die einheimischen Namen zeigen, das keltische Idiom lange daneben behauptet. In Noricum war man eben zweisprachig. Erst im 3. Jahrhundert ist, wie H. Thaller gezeigt hat, die Romanisierung soweit vorgeschritten, daß keltische Namen im Inschriftenmaterial des Stadtgebietes von Virunum spärlicher werden bzw. gänz-lich verschwinden [21]. Das beweist aber nicht eindeutig das Aussterben der keltischen Sprache. Höhere geistige Unterrichtsanstalten wie in Gallien oder Spanien hat es im

17) E. SWOBODA, Carnuntum, seine Geschichte und Denkmäler, 4. Aufl., S. 35 f., Literatur S. 238 f.

18) A. NEUMANN, Die römischen Ruinen unter dem Hohen Markt, 2. Aufl., S. 15, ders. RE IXA/1, s. v. Vindobona, Sp. 62 ff.

19) PARNDORF: *M. Cocceius Caupianus pr(inceps)* bzw. *pr(aefectus) civitatis Boiorum,* Bur-genländ. Heimatblätter 13, 1951, S. 4.

20) Vgl. H. VETTERS, RE s. v. Virunum, Sp. 280 ff., und H. KENNER, Ö. Jh. 43, 1958, S. 57 ff.

21) H. THALLER, Carinthia I 140, 1950, S. 147 ff.

Alpengebiet nicht gegeben; immerhin besaß aber Virunum ein Theater, das in der Blütezeit des 2. Jahrhunderts entstanden sein dürfte[22].

Soviel über die einheimische Grundbevölkerung und ihre sehr eingehende Romanisierung. Dieser Grundstock, aber nicht er allein, hat bis zum Ende der Antike hier gelebt. Zuzug kam nicht mehr vom Süden, sondern vom angrenzenden Nordland der Germanen.

Nach dem großen Schock der Markomannenkriege, die zwar nicht für die Reichsregierung, aber wohl für die Bevölkerung unerwartet über das Land zogen, gab es eine beträchtliche Bevölkerungsabnahme. Wieder zeigen dies Grabungsbefunde, so z. B. in Thalgau, ein damals verlassenes Anwesen.

Über die Kulturhöhe nach dieser Zeit belehren uns die Grabungen in Lauriacum, die zeigen, daß das Reich noch imstande war, eine Stadt zu gründen, daß diese aber nicht mehr die Kulturhöhe der anderen Orte erreichte. Der Ort ist für unsere Frage wichtig, gelang es doch nicht nur ein Siedlungskontinuum festzustellen, sondern konnte hier F. Brosch auch im Flurgefüge die römischen Centurien nachweisen.

Im Laufe des 3. Jahrhunderts kommt es zur Ansiedlung von Germanen auch in den Randprovinzen und bald überwiegt beim Militär das germanische Element, besonders, seit unter Diocletian und Constantin zwei Truppengattungen dominieren, die Reiterei und die »fremden Föderaten«, die wie z. B. die um 395 angesiedelten Markomannen und Quaden unter einem *tribunus gentis Marcomannorum* stehen[23]. Am Ende der Antike ist also eine gemischte Bevölkerung romanisierter Keltoillyrer und germanischer Stämme im Alpenland anzunehmen, in Tirol und Vorarlberg und in Salzburg gibt es Reste echter Südländer, die natürlich auch in den Städten, so vor allem in der Geistlichkeit vertreten waren.

Wir haben oben vom geistigen und kulturellen Leben gesprochen. Für die Spätantike ist die mächtigste Kulturkomponente ohne Zweifel das Christentum. Ins Alpenland kam es vom Süden. Der Umschlagplatz war die alte Handelsmetropole Aquileia, nicht wie Zibermayr annimmt Sirmium. Dort war wohl der Sitz des Metropoliten, als nach 325 die staatliche Diözesanverfassung auch für die Kirche verbindlich wurde. Aber 395 verlor Sirmium seine Stellung als Metropole, die an den *praefectus* von Mailand übergeht, da schon seit 378 Alanen und Goten in der Valeria siedeln und schon 395 die Markomannen Teile der Pannonia I zugesprochen erhalten. Seitdem ist das kirchliche Zentrum für das Alpengebiet Aquileia, für den Westen Mailand[24].

Wenig wissen wir aus den historischen Quellen über den Vorgang der Christianisierung. So hören wir vom Martyrium des Florianus, von den Missionsarbeiten des

22) R. EGGER, Carinthia I 128, 1938, S. 14 ff.
23) Not. dign. occ. 34, 24.
24) PAULINUS, vit. Ambrosii 36, vgl. R. NOLL, Frühes Christentum in Österreich, S. 48.

Ambrosius bei der Königin Fritigil, erfahren, daß schon 343 n. Chr. die Bischöfe des
Landes am Konzil von Serdica teilnahmen.

Viel mehr und vor allem unbestechliche Zeugnisse ergibt die Bodenforschung, die
auch erhellen wird, wo und in welchen Teilen wir mit einem Siedlungskontinuum –
denn von mehr wird man im Alpenraum kaum sprechen können – rechnen können.
Die ältesten datierbaren Kirchen sind bisher nicht im Kärntner Raum gefunden worden, sie kamen im Osten Österreichs, in der Pannonia und in Ufernoricum, hervor.
Die älteste ist eine kleine Kultanlage in Donnerskirchen, die in einem Privathaus eingebaut war[25]. Es handelt sich um einen 19,30 m langen und 10,20 m breiten Saal.
Die Deutung als christlicher Kultraum ergab der völlig zerschlagene, runde Mensa-
tisch mit seinen charakteristischen, halbkreisförmigen Ausnehmungen, die wie Schalen
angeordnet sind. Der Bau wird vom Ausgräber in die Mitte des 4. Jahrhunderts datiert. Seine gründliche Zerstörung zeigt, daß hier zu einem nicht näher bekannten
Zeitpunkt das antike Leben abgerissen ist. Wichtig ist der Fund, weil er die Früh-
form der christlichen Kultanlage repräsentiert. Aus der gleichen Zeit stammt auch
das im 2. Amphitheater von Carnuntum eingebaute christliche Baptisterium und ein
Grabbau in Heiligenstadt. Wenig später entstanden im Zuge der Regulierung des
Donaulimes unter Valentinian christliche Bauten im östlichen Teil von Noricum, nämlich in Asturis – Klosterneuburg. Sie sind von besonderer Bedeutung, weil sie ein
langes Leben besaßen. Die Funde sind unpubliziert, die Grabungen hat R. Egger geleitet, der mir gestattete, darüber zu berichten.

Es handelt sich um drei Bauten. Aus valentianischer Zeit stammt eine *memoria*,
12,80 m groß, die aus einem Saal und anschließenden zwei Kirchen besteht. Eine sinn-
reiche Einrichtung ergab einen dauernden Luftzug, der eine Mumifizierung der Leiche
ermöglichte. Solche Bauten sind aus dem Süden bekannt und solch ein Bau muß auch
das corpus des heiligen Severin vor Verfall bewahrt haben[26]. An den Bau schließt
eine später errichtete Saalkirche, die ein Schiff von 14,45 m x 5,87 m besitzt. Die etwas
gestelzte Apsis mißt 2,45 m. Schon die Apside, die vom älteren Typus der Saalkirche
abweicht, versetzt den Bau in das 5. Jahrhundert. Unter dem Boden der *capella speciosa* fand sich eine ähnliche Anlage. Die Maße betragen 15,90 m x 7,50 m. Auch diese
Kirche besitzt eine Apsis.

Das ist von Bedeutung, denn die Kirchen entstanden zu einer Zeit, die nicht mehr
ferne liegt vom Auftreten des heiligen Severin, dessen Eintreffen in Noricum der
beste Kenner der Materie, R. Noll, um 460 ansetzt. Das ist jene Epoche, in der bereits
im Osten von Noricum das römische Gebiet verloren war und dort nach den Alanen
und Goten die Hunnen Attilas ihre Wohnsitze hatten (von 433–453 n. Chr.). Diese

---

25) W. KUBITSCHEK, Römerfunde v. E., S. 48; A. BARB, Burgenländ. Heimatblätter 15, 1953,
S. 97 ff.
26) vit. S. Severini 44, 6.

Bauten sind im Zuge der Völkerwanderung mehrmals zerstört worden, wurden aber immer wieder neu errichtet und standen mit den gleichen Fundamenten und Böden aus Ziegeln aufrecht, bis sie 1222 anläßlich des Baues der berühmten *capella speciosa* mit Ausnahme der Fundamente abgetragen wurden. Hier haben wir den ersten Punkt, bei dem R. Egger ohne Zweifel ein Kult- und Siedlungskontinuum festgestellt hat. Gleichzeitig mit diesen Kirchen ist wohl die neu gefundene christliche Inschrift aus Wien.

Verbleiben wir noch im Donaugebiet. Hier gelang es Herma Stiglitz, im Raume von Mautern, dem antiken Favianis, außerhalb des Kastells eine in einem älteren, bereits zerstörten Bau errichtete Saalkirche, 14,5 m x 21 m groß, mit dazugehöriger Priesterbank und Altarfuß zu finden. 16 m südlich davon liegt ein mit Schlauchheizungen versehener Rechteckbau, 21 m x 36 m, den Holzwände teilen. Es handelt sich wohl um das bei Eugipp 22,4 genannte Kloster, das Severin gebaut hat. Der Bau ist völlig zerstört. Östlich von Mautern liegt Piro-Torto, das ebenfalls verspricht ähnliche Funde zu liefern.

Neben diesem Kloster gab es aber auch innerhalb des Kastells eine Kirche, so wie auch im 4. Jahrhundert im Lager von Lauriacum eine einfache Saalkirche, 18,20 m x 7,30 m groß, eingebaut wurde. Dieser Bau hat ebenfalls, so wie in Klosterneuburg, die Völkerwanderung überdauert. Die von Schicker nach den Grabungen Swobodas durchgeführten Arbeiten, deren Tagebücher erhalten sind, ergaben bei der Durcharbeitung nicht nur den Grundriß der gotischen Kirche, sondern zeigen auch Reste eines romanischen Baues, der um 900 die alte Kirche erweiterte, zur Zeit also, da aus der bairischen Pfalzkapelle die Friedhofskirche wurde, die 1075 als *capella S. Mariae in civitate Lauriacensi* genannt wird. In der Zivilstadt fanden wir ebenfalls ein sicheres Kontinuum. Vor allem auch unter der Laurentiuskirche, die schon 791 Karl den Großen in ihren Mauern sah. Besonders interessant sind die Funde aus dem Ziegelfeld, die zu dem Gräberfeld von Zizlau überleiten, das die neuen Herren, die Baiern, uns überlassen haben.

Alle diese Kirchen haben eines gemeinsam: Sie sind entweder Bauten, die in ältere Anlagen eingebaut wurden, oder sie liegen im verbauten Gebiet einer Siedlung oder Festung, die zu jenem Zeitpunkt bereits als Fluchtburg in Verwendung stand, wie Ovilava – Wels, wo Trathnigg auch das Siedlungskontinuum nachwies.

Auf dem Weg nach Kärnten, an der Straße über den Phyrn, liegt der Georgenberg, den heute eine Kirche krönt. Wie ich schon kurz in Linz mitteilen durfte, gelang es hier, in einer in der Spätantike errichteten Fliehburg eine frühchristliche Kirche samt einer *memoria* ähnlich der von Klosterneuburg zu finden. Damit tritt uns zum erstenmal der Typ der Fliehburg entgegen, der vor allem im Süden unserer Heimat so reich vertreten ist. Es handelt sich um Anlagen, die für die ländliche Bevölkerung gebaut wurden und seit der Zeit des Theodosius entstanden sind. Ihre Vorläufer sind die befestigten Bauernhöfe, die die Provinzialen errichteten, seit ihnen ein Erlaß des

Theodosius das Verteidigungsrecht gewährte [27]. Nichts schildert – neben dem Bericht des Eugippius – so drastisch die Not der Bevölkerung als der dürre Amtston, der empfiehlt, sich gegen Plünderer und Marodeure zur Wehr zu setzen.

Der Georgenberg ist deshalb wichtig, weil er der dritte Ort ist, der ein Siedlungs- und hier auch ein Kultkontinuum wahrscheinlich macht. Neben der frühchristlichen Kirche fand sich der ältere keltische Tempel und auch aus dem 9. und 10. Jahrhundert eine Erweiterung der Kirche in Holz, der eine romanische, später gotische und barocke Kirche bis auf den heutigen Tag folgen [28].

Im Süden, in Kärnten und Tirol tritt uns dieser Typus in noch ausgeprägterem Maße entgegen, nur daß er nicht schon im 4. Jahrhundert, sondern erst im 5. Jahrhundert entstanden ist. Hier im doch etwas sicheren Hinterland trat die Not etwas später auf. Die Bauanlagen sind alle ähnlich. Es sind Festungen, die keine strategischen Punkte sichern, es ist also kein *limes Italicus* entstanden, wie F. Jantsch meinte [29] und auch R. Egger [30] annahm, sondern es sind richtige Fliehburgen, wie es früher einmal die *refugia* der Kelten gewesen sind. Diese Burgen besaßen ein Kommandantenhaus, eine Kirche und viel Platz für die Bauern mit ihrem Vieh. Eine spezielle Stellung unter ihnen nehmen diejenigen ein, die dem damaligen tatsächlichen Vertreter der Obrigkeit, dem Bischof, als Zuflucht dienten.

In Virunum, der Hauptstadt der *mediterranea*, hat es sicher eine Kirche gegeben, wir wissen von ihr nur durch eine Verkleidungsplatte aus grauem Marmor, die ein Kompositkapitell eines Pilasters zeigt, ähnlich den Verkleidungsplatten von Stobi [31]. Noch 591 n. Chr. tritt der Bischof als *episcopus Beronensis* in einer Bittschrift an Kaiser Mauricios auf. Kaum aber hatte er damals noch seinen Sitz in der Stadt selbst, die schon vorher arg mitgenommen war. Hier saß vermutlich Alarich, als er mit dem Kaiser 407 verhandelte und Noricum für seine Anhänger verlangte [32]. Um diese Zeit wurde Flavia Solva geplündert und zerstört. Zuflucht fand der Bischof von Virunum auf dem befestigten Grazerkogel oder vielleicht in Maria Saal, wo R. Egger ebenfalls ein Castellum annimmt. Diese beiden Anlagen führen zum Typus der befestigten Bischofsburg. Auf dem Grazerkogel gab es zwei Kirchen, die Saalkirche für die Gemeinde und die apsidale Kirche, die, wie wir noch hören werden, als *Consignatorium*, also für die rein bischöfliche Funktion der Firmung gedient hat. Der Grazerkogel ist

27) Cod. Theod. VIIII, 14, 2 vom 1. Juli 391. Ein solcher Hof wurde in Wimsbach gefunden. vgl. Jb. o. ö. Musealvereines 97, S. 87 ff.
28) Auch im Flurgefüge hat sich die römische Metation erhalten; Das Land ging also ohne Bruch in die Hände der Baiern über. Vgl. Anm. 3.
29) F. JANTSCH, MAG 78, 1938, S. 337 ff.
30) Ö. Jh. 25, 1929, Sp. 159 ff.
31) R. EGGER, Carinthia I 139, 1949, S. 181.
32) Zos. V, 29; Zos. V, 50, 3. RE IXA/1, Virunum, Sp. 308.

nicht völlig freigelegt, so daß das vorauszusetzende Baptisterium noch nicht gefunden wurde. Entstanden ist das Castellum – so nennen Eugipp, aber auch die Notitia Galliarum diese Bischofsburgen – im frühen 5. Jahrhundert.

Die gleiche Anlage, nur besser untersucht, finden wir auf dem Hemmaberg, wo schon in vorrömischer Zeit der urindogermanische Jovenat verehrt wurde. Hier tritt uns wie auf dem Georgenberg das Kultkontinuum entgegen. Der in der Ebene gelegene Ort, kein römisches *municipium*, sondern ein *vicus*, hieß Juenna, der Name ist von Jovenat, in dem doch der indogermanische Djaus – Jovis stecken wird, nicht zu trennen [33]. Die Funde, die zu den am besten erhaltenen zu zählen sind, sind eine Saalkirche, 21,30 m x 8,90 m, plus Sakristei, ein Apsidalbau, 18,44 m, und ein achteckiges Baptisterium mit sechseckiger Piscina. Wie schon R. Egger festgestellt hat, ist das die für einen Bischofssitz übliche Anordnung. Wenig macht es aus, daß keine gemauerte *sedia episcopalis* gefunden wurde, vermutlich war sie aus Holz und ist daher verschwunden, oder wurde vom Ausgräber, einem begabten Dilettanten, nicht gefunden. Hier steht heute noch eine Kirche und gibt es eine heilige Quelle. Trotz der Völkerwanderung, in welcher die Kirche zerstört wurde, läßt dieser Ort an ein Kultkontinuum denken, steht doch heute hier die Kirche der heiligen Hemma. Darauf weist auch der Name Jauntal und Jaunstein hin, die das alte Juenna weiter im Wortstamm führen. Das Problem liegt vielmehr in der Frage: Seit wann gibt es einen Sprengelbischof in Juenna? Nach den Funden entstand die Anlage im 5. Jahrhundert und wurde um 600 zerstört. Ist es der Sitz des *episcopus Caravaciensis*, den uns das Chronicon Gradense nennt [34]?

Hier ist auch einer höchst eigenartigen spätantiken Siedlung zu gedenken, des kleinen Almdorfes auf dem Ulrichsberg [35]. Der Berg ist interessant, weil seine kultische Bedeutung bis in die prähistorische Epoche zurückgeht. Auf ihm erhob sich bis an die Wende vom 5. zum 6. Jahrhundert das Kulthaus der Noreia, jener Gottheit, die für das antike Noricum namengebend gewesen ist. Es ist ein höchst eigenartiger Bau, der auch dem männlichen Parhedros der Noreia, Casuontanus, geweiht war. Schon die Namen führen in die illyrisch-venetische Schichte zurück. Säulen mit Kämpfern, die frühestens in dieser Zeit auftauchen, datieren die letzte Restaurierung. Erst nach 500 entstand hier eine Fluchtstätte, die aber kaum für die Virunenser gedacht war, sondern den Bewohnern des Ulrichsbergplateaus gedient hat. Eine der am spätesten entstandenen Apsidalkirchen tritt uns hier entgegen. Die Maße 16,30 m x 9,80 m geben das Schiff. Mit Apsis und Narthex mißt die Kirche 27,60 m = 92 Fuß, die Breite beträgt 16,20 m = 54 Fuß. Auch hier fehlt nicht die Priesterbank mit dem davorgelegten Altarplatz. Dazu gehören Häuser, die rings um die Kirche gebaut waren. Es

33) R. EGGER, Sonderschr. IX, S. 76 ff.
34) R. EGGER, Sonderschr. IX, S. 138.
35) R. EGGER, Carinthia I 140, 1950, S. 3 ff.

sind Dauersiedlungen, die zeigen, daß damals die Bewohner der Siedlung im schützenden Wald, fern von den tiefer liegenden Feldern gewohnt haben und täglich den weiten Weg zur Arbeit gemacht haben, um in Sicherheit versteckt ihr Leben zu fristen. Die Zerstörung der Anlage ist an das Ende des 6. Jahrhunderts zu setzen. Auch hier hat sich eine Erinnerung an die alte Kultstätte gehalten. Denn auch heute steht noch die Ruine der gotischen Kirche und verbindet der Vierberglerlauf, der am gegenüberliegenden Magdalensberg beginnt und vom Ulrichberg zum Gösse- und Laurentius-berg führt, diese vier alten Bergheiligtümer, deren Stelle heute Kirchen einnehmen.

Wie wir oben gesagt haben, wurde der Noreiatempel erst spät zerstört. In der Ebene erfolgte nach den Grabungsbefunden die Schleifung der heidnischen Tempel schon im 4. Jahrhundert. So zerstörte man die Dolichena in Virunum in valentinischer Zeit, das gleiche gilt für Lauriacum. Etwas später folgte der Latobiustempel bei St. Margarethen und die ländlichen Bezirke von Wabelsdorf und Lendorf. In Oberösterreich ist schon früher, in der 2. Hälfte des 4. Jahrhunderts (?), der Tempel des Tutates gelegt worden, während in Linz das Mithräum, dessen Anhänger sicher im Militär zu suchen sein werden, erst unter Honorius zerstört wurde.

Sicher eine Kirche und eine Fluchtburg von Virunum haben wir in Carantum – heute Karnburg und in Maria Saal anzunehmen, beides Orte, in denen noch nicht genug oder gar nicht gegraben wurde. Sie sind von besonderer Wichtigkeit, da hier die frühmittelalterliche Mission Salzburgs wieder anknüpfte[36]. Hat doch um 750 Maiorianus in Karnburg St. Peter gegründet und ist Maria Saal der Sitz des Chorbischofs Modestus[37]. Wie Egger mit Recht vermutet, dürfte der Ortsname Saal vom antiken Solium herzuleiten sein. Nicht klar aber ist es, ob wir neben dem alten, wieder aufgebauten Kultplatz eine richtige Siedlungskontinuität vor uns haben.

Einen besonderen Platz im geographischen Bild nimmt das Becken von Villach ein. Hier haben wir namenskundlich den Anschluß an eine antike Zollstation Bilachinium anzunehmen, die von einem keltischen Biliakom herzuleiten ist. Die Arbeiten von Dolenz und Wurzer haben hier auf engem Raum gezeigt, daß das Gebiet stets besiedelt gewesen ist, aber je nach der Zeit verschiedene Punkte prävalierten und die Hauptsiedlung gebildet haben[38]. Der antike Name war Santicum, der am Drauübergang haftete. In der Spätantike aber lag die Siedlung auf der bei Warmbad Villach sich erhebenden Kuppe der Kadischen. Für diese Epoche ist es interessant, daß der zur Siedlung gehörige Friedhof über einer römischen Villa liegt. Höchst auffällig ist die dazugehörige Grabkapelle bzw. das Oratorium, dessen weit ausladende Apsis einen polygonalen Chorschluß besitzt. Zeitlich ist die Anlage dem reifen 5. Jahrhundert

---

36) R. EGGER, Frühmitt. Kunst, S. 29 ff.
37) Conversio Bagoariorum et Carantanorum c. 5.
38) H. DOLENZ, Carinthia I, 148, 1958, S. 235 ff.; ders., Die Begräbnisstätten in und um Villach, 900 Jahre Villach, S. 349 ff.

zuzuweisen. Auf der Kadischen befand sich also die Fliehburg von Santicum, eine zweite Anlage kann vielleicht auf dem Hügel von St. Martin angenommen werden, bei dem dann die karolingische Neubesiedlung ihren Anfang nahm. Auch auf dem Kanzianiberg haben wir eine Kirche anzunehmen, stammt doch von dort ein Reliquiar.

Weiter westlich liegt am Weg ins Gailtal an einem Drauübergang der Hügel von Duel [39]. Die Grabung ist noch nicht vollständig publiziert. Hier handelt es sich wieder um eine z. T. mit Türmen bewehrte Festung, die ebenfalls innerhalb des Beringes eine dreischiffige Basilica besitzt. Die Maße 14 m x 21 m und die schmalen Seitenschiffe von 1,6 m und 3,1 m zeigen, daß der Platz – den Boden bildete Fels – für die Kirche nur schwer erstellt werden konnte. Zur Kirche gehört ein Taufhaus, das im Pfarrhof angelegt wurde. Bei der Festungsmauer konnten zwei Bauperioden geschieden werden. Die Anlage fällt in das 5. und 6. Jahrhundert.

In der Ebene beim Drauübergang liegt das keltische Sperrfort, das im 5. Jahrhundert eine Nachbesiedlung erfährt. Es scheint so zu sein, daß zunächst der alte *murus Gallicus* erneuert wurde und erst, als die Siedlung im Tale nicht mehr genug Schutz bot, die Fliehburg auf dem geschützten Hügel entstand. Duel hat aber – liegt es doch an einem Flußübergang – nicht nur als Fliehburg gedient. Die Anlagen von Kasematten und Türmen zeigt, daß zumindest in der Zeit der zweiten Befestigungsanlage auch Militär den Platz besetzt hatte und R. Egger denkt an einen vorgeschobenen Posten der dem *comes limitis* unterstellten Sperren Italiens, der den Weg ins Gailtal sperren sollte [40]. Die erste Zerstörung kann mit der Belagerung Teurnias durch die Goten im Zusammenhang stehen, von der uns Eugipp berichtet [41], und die von Egger um 473 angesetzt wird. Duel war ohne Zweifel lange besetzt. Eine gefundene Sprossenfibel zeigt an, daß Germanen hier gehaust haben. Ob aber Goten oder Langobarden deswegen als Besatzungstruppen anzunehmen sind, wage ich nicht zu behaupten. Die Zerstörung fällt um 600 n. Chr.

Anders verhält es sich weiter südlich in Thörl-Maglern, wo seit der römischen Besetzung des Landes ein Beneficiarierposten gelegen hat. H. Dolenz ist es gelungen, die *statio* im Gelände festzustellen [42]. In der Spätantike wurde ein isolierter, vom Fluß fast ganz umgebener Geländevorsprung befestigt, der zwischen Gailitz und Klausbach liegt [43]. Von der Kirche ist nur mehr die Chorpartie erhalten gewesen. Sie zeigt eine Breite von 12 m. Beiderseits der Apsis liegen Diaconicon und Prothesis.

---

39) R. EGGER, Ö. Jh. 25, 1929, Sp. 159 ff.
40) Not. dign. occ. I, 31; *comes limitis* ebda. V 127, vgl. Not. dign. occ. XXIV: *tractus Italiae circa Alpes vir spectabilis comes Italiae.*
41) vit. S. Severini 17, 4.
42) Carinthia I, 145, 1955, S. 96 ff.
43) R. EGGER, Sonderschr. IX, S. 93.

Hier ist ein richtiges Kontinuum bis zum Frühmittelalter festzustellen. Den Ort nennt uns Paulus Diaconus [44], der berichtet, daß die Söhne des Herzogs Gisulf von Cividale bis in die *regio Zellia* (Gailtal) zum Orte Meclaria vordrangen (um 610). Daß dieser Ort tatsächlich von den Langobarden und vorher von den Goten bis zum Slaweneinfall besetzt war, beweisen auch Funde von Goldsolidi [45]. Meclaria mit seinen z. T. von R. Egger noch gefundenen Kasematten und Türmen gehört also zum Typus von Duel. Als richtige Sperre für die Straße nach Italien wird man es aber trotzdem nicht ansprechen können, denn es liegt östlich des Flusses; jeder, der dort saß, konnte sicher sein, war aber kaum in der Lage, die westlich der Gailitz ziehende Straße zu sperren. Wie H. Dolenz [46] gezeigt hat, führte aber auch östlich des Flusses eine Straße nach Süden. Die Beneficiarierstation und eine weitere Sperre vermutet Dolenz mit Recht auf dem Burghügel von Straßfried.

Aufwärts im Tale der Drau liegt auf dem steil abfallenden Holzerberg auf der Ostseite des Lurnfeldes – das den alten Namen Teurnia verballhornt weiterführt – die einzige Römerstadt Oberkärntens [47]. Sie hat die alte Höhenlage auch während der klassischen Zeit bewahrt und wurde, als die Germanengefahr wuchs, durch eine starke Ringmauer befestigt. Wann dies genau erfolgte, wissen wir nicht, vermutlich zu der Zeit, als in Virunum Alarich sein Lager aufgeschlagen hatte. Die feste geschützte Lage und die Ringmauer haben dann im 5. Jahrhundert Teurnia, oder wie es damals bereits hieß, Tiburnia, den Rang der Provinzialhauptstadt verschafft [48]. Die Grabungen zeigten, daß man, als die Befestigung errichtet wurde, große in der Ebene am Fuße des Holzerberges liegende Stadtteile aufgegeben hat. Hier entstand dann die Friedhofskirche und der Friedhof.

Reste der Bischofskirche hat man 1925 an mehreren Stellen unterhalb der heutigen Kirche von St. Peter gefunden. Leider sind die Funde nicht publiziert. Es zeigt sich also auch hier, daß man anläßlich der Salzburger Mission an den alten Kultplatz anschloß, dessen Name übrigens auch noch bekannt war [49].

Die Friedhofskirche, die am Fuße des Holzerberges liegt, weist zwei große Bauperioden auf. Die ältere wird vor 472 entstanden und anläßlich des bei Eugipp überlieferten Gotenzuges in Flammen aufgegangen sein. Sie zeigt einen 22,20 m x 9,25 m großen Saal mit Priesterbank, an den beidseitig zwei rechteckige Kapellen mit apsidalem Chorschluß angefügt sind. Ihre Vorräume öffnen sich an der Langseite des Hauptschiffes, so daß ein kreuzförmiger Grundriß entstand. Bauperiode zwei fügte einen

---

44) Hist. Lang. IV 38; EGGER a. a. O., S. 100.
45) F. STEFAN, NZ 30, 1937, S. 44 ff.; H. DOLENZ, Carinthia 150, 1960, S. 727 ff.
46) Carinthia I 145, 1955, S. 96 ff.
47) R. EGGER, Ö. Jh. 13, 1910, Beibl. Sp. 162 ff.; Ö. Jh. 15, 1916, Beibl. Sp. 17 ff.; Sonderschr. IX, S. 1 ff.; Teurnia, 4. Aufl. 1955, S. 23 ff.
48) Eugipp, vit. S. Severini 21.
49) Conversio Bagoariorum et Carantanorum c. 5.

15,20 m breiten und 5,15 m tiefen Narthex an, der sich hufeisenförmig mit zwei Korridoren an das Hauptschiff legt.

Im 6. Jahrhundert, als Binnennoricum ein Teil des Gotenreiches war, erhielt die nördliche Seitenkapelle einen Mosaikteppich, den der *praeses* der Provinz, *Ursus vir spectabilis*, mit seiner Gattin geweiht hat. Der bunte Teppich hat mit seinen 12 Bildern an die Interpretation harte Anforderungen gestellt. Sicher christlich sind nur zwei Bilder zu deuten, doch ist es bis heute nicht gelungen, eine befriedigende Erklärung für die anderen zu geben.

Im Korridor liegen die Gräber der Vornehmen, die *sub tegulato* bestattet wurden. Noch nicht völlig freigelegt ist der Friedhof. Hier harrt der Forschung noch eine große Aufgabe, zeigen doch die Gräberfeldgrabungen in Enns, wie sehr das Material der Gräber historische Aufschlüsse für die Belegzeit und damit für die Siedlungsdauer zu geben imstande ist.

Die endgültige Zerstörung der Friedhofskirche erfolgte im Slaweneinfall um 600. Noch 577 ist uns Leonianus als Bischof[50] auf dem Konzil zu Grado genannt, 591 ist Tiburnia noch ein Bischofssitz der langobardischen Diözese[51]. Grabungen im Stadtbereiche könnten uns noch weitere Auskünfte geben, ob sich nicht hier noch nach dem verheerenden Einfall der Slawen und Awaren eine Besiedlung gehalten hat.

Obwohl Teurnia eine befestigte Stadt war, hat der Bischof, wie wir übrigens schon aus der vita Severini wußten, noch weitere befestigte Orte in seiner Diözese besessen. Duel haben wir bereits kennengelernt. Ein wesentlich größerer Bau konnte erst vor kurzem in Laubendorf (oberhalb Millstatt) von H. Dolenz zum Teil freigelegt werden. Auf altem Siedlungsboden, einem Hochplateau mit steilem Abfall zum Seegebiet, liegt eine 19 m x 8,10 m große Kirche mit gestelzter Apsis. Auffällt hier die längs der Apsis angelegte Priesterbank mit der *sedia episcopalis*. Das *Sacrarium* war mit Holz abgeschrankt. Altarplatte und erbrochenes Reliquiar geben Zeugnis von der Zerstörung. An der Südseite erstreckt sich ein 9,40 m breiter rechteckiger zweiter Bau, der wohl das *Consignatorium* gebildet hat. Noch zu finden ist das Baptisterium. Dolenz unterschied zwei Bauperioden; die Ursache der Zerstörung des Baues eins war aber kein Feindeinfall, sondern die Wucht einer Mure. Vor Abschluß der Grabungen kann noch keine Datierung gegeben werden, vermutlich wurde aber die Kirche zu Beginn des 7. Jahrhunderts zerstört[52].

In Osttirol, im Gebiet der antiken Stadt Aguntum endlich, treten uns zwei weitere Zeugnisse der Spätantike entgegen. Hier hat die rasch fortschreitende Grabungstätigkeit besonders viel Neues gebracht. Zunächst konnte im verbauten Stadtgebiet selbst

50) M. G. Script. rer. Langob. p. 393.
51) M. G. Epist. I. n. 16 a.
52) H. DOLENZ, Ztschft. f. Denkmalpfl. 12, 1938, S. 105 ff.

W. Alzinger[53] überzeugend nachweisen, daß die Siedlung bis in das 5., vermutlich sogar bis in das 6. Jahrhundert bestanden hat.

Im Norden liegt auf die Stadtmauer ausgerichtet eine einfache Saalkirche, 29,30 m lang und 9,40 m breit. Sie besitzt eine Priesterbank und eine Sakristei. R. Egger[54] hat die Anlage als Friedhofskirche angesprochen. Das würde bedeuten, daß in der Spätzeit die östlich der Mauer liegenden Teile nicht mehr benützt worden sind. Dafür spricht auch, daß die Kirche auf einen älteren, anders orientierten Bau gesetzt wurde. Frühchristlich ist auch ein doppelapsidales Grab, das im Bereich der Bundesstraße gefunden wurde und das E. Swoboda[55] freigelegt hat. Es ist eine Modifikation der bekannten *Cellae trichorae* und gehört in das 5. Jahrhundert.

Wohl den wichtigsten Fund für die heute behandelte Frage stellt aber der Kirchbichl von Lavant dar. Seine Entdeckung verdanken wir R. Egger und H. Dolenz, die Freilegung F. Miltner[56]. Südlich der Drau erhebt sich als Ausläufer der Lienzer Dolomiten der steil zum Fluß und einem Nebental abfallende Hügel von Lavant. Der Platz ist alt besiedelt, in klassischer Zeit scheint ihn ein viereckiger keltischer Tempel gekrönt zu haben. Als die Tempel gelegt wurden und das Christentum die Staatsreligion geworden war, wurde auf dem alten Platz die erste christliche Anlage errichtet, die unterhalb der den Gipfel heute krönenden Peterskirche gefunden wurde. Erhalten hat sich nur die Priesterbank. Problematisch ist die Annahme Miltners, daß diese Kirche bereits eine *sedia episcopalis* besessen hat. Die Größe der Kirche wurde nicht mehr festgestellt. Vermutlich war es aber nur eine kleine Kapelle, die den zerstörten Tempel in seiner Kultfunktion abgelöst hat.

Als die Zahl der feindlichen Einfälle zunahm – erinnert sei nur, daß bereits 275 die ersten Alemannenschwärme vor Aguntum anlangten und um 400 die Stadt abermals zerstört wurde, wie die Grabungen ergaben – schritt man zur Befestigung des dafür prädestinierten Hügels[57]. Der einzige Zugang war von Norden möglich, dem aber noch die reißende Drau mit ihrem weiten Auengürtel vorgelagert war. Ein doppelter, 7 m breiter, mit Kasematten unterteilter Bering, den Pfeiler verstärkten, umgab den Hangknick des Hügels. Ein über Eck gestelltes Tor, durch zwei massige Türme von 8,40 m x 6 m Größe gedeckt, gab den einzigen Zutritt in das Innere.

Auf halbem Hang fand sich die größte bisher bekannte frühchristliche Kirche des Alpenraumes. Sie ist 40,45 m lang und 9,75 m breit. Geteilt wird sie durch zwei Zungenmauern, deren Enden je eine Säule trugen, in zwei Teile, einen östlichen 14,75 m lang und einen westlichen 25,10 m groß. Miltner nahm an, daß beide Teile in einem

53) W. Alzinger, Aguntum, S. 11.
54) R. Egger, Sonderschr. IX, S. 58 ff.
55) E. Swoboda, Ö. Jh. 29, 1934, Beibl. Sp. 1 ff.
56) F. Miltner, Ö. Jh. 38; 1950, Sp. 37 ff; 40, 1953, Sp. 15 ff.; 41, 1954, Sp. 43 ff.; 43, 1956, Sp. 89 ff.
57) W. Alzinger a. a. O., S. 13.

Zuge errichtet wurden; eine Baufuge am Westende der Ostpartie zeigt aber, daß hier ein Anbau vorliegt, also innerhalb der großen Anlage schon zwei Bauperioden vorliegen. Beide Teile besitzen ein *Sanctuarium* und eine Priesterbank, beiden ist eine *sedia episcopalis* eingebaut. Im Ostteil konnte innerhalb des Sanctuariums ein 0,80 m x 0,75 m großer, rechteckiger Schacht gefunden werden, der 0,90 m tief war; vorgelegt ist ihm ein 1,15 m langer und gleich breiter Raum. Miltner sieht darin eine Taufpiscina, die von einer Marmoreinfassung begleitet gewesen ist. Die Lage und Anordnung ist exzeptionell, es gelang keine Parallele dazu zu erbringen. Liegt doch die sonst stets gesondert errichtete Taufpiscina an der Stelle, an der man den Altar und unter ihm das Reliquiar erwartet. Nach Miltner hat dieser Teil eigentlich keinen westlichen Abschluß, sondern über eine 0,40 m hohe Marmorstufe, deren Seitenenden zwei Säulen flankierten, konnte man beiderseits des Westsanctuariums in den Westteil gelangen. An der Nahtstelle von Ostteil und Westteil sieht man aber auch auf den Plänen Miltners deutlich, daß zwei Bauperioden vorliegen. Die Verbindung von Ost- und Westanlage kann nur sekundär sein und entstand, als man ein vergrößertes Presbyterium mit Priesterbank im Westbau errichtete. Der alte Abschluß ist unterhalb der Apsis zu sehen. Auf diese Mauer wurden dann die Zungenmauern daraufgesetzt. Den Westabschluß des Ostbaues wird wohl eine Mauer gebildet haben, von der noch die Reste unterhalb des Bodens gefunden wurden und die von einem noch älteren Bau herrührt. Vom älteren Bau stammt die etwas exzentrisch liegende Priesterbank. Das setzt aber voraus, daß damals die Kirche breiter gewesen ist. An der Nahtstelle wurden zwei Grabkammern sekundär eingebaut. Die Säulen, samt den Kapitellen rund 3 m hoch, datieren den Bau in das 5. Jahrhundert. Die Großanlage hatte allem Anschein nach keinen Narthex. Zu einem nicht näher bekannten Zeitpunkt hat ein Steinschlag den Ostteil zertrümmert und ein Brand die Kirche vernichtet, den Rest des Ostteiles verschüttete nach Miltner eine Erdmure. Allerdings fragt man, woher diese gekommen sein soll, ist doch auf Grund der weiteren Funde oberhalb der Kirche kaum anzunehmen, daß die 38 m Höhenunterschied eine derartige Wucht entwickeln können.

Die Neuadaptierung erfolgte im 6. Jahrhundert. Man mauerte die Westpartie ab und schuf drei Zugänge. Der 11,70 m x 14,10 m große Raum wurde durch Einziehen von Mauern in eine dreischiffige Anlage umgestaltet und durch Einziehen einer zweiten Mauer ein im Osten gelegener, 3,30 m breiter Narthex errichtet. Damals entstand auch die breite Nische, welche als Altarraum zu deuten ist. An der Wende vom 7. zum 8. Jahrhundert schließlich erfolgte der letzte Umbau. Die dreischiffige Anlage wurde aufgegeben und man errichtete im Narthex eine schmale, Nord-Süd orientierte Kirche. Im Westteil trug man die Zwischenwände ab und baute in der Mitte ein kreuzförmiges Baptisterium ein. Beiderseits von ihm richtete man Säulen auf, deren Basen und Kapitelle die Datierung ermöglichen. Weitere späte Bauteile sind zwei Basen und ein Kapitell, die Miltner ebenfalls ins 7. Jahrhundert datiert, doch glaube ich, daß man damit noch weiter ins 8. Jahrhundert wird rücken müssen. Vermutlich stammen die Stücke von einem Altartisch, der im vorderen Raum anzunehmen ist. An der Nordseite legte man anläßlich der Umbauten eine schleuderhaft aufgeführte Mauer vor, die einen rechteckigen Vorraum, den Nachfolger des Narthex, bildete.

Mit diesem Befund sind wir bereits im Mittelalter gelandet. Hier in Lavant hat sich tatsächlich ohne Bruch ein Siedlungs- und Kulturkontinuum ergeben. Ein Kontinuum übrigens, das in kultischer Hinsicht bis in die Urgeschichte zurückreicht, denn bis vor 30 Jahren ging noch alljährlich ein seltsamer Zug von Virgen nach Lavant, den ein geschmückter Widder anführte, der der Kirche geweiht wurde. Auch der Name blieb, wenn auch verballhornt, bestehen, heißt doch, wie Kranzmayer feststellte, Lavant das jenseitige, also jenseits des Flusses liegende Avontum, eine Form, die auf Aguntum zurückgeht. Allerdings zeigt aber die Grabung auch den großen Kulturabstand, der Mittelalter und Antike trennt.

Wie in Aguntum können solche Funde auch weiter im Westen gemacht werden. Nur im Anhang sei vermerkt, daß vor einigen Tagen aus Imst eine frühchristliche Altarschrankenplatte gemeldet wurde. Auch Vorarlberg müßte solche Funde ergeben. Hier sei nur auf die Heidenburg von Göfis verwiesen, die doch auch bis in die Spätantike zurückreichen wird.

Fassen wir zusammen: Archäologisch ergibt sich für den Raum von Oberösterreich westlich der Enns, für Salzburg, Tirol und Vorarlberg ein Siedlungs- und auch ein Kultkontinuum, das aber deutlich zeigt, daß es nur in den primitivsten Lebensäußerungen Bindungen mit der Antike aufweist. Kärnten gehört bis zum Awareneinfall zum Süden. Als 610 Baiern und Slawen bei Toblach kämpften, war im Osten, in Kärnten, der Rest romanischen Lebens fast vernichtet. Freilich, ein Teil ist sicher geblieben, er sinkt zurück in die Anonymität und Schriftlosigkeit. Hierher gehört vielleicht die Nachricht von der *clerici illiterati*, die Taufen vornahmen, von denen uns die Synode von 796 berichtet[58]. Aus diesem Kreis stammt auch die Bindung im frühen Kirchengesang Salzburgs, der jetzt Zagiba nachgeht und die nach Aquileia weist; ebenso konnte auch Gamber zeigen[59], daß die ältesten Salzburger Sacramentarien mit Aquileia bzw. Grado zusammenhängen und letztlich wurde auch die bairische Buchmalerei, wie Holter und Neumüller beim Codex millenarius erkannten, durch diese Quellen zumindest beeinflußt. Als dann Baiern eine machtvolle Stellung einnahm, entstand jener großartige Kirchenbau des heiligen Virgil in Salzburg[60], der nach seiner Größe und Ausstattung mit den bedeutenden Bauten Norditaliens konkurrieren konnte. Ein Zeugnis für die angestrebte herrscherliche Stellung Tassilos.

---

58) M. G. Conc. II 1c–20.
59) K. GAMBER, Sacramentartypen, Beuroner Texte 49/50.
60) Zusammenfassend H. VETTERS, Akten des 7. Kongresses für Frühmittelalter, Wien 1961, S. 216 ff.

So ergab die historische Entwicklung, daß – mit Ausnahme von Lavant – der Süden unserer Heimat, der viel länger mit Italien verbunden blieb als der Norden, im Frühmittelalter eine schärfere Zäsur als der Nordwesten Österreichs aufweist.

Seit 1961 ist eine Reihe von neuen Arbeiten erschienen, sind auch Neufunde bekannt geworden, die zwar keine Revision des seinerzeitigen Vortrages notwendig machen, hier aber doch kurz angezeigt werden sollen.

Als Grundlage für die topographische Verteilung der antiken Fundplätze sei auf meine neue Karte »Topographie der Römerzeit« im »Österreichatlas« (herausgegeben von der Österreichischen Akademie der Wissenschaften 1963) verwiesen. Auf dieser Karte ist auch erstmalig die Verteilung der einheimischen Stämme angegeben, deren Bearbeitung R. Egger verdankt wird.

Die älteste Geschichte beleuchtet der Verfasser in dem Aufsatz »Zur ältesten Geschichte der Ostalpenländer« (Öst. Jh. 46, 1964). Hier wird noch eingehender das Verhältnis der Alpenketten mit der Großmacht im Süden behandelt und versucht, die Befunde der Grabungen auf dem Magdalensberg mit der literarischen Überlieferung in Einklang zu bringen.

Für den frühen Handel mit Italien sei auf den letzten Magdalensbergbericht verwiesen, erschienen als Sonderband 1963 und in der Carinthia I 153, 1963, hier auch das *forum* der römischen Händler aus dem 1. Jahrhundert v. Chr. (S. 40 ff.). Von besonderer Wichtigkeit auch R. Egger, Denkschriften der Akademie Wien, 79, 1961, S. 3 ff., wo der Autor über 300 neugefundene Inschriften behandelt, die ausnahmslos auf den Metallhandel Bezug nehmen.

Zur Spätzeit des Lagers Carnuntum erschien ein Aufsatz in der Österr. Zeitschrift f. Kunst u. Denkmalspflege 17, 1963, S. 157 ff., in welchem der Verf. ältere Grabungsberichte untersucht, und vor allem im Ostteil des Lagers ein Baustratum herausstellt, das nach seiner Lage nach 395 zu datieren ist. Ein seinerzeit im *valetudinarium* von Groller freigelegter, isoliert im Hof stehender Bau könnte nach Analogie seines Grundrisses mit der Kirche von Donnerskirchen, als Lagerkirche angesprochen werden. Im gleichen Heft behandelt H. Mitscha-Märheim die Keramik der Spätantike und erbringt für eine bestimmte Gruppe eine Datierung in das 5. bis 6. Jahrhundert. R. Egger behandelt den rätselhaften Bau unter der Martinskirche in Linz und erkennt in diesem eine frühe Chorturmkirche.

H. Mitscha-Märheim verdanken wir eine Zusammenstellung der völkerwanderungszeitlichen Funde in Österreich (Dunkler Jahrhunderte goldene Spuren).

Die wichtigen Grabungen R. Eggers in Klosterneuburg sind publiziert in dem

61) Eine ausführliche Darstellung mit Plänen und Abbildungen erscheint in den Berichten der Römisch-Germanischen Kommission.

Bande: Beiträge zur Kunstgeschichte und Archäologie des Frühmittelalters (= Akten VII. Kongreß für Frühmittelalterforschung, Wien 1962, S. 291 ff.). E. Polaschek behandelt hier die wichtigen Keramikfunde, unter denen vor allem germanische Ware (Goten? Markomannen?) auffällt.

Die Funde von Mautern (frühchristliche Kirche in Favianae) und Zwentendorf (römisches Lager Piro Torto) sind noch nicht publiziert, die Veröffentlichung wird im RLiÖ. erfolgen. Bis dahin sei auf den Führer durch Mautern und dem durch Zwentendorf, beide von der Ausgräberin H. Stiglitz-Thaller, verwiesen.

Die römerzeitlichen Funde von Linz (Mithräum) behandelt jetzt P. Karnitsch in den Linzer Arch. Forschungen I, 1962.

H. Ladenbauer-Orel hat das große Gräberfeld von Linz-Zizlau publiziert (Linz-Zizlau, Das bairische Gräberfeld an der Traunmündung, Wien 1960).

Von den Forschungen in Lauriacum sind Band VIII und IX erschienen, in VIII behandelt Ae. Kloiber das Espelmayrfeld, Linz 1962. Band IX bringt das Lampenmaterial.

Über die Grabungen und Funde von Lauriacum erschien eine Zusammenfassung (auch für die bisher nur in Vorberichten behandelte Kirchengrabung L. Eckharts unter St. Laurenz) in dem Band »Enns-Lorch-Lauriacum« Linz 1962, der anläßlich der 750 Jahrfeier der Stadtrechtsverleihung an Enns erschienen ist.

Im Jahrbuch des o. ö. Musealvereines 1962, S. 125 ff. legte E. Benninger in Zusammenarbeit mit Ae. Kloiber eine Zusammenfassung der bairischen und frühdeutschen Gräberfelder Oberösterreichs vor. Seine Karte zeigt deutlich, daß die Baiern dort Fuß faßten, wo bereits antike Siedlungen und vor allem auch Straßenverbindungen vorhanden waren. Hier wird der Vergleich mit dem antiken Fundmaterial und den Fundstätten der Römerzeit bei manchen Orten näheren Aufschluß bringen (dazu vgl. R. Noll RliÖ XXI, 1958, der das antike Fundmaterial vorlegt). Ein Nachtrag dazu im Jahrbuch 1963.

Neues Fundmaterial in Wels legt im Jahrb. (1962/63) des dortigen Musealvereines G. Trathnigg vor. Wie in Virunum kündet auch hier nur die Platte eines Pilasterkapitells vom Vorhandensein eines christlichen Kultbaues (H. Vetters, Jhb. Welser Musealv. 1962, 44 ff.).

Die frühchristliche Kirche von Laubendorf hat H. Dolenz in der Festschrift f. G. Moro, Klagenfurt 1962, S. 38 ff. publiziert.

Die letzte Zusammenfassung der Grabungen unter dem Salzburger Dom gab ich in den Akten des VII. Kongresses für Frühmittelalter-Forschung, Wien 1962, S. 216 ff. (Karten, Bilder).

Von ganz besonderer Bedeutung sind aber die Neufunde im Bereich von Nordtirol, die deutlich zeigen, daß auch hier das Christentum seinen Einzug bereits in der Antike gehalten hat. A. Wotschitzky fand in Imst (antik Humiste!) unter der Laurentiuskirche einen frühchristlichen Vorläuferbau, den er in der Österr. Zeitschrift f. Kunst

u. Denkmalpflege XV, 1961, S. 97 ff. veröffentlichte. Die richtige Deutung des Befundes gab R. Egger ebenda XVII, 1963, S. 164 ff. Für Imst ist ohne Zweifel ein Kult- und Siedlungskontinuum anzunehmen.

Noch erregender sind die im gleichen Hefte publizierten Grabungsergebnisse O. Menghins (ÖZKD. XVII 148 ff.) in Pfaffenhofen. Von Bedeutung ist der Befund deshalb, weil bei der Priesterbank der frühchristlichen Kirche ohne Zweifel eine *sedia episcopalis* zu erkennen ist. Das besagt aber mit anderen Worten, daß im antiken »Pfaffenhofen« (Name!), in frühchristlicher Zeit – zumindest zeitweilig – ein Bischof amtiert hat. 1964 ergaben Grabungen unter der Martinskirche in Zirl (Teriolis) den gleichen Befund. Da in ganz Nordtirol in der Antike keine römische Stadt *(municipium, colonia)* bestanden hat, hier also die alte Gauverfassung *(pagus, civitas)* weiter-gelebt hat, müssen wir mit Chorbischöfen (und zwar in der ursprünglichen Bedeutung des Wortes – wie im Osten des römischen Reiches) rechnen, die in den *vici* die Funktionen des Bischofs ausgeübt haben. Waren diese vom *episcopus Augustae Vindelicorum* (Augsburg), der auch *episcopus secundae Raetiae* geheißen hat, abhängig? Oder später seinem Nachfolger, dem *episcopus secundae Raetiae Sabionensis* (Säben), unterstellt? Hier entstehen der Forschung neue Aufgaben, die zu beleuchten im Rahmen dieses kurzen Nachtrages nicht möglich ist. Auf alle Fälle ist auch in Pfaffen-hofen und Zirl mit einer nie unterbrochenen Besiedlung und einem dauernden Kult zu rechnen.

Wie 1961 kann man nur vermuten, daß auch in Vorarlberg mit solchen Funden, vor allem in den zahlreichen Fliehburgen, die E. Vonbank feststellte, zu rechnen ist.

Korrekturzusatz 1965: Zum Mosaikteppich von Teurnia vgl. jetzt J. Hagenauer, Arbor Evangelica, Carinthia I, 153, 1963, S. 304 ff.

Probleme der Kunst in den Alpen
am Paradigma des karolingischen Mailand

VON HANS SEDLMAYR

Der Kunstgeschichte ist ein Thema »Die Alpen« bisher unbekannt. Stellt man es, so drängen sich sofort drei Problemkreise auf: Geschichtliche Wirkungen der Kunst aus dem Vorfeld der Alpen in den inneren Alpenraum hinein (Beispiel: die Ausstrahlungen der Salzburger Romanik nach Steiermark und Kärnten). Wirkungen der Kunst aus dem inneren Alpenraum (das größte Beispiel wohl Michael Pacher) oder auch aus den Randalpen heraus (Vorarlberger Bauschule, Wessobrunner Stukkateure). Wirkungen der Kunst über die Alpen hinweg in den Voralpenraum (Beispiel: die von Hans Reinhardt zuerst nachgewiesene starke Einwirkung des zweiten Baues von Speyer auf die Lombardei – San Michele in Pavia, Bergamo usw. – und umgekehrt der lombardischen Baukunst des 12. Jahrhunderts (Bandrippen, Emporen) nach Basel und Zürich sowie nach Klosterneuburg. Jede dieser noch etwas schematisch gestellten Fragen wäre Jahrhundert für Jahrhundert zu stellen und zu beantworten, dann erst könnte man sagen, daß wir von den kunstgeschichtlichen Vorgängen im Alpenraum etwas wissen. Aber ich glaube, es gibt heute keinen Kunsthistoriker, der auf solche Fragen mehr als fragmentarische Antworten wüßte.

Mit diesen Bemerkungen habe ich noch auf die erste Alpentagung reflektiert. Ich schränke jetzt die Fragen von oben auf das italische Vorfeld der Alpen ein, also (in geographischer Folge) auf Turin, Mailand, Pavia, Verona, Venedig, Aquileja usw., die wichtigsten Klöster dieses Raumes nicht zu vergessen.

Hier scheint mir nun der günstigste Ansatzpunkt für eine Aufrollung der Probleme von der Spätantike bis ins 13. Jahrhundert die Lombardei, besonders Mailand, in chronologischer Hinsicht aber die karolingische Epoche zu sein. Auf dieses Territorium und auf diese Zeit zielen die folgenden kursorischen Bemerkungen.

I.

Über die Rolle Mailands in der spätantiken Kunst – und von dieser muß zuerst die Rede sein, bevor wir uns der karolingischen zuwenden – haben wir in der Zeit nach 1945 ganz neue Aufschlüsse bekommen. Eine ganze Anzahl spätantiker Bauten ist ausgegraben oder an bestehenden Bauten aufgeschlossen worden. (Von der Literatur nenne ich hier nur die Zusammenfassung von E. Arslan, L'architettura dal 568 al Mille, in dem II. Band der großen »Storia di Milano«, 1954). Das Mailand der Spätantike mit seiner großen Blütezeit der Kunst im Zeitalter des Ambrosius war bisher hauptsächlich in seiner Rolle als Vermittler zwischen der griechischen Reichshälfte und dem gallischen Westen gesehen worden. Nicht wenige der Mailänder Großkirchen haben ihre Vorbilder in Konstantinopel (so San Lorenzo, jetzt nicht mehr ins 6., sondern ins späte 4. oder frühe 5. Jahrhundert datiert), in Griechenland (S. Tecla) usw. Was von Mailand gilt, gilt auch von anderen Städten und Kirchen im mailändischen Bereich. Die Ausgrabungen und Schürfungen nach 1945 haben aber einen Kirchentypus erschlossen, der bisher weder in Rom noch im Osten nachweisbar ist, wohl aber auch sonst in Oberitalien. An einem einschiffigen oder auch dreischiffigbasilikalen Saal schließt vor dem Ansatz der Apsis seitlich je eine große Kapelle an, die sich auf das durchgehende Mittelschiff in einem größeren Bogen öffnet. Im Grundriß scheinen diese Kapellen, deren Dachfirst niedriger ist als der des Hauptschiffs oder -saales, eine Art Querhaus zu bilden. Zur anschaulichen Vorstellung verweise ich am besten auf einen mittelalterlichen Bau gleichen Typs, der räumlich dieser Tagung naheliegt: die Kirche von Romainmôtier. Auch auf die Kirche von Eschau im Elsaß könnte man verweisen. Man hat französisch diese Kirchengestalt »église à transept bas« genannt (Grodecki), prägnanter wäre es, sie »Kirche mit geteiltem Querhaus« zu nennen. Wesentlich ist, daß sich an diesem Kirchentypus eine Sonderstellung Mailands und der Lombardei im spätantiken Kirchenbau energisch ankündigt. Die Mailänder Beispiele sind San Simpliciano (spätes 4. Jahrhundert) und San Nazaro, andere oberitalienische: Como, S. Apostoli und Verona, Sto. Stefano. Der Typus findet sich auch im eigentlichen Alpenraum, doch darauf möchte ich jetzt nicht eingehen.

II.

Seine intensive Verbreitung hat dieser Kirchentypus, und zwar in seiner dreischiffigen Gestalt, aber erst in karolingischer Zeit gefunden. Trägt man die vielen heute bekannten Beispiele aus karolingischer und ottonischer Zeit auf einer Karte Europas ein, so fallen sie, mit verschwindenden Ausnahmen, erstaunlich genau in die Grenzen des lotharingischen Zwischenreichs: von der Lombardei über das spätere Königreich Burgund, Ober- und Niederlothringen, also bis ins heutige Belgien und Holland. An diese Grenzen halten sich auch noch die ottonischen Beispiele. Da der Typus östlich des Rheins so gut wie überhaupt nicht vorkommt (eine bekanntere Ausnahme ist Herdeke in Westfalen), gibt er eine gute »Leitform« ab, an der man das Ausstrahlen einer Form, die ursprünglich in der Lombardei zu Hause ist und möglicherweise gerade in Mailand »kreiert« wurde, genau verfolgen kann. Daß diese Kirchenform nur in dem lotharingischen Zwischenreich vorkommt, läßt sich wohl nur so verstehen, daß – aus uns noch nicht recht einsichtigen Gründen – in der k u r z e n Lebenszeit dieses Reiches die Ausbreitung eingesetzt hat, und zwar mit erstaunlicher Vehemenz. In den Alpenraum strahlt dieser Kirchentypus wahrscheinlich weniger direkt von Mailand aus hinein als von anderen Epizentren in Burgund, so ganz besonders von der zweiten Kirche von Cluny (davon abhängig Romainmôtier u. a.). Wie weit Mailand an der Verbreitung dieses mailändisch-spätantiken Typus in den Alpenraum hinein d i r e k t beteiligt ist, ist – soviel ich sehe – eine noch offene Frage.

III.

Um so besser sieht man die Rolle Mailands bei der Entstehung und Verbreitung einer bestimmten Kirchenform des eigentlichen Alpenraums, nämlich der frühkarolingischen Dreiapsidenkirchen Rätiens im Herrschaftsbereich der Viktoriden. Walter Boeckelmann hat 1956 die älteren Forschungen zusammengefaßt in seinem Aufsatz: »Grundformen im frühkarolingischen Kirchenbau des östlichen Frankenreichs« (Wallraf-Richartz-Jahrbuch XVIII). »Übereinstimmung herrscht darüber« – so schreibt er –, »daß der Dreiapsidenchor seinen Ursprung nicht in Rätien hat, sondern von Süden her eingebracht worden ist.« Die nächstgelegenen und älteren Bauten gleichen Typus finden sich in Mailand (S. M. di Aurona, vor 740) und Parenzo. (Der letzte Ursprung des Dreiapsidenmotivs ist freilich im christlichen Orient zu suchen.) »Rätien war seit der Römerzeit dem Erzbistum Mailand einverleibt, und wenn auch die Bischöfe von Chur nach der Eroberung Rätiens durch die Franken (539) an fränkischen Reichssynoden teilnahmen, so blieb Chur mit Mailand doch kulturell verbunden«. Obwohl das Gebiet der Kirche von Aquileja der »Umschlagort« für die dreiapsidialen Choranlagen auf ihrem Wege vom Osten nach dem fernen Westen gewesen ist, darf man die unmittelbaren Vorbilder für die rätischen Saalkirchen mit drei Apsiden doch in Mailand suchen. Meiner Meinung nach – die von der Auffassung Boeckelmanns abweicht – hat sich aber auch die Verbindung des Dreiapsidenchors mit dem einschiffigen Kirchensaal (zu dem das Motiv eigentlich wenig »paßt«) nicht erst in Rätien, sondern schon in Mailand vollzogen. »Nur in Rätien bilden die Dreiapsidensäle eine gebietlich geschlossene, historisch zusammenhängende Baugruppe. Das ist bedeutsam genug für das Eigenleben Rätiens im Frankenreich des 8. Jahrhunderts«. [1]

[1] Auch die Wandmalerei dieses Gebietes dürfte ihre Vorbilder von Mailand bezogen haben. Fresken der Johanneskirche von Müstair.

IV.

Besonders gut, mit präzisen Methoden, untersucht ist der Ursprung und die Verbreitung der sogenannten »Flechtenwerksteine« (Flechtwerk- und Rankensteine). Hier verdanken wir Thomas von Bogyay, München, eine sehr klare, überzeugende Zusammenfassung der älteren Forschungen und neue Schlußfolgerungen über jene hinaus. (»Zum Problem der Flechtwerksteine«, in: Karolingische und ottonische Kunst: Werden, Wesen, Wirkung. Wiesbaden 1957). Dabei muß man die Frage nach Herkunft, Entwicklung und Verbreitung der Flechtwerkornamentik überhaupt klar auseinanderhalten von der anderen Frage nach der Entstehung und plötzlichen Entfaltung der Kunst der Flechtwerksteine. Bei letzteren handelt es sich fast ausschließlich um Fragmente steinerner Kircheneinrichtungen, Platten und Pfeilerchen von Schranken, Ambonen, Ziborien, Altarbekleidungsplatten usw. Einig sind sich die Forscher einzig und allein über die Chronologie, daß nämlich die Flechtwerkeinrichtung der Kirchen sich allmählich im 8. Jahrhundert ausgebildet hat, ihre volle Entfaltung und Ausbreitung aber erst ins 9. Jahrhundert fällt. Diese gesicherte Chronologie ist das stärkste Argument gegen die Langobardenhypothese. Doch ebensowenig handelt es sich dabei um eine karolingische »Reichskunst«, denn nördlich und nordöstlich der Alpen kommen Reste von Flechtwerksteinen nur sporadisch vor, jenseits der alten römischen Reichsgrenze ist kein einziges Stück zum Vorschein gekommen, obwohl es dort an Bauten karolingischer Kultur keineswegs fehlt. Gerade die großen karolingischen Kulturzentren z. B. am Rhein und in Mitteldeutschland kannten anscheinend diese Kunst überhaupt nicht. Die Sitte, Gotteshäuser mit derartigen steinernen Einrichtungsgegenständen auszustatten, hat nur den Raum zwischen Donau und Alpen in Ausläufern erreicht. Die südöstlichen Marken weisen hingegen zahlreiche Beispiele auf, und selbst Unterpannonien, welches in die Reichsorganisation nur vorübergehend einbezogen war, besitzt einige Flechtwerksteine. Das Ursprungsgebiet kann nur Ober- und allenfalls Mittelitalien sein, keinesfalls Rom. Von hier strahlt diese Kunstübung nach Osten bis nach Dalmatien und Kroatien, nach Westen über die Provence bis nach Katalonien und in Teile Frankreichs aus. Die »Mode« der Flechtwerksteine hat sich sicherlich nicht von einem Ort, sondern zugleich von mehreren Epizentren her verbreitet. Nach Bogyays Meinung wandern nicht »Formen« (d. h. konkret Musterbücher), sondern italische Werkleute. »Sie wanderten wahrscheinlich nicht nur einem bestimmten Rufe folgend nach Norden, sondern werden ihre Dienste freiwillig angeboten haben.« »Diese Schlüsse«, fügt er hinzu, »sind aus den Funden eines bestimmten Gebietes gezogen worden, und sie gelten vorerst nur für dieses. Erst wenn das ganze Verbreitungsgebiet vom Balkan bis zur iberischen Halbinsel durchgearbeitet – und vor allem kartographisch dargestellt – sein wird, werden wir die Kunst der Flechtwerksteine historisch genauer erklären, ihr Wesen genauer bestimmen können.« – Dazu nur noch eine interessante Einzelheit. Alle be-

kannten Funde im Ostfränkischen Reich zeigen die voll ausgereifte spätere Stilphase
an (also neuntes Jahrhundert). Nur die mit Italien eng verbundene (heutige) Schweiz
kennt Beispiele der Frühstufe. Und da diese Westalpengegenden meistens von Mailand her in ihrer Kunst bestimmt sind (soweit sie überhaupt vom Süden abhängen!),
so dürfte dies auch hier zutreffen [2].

V.

Einigermaßen ähnlich liegen die Dinge für jene kunstgeschichtliche Erscheinung, die
man seit Puig y Cadafalch den »premier style roman« nennt. Nur setzt die Verbreitung
dieses Stiles etwas später ein (zu Beginn des 9. Jahrhunderts) und geht nach den
meisten geographischen Richtungen weiter als die der Flechtwerksteine. (Zusammenfassung bei Conant im Band »Carolingian and Romanesque Architecture: 800–1200«
der Pelican-History of Art.) »The style created about the year 800 in Lombardy be-
came the first really international Romanesque style. Its ramifications were early
spread to Dalmatia, to southern France and Catalonia, to Burgundy, to the Rhine
Country and even to Hungary.« Unberührt von diesem premier style roman bleiben
nur das westliche Frankreich und die eigentlich ostfränkischen Gebiete. Charakteristische »Leitformen« dieses »Stiles« sind ein neuer Typus der Wand, rhythmisch dekoriert
mit zarten Lisenen und Arkadenfriesen, dazu die Verwendung des byzantinischen
oblongen Ziegels, der solcherart bis auf uns gekommen ist. Verbreiter des Stiles sind
oberitalienische Werkleute, die »magistri comaccini«, wobei dieses rätselhafte Wort
heute nicht mehr mit Como in Verbindung gebracht wird, sondern vielleicht (?) mit
»mechanikos«. – Reihe der Monumente in diesem Stil hat ihren Ursprung in einem
Mailänder Bau, San Vincenzo in Prato (der aber wahrscheinlich nur einen bedeutenderen verschollenen Bau gleichen Stils für uns repräsentiert), begonnen einige Zeit
nach 814, vielleicht um 833. Es folgen weitere Beispiele in Oberitalien, dann breitet
sich dieser Stil in den oben genannten Bereichen aus und hält sich bis um die Mitte
des 11. Jahrhunderts (in Ausläufern oder Randgebieten auch noch darüber hinaus),
um dann fast überall von dem eigentlichen romanischen Stil abgelöst zu werden. Die
kleine Karte des Vorkommens solcher Bauten bei Puig y Cadafalch (Le premier art
roman, Fig. 76) zeigt grob, aber deutlich, daß sich Bauten dieses Stils ausschließlich
auf die Westalpen beschränken – also auf das Einflußgebiet Mailands –, sich aber hier
in manchen Gegenden geradezu häufen. Auch hier täte eine feinere kartographische
Verarbeitung des Materials not. (Das zweite Werk von Puig y Cadafalch »Geographie du premier art roman« war mir bei Abfassung dieser Bemerkungen nicht zugäng-

---

[2] Beispiele auch in Reichenau-Mittelzell: 5 Steine in dem Kellergeschoß der Schatzkammer
des Münsters, offenbar zusammengehörig.

lich.) Der premier style roman läßt sich besonders gut verfolgen, da seine charakteristischen Leitformen schon an geringen erhaltenen Bauresten mit großer Bestimmt-
heit feststellbar sind [3].

VI.

Ein mit dem premier style roman zusammenhängendes Phänomen ist das Aufkommen der Tonnenwölbung. Überall, wo sie auftritt, verbindet sie sich typisch mit
Wandformen dieser Art. Die frühesten Ansätze zu einer Einwölbung des Kirchen-
gebäudes mit Tonnen liegen wieder in der Lombardei. Dort werden an Bauten des
9. Jahrhunderts die Raumteile vor den Apsiden in allen drei Schiffen typisch mit
Tonnengewölben eingedeckt. Wiederum ist hier San Vincenzo in Prato zu nennen,
dann San Pietro in Agliate bei Mailand (875) usw. Aber als eigentliches Ausstrahlungszentrum der frühesten vollkommen mit Tonnen eingewölbten Kirchengebäude
des Abendlandes muß Katalonien, beiderseits der Pyrenäen, angesehen werden, also
jene Gegend, in welcher der »lombardische« Stil besser vertreten ist als irgendwo in
Europa. Dazu sagt Conant: »The resulting tunnel-vaulted work is more properly
called Lombardo-Catalan first romanesque.« Ob es unter den verschwundenen Kirchen Mailands nicht einen Prototyp gegeben hat? Es ist wenig wahrscheinlich. Deshalb
gehe ich auf diese Fragen nicht mehr ein. Gerade das F e h l e n ganz tonnengewölbter
Kirchen im eigentlichen Alpenraum macht diese Annahme unwahrscheinlich, während
sich solche in Katalonien vielleicht schon vor 1000, in der Provence, dem Rhonetal,
in der Auvergne, auch im französischen Burgund (Dijon) bald nach 1000 in größerer
Zahl zeigen [4].

I.–VI.

Zusammenfassend kann man also sagen, daß die Lombardei und namentlich Mailand
in karolingischer Zeit ein Gebiet von höchster Ausstrahlungskraft gewesen ist, in
dessen Strahlungsbereich die westlichen Alpen bis zur Etsch, Rätien und zum Teil
auch noch das Voralpenland südlich der Donau am Nordfluß der Alpen liegen. Von
der Lombardei (Mailand) aus hat sich verbreitet:
1. der Kirchentypus mit »geteiltem Querhaus«, der schon in spätantiker Zeit in Noricum vorkommt, der in karolingischer Zeit über burgundische Epizentren in die

---

3) Ein naheliegendes, wenn auch nicht besonders charakteristisches Beispiel ist der Turm der
Kirche in Mittelzell.
4) Hier zeigt sich die methodologische Möglichkeit, aus den Verhältnissen im Alpenraum
rückschließend größere Klarheit über die so arg dezimierte mittelalterliche Kunst Mailands
zu gewinnen.

Westalpen eindringt. Ferner 2. der Typus der Saalkirche mit drei Apsiden, der die rätische Sonderform der Kirche in der Epoche der Viktoriden geworden ist. – 3. eine neue Form der Wand. – 4. eine neue Art steinerner Kirchenausstattungen. – 5. Doch wohl – wenn auch für uns zum größten Teil verloren – eine neue Form der Wandmalerei (Müstair). – Und das dürfte noch nicht alles sein.

Man wird die Bedeutung dieses Gebietes für den Alpenraum freilich erst dann richtig einschätzen können, wenn man größere Klarheit darüber besitzt, welche andere Zentren im Alpenvorland im Süden (wie auch im Norden) die Verhältnisse im Alpenraum bestimmt haben, wie deren Ausstrahlungen sich gegenseitig begrenzen und überschneiden.

Wenn einmal paradigmatisch alles zusammengefaßt ist, was die Forschung im einzelnen zur Beantwortung dieser Fragen bereitgestellt hat, dann könnte man sich zwei anderen Epochen zuwenden. Einmal zurück zur Spätantike, wobei zu dem schönen Vortrag Vetters noch die Verhältnisse in den südlichen Westalpen zu ergänzen wären. Dann aber zum 12. Jahrhundert, in welchem die Lombardei zum zweitenmal zum Ausstrahlungsgebiet neuer Gedanken im Kirchenbau geworden ist: für die Emporenkirchen und die Kreuzrippengewölbe mit Bandrippen; und gewiß auch für manche andere mit dieser Kirchengestalt verbundene Erscheinungen, die erst hervortreten werden, wenn man auch auf jene Epoche, die hier eben nur skizzierte »synoptische Betrachtung« anwendet, zu welcher die so fruchtbare Fragestellung (Kunst in den Alpen von Italien her betrachtet) geradezu zwingt und erzieht [5].

Zum Schluß möchte ich nachdrücklich betonen, daß diese Bemerkungen keineswegs das Ergebnis eigener Forschungen sind, sondern nur Aperçus, wie ich sie allenfalls in einer gesprochenen Diskussion mit allen Vorbehalten improvisiert haben könnte. Ich war dabei selbst am meisten erstaunt, wie sich die Ergebnisse verschiedener Forscher fast von selbst zusammenschließen.

[5] In die Synopsis der Ergebnisse der Kunstgeschichte einbezogen werden sollten unbedingt auch die Ergebnisse der Erforschung der Hausformen, die gerade für den Alpenraum Folgerungen von grundlegender Wichtigkeit ergeben könnten.

Die Alpen und das Königreich Burgund

VON HANS EBERHARD MAYER

Die Geschichte des Gebietes, das wir als das Königreich Burgund oder auch als das Königreich Arelat bezeichnen und das im 10. Jahrhundert aus der Vereinigung der Teilreiche Hoch- und Niederburgund hervorging, läßt sich nur verstehen, wenn man seiner geographischen Lage Rechnung trägt. Zur Zeit seiner Blüte reichte Burgund von den Küsten des Mittelmeeres bis in die südlichen Vogesen, wo unweit von Remiremont Frankreich, das Reich und Burgund zusammenstießen. In west-östlicher Richtung erstreckte es sich von der Rhône bis zu Aare und Reuß. Es war ein nicht ganz einheitliches Gebilde, das im Westen und in seinem geographischen wie politischen Zentrum um den Genfer See herum eindeutig romanisch war, im Osten aber über die Sprachgrenze beträchtlich hinausgriff. Auch geographisch war es keine absolute Einheit, denn man wird es nicht als ein reines Alpengebiet auffassen dürfen. In der Gegend von Besançon griff Burgund über den Jura hinaus, und nach der Vereinigung mit Niederburgund reichte es im Westen weit über die Alpen und war wirtschaftlich gekennzeichnet durch die beherrschende Stellung des Rhônetals.

Burgund[1] hat als Staat nie eine allzu große politische Wirkung entfaltet. Seine Bedeutung liegt in seiner geographischen Situation begriffen. Mit dem Rhônetal be-

---

[1] Die wichtigste Literatur für Hoch- und Niederburgund sind noch immer die beiden Standardwerke von RENÉ POUPARDIN, Le Royaume de Bourgogne (888–1038). Etude sur les origines du Royaume d'Arles (Bibliothèque de l'Ecole des Hautes-Etudes. Sciences historiques et philologiques 163, 1907), und: Le Royaume de Provence sous les Carolingiens (855–933?) (Bibliothèque de l'Ecole des Hautes-Etudes. Sciences philologiques et historiques 131, 1901). Als Überblick sind von Interesse RUDOLF GRIESER, Das Arelat in der europäischen Politik von der Mitte des 10. bis zum Ausgange des 14. Jahrhunderts (1925) und FRIEDRICH BAETHGEN, Das Königreich Burgund in der deutschen Kaiserzeit des Mittelalters, Jahrbuch der Stadt Freiburg im Breisgau 5 (1942) 73–98; Neudruck in Mediaevalia (Schriften der Monumenta Germaniae 17, 1960), S. 25–50. Daneben wurden, ohne daß es notwendig wäre, dies im einzelnen aufzuzählen, die gängigen Standardwerke und Handbücher für das 10. und beginnende 11. Jahrhundert verwendet, von deutscher Seite insbesondere GEBHARDTS Handbuch der Deutschen Geschichte sowie die Jahrbücher der Deutschen Geschichte, von französischer Seite die Serie der Biographien der französischen Könige, die in der Bibliothèque de l'Ecole des Hautes-Etudes erschienen sind. Während die hier kaum in Betracht kommenden nieder-

herrschte Burgund die ungemein wichtige Verbindung von Marseille über Lyon zu
den großen Handelsplätzen der Champagne. Burgund kontrollierte aber auch zwei
der wichtigsten Alpenpässe, den Mont-Cenis in Niederburgund und den Großen
St. Bernhard in Hochburgund. Über beide Pässe liefen wichtige Zubringerstraßen
von Italien zur großen Handelsstraße Marseille–Champagne. Namentlich die Straße
über den Großen St. Bernhard war von hoher Bedeutung. Von Ivrea durch das Valle
d'Aosta zum Paß aufsteigend lief sie von Martigny an rhôneabwärts über das wichtige königliche Eigenstift St. Maurice d'Agaune zum Genfer See, von dort über
Lausanne zum Paß des Col-de-Jougne, dann weiter über Besançon, bis sie sich schließlich mit der von Marseille kommenden Straße vereinigte und der Champagne entge-
genstrebte. Von diesem Hauptverkehrsweg zweigten aber innerhalb des burgundischen Reiches auch wichtige Verbindungen nach Osten ab, die zum Oberrhein und
zum schwäbischen Zentrum am Bodensee führten. Burgund kontrollierte also mit die
wichtigsten Verbindungen von Südfrankreich und Italien zu den nordfranzösischen
Handelszentren.

Handelswege sind aber zugleich auch immer machtpolitisch interessante Wege.
Schon Papst Stephan II. war 753 über den Großen St. Bernhard gezogen, als er bei
den Franken Schutz suchte, und auch die fränkischen Herrscher hatten diesen Weg
häufig benutzt. Seine Bedeutung bei der Gründung des burgundischen Reiches 888
kann nicht übersehen werden, und Büttner[2] hat glücklich formuliert, wenn er sagte,
das Gebilde des burgundischen Reiches sei an diesem Straßensystem erwachsen.
Besondere Bedeutung mußte dabei dem rudolfingischen Eigenstift St. Maurice
d'Agaune zufallen, dem ehrwürdigen Ort, wo die Märtyrer der Thebaischen Legion
ruhten. Auch heute noch läßt sich mit einem Blick erkennen, daß man vom Stift
aus das sehr enge Tal, durch das sich die Straße südwärts zum Großen St. Bernhard
hinaufzieht, mühelos sperren konnte. Die Bedeutung dieser Pässe war allenthalben
allen klar. Als 1032 Graf Odo von der Champagne seinen mißglückten Versuch unternahm, die Vereinigung Burgunds mit dem Reich zu verhindern, stieß er sofort über
Martigny im Rhônetal und über den Großen St. Bernhard ins Aostatal vor[3], womit
er nicht nur den vielbegangenen Paß in seiner Hand hatte, sondern auch mit einem
Schlage Burgund wieder in seine beiden Hälften teilte. Denn Königin Irmingard, die
Witwe Rudolfs III. von Burgund, und ihre Begleiter, die sich zu Konrad II. nach

burgundischen Königsurkunden bereits 1920 von RENÉ POUPARDIN in den Chartes et Diplômes
relatifs à l'Histoire de France herausgegeben wurden, sind die hochburgundischen Diplome
noch zerstreut; ihre Edition als Corpus durch die Monumenta Germaniae Historica ist in
Vorbereitung. Nach dieser Edition wird hier schon zitiert (D. Burg. mit Nummer).

2) HEINRICH BÜTTNER, Waadtland und Reich im Hochmittelalter, Deutsches Archiv 7 (1944)
80.

3) HARRY BRESSLAU, Jahrbücher des Deutschen Reichs unter Konrad II Bd. 2 (1884) 110.

Zürich begeben wollten, mußten von Niederburgund aus den Umweg über Italien und von dort aus wohl über einen der rätischen Pässe nehmen [4].

Die verkehrsgeographisch einzigartige Lage Burgunds erweckte begreiflicherweise das besondere Interesse des Reichs. Es galt vor allem, den politischen Einfluß anderer Mächte von Burgund fernzuhalten und statt dessen, wenn möglich, selbst dort Einfluß auszuüben. Mont-Cenis und Großer St. Bernhard beispielsweise in der Hand Frankreichs wäre für das Reich unangenehm gewesen. Und so hat Burgund als ein Keil zwischen Frankreich und Italien in der Tat französischen Einfluß in Italien bis ins 13. Jahrhundert verhindert [5]. Seine politische Bedeutung liegt hierin mindestens ebensosehr wie in der Offenhaltung der westlichen Alpenpässe für die Politik des Reiches, deren Bedeutung stets dann ganz offen hervortrat, wenn die deutschen Pässe durch widrige Umstände gesperrt waren. Man braucht ja nur an Heinrichs IV. Übergang über den Mont-Cenis im Winter 1076/77 zu erinnern, als er nach Canossa zog. Keiner seiner Nachfolger konnte diese Lehre übersehen. Daß sie es nicht taten, beweist etwa die zielstrebige Politik, die Barbarossa hinsichtlich des Großen St. Bernhard trieb und die Heinrich Büttner [6] soeben in den Mitteilungen der Antiquarischen Gesellschaft in Zürich gültig dargestellt hat. Aber es kann natürlich nicht bezweifelt werden, daß bereits die Ottonen den hohen politischen Wert Burgunds erkannten und ihren Zwecken dienstbar zu machen suchten. So ist eigentlich eine Alpenpolitik mehr mit Burgund getrieben worden, als daß es sie selbst betrieben hätte. Das soll freilich nicht heißen, daß die Könige von Burgund zu keiner Zeit eine aktive Politik nach außen hin geführt hätten. Im Gegenteil: Die Politik der beiden ersten Herrscher weist durchaus expansive Züge auf. Den beiden folgenden Königen waren solche Möglichkeiten verwehrt, einmal wegen des inzwischen übermächtig gewordenen Einflusses des Reichs in Burgund, zum anderen wegen der unter Rudolf III. ständig zunehmenden Schwäche des Königtums gegenüber dem Hochadel.

Der erste Vorstoß des burgundischen Königtums hatte freilich mit den Alpen nichts zu tun. Rudolf I. griff unmittelbar nach seiner Erhebung zum König 888 nordwärts nach Lothringen aus, besetzte das Elsaß und Teile Lothringens und ließ sich in Toul

---

4) Wipo, Gesta Chuonradi imp. c. 30, ed. HARRY BRESSLAU, Die Werke Wipos, MG. SS. rer. Germ. (³1915), S. 50.

5) Dies hat vor allem RUDOLF GRIESER (s. Anm. 2) herausgearbeitet. Zur späteren Geschichte des Königreichs Burgunds vgl. vor allem L. JACOB, Le Royaume de Bourgogne sous les empereurs franconiens, Bulletin de la Société de statistique, des sciences naturelles et des arts industriels du Département de l'Isère 4. Serie 10 (1908) 5–159; PAUL FOURNIER, Le Royaume d'Arles et de Vienne, 1138–1378 (1891); FRITZ KERN, Die Anfänge der französischen Ausdehnungspolitik bis zum Jahre 1308 (1910) sowie die bei ADOLF HOFMEISTER, Deutschland und Burgund im früheren Mittelalter (1914), S. 21, zusammengestellte Literatur.

6) HEINRICH BÜTTNER, Staufer und Zähringer im politischen Kräftespiel zwischen Bodensee und Genfer See während des 12. Jahrhunderts (Mitteilungen der antiquarischen Gesellschaft in Zürich 40,3, 1961), S. 71.

nochmals zum König weihen[7]. Er stieß hier aber sofort auf den energischen Widerstand des Ostfranken Arnolf, der für Lothringen seine eigenen Pläne hatte, die dann
in der Herrschaft Zwentibolds ihren Ausdruck fanden. Rudolf I. konnte Lothringen
nicht halten, aber es war andererseits auch Arnolf nicht möglich, Burgund einem wie-
dererstehenden Reiche Lothars, an das Arnolf wie Rudolf I. gedacht haben mögen,
anzugliedern[8]. Arnolf konnte zwar unter Umgehung Ivreas 894 sich den Übergang
über den Großen St. Bernhard von Süden her erzwingen, aber der burgundische König vermochte sich in dem gebirgigen Land einem Zugriff derart zu entziehen, daß es
weder Arnolf noch im gleichen Jahre Zwentibold glücken wollte, ihm Burgund ernst-
haft streitig zu machen. Regino von Prüm[9] hat diese Schwierigkeiten deutlich geschildert: *Ruodulfum quem querebat nocere non potuit, quia montana conscendens
in tutissimis locis se absconderat.* In dem trockenen und doch so präzisen Satz kommt
die schützende Funktion, die die Alpen in diesem kleinen Staat ausübten, ganz klar
heraus.

Auch um die Gebiete um Besançon hatte Rudolf I. zu ringen. Die Diplome machen
deutlich, daß sein anfangs hier feststellbarer Einfluß zeitweilig zurückging zugunsten
Zwentibolds und auch Ludwigs des Blinden von Niederburgund[10], doch gelangten
diese Gebiete schließlich unter eine bleibende Herrschaft von Hochburgund. Das tatsächliche Ausmaß dieser Herrschaft in und um Besançon dürfte freilich davon abhängig gewesen sein, welche Partner oder Gegenspieler dem König auf dem Stuhl des

---

7) Zu diesen Vorgängen vgl. neben RENÉ POUPARDIN, Royaume de Bourgogne S. 13 ff. auch
ROBERT PARISOT, Le Royaume de Lorraine sous les Carolingiens (1899) S. 488 ff.
8) Vgl. die Einleitung von THEODOR SCHIEFFER zu MG. Urkunden der deutschen Karolinger 4
(1960) 3 und künftig die Einleitung zu DD. Burg.
9) Regino von Prüm, Chronicon ed. FRIEDRICH KURZE, MG. SS. rer. Germ. (1890) S. 142.
10) In zwei Urkunden des Königs Rudolf I. von Hochburgund von 888 und 893 (D. Burg 3
= AUGUSTE BERNARD und ALEXANDRE BRUEL, Recueil des chartes de l'abbaye de Cluny 1
(1876) 39 Nr. 33; D. Burg. 4 = RENÉ POUPARDIN, Royaume de Bourgogne S. 18 Anm. 3) wird
noch der Erzbischof von Besançon als Kanzler bzw. Erzkanzler genannt; 895 ist er bereits abgelöst, was den politischen Gegebenheiten entsprach (D. Burg. 5 = CHARLES
ROTH, Cartulaire du Chapitre de Notre-Dame de Lausanne 1 [Mémoires et Documents publ.
par la Société d'Histoire de la Suisse romande 3. Serie 3, 1948] 48 Nr. 17d). Hingegen wissen
wir von mindestens einem Deperditum Zwentibolds für Besançon (MG. DDZ. Einleitung
S. 5), das dessen dortigen Einfluß sichtbar macht. Auch Ludwig der Blinde mischte sich hier
ein, denn 890 ließen sich die Mönche von Gigny von seiner Mutter Irmingard, die für ihn
die Regentschaft führte, die Zelle Baume-les-Messieurs im Dépt. Jura, die ihnen Rudolf I.
urkundlich geschenkt hatte, im Königsgericht bestätigen (RENÉ POUPARDIN, Recueil des actes
des rois de Provence [1920] S. 49 Nr. 28). Nachdem der ephemere niederburgundische Einfluß
abgeebbt war, holten sich die Mönche von Gigny 903 eine neuerliche Bestätigung der Zelle
durch Rudolf I. (D. Burg. 9 = BOUQUET, Recueil des historiens des Gaules et de la France 9,
692 Nr. 2). Für eine eingehendere Untersuchung dieser Zusammenhänge vgl. H. E. MAYER,
Die Politik der Könige von Hochburgund im Doubsgebiet, Deutsches Archiv 18 (1962) 530 ff.

Erzbischofs und unter dem dortigen Hochadel erwuchsen. Unter dem Gesichtspunkt der Alpen kann ich hier auf die burgundische Haltung gegenüber Besançon und der Grafschaft Burgund nicht eingehen, obgleich dies interessante Probleme aufwirft, bei denen sich gerade mit Hilfe der Diplome noch einiges klären läßt.

Eine mindestens ebenso aktive, wenn nicht noch weiter ausgreifende Politik hat Rudolf II. betrieben. Ich muß hier absehen von den Querelen, die er zu Beginn seiner Regierung mit Herzog Burchard von Schwaben hatte, gegen den er im selben Moment zu Felde zog, als auch Heinrich I. gegen den Schwabenherzog marschierte[11]. Dieser besiegte Rudolf 919, und in einer Kehrtwendung seiner Ostpolitik heiratete der burgundische König um 922 des Herzogs Tochter Berta. Im großen gesehen, steht die Regierung Rudolfs II. unter einem anderen Zeichen, dem des Vorstoßes nach Süden und Südwesten. Hier stoßen wir freilich auf den gleichen Mangel, der alle Geschichtsforschung für das beginnende 10. Jahrhundert so sehr behindert: die Quellenarmut. Eine eigentliche burgundische Historiographie besitzen wir überhaupt nicht. Ja, nicht einmal St. Maurice d'Agaune hat auf diesem Gebiet etwas Nennenswertes hervorgebracht, wobei wir freilich seine vollständige Zerstörung durch die Sarazenen im Jahre 940 in Rechnung stellen müssen. So wie wir später für die burgundischen Verhältnisse auf weit entfernte Chronisten angewiesen sind wie Thietmar von Merseburg und Wipo, so müssen wir Rudolf II. und seine italienische Politik vor allem nach dem ja nicht immer über jeden Zweifel erhabenen Liudprand von Cremona, sein Verhältnis zu Frankreich auch nach Flodoard von Reims beurteilen. Leider lassen uns auch für keinen burgundischen Herrscher die Urkunden so im Stich wie gerade bei Rudolf II. Für Italien konnte Schiaparelli[12] wenigstens noch 12 Diplome zusammenbringen. Für die wesentlich längere Regierungszeit in Burgund 912–937 besitzen wir nur ein Placitum von 926 und ein Rundschreiben von 932[13]. Auch ist nur ein Deperditum bekannt[14]. Das Ergebnis ist kläglich und macht deutlich, mit welchen Schwierigkeiten

---

11) So MARTIN LINTZEL, Heinrich I. und das Herzogtum Schwaben, Historische Vierteljahrsschrift 24 (1929) 1 f.

12) LUIGI SCHIAPARELLI, I diplomi italiani di Lodovico III e di Rodolfo II (Fonti per la storia d'Italia 37, 1910).

13) Das Placitum bei AUGUSTE BERNARD und ALEXANDRE BRUEL, Recueil des chartes de l'abbaye de Cluny 1, 247 Nr. 256 = D. Burg. 22; das Rundschreiben, herausgegeben von GEORG WAITZ, Obedienzerklärungen burgundischer und französischer Bischöfe, Neues Archiv 3 (1878) 195 = D. Burg. 23. Vgl. dazu HANS EBERHARD MAYER, Ein Rundschreiben Rudolfs II. von Burgund aus dem Jahre 932, Deutsches Archiv 17 (1961) 507–517.

14) König Rudolf II. überträgt Liutfrid, dem Grafen im Sundgau, die Abtei Münstergranfelden (D. Burg. 24). Ergibt sich aus einem Diplom König Konrads von Burgund (D. Burg. 44) für dasselbe Kloster; s. AMBROS KOCHER, Solothurner Urkundenbuch 1 (1952) 9 Nr. 5. Die Schenkung mehrerer Villae an Cluny durch einen König Rudolf, die in JL. 3605 (Migne, PL. 132, 1074 f.) erwähnt wird, kann sich auf Rudolf I. oder Rudolf II. von Burgund, aber auch auf Rudolf von Westfranken beziehen.

der Historiker in dieser Periode rechnen muß. Es ist daher nicht erstaunlich, daß die Meinungen über manche der hier zu behandelnden Probleme beträchtlich voneinander abweichen.

Bekanntlich erhoben sich im Jahre 921 die mächtigsten Männer Oberitaliens gegen die Herrschaft Kaiser Berengars, des ehemaligen Markgrafen von Friaul. Auf der Suche nach einem neuen König für Italien bot sich ihnen natürlicherweise Rudolf II. an, der sich durch seine Unternehmungen gegen den Herzog von Schwaben, auch wenn sie nicht das erreicht hatten, was er sich vielleicht davon versprochen hatte, doch als aktiver Politiker empfahl. Er war auch als König von Burgund, wie Brackmann[15] betonte, aus der Zeit nach 888 traditioneller Gegner Berengars, denn damals hatte sein Vater Guido von Spoleto gegen Berengar und Arnolf unterstützt. Schließlich muß man noch bedenken, daß die Rudolfinger, vielleicht über ihre Stellung als Laienäbte von St. Maurice d'Agaune, in Italien begütert waren, wovon die Urkunden Zeugnis ablegen[16]. Einen anderen Gegner für Berengar zu finden, wäre auch schwierig gewesen, denn Ludwig der Blinde von der Provence kam nach seinen italienischen Mißerfolgen nicht mehr in Frage, und das Reich war noch nicht so weit, daß es in Italien hätte eingreifen können. Es kam hinzu, daß sich Berengar gegen die Rebellen mit den Ungarn verbündet hatte[17], denen die Aufständischen sich nicht gewachsen zeigten, so daß sie zwangsläufig anderswo Unterstützung suchen mußten. Ein Graf Samson ging Ende 921 / Anfang 922 über die Alpen, um mit Rudolf II. zu verhandeln. Vielleicht brachte er damals die berühmte heilige Lanze mit, die später an Heinrich I. überging und die Rudolf II. nach dem Zeugnis Liudprands von Cremona von Graf Samson erhielt. Man kann die Übergabe der Lanze an Rudolf II. nur mindestens als Angebot der Herrschaft über das alte Langobardenreich deuten. Klewitz[18] hat diesen Akt sogar schon als Übertragung der Herrschaft angesehen, denn wir haben keinerlei

15) ALBERT BRACKMANN, Die politische Bedeutung der Mauritius-Verehrung im frühen Mittelalter, Gesammelte Aufsätze (1941) S. 219.
16) Graf Rudolf, der nachmalige König Rudolf I. von Hochburgund, verlieh 878 März 25 als Laienabt von Saint-Maurice d'Agaune der Kaiserin Angelberga Besitz in Tuszien; s. U. BENASSI, Codice diplomatico Parmense 1 (1910) 159 Nr. 24 = D. Burg. 1. König Rudolf III. von Burgund schenkte 1001 dem Bischof Bernward von Hildesheim drei Höfe bei Pavia; s. Vita s. Bernwardi, MG. SS. 4, 771 = D. Burg. 130.
17) HEINRICH BÜTTNER, Die Ungarn, das Reich und Europa bis zur Lechfeldschlacht des Jahres 955, Zeitschrift f. Bayerische Landesgeschichte 19 (1956) 444; GINA FASOLI, Le incursioni ungare in Europa nel secolo X (1945) S. 137 ff.
18) HANS WALTER KLEWITZ, Die heilige Lanze Heinrichs I., Deutsches Archiv 6 (1943) 48. Die restliche Literatur zu dieser Frage s. unten Anm. 25. Es wäre auch zu überlegen, ob es sich bei der Übergabe der Lanze an Rudolf II. ebenso wie bei der Weitergabe an Heinrich I. nicht einfach um einen Akt der Kommendation gehandelt haben könnte. Aber dafür hätte jede beliebige Lanze genügt; man hätte sich in Oberitalien der mit der hl. Lanze verbundenen kostbaren Reliquie ebensowenig begeben brauchen wie Heinrich I. gerade auf dieser und keiner andern Lanze hätte bestehen müssen.

Nachricht über eine Wahl oder Krönung Rudolfs II. zum König von Italien, doch war er im Februar 922 in Pavia und amtierte dort als König [19].

Es ist schwer abzuschätzen, warum sich Rudolf II. auf das Unternehmen eingelassen hat. Nach der Kaiserkrone hat er offenbar nicht gestrebt [20]. Möglicherweise spielte die Erinnerung an das Reich Lothars I. mit. Man wird solche historischen Reminiszenzen nicht zu leicht beurteilen dürfen. Es ist verschiedentlich, so etwa von Tellenbach [21], betont worden, daß sich die Herrscher der karolingischen Nachfolgestaaten ihrer Herkunft aus dem fränkischen Großreich stets bewußt blieben. Auch Rudolf I. hatte ja nach seiner Krönung gleich an das lothringische Reich angeknüpft, als er nach Toul vorstieß. Aber bei Rudolf II. hat doch sicher auch das Bestreben mitgespielt, sich im südlichen Vorfeld der Alpen einen Schutzgürtel für das burgundische Reich zu schaffen. Man kann das nicht beweisen, aber bei der Dürftigkeit der Quellen müssen wir froh sein, wenn wir überhaupt die Fakten kennen, und wir müssen versuchen, ihnen einen Sinn zu unterlegen. Es mußte im Sinne der burgundischen Politik liegen, wenn man insbesondere das Kraftzentrum St. Maurice d'Agaune, dessen Besitzungen sich ohnehin bis ins Valle d'Aosta erstreckten, durch vorgelagerte Gebiete schützen konnte, denn es war wohl unvergessen, daß Arnolf sich 894 trotz mancher Mühen den Zugang zu Burgund, wenn auch ohne greifbare Resultate, von Italien her über den Großen St. Bernhard hatte erkämpfen können. Das Königreich im Süden zu konsolidieren, mußte um so mehr Ziel des Königs sein, als die Gefahr, die Schwaben einst gebildet hatte, durch die Heirat Rudolfs II. mit Berta gebannt war. Damit waren im Nordosten und Osten stabile Verhältnisse geschaffen worden, und auch Heinrich I. wäre wohl kaum gegen Burgund vorgegangen, solange noch das mächtige Herzogtum Burchards von Schwaben zwischen ihm und Burgund lag. Gefahr konnte allenfalls von Süden kommen.

Das italienische Abenteuer braucht hier nicht in allen Einzelheiten nachgezeichnet zu werden [22]. Im Jahre 923 konnte Rudolf seinen Gegner Berengar bei Fiorenzuola entscheidend schlagen, und dieser wurde ein Jahr später in Verona ermordet. Wurde Rudolf II., der von Burgund aus sofort wieder nach Italien eilte, nun auch zunächst im östlichen Oberitalien (Verona) als König anerkannt, so bildete sich doch bald eine

---

19) Luigi Schiaparelli, Diplomi italiani (oben Anm. 12) S. 95 Nr. 1.
20) René Poupardin, Royaume de Bourgogne S. 42; H. Trog, Rudolf I. und Rudolf II. von Hochburgund (Diss. Basel 1887) S. 56.
21) Gerd Tellenbach, Königtum und Stämme in der Werdezeit des Deutschen Reiches (Quellen und Studien zur Verfassungsgeschichte des Deutschen Reiches in Mittelalter und Neuzeit 7, 4, 1939) S. 75. Die hochburgundischen Könige hatten als Zweig der welfischen Familie über Kaiserin Judith überdies verwandtschaftliche Beziehungen zu den Karolingern; vgl. Josef Fleckenstein, Über die Herkunft der Welfen und ihre Anfänge in Süddeutschland, Studien und Vorarbeiten zur Geschichte des großfränkischen und frühdeutschen Adels hg. v. Gerd Tellenbach (Forschungen zur oberrheinischen Landesgeschichte 4, 1957), S. 76–136.
22) Vgl. im einzelnen René Poupardin, Royaume de Bourgogne S. 36–58.

ihm feindliche Partei, die die Krone unter dem Einfluß der Markgräfin Irmingard von
Ivrea deren Halbbruder Hugo von Vienne anbot, der gerade noch mit Rudolf II. zur
Austreibung der Ungarn verbündet gewesen war. Rudolf, der 926 wieder in Burgund
gewesen war, eilte mit kräftiger Unterstützung durch seinen Schwiegervater Burchard
von Schwaben nach Süden. Hugo von Vienne trat ihm von Tuszien aus entgegen, wohin er sich mit dem Schiff begeben hatte, nicht nur weil er sich der Unterstützung seiner toskanischen Verwandten versichern wollte, sondern auch weil ihm der Weg über
den Mont-Cenis und das Tal von Susa versperrt blieb, da Rudolf in Oberitalien stand.
Hier zeigt sich sofort die Bedeutung, die ein südlicher Schutzgürtel in Italien für Burgund haben konnte.

Als Rudolfs mächtigster Verbündeter, der Herzog von Schwaben, Ende April 926
bei Novara erschlagen wurde, muß Rudolf sein italienisches Abenteuer sofort ab-
gebrochen haben, denn schon im Juli wurde Hugo in Pavia gekrönt und im November war Rudolf II. bei einem Hoftag Heinrichs I. in Worms[23]. Der rasche Rückzug
Rudolfs aus Italien dürfte verschiedene Gründe gehabt haben. Walther Holtzmann[24]
hat darauf hingewiesen, daß im Sommer 926 der bisher gefährlichste Einfall der Ungarn in Burgund stattfand. Von St. Gallen aus drangen sie bis nach Besançon vor.
Dazu kommt noch, daß nun Schwaben vakant geworden war. Die Nachfolge wurde
auf dem erwähnten Hoftag in Worms geregelt, wo der Franke Hermann zum Herzog
eingesetzt wurde. Schon aus diesem Grunde und wohl auch, weil Hugo von Italien
sofort nach seiner Krönung Fäden zu Heinrich I. spann, mußte Rudolf daran gelegen
sein, zu verhindern, daß ihm etwa in Heinrich I. zusätzlich zu Hugo noch ein weiterer
Gegner entstand, der es eventuell auf sein burgundisches Stammland abgesehen hätte.
Gründe genug, um kampflos aus Italien zu weichen.

Ob damals beim Wormser Reichstag von 926 oder später beim Dreikönigstag von
Ivois 935 die heilige Lanze von Rudolf II. an Heinrich I. überging, ist eine Frage, die
seit langem in der deutschen Wissenschaft erbittert erörtert wird[25]. Die ganze Ange-

---

23) Ob es sich bei dem in DH. I. 11 genannten König um Rudolf II. von Hochburgund oder
um Rudolf von Westfranken handelt, untersuchte zuletzt WALTHER HOLTZMANN, König Heinrich I. und die hl. Lanze. Kritische Untersuchungen zur Außenpolitik in den Anfängen des
Deutschen Reiches (1947) S. 26 ff. Auch er entscheidet sich für den Burgunderkönig.
24) Ebd. S. 24; HEINRICH BÜTTNER, Die Ungarn (oben Anm. 17) S. 445; GINA FASOLI, Incursioni ungare (oben Anm. 17) S. 143 ff.
25) ADOLF HOFMEISTER, Die heilige Lanze, ein Abzeichen des alten Reichs (Untersuchungen
zur deutschen Staats- und Rechtsgeschichte, 1908); MARTIN LINTZEL, Heinrich I. und das Herzogtum Schwaben, Historische Vierteljahrsschrift 24 (1929) 1–17; ALBERT BRACKMANN, Die
politische Bedeutung der Mauritius-Verehrung im frühen Mittelalter, Gesammelte Aufsätze
(1941) S. 211–241; HANS WALTER KLEWITZ, Die heilige Lanze Heinrichs I., Deutsches Archiv 6
(1943) 42–58; ALBERT BRACKMANN, Zur Geschichte der hl. Lanze Heinrichs I., ebd. S. 401–
411; WALTHER HOLTZMANN, König Heinrich I. und die hl. Lanze (1947); vgl. dazu die Bespre-

legenheit ist für das Reich ungleich wichtiger als für Burgund, aber immerhin ist sie auch dort von Interesse, beginnt doch mit dem Erwerb der Lanze die aktive Italienpolitik des deutschen Königtums. Damit rückte aber Burgund als Hüter der westlichen Alpenpässe deutlicher in den Interessenbereich des Reichs. Von nun an können wir eine bewußte Burgundpolitik der deutschen Könige beobachten, mit dem Ziel, das Land politisch zu durchdringen, andere davon fernzuhalten, sich selbst dort festzusetzen. Man ist sich heute darin einig, daß Widukind von Korveys Nachricht, Heinrich I. habe eine Romfahrt geplant, tatsächlich den Beginn einer aktiven Italienpolitik bedeutet [26]. Offenbar wollte er hierfür die Lanze. Was diese eigentlich bedeutete, ist ebenfalls umstritten und wohl noch nicht abschließend in allen Einzelheiten geklärt. Nach Brackmann sah man in ihr später die Konstantinslanze wegen des darin enthaltenen Nagels vom Kreuz Christi, in Anknüpfung an Helena, die Mutter Konstantins des Großen. So stellt jedenfalls Liudprand die Lanze dar. Brackmann hat diesen Wandel zur Konstantinslanze auf kirchliche Einflüsse zurückgeführt, doch habe sich Otto I. der damit gegebenen Anknüpfung an die Tradition der römischen Kaiser für die Zwecke seiner imperialen Politik bedient. Klewitz andererseits hat bestritten, daß die heilige Lanze je Konstantinslanze gewesen sei. Er hielt dies für eine Zutat Liudprands, über dessen Zeugnis man aber doch nicht so einfach hinweggehen sollte. Für Klewitz war es nur der alte langobardische Königsspeer, der dann später, worüber Einigkeit besteht, zur Mauritiuslanze wurde, nachdem Otto I. 937 das neue Kloster in Magdeburg dem heiligen Mauritius unterstellt und für diesen Mittelpunkt seiner östlichen Missionspolitik 960 die Reliquien des Heiligen – des bedeutendsten Burgunds – erworben hatte. Als Mauritiuslanze war sie nicht mehr nur für das italische Königreich wichtig, sondern wurde zur bedeutendsten Reichsinsignie überhaupt. Strittig ist also das Mittelglied als Konstantinslanze. Walther Holtzmann hingegen sah in der Lanze im wesentlichen nur eine Reliquie, die erst unter Otto I. staatsrechtliche Bedeutung erlangt habe. Freilich war die Lanze auch Reliquie, aber sie war auch Herrschaftssymbol und sicherlich schon zur Zeit Heinrichs I., weil sie eben den Anspruch auf das langobardische Königreich verkörperte.

chung von HANS JÜRGEN RIECKENBERG, Deutsche Literatur-Zeitung 70 (1949) 277; MARTIN LINTZEL, Zur Erwerbung der heiligen Lanze durch Heinrich I., Historische Zeitschrift 171 (1951) 303–310; PERCY ERNST SCHRAMM, Herrschaftszeichen und Staatssymbolik (Schriften der Monumenta Germaniae 13,2, 1955) S. 501–516, 527–537; MATHILDE UHLIRZ, Zu den heiligen Lanzen der karolingischen Teilreiche, Mitteilungen des österreichischen Instituts für Geschichtsforschung 68 (1960) 199 ff.
26) Widukind von Korvey, Res gestae Saxonicae, ed. PAUL HIRSCH, MG. SS. rer. Germ. (1935) S. 59. HERMANN HEIMPEL, Bemerkungen zur Geschichte König Heinrichs I., Bericht über die Verhandlungen der Sächsischen Akademie der Wissenschaften zu Leipzig, phil.-hist. Klasse 88,4 (1936) 40 ff. ROBERT HOLTZMANN, Geschichte der sächsischen Kaiserzeit (³1955) S. 104 f.

Heinrich wollte die Lanze zunächst kaufen. Als dies mißlang, erpreßte er sie mit
Kriegsdrohung, wogegen er freilich Teile Schwabens mit Basel abtreten mußte[27]. Für
926 als Zeitpunkt der Übergabe spricht die Tatsache, daß damals gerade die schwä-
bisch-burgundische Italienpolitik zusammengebrochen war. Da die Kompensation mit
Basel zu Lasten Schwabens ging, kann man argumentieren, Heinrich I. sei an der
Schwächung Schwabens nur 926, nicht aber 935 interessiert gewesen, als dort der ihm
wohlgesonnene Konradiner Hermann herrschte. Aber daß dieser dort herrschen
würde, wußte man auf dem Hoftag von 926 ja auch schon. Die Abtretung Basels war
also in jedem Falle eine Brüskierung Hermanns. Gegen 926 spricht aber vor allem die
Tatsache, daß Rudolf II. seine Ansprüche auf Italien, die doch an der Lanze hingen,
926 offenbar nicht aufgab. Denn etwa 932 riefen ihn die Italiener gegen Hugo von
Italien erneut als König, und Hugo fand diese Aussicht so bedrohlich, daß er sofort
einen Vertrag mit Rudolf schloß, in dem dieser auf alle Ansprüche in Italien verzichtete, während Hugo gewisse Rechte in Niederburgund abtrat, deren Umfang sogleich
näher untersucht werden soll. Walther Holtzmann[28] scheint mir nun richtig erkannt
zu haben, daß eben dieser Vertrag die Voraussetzung für den Lanzenhandel bildete.
Wie anders hätte Rudolf II. 932 auf Ansprüche verzichten können, deren sichtbares
Symbol in Gestalt der Lanze er bereits 926 an Heinrich I. übergeben hätte? Beim
Dreikönigstag von Ivois aber, mehrere Jahre nach dem Vertrag mit Hugo von Italien,
hatte die Lanze für Rudolf II. keinen politischen Wert mehr. Er konnte sie so teuer
wie möglich an Heinrich I. verkaufen. Wenn Lintzel[29] einwendete, es sei nicht einzusehen, was Heinrich I. mit der durch den Vertrag von 932 entwerteten Lanze noch
habe anfangen sollen, so verfängt dies nicht, denn der Vertrag entwertete die Lanze
doch nur für Rudolf II., nicht aber für Heinrich I. Mit letzter Sicherheit ist die Frage
vielleicht nicht zu entscheiden, immerhin scheinen aber die Beweismittel noch nicht
ganz ausgeschöpft zu sein. Es gibt ein bisher kaum beachtetes Rundschreiben Rudolfs
II., dessen Echtheit trotz des sprachlich sehr korrupten Textes nachweisbar ist. Da es
genau auf 932 zu datieren ist und Rudolf II. hier in den Bereich der Diözese Belley
eingreift, die zu Niederburgund gehörte, muß das Schreiben doch nach dem Vertrag
liegen. Dadurch ergeben sich von Datum und Inhalt des Schreibens her neue Stützen
für 935 als Datum des Lanzenhandels und für 931–932 als Zeitpunkt des bisher recht

---

27) Liudprand von Cremona, Antapodosis IV 25, ed. J. BECKER, MG. SS. rer. Germ. ([3]1915)
S. 118 f. Daß Basel, das 912 noch nicht burgundisch war, mit zu dem abgetretenen Teil Schwabens gehörte, ist heute communis opinio. Für eine reine Reliquie wäre der Preis zu hoch
gewesen; sieht man keine Kommendation in der Übergabe der heiligen Lanze (vgl. oben
Anm. 18), so bleibt nur die Annahme übrig, daß die Lanze ein Symbol für Ansprüche auf
Italien war, auch wenn Otto I. später offenbar nicht darauf zurückgegriffen hat, als er sich
um Italien bemühte.
28) WALTHER HOLTZMANN, König Heinrich I. und die heilige Lanze S. 47 f.
29) MARTIN LINTZEL, Historische Zeitschrift 171 (1951) 309 Anm. 1.

verschieden, meist aber auf 933 datierten Vertrages zwischen Hugo von Italien und Rudolf II. Da ich mich an anderer Stelle ausführlich mit dem Schreiben befaßt habe, genügt es hier, auf diese Arbeit zu verweisen [30].

Weil nun der burgundisch-italienische Vertrag ganz offensichtlich von großer Wichtigkeit für die Frage des Lanzenhandels ist, wurde Hofmeister [31], der für 926 eintrat, bewogen, die Existenz diese Vertrages rundweg zu bestreiten. Entgegen dem ausdrücklichen Zeugnis Liudprands nahm er statt dessen einen Vertrag zwischen Hugo von Italien und Rudolf von Westfranken an, den Liudprand mit dem gleichnamigen König von Burgund verwechselt haben soll. Hofmeister hat damit wenig Beifall gefunden, in neuerer Zeit nur noch von Lintzel [32]. Wie soll aber Rudolf von Westfranken (ich nenne ihn im folgenden der bequemen Unterscheidung halber mit seiner französischen Form Raoul) in einem Vertrag mit Hugo Ansprüche auf Italien aufgegeben haben, die er unserem Wissen nach überhaupt nie erhoben hatte?

Man wird nicht zweifeln können, daß der Vertrag in Wirklichkeit zwischen Italien und Hochburgund zustande kam. Der Vertrag ist aber nicht nur wichtig für die Frage des Lanzenhandels, sondern er ist von überragender Bedeutung für die burgundische Geschichte überhaupt. Mit der Abtretung gewisser Rechte in Niederburgund durch Hugo von Italien wurde nämlich die Angliederung Niederburgunds an Hochburgund eingeleitet. Nun ist allerdings sehr umstritten, was Hugo eigentlich genau an Rudolf II. abgetreten hat. Liudprand [33] drückt sich nur scheinbar klar aus, wenn er sagt *omnem terram, quam in Gallia ante regni susceptionen* (926) *tenuit*. Hugo war ja in Niederburgund nie König gewesen, er hatte lediglich an Stelle des blinden Kaisers Ludwig III. dort geherrscht. Immerhin war er aber Graf von Vienne und Markgraf von Arles gewesen. Nach früherer Auffassung wären demnach Hugos Herrschaftsrechte im Viennois, im Lyonnais und in der Provence Gegenstand des Vertrages gewesen. Ausgerechnet im Viennois hatte Hugo im Zeitpunkt des Vertrages aber gar nichts mehr zu sagen. Dort war ihm nämlich schon vor 926, als er nach Italien ging, Karl Konstantin, der Sohn Ludwigs des Blinden, als Graf gefolgt [34]. Genau dort setzte aber auch Raoul an, als er 931 und 933 Expeditionen nach Vienne unternahm, um

---

30) S. oben Anm. 13.

31) ADOLF HOFMEISTER, Deutschland und Burgund im früheren Mittelalter (1914) S. 47 ff. bes. S. 63.

32) MARTIN LINTZEL (s. Anm. 29) S. 306.

33) Liudprand von Cremona, Antapodosis III 48, ed. J. BECKER S. 100.

34) Vgl. die 4 Diplome Ludwigs des Blinden für Bonus (RENÉ POUPARDIN, Recueil des actes des rois de Provence Nr. 70 [Karl Konstantin ist Petent und wird als Graf genannt] in Verbindung mit Nr. 62 [Karl Konstantin ist Petent ohne Grafentitel] und Nr. 63. 69 = AUGUSTE BERNARD und ALEXANDRE BRUEL, Recueil des chartes de l'abbaye de Cluny 1, Nr. 247.242.245. 246). POUPARDIN ist beim zeitlichen Ansatz der Nr. 69.70 zu zaghaft; die beiden Stücke gehören mit BERNARD-BRUEL fraglos in die Nähe der 924 ausgestellten Nr. 62.63.

seine Macht ins Viennois auszudehnen[35]. Raoul griff also in ein Gebiet ein, das burgundisch war, wenn man die bisherige Auslegung des Vertrags gelten lassen will. Es
kommt noch hinzu, daß man nach 932, also nach Abschluß des Vertrages, im Viennois
und im Lyonnais nach Raoul von Westfranken und später nach Ludwig dem Überseeischen datiert hat, also nach den westfränkischen Königen, nicht nach den burgundischen. Diesen Beweis hatte schon Hofmeister[36] anzutreten versucht, freilich mit
ungenügender Basis, wie Holtzmann[37] nachwies. Neuerdings hat Fournial[38] die Frage
ebenso leidenschaftslos wie sorgfältig untersucht. Er ging dabei auf die Kontrovers-
literatur nicht ein, sondern interpretierte die Quellen von Grund auf neu und zog vor
allem ein reicheres Urkundenmaterial heran, wobei er sorgfältig auch die Ortsnamen-
probleme aufgriff, um wirklich zu gesicherten Ergebnissen für gesicherte Gebiete zu
kommen. Das Ergebnis seiner Recherchen sieht im wesentlichen so aus: Als Ludwig
der Blinde um 928 starb, konnte Hugo von Italien die Erhebung eines neuen Königs
in Niederburgund verhindern, denn bei einem solchen hätte es sich nach Lage der
Dinge nur um Karl Konstantin handeln können. Da dieser möglicherweise wieder in
die Fußstapfen der italienischen Politik seines Vaters getreten wäre und damit Hugos
Konzept in Italien empfindlich hätte stören können, versuchte Hugo seine Ausschaltung zu erreichen, indem er 928 einen Vertrag mit Raoul und mit dem Grafen Heri-
bert von Vermandois abschloß, in welchem er das Viennois an Heriberts Sohn Odo
abtrat. Es war ein genialer Schachzug, wenn er gelang. Setzte sich Odo durch, so war
Karl Konstantin in Vienne entmachtet und Hugo damit seines gefährlichsten nieder-
burgundischen Gegners ledig. Überdies war gleichzeitig der Erweiterung der Stammlande Raouls in der Bourgogne ein Riegel vorgeschoben, denn die Abtretung erfolgte
ja an Raouls mächtigsten Vasallen, den Grafen von Vermandois, der eben noch Karls
des Einfältigen wegen mit Raoul im Krieg gelegen hatte. Wir haben allerdings keinen
Hinweis, daß Odo im Viennois je geherrscht hätte. Vielmehr konnte sich Karl Konstantin dort halten und er unterwarf sich als Graf von Vienne 931 und nochmals 933
dem Westfranken Raoul ebenso wie 941 Ludwig dem Überseeischen. Der Stern der
Grafen von Vermandois war eben seit 931 im Sinken. Hugo hatte diese Entwicklung,
daß Frankreich sich im Viennois festsetzte, zwar nicht beabsichtigt, aber auch hierbei
hatte er noch zu gewinnen: Hochburgund war nunmehr nicht nur im Nordwesten an
der Saône, sondern auch im Südwesten von französischem Einflußgebiet begrenzt.
Rudolf II. mußte sich von Westfranken her bedroht fühlen, was ihn von italienischen
Unternehmungen abhalten mochte.

35) Flodoard von Reims, Annales ed. PHILIPPE LAUER (1906) S. 46, 55.
36) ADOLF HOFMEISTER, Deutschland und Burgund im früheren Mittelalter S. 56 ff.
37) WALTHER HOLTZMANN (oben Anm. 28) S. 33 ff.
38) ETIENNE FOURNIAL, La souveraineté du Lyonnais au Xᵉ siècle, Le Moyen Age 62 (1956)
413–452.

Es wird sich jedenfalls schlecht bestreiten lassen, daß das Viennois infolge der Abmachungen von 928 nachweislich ab etwa 931 französisch war. Es wäre ja sonst auch nicht einzusehen, warum nach Raouls Tode ab 936 Ludwig der Überseeische dort und im Lyonnais ohne Schwierigkeiten als Herrscher anerkannt wurde. Viennois und Lyonnais können also entgegen der Ansicht Hofmeisters und der übrigen Forschung bei dem italienisch-burgundischen Vertrag von 932 keine Rolle mehr gespielt haben, denn hierüber war bereits 928 verfügt worden. Das stimmt auch mit Liudprands Angaben überein, wonach Hugo 932 *omnem terram, quam in Gallia ante regni susceptionem tenuit* abtrat. Denn vor seiner Erhebung zum König von Italien 926 war er ja als Graf von Vienne bereits durch Karl Konstantin ersetzt worden, so daß Hugo 932 dort nichts mehr abzutreten hatte. Dasselbe trifft freilich auch für den Vertrag von 928 mit Raoul zu, aber hier war doch gerade die Ausschaltung Karl Konstantins das politische Ziel Hugos, auf dessen Rechte er daher keine Rücksichten zu nehmen brauchte. Anders 932. Hier konnte Hugo schlechterdings nicht auf Rechte verzichten, für die er nicht nur keine Titel besaß, sondern die er überdies wenige Jahre zuvor an Frankreich überlassen hatte, das sie dort auch tatsächlich ausübte. Man kommt in der Frage des burgundisch-italienischen Vertrages nur dann weiter, wenn man die bisher in der Forschung einhellig vertretene Meinung aufgibt, Provence u n d Viennois und Lyonnais hätten den Gegenstand des Vertrages gebildet. Leider hat Fournial, dessen Arbeit bis an die Schwelle dieser Erkenntnis führt, diese letzte Konsequenz zwar erwogen, dann aber ohne nähere Begründung wieder verworfen[39]. Hielte man aber an der bisherigen Auslegung des Vertrages fest, so führt einen die nach Fournial nicht mehr zu bestreitende Präsenz Westfrankens im Viennois und Lyonnais in unüberwindliche Schwierigkeiten hinein.

Wann kamen nun die beiden Gebiete unter die tatsächliche Herrschaft Hochburgunds? Wann war die volle Kontrolle der westlichen Alpenpässe unter Einschluß des Mont-Cenis erreicht? Fournial[40] vermutet mit einiger Wahrscheinlichkeit, daß Frankreich bereits beim Dreikönigstag von Ivois 935 versprochen habe, sich aus dem Viennois zurückzuziehen. Die politische Situation läßt dies auch durchaus als möglich erscheinen. Raoul mußte bestrebt sein, das wegen Lothringen gespannte Verhältnis zu Heinrich I. zu regeln. Er bedurfte dessen Anerkennung. Heinrich hingegen wollte die lothringische Frage in seinem Sinne konsolidiert sehen. Daß es zu einer solchen Annäherung kam, ist das einzig Konkrete, was wir dem mageren Text Flodoards[41] entnehmen können. In Ivois war aber auch Rudolf II. zugegen. Auch er dürfte Heinrich I. gegenüber endgültig auf die aus der Zeit seines Vaters rührenden lothringischen Ansprüche verzichtet haben. Wenn er sich zu diesem Zeitpunkt durch Abtretung der heiligen Lanze mit der Italienpolitik Heinrichs I. identifizierte, so ist die Annahme

39) Ebd. S. 425
40) Ebd. S. 426 f.
41) Flodoard von Reims, Annales ed. PHILIPPE LAUER S. 61.

vielleicht doch erlaubt, daß Heinrich hierfür nicht nur den von Liudprand erwähnten Teil Schwabens mit Basel zedierte, sondern auch auf Raoul einwirkte, sich aus dem Viennois zurückzuziehen. Da Heinrich I. sich doch damals offenbar tatkräftig in Italien einschalten wollte, mußte er das allergrößte Interesse daran haben, französischen Einfluß in Niederburgund, d. h. am Mont-Cenis, zu verhindern und ein vereinigtes Königreich Burgund zwischen Frankreich und Italien zu legen. Soviel wird man wohl mit Sicherheit annehmen dürfen: wenn Rudolf II. 935 den Rückzug Frankreichs aus dem Viennois und Lyonnais forderte, so mußte dies unbedingt die Unterstützung Heinrichs I. finden. Es ist merkwürdig, daß Fournial die Dinge nicht auch von daher betrachtet hat. Seine Erklärung[42], Raoul habe sich nur zugunsten seines Bruders, des Herzogs Hugo des Schwarzen, aus diesen Gebieten zurückgezogen, ist schlecht zu halten, hat doch Hugo später offenbar überhaupt keinen Versuch gemacht, die Herrschaftsübernahme durch den jungen Konrad von Burgund zu verhindern, sondern er stand diesem durchaus positiv gegenüber[43]. Auf alle Fälle ist der Plan von 935 nicht zur Ausführung gelangt, da alle drei Beteiligten 936/937 starben. In den nun folgenden Wirren war an einen Rückzug Frankreichs nicht mehr zu denken.

Der Tod Rudolfs II. 937 rief sofort Hugo von Italien wieder auf den Plan. Als er den Vertrag von 932 schloß, war er in einer schwierigen Lage gewesen, denn kurz zuvor waren seine auf den Erwerb der Kaiserkrone gerichteten Pläne gescheitert. Jetzt aber war er in Italien in gesicherter Position und konnte daran denken, die 932 aufgegebenen Rechte über Niederburgund wieder zurückzugewinnen. Er handelte wie immer schnell und geschickt. Im Juli war Rudolf II. gestorben, sein Erbe war der minderjährige Konrad. Bereits im Dezember war Hugo in Colombier am Genfer See, wo er Rudolfs II. Witwe Berta heiratete und ihre Tochter Adelheid mit seinem Sohne Lothar verlobte[44]. Gelang die Ausschaltung Konrads, so war Hugo Herr von Burgund und der daran hängenden Ansprüche auf die Provence. Aber in Otto I. war ihm in Deutschland ein Gegenspieler entstanden, der Heinrich I. an Format weit übertraf. Otto konnte ebensowenig daran interessiert sein, den König von Italien im Besitz der Westalpen zu sehen wie Heinrich I. den König von Frankreich. Otto griff rasch zu. Er bemächtigte sich seinerseits der Person Konrads, der nun mehrere Jahre am deutschen Hof verbringen mußte, während Otto praktisch Burgund regierte. Hinsichtlich der Argumente, mit denen man deutscherseits ein solches Vorgehen doch wohl gerechtfertigt haben wird, tappen wir leider völlig im Dunkeln. Flodoard scheint Ottos

---

42) ETIENNE FOURNIAL (oben Anm. 38) S. 426.
43) Er erscheint als Intervenient bzw. als Zeuge in drei Urkunden des Königs Konrad für Cluny von 943 (AUGUSTE BERNARD und ALEXANDRE BRUEL, Recueil des chartes de l'abbaye de Cluny 1, 584 Nr. 627; 585 Nr. 628; 579 Nr. 622 = DD. Burg. 27–29.
44) LUIGI SCHIAPARELLI, I diplomi di Ugo e di Lotario, di Berengario II e di Adalberto (Fonti per la storia d'Italia 38, 1924) S. 139 Nr. 46; 141 Nr. 47.

Handlung als reine Usurpation betrachtet zu haben, spricht er doch von *dolo captus*[45].
Widukind von Korvey[46] berichtet nur das bloße Faktum, vielleicht ein Hinweis darauf, daß die deutschen Argumente recht fadenscheinig waren. Auf die heilige Lanze wird man sich schwerlich berufen haben, denn wenn diese auch als Reichslanze später zum Zeichen imperialer Ansprüche wurde, so symbolisierte sie im Zeitpunkt der Überlassung doch nur Italien, es sei denn, ihre Überlassung an Heinrich I. sei wirklich eine Kommendation gewesen. Ob man sich auf die Anerkennung berief, die Rudolf I. 888 in Regensburg gegenüber dem Ostfranken Arnolf ausgesprochen hatte[47]? Wir können über den Rechtsgrund der Vormundschaft Ottos über Konrad nichts sagen, und ebensowenig wissen wir über die burgundische Geschichte in den nun folgenden Jahren, bis Konrad 942 in sein Reich heimkehrte und die Regierung übernahm.

Man hat allgemein Konrads Rückkehr in Zusammenhang gebracht mit der Zusammenkunft zwischen Otto I. und Ludwig dem Überseeischen in Visé an der Maas im November 942. Aber Fournial[48] hat nachgewiesen, daß Konrad schon zuvor, vielleicht im Juli, sicher im Oktober, im Viennois als König anerkannt wurde, also wohl schon vor dem Treffen von Visé in diese Gegend gekommen ist. Eben dies stützt Fournials These, daß Burgund schon vor der Zusammenkunft von Visé ältere Rechtstitel auf jene Gebiete gehabt haben muß, nämlich die nicht ausgeführte Vereinbarung von Ivois aus dem Jahre 935. Immerhin wird man aber unterstellen dürfen, daß die burgundische Frage in Visé noch debattiert wurde, und da Ludwig darauf angewiesen war, Hugo von Franzien die Unterstützung Ottos zu entziehen, dürfte er sich bei dem burgundischen Problem nachgiebig gezeigt haben. Auf jeden Fall ist das Herrschaftsrecht Konrads und seines Nachfolgers Rudolfs III. im Viennois und Lyonnais in der Folgezeit nicht mehr umstritten gewesen und auch für die Provence haben wir solche Hinweise, wenngleich die Autorität der Könige dort offenbar eher ephemer war[49].

45) Flodoard von Reims, Annales ed. PHILIPPE LAUER S. 78.
46) Widukind von Korvei, Res gestae Saxonicae ed. PAUL HIRSCH, MG. SS. rer. Germ. (1935) S. 94.
47) Annales Fuldenses, ed. FRIEDRICH KURZE, MG. SS. rer. Germ. (1891) S. 116.
48) ETIENNE FOURNIAL (oben Anm. 38) S. 431. Der Passus *regnante Conrado rege* findet sich bei der Urkunde vom Juli (BERNARD-BRUEL, Recueil des chartes de l'abbaye de Cluny 1, 508 Nr. 523) nur im Chartular; er fehlt in der sonst der Edition zugrunde liegenden Kopie.
49) Für das Viennois s. ETIENNE FOURNIAL (oben Anm. 38), S. 431 sowie die mit 962 (?) einsetzende lange Reihe der königlichen Diplome für St. André-le-Bas in Vienne und das Hochstift Vienne, die 1031 mit einem Diplom für St. André-le-Haut in Vienne ausläuft (ULYSSE CHEVALIER, Cartulaire de St. André-le-Bas de Vienne [1869] S. 71 Nr. 95 = D. Burg. 37; BOUQUET, Recueil 11, 553 Nr. 16 = D. Burg. 125). Für das Lyonnais vgl. etwa die Diplome für Ile-Barbe (ebd. 9, 702 Nr. 12 = D. Burg. 45) und Savigny (DD. Burg. 47.113 = AUGUSTE BERNARD, Cartulaire de Savigny 1 [1853] 88 Nr. 127 und 317 Nr. 638). Hugo von Flavigny, MG. SS. 8, 364 (vgl. 401) berichtet, Lothar von Frankreich habe (um 964) seine Schwester Mathilde mit Konrad von Burgund vermählt und ihr als Mitgift *Lugdunum, que sita est in*

Die Vereinigung von Lyonnais und Viennois mit Burgund war für den Alpenraum von weitreichenden Folgen. Nicht nur waren jetzt die beiden großen westlichen Alpenpässe burgundisch, sondern Konrad kontrollierte mit Lyon und Grenoble die Straßen, die vom Rhône- bzw. Isèretal zum Mont-Cenis aufstiegen. Auch die Küstenstraße war jetzt mit der Provence burgundisch, d. h. alle Wege, die von Frankreich nach Italien führten. Wie stark Konrads Stellung als Beherrscher der westlichen Pässe geworden war, zeigt sich an einem Brief, dessen Text uns Richer[50] aufbewahrt hat und in dem Lothar von Frankreich 981 Konrad bat, den in Italien befindlichen Hugo Capet an der Rückkehr nach Frankreich zu hindern.

Die Geschichte hat Konrad den Beinamen des Friedfertigen gegeben. So schön dies klingt, ein Ehrenname war es nicht, eher ein Hinweis auf das, was unter seinem Nachfolger folgen sollte, den man den Faulen nannte. Denn die Zeiten waren keineswegs friedlich. Wenn auch eine expansive Außenpolitik wie zu Zeiten Rudolfs II. schon wegen der größeren, durch die Ehe Ottos des Großen mit Konrads Schwester Adelheid noch verstärkten Abhängigkeit vom Reich nicht mehr in Betracht kam, so hielten doch die inneren Verhältnisse Burgunds für Konrad eine große Aufgabe bereit, der er sich nicht gewachsen gezeigt hat. Seit dem Ende des 9. Jahrhunderts hatten sich in und um Fréjus an der Mittelmeerküste sarazenische Banden eingenistet, die in einzelnen Raubzügen im Laufe der Jahrzehnte allmählich weiter ins Landesinnere vordrangen und sich zu einer furchtbaren Landplage auswuchsen, die trotz des sporadischen Charakters der sarazenischen Expeditionen ganze Landstriche in der Provence, aber auch das Embrunais, Graisivaudan und die Tarentaise zerstört und entvölkert zurückließen[51]. Einzelne Banden überschritten immer wieder die Alpenpässe und fielen auch in Hochburgund ein. Bereits 911 fand der Erzbischof von Narbonne die Pässe gesperrt und konnte nicht nach Rom reisen. Seit etwa 920 waren dann die Westalpen ein ständiges Ziel sarazenischer Einfälle. König Konrad hat offenbar nichts gegen diese Plage

---

termino regni Burgundie gegeben. Dabei kann es sich lediglich um ein formales Aufgeben alter französischer Ansprüche gehandelt haben, da ja ausdrücklich anerkannt wird, daß Lyon zu Burgund gehört. Für die Provence haben wir Königsurkunden für Arlulf im Fonds von St. Victor de Marseille von 950 (B. GUÉRARD, Cartulaire de St. Victor de Marseille 2 [1857] 508 Nr. 1041 = D. Burg. 32), dann für Sisteron (BOUQUET, Recueil 9, 701 Nr. 10 = D. Burg. 42), Montmajour (G. DE MANTEYER, Les chartes du Pays d'Avignon [1914] S. 51 Nr. 53 = D. Burg. 40) und Romans von 999 (ULYSSE CHEVALIER, Cartulaire de St. Bernard de Romans [1908] S. 75 Nr. 63 = D. Burg. 85).

50) Richer, Historiarum libri IIII ed. ROBERT LATOUCHE (Les classiques de l'histoire de France 17) 2 (1937) 108 ff.

51) Zur Sarazenenfrage vgl. F. KELLER, Der Einfall der Sarazenen in die Schweiz um die Mitte des 10. Jahrhunderts (Mitteilungen der antiquarischen Gesellschaft in Zürich 11, 1, 1856); RENÉ POUPARDIN, Royaume de Provence S. 243–273; derselbe, Royaume de Bourgogne S. 86–112; BRUNO LUPPI, I Saraceni in Provenza, in Liguria e nelle Alpi occidentali (Collana storico-archeologico di Liguria occidentale 10, 1952).

unternommen, und auch eine diplomatische Intervention Ottos I. beim Kalifen von Kordoba (953) blieb erfolglos. Konrad ließ es sogar zu, daß sein Hausbesitz St. Maurice d'Agaune 940 von den Sarazenen völlig geplündert und zerstört wurde. Der hl. Ulrich traf dort kein klösterliches Leben mehr an[52], bei der Bedeutung, die das Stift für Burgund immer gehabt hat, ein schlimmes Zeichen für die Passivität des Königs. Um dieselbe Zeit zerstörten die Invasoren auch das Kloster St. Pierre de Mont-Joux in Bourg St. Pierre am nördlichen Fuß des Großen St. Bernhard. Hierfür wurde später von Bernhard von Menthon das berühmte Gipfelhospiz gegründet. Daß die Sarazenen jetzt die Pässe beherrschten, ergibt sich schon daraus, daß Hugo von Italien 941 eine Art Abkommen mit ihnen schloß, das sie förmlich zu Wächtern der Pässe gegen den nach Schwaben geeilten Markgrafen von Ivrea bestellte. Um 972 überspannten die Sarazenen allerdings den Bogen, als sie den hl. Majolus, Abt von Cluny, unweit des Großen St. Bernhard gefangennahmen und damit die öffentliche Meinung weithin gegen sich aufbrachten. Die beiden Grafen der Provence, Wilhelm und Rotbald, gingen jetzt energisch gegen die Sarazenen vor und es gelang ihnen, ihren Hauptstützpunkt *Fraxinetum* (Fréjus) zu erobern und sie zu vernichten. Aber es waren die Lokalgewalten, nicht der König, der dies vollbrachte und das Land von einer achtzigjährigen Plage säuberte. Es war dann eben auch der Graf, wie wir aus Urkunden wissen, und nicht der König, der das Land neu verteilte[53]. Das Versagen des Königtums bei dieser Aufgabe dürfte auch mit den schwachen Einfluß des Königs (im Vergleich zu den Grafen) in der Provence erklären.

Mittlerweile waren auch die Ottonen in Burgund aktiv gewesen. Marcel Beck[54] und vor allem Heinrich Büttner[55] haben diese Dinge untersucht und gezeigt, wie die sächsischen Kaiser langsam aber sicher in Burgund eindrangen, entlang den Zugangsstraßen vom Oberrhein zum Großen St. Bernhard. So ist etwa die zweimalige Schenkung Münstergranfeldens an Basel durch Rudolf III. 999 und 1000 zu werten, bei deren zweiter die Mitwirkung Ottos III. ausdrücklich erwähnt wird[56]. Auch die Pri-

---

52) Flodoard, Annales ed. PHILIPPE LAUER S. 79; Vita s. Udalrici, MG. SS. 4, 404. Einzig Ekkehard IV. von St. Gallen berichtet in den Casus s. Galli, ed. G. MEYER VON KNONAU (1877) S. 234 ff., von einer Aktivität des Königs gegen die Eindringlinge. Er soll Sarazenen gegen Ungarn ausgespielt haben; diese hätten sich dank seiner List gegenseitig vernichtet, während er die Restlichen teils habe töten, teils in Arles in die Sklaverei habe verkaufen lassen. Der Bericht trägt alle Züge des Legendären und ist kaum besser zu beurteilen als andere Berichte ähnlicher Art (vgl. RENÉ POUPARDIN, Royaume de Bourgogne S. 102 f.).

53) RENÉ POUPARDIN, Royaume de Bourgogne S. 109.

54) MARCEL BECK, Die Schweiz im politischen Kräftespiel des merowingischen, karolingischen und ottonischen Reiches, Zeitschrift für die Geschichte des Oberrheins NF. 50 (1937) 297–300.

55) HEINRICH BÜTTNER, Waadtland und Reich im Hochmittelalter, Deutsches Archiv 7 (1944) 83–88 und derselbe, Studien zur Geschichte von Moutier-Grandval und St. Ursanne, Festschrift Oskar Vasella [1964] S. 21 sowie derselbe, Studien zur Geschichte von Peterlingen, Zeitschrift für schweizerische Kirchengeschichte 58 (1964) 274 f.

56) DD. Burg. 87.88 = J. TROUILLAT, Monuments de l'histoire de l'ancien évêché de Bâle 1

vilegierung von Peterlingen und Lausanne durch die Ottonen und durch Rudolf III. geht in diese Richtung, zumal in einem rudolfingischen Diplom auch hier wieder der Rat Ottos III. erwähnt wird[57]. Gleichzeitig sind auch unter Rudolf III. gewisse Ansätze zu einer bewußten Alpenpolitik zu erkennen. Die Übertragung der Grafschaft an den Erzbischof von Tarentaise (996)[58] und die Übertragung der Grafschaft Wallis an den Bischof von Sitten (999)[59] können in diesem Zusammenhang gesehen werden, während wir in der Übertragung der Grafschaft Waadt an den Bischof von Lausanne (1011)[60] und der Grafschaft Vienne an den dortigen Erzbischof (1023)[61] wohl eher ein Zeichen der zunehmenden Schwäche und Haltlosigkeit Rudolfs III. gegenüber dem Feudaladel sehen müssen, was ihn bei der Kirche Schutz suchen ließ und ihn zwang, die Grafschaften in die Hände der Kirche zu geben. Andererseits ist es wohl einzuordnen in die erwähnten Ansätze für eine Paßpolitik, wenn Rudolf III. dafür sorgte, daß das Erzbistum Lyon und das Bistum Aosta in der Hand von Familienangehörigen waren. Rudolfs Halbbruder Burchard war, allerdings schon unter Konrad, 979 Erzbischof von Lyon geworden[62], gleichzeitig war er seit 983 Propst von

(1852) 139 Nr. 85 und 140 Nr. 86. Schon bei der etwa auf 962 anzusetzenden Rücknahme Münstergranfeldens in königlichen Besitz läßt sich die Mitwirkung Ottos I. und Ottos II. feststellen; vgl. AMBROS KOCHER, Solothurnisches Urkundenbuch 1 (1952) 9 Nr. 5 = D. Burg. 44 und BÜTTNER, Moutier-Grandval (Anm. 55) S. 21 f.

57) DO. I. 284; DDO. II. 51. 307; DDO. III. 27. 273, sämtlich für Peterlingen. Lausanne war von den Rudolfingern seit jeher reich privilegiert worden, bemerkenswert ist aber die Restitution des Fiskus *Vmbra* 997 auf Anraten Ottos III. (Gallia christiana ed. nova 15b [1860] 134 Nr. 11 = D. Burg. 88].

58) Historiae patriae monumenta. Chartarum 1, 304 Nr. 181 = D. Burg. 78.

59) J. GREMAUD, Documents relatifs à l'histoire du Vallais 1 (Mémoires et Documents publ. par la Société d'Histoire de la Suisse romande 1. Serie 29, 1875] 49 Nr. 71 = D. Burg. 86. Zu dem Diplom vgl. zuletzt HEINRICH BÜTTNER, Zur Urkunde des Königs Rudolf III. von Burgund aus dem Jahre 999 für das Bistum Sitten, Zeitschrift f. schweizerische Kirchengeschichte 54 (1960) 158–163.

60) FRÉDÉRIC DE GINGINS-LA-SARRA und FRANÇOIS FOREL, Recueil de chartes, statuts et documents concernant l'ancien évêché de Lausanne (Mémoires et Documents publ. par la Société d'Histoire de la Suisse romande 1. Serie 7, 1846), S. 1 Nr. 1 = D. Burg. 102). Zur Bedeutung der Schenkung vgl. MAXIME REYMOND, L'évêque de Lausanne, comte de Vaud, Zeitschrift f. schweizerische Kirchengeschichte 5 (1911) 1–20, 103–121; HERMANN HÜFFER, Die Territorialmacht der Bischöfe von Lausanne bis 1218, Zeitschrift f. schweizerische Geschichte 4 (1924) 265–283; HEINRICH BÜTTNER, Waadtland und Reich im Hochmittelalter, Deutsches Archiv 7 (1944) 85 ff. BÜTTNER sieht in der Nachricht der Lausanner Bistumschronik (Roth [oben Anm. 10], S. 30 Nr. 16 p) *Henricus Lausannensis episcopus... comitatum Vualdense acquisivit a domino imperatore Henrico* kein Versehen des Chronisten, sondern eine Beteiligung Heinrich II. an der Schenkung von 1011.

61) Gallia christina ed. nova 16b (1865) 18 Nr. 23 = D. Burg. 115.

62) GEORGES DE MANTEYER, Les origines de la maison de Savoie en Bourgogne, Mélanges d'Archéologie et d'Histoire 19 (1899) 469 Anm. 6.

St. Maurice d'Agaune, wo er um 1000 zum Abt aufrückte, worauf sein Stiefbruder Anselm Bischof von Aosta dortselbst Propst wurde[63]. Als Anselm 1026 starb[64], folgte ihm als Bischof von Aosta und Propst von St. Maurice d'Agaune Burchard, ein Neffe des Erzbischofs von Lyon. Diese Personalpolitik in Lyon, Aosta und St. Maurice d'Agaune, drei Brennpunkten des Paßverkehrs, läßt doch auf königliche Absicht schließen. Sicherlich lag es auch im königlichen wie im deutschen Interesse, wenn Rudolf III. die Abtei St. Maurice, die infolge der Sarazenenzerstörung, aber vielleicht auch durch die zu Lasten der Kirchen und Klöster gehende Expansionspolitik Rudolfs II. ziemlich verarmt war, 1018 wiederherstellte[65]. Das beweist, wie sehr Rudolf III. am Alpenübergang über den Großen St. Bernhard gelegen war. Desgleichen scheint er auf St. Pierre de Mont-Joux Wert gelegt zu haben, das um 1000 wieder aufgebaut worden war und das der König 1011 seiner Verlobten Irmingard schenkte, womit der entscheidende Teil der Straße fest in des Königs Hand blieb[66]. Nimmt man alles zusammen, so deuten diese Dinge doch auf eine bewußte Alpenpolitik Rudolfs III. hin, die zwar nicht mehr expansiv war wie unter Rudolf II., die aber auch nicht einfach den Einfallenden Tür und Tor offen ließ wie unter Konrad. Wir werden nicht fehlgehen in der Annahme, daß Heinrich II. eine solche Politik nicht nur billigte, sondern sie auch förderte und vielleicht wünschte. Daß ihr ein Erfolg beschieden war, der später nach der Angliederung Burgunds an das Reich den Kaisern zugute kam, zeigt sehr deutlich ein Brief des mächtigen Königs Knut des Großen von England und Dänemark an den englischen Klerus. Knut trat 1027 in Rom in Verhandlungen mit dem Kaiser und mit Rudolf III. von Burgund über die für skandinavische wie englische Pilger und Kaufleute gleich wichtige Alpenroute über den Großen St. Bernhard ein.

63) Burchard tritt erstmals in einer Urkunde König Konrads von 983 (D. Burg 49 = Historiae patriae monumenta. Chartarum 2, 50 Nr. 32) als Propst auf. Er erscheint erstmals als Abt und Anselm als Propst in einer Urkunde, die je nach der zugrunde gelegten Überlieferung auf 1001 Okt. 26 oder Nov. 7 zu datieren ist (D. Burg 149 = Hist. patriae monumenta. Chartarum 2, 84 Nr. 75 mit falschem Datum 1002). Hierüber vgl. künftig auch die Einleitung zu DD. Burg. Über die Verwandtschaftsverhältnisse zwischen König Rudolf III., Burchard II. von Lyon und Anselm von Aosta vgl. GEORGES DE MANTEYER (oben Anm. 62) S. 466 ff.

64) Der Zeitpunkt des Todes Anselms von Aosta ist sehr schwer zu fixieren und erfordert eingehende Untersuchungen über das Datum weiterer Privaturkunden. Da das genaue Jahr hier unwesentlich ist und sich die künftige Edition der burgundischen Königsurkunden in anderem Zusammenhang damit genau befassen muß, lasse ich die Frage hier unerörtert. Das Jahr 1026 scheint mir trotz der Darlegungen von GEORGES DE MANTEYER (oben Anm. 62) S. 376, 476 am wahrscheinlichsten.

65) D. Burg. 112 = LUIGI CIBRARIO und DOMENCIO C. PROMIS, Documenti, sigilli e monete appartenenti alla storia della monarchia di Savoia (1833) S. 21 zu 1017. Zur Schädigung der Kirche durch Rudolf II. vgl. meine oben Anm. 13 zitierte Arbeit S. 515 f.

66) D. Burg. 99 = Musée des Archives départementales. Textband (1878), S. 42 Nr. 20. Zum Wiederaufbau des Klosters vgl. Germania pontificia 2,2 (1927) 132.

Sein Brief[67] zeigt sehr schön die wichtige Stellung Burgunds als Hüters der west-lichen Pässe und er sei deshalb an den Schluß dieser Arbeit gestellt. Knut berichtete über seine Verhandlungen:

Locutus sum igitur cum ipso imperatore et domino papa et principibus, qui ibi erant, de necessitatibus totius populi universi regni mei tam Anglorum quam Dano-rum, ut eis concederetur lex aequior et pax securior in via Romam adeundi, et ne tot clausuris per viam artentur et propter thelon iniustum fatigentur. Annuitque postula-tis imperator et Rodulphus rex, qui m a x i m e ipsarum clausurarum dominatur; cunc-tique principes edictis firmaverunt, ut homines mei tam mercatores quam alii orandi causa viatores absque omni angaria clausurarum et theloneariorum, firma pace et iusta lege securi, Romam eant et redeant.

Wenn man auch nur kursorisch den Lauf der burgundischen Geschichte abschrei-tet, so ergibt sich immer wieder, wie stark dieses Land von seiner geographischen Situation im Alpenraum bestimmt war, wie die Frage der westlichen Alpenpässe – ein Aspekt, unter dem wir unter anderem, wenn auch nicht ausschließlich auch die Frage der Vereinigung der beiden Teilreiche Burgunds betrachten müssen – stets die burgundische Politik und das Verhalten seiner Freunde und Gegner mitgeprägt hat. Die geographische Lage hat einem kleinen Land eine bedeutsame Funktion und Auf-gabe in der abendländischen Geschichte des Mittelalters zugunsten des Reichs zuge-wiesen, eine Aufgabe, die es zuerst selbst zu erfüllen suchte und später, als es zu schwach geworden war, mit Hilfe des Reichs erfüllt hat.

67) Überliefert bei Florentius von Worcester, Chronicon ex chronicis, hier zitiert nach MG. SS. 13, 127.

Vom Bodensee und Genfer See zum Gotthardpaß

Grundzüge des politischen Geschehens im Zentralalpengebiet vom 6. bis 12. Jahrhundert

VON HEINRICH BÜTTNER

Die Jahrhunderte der spätantiken wie der frühmittelalterlichen Geschichte sind im Bereich der Zentralalpen dadurch gekennzeichnet, daß die großen Verbindungen von Norden nach Süden über die Pässe Churrätiens gehen oder den Großen St. Bernhard als Übergang über die Alpenkette benutzen. Der zwischen diesen beiden Paßlandschaften liegende Raum, durch den vom frühen 13. Jahrhundert an die Straße über den St. Gotthard nach dem Süden strebte, war in den Jahrhunderten zuvor noch unerschlossen für den großen Verkehr und auch lange noch weithin ungenutzt. Vor den beiden Landschaften des Rheines und der Rhone, die zu den Pässen von Norden her führen, liegen in einer gewissen Parallelität die beiden Gebiete des Bodensees und des Genfer Sees, die durch die weiten Gefilde des heutigen Schweizer Mittellandes miteinander verbunden werden[1]. Dieser so umrissene Raum ist der Schauplatz des historischen Geschehens, von dem hier die Rede sein soll.

I.

Auszugehen ist für die frühmittelalterliche Entwicklung des Zentralalpengebietes und seiner nördlichen Vorlande von den großen Linien der dortigen spätantiken Gegebenheiten[2]. Die beiden römischen Provinzen der Raetia prima und der Raetia secunda waren sozusagen ausgerichtet nach den Alpenübergängen, die vom Vogelpaß/Bernardinpaß bis zum Brenner hin sich durch die Alpen zogen. Weiter im Westen hatte sich innerhalb des Alpenraumes die nicht allzu umfangreiche Provinz Alpes Graiae et Poeninae ausgestaltet. Davor gelagert war in jenem Bereich, den bereits das Mittelalter

---

1) Vgl. allgemein K. MEYER, Geographische Voraussetzungen der eidgenössischen Territorialbildung in: Mitteil. Hist. Ver. Kt. Schwyz 34 (1926) 29–224 und wieder in: Aufsätze u. Reden (Zürich 1952), S. 215–354; W. DRACK / K. SCHIB, Illustrierte Geschichte der Schweiz I (Einsiedeln 1958), S. 117 ff.; H. AMMANN / K. SCHIB, Historischer Atlas der Schweiz (Aarau ²1958).
2) Zum Folgenden vgl. E. HOWALD/E. MEYER, Die römische Schweiz (Zürich 1940); F. STAEHELIN, Die Schweiz in römischer Zeit (Basel ³1948); K. CHRIST, Die Militärgeschichte der Schweiz in römischer Zeit in: Schweiz. ZG 5 (1955) 452–493.

als »zwischen Alpen und Jura« gelegen bezeichnete, ein Teil der Provinz Maxima Sequanorum, die ihren Mittelpunkt in Besançon im Doubsgebiet hatte. Es handelte sich vor allem um die civitas der Helvetier, die vom Nordufer des Genfer Sees bis zu der Gegend von Pfyn *(ad fines)* bei Winterthur reichte und dort an die nördlichen Teile der Raetia prima stieß. Die Alpengebiete und ihr Vorland zwischen Bodensee und Genfer See waren mithin verwaltungsmäßig nicht ganz gleichartig gegliedert. In diese spätrömischen Verwaltungsbezirke brachten die großen Wanderbewegungen und politischen Vorgänge des 5./6. Jahrhunderts ein dynamisches Element und damit große Umgestaltungen hinein.

Als die römischen zentralen Verwaltungsbehörden um die Wende zum 5. Jahrhundert aus dem Moselgebiet von Trier bis nach Arles im Rhonemündungsbereich zurückgezogen wurden, erhielt der Rhoneraum als Ganzes eine erheblich stärkere politische Bedeutung, als er bisher besessen hatte. In der Sabaudia, noch im gebirgigen Land des Flußbereiches der Rhone nach ihrem Austritt aus dem Genfer See, wurden im Jahre 443 die Burgunder als römische Foederaten angesiedelt[3], welche die weiter südlich gelegenen wichtigen Bereiche von Lyon und Vienne bis Arles decken sollten. Den politisch durch beide Vorgänge ausgelösten Kräften ist es zuzuschreiben, wenn auch die Alpengebiete von mancher Neuorientierung ergriffen wurden. Am besten können wir diese zunächst ablesen aus den kirchlichen Vorgängen, die in den Jahren um 450 zur Ausgestaltung der Kirchenprovinz von Vienne führten[4], eine Entwicklung, die im Jahre 513 ihre Bestätigung fand[5]. Der Bereich von Genf bis Tarentaise wurde dadurch der kirchlichen Metropole Vienne zugeordnet. Das Bistum im Wallis war seit seinem Entstehen im 4. Jahrhundert der Metropole Mailand angeschlossen, wie es die Verbindung über die große Straße über den Mons Jovis / Großer St. Bernhard mit sich brachte, aber durch die kulturellen Einwirkungen gewann es schon um die Wende zum 5. Jahrhundert immer stärkere Beziehungen nach dem Raum von Lyon und Vienne, so daß bis zum Anfang des 6. Jahrhunderts dieses Bistum in den kirchlichen Bereich von Vienne übergewechselt war[6]. Dieser Wandel in der Beziehung des kirch-

---

3) Mon. Germ. Auct. ant. 9,660; K. F. STROHECKER, Studien zu den historisch-geographischen Grundlagen des Nibelungenliedes in: Dtsch. Viertelj. f. Lit.- u. Geisteswiss. 32 (1958) 216 bis 240; M. Beck, Bemerkungen zur Geschichte des ersten Burgunderreiches in: Schweiz. ZG 13 (1963) 433–457; dazu vgl. R. MOOSBRUGGER-LEU, Der archäologische Aspekt (der Burgunder und Alemannen in der Schweiz) in: Schweiz. ZG 13 (1963) 457–493; St. SONDEREGGER, Der sprachgeschichtliche Aspekt, ebda. 13 (1963) 493–534; B. STETTLER, Studien z. Gesch. des obern Aareraumes im Früh- und Hochmittelalter (Thun 1964), S. 19 ff.
4) Mon. Germ. Epist. 3,20 Nr. 13; BRACKMANN, Germ. Pont. II, 2, S. 151 Nr. 1.
5) Mon. Germ. Epist. 3,35 Nr. 25; BRACKMANN, Germ. Pont. II, 2, S. 152 Nr. 2.
6) H. BÜTTNER, Zur frühen Geschichte des Bistums Octodurum-Sitten und des Bistums Avenches-Lausanne in: Z Schweiz. KG 53 (1959) 241–266 und in: Frühmittelalterliches Christentum und fränkischer Staat zwischen Hochrhein und Alpen (Darmstadt 1961), S. 155–182, bes. S. 252 ff., bzw. 168 ff.

lichen Sprengels im Wallis, der seinen Sitz damals noch in Martigny hatte, wurde augenfällig, als das burgundische Königskloster in St. Maurice d'Agaune im Jahre 515 unter persönlicher Anteilnahme des Erzbischofs Avitus von Vienne eingerichtet wurde[7].

Mit der Unterordnung unter die burgundische Herrschaft und mit der Einwanderung der Alemannen löste sich im 5./6. Jahrhundert die vordem bestehende Zuordnung des heutigen Schweizer Mittellandes zur *Maxima Sequanorum*. Das Bistum der *civitas Helvetiorum*, dessen Entstehen wohl ebenfalls in das noch relativ ruhige 4. Jahrhundert zu setzen ist, zog sich von seinem am weitesten nach Osten vorgeschobenen Punkt, von der großen spätrömischen Verteidigungsbasis zu Vindonissa/Windisch über Avenches, den alten Hauptort der *civitas*, nach Westen zurück und fand schließlich gegen Ende des 6. Jahrhunderts seine Zuflucht auf dem leicht zu verteidigenden Felsplateau von Lausanne[8]. Die neugeknüpften Zusammenhänge mit dem fränkisch-burgundischen Raum des späteren 6. Jahrhunderts treten ganz deutlich in der Persönlichkeit des Bischofs Marius von Avenches hervor, der aus dem Gebiet von Autun herkam. Leicht erkennbare Spuren dieser Herkunftsbeziehungen sind in den Patrozinien von St. Symphorian in Avenches und von St. Thyrsus zu Lausanne deutlich zu greifen. In der letztgenannten Kirche hat auch Bischof Marius bereits zu Lausanne seine Grabstätte gefunden[9]. Wenn das Bistum sich bis an den Rand des Genfer Sees zurückzog und für die Folgezeit dort verblieb, so war dies eine der Folgeerscheinungen des Eindringens der Alemannen im Aaregebiet und bis in die Gegend des Murtener Sees. In den letzten Jahrzehnten des 5. Jahrhunderts waren die Alemannen in ihrem Angriff gegen Westen einmal sogar bis zur Hochfläche von Langres vorgestoßen, hatten aber um 480 vor den Burgundern wieder weichen müssen. Jetzt im 6. Jahrhundert drangen die Alemannen, die in gleicher Weise wie die Burgunder der fränkischen Herrschaft unterstanden, als bäuerliche Siedler in die aufnahmefähigen Landschaften entlang der Aare vor[10].

Auch in den rätischen Provinzen vollzogen sich vor der zweiten Hälfte des 5. Jahrhunderts große Veränderungen, die in immer stärkerem Ausmaße das Leben in den Gegenden zwischen Donau und Alpen beeinflußten; das anschaulichste Bild von den Vorgängen in diesen Jahrzehnten bietet uns die Vita s. Severini[11], die mitten in das

7) BRACKMANN, Germ. Pont. II, 2, S. 136 f.; J. M. THEURILLAT, L'abbaye de Saint-Maurice d'Agaune (Sonderdruck aus Vallesia 1954), bes. S. 94 ff.; L. DUPRAZ, Les passions de S. Maurice d'Agaune (Fribourg 1961).
8) Z Schweiz. KG 53 (1959) 256 ff.; anders A. LÜTHI, Die frühmittelalterliche Kirchensiedlung in der Aarauer Telli in: Z Schweiz. KG 56 (1962) 1–51, bes. S. 36 ff.
9) BRACKMANN, Germ. Pont. II, 2, S. 175 f.
10) R. STRAUB, Zur Geschichte der Alemannen in der Merowingerzeit (Diss. ms. Freiburg 1952) und oben Anm. 3.
11) Mon. Germ. Auct. ant. I, 2, S. 1–36.

Gewirre der verschiedenartigsten Geschehnisse hineinführt, wie sie durch das Heran-
und Hereinkommen der germanischen Völker in die ehedem römischen Gebiete sich
abspielten. Nach dem Tode des Ostgotenkönigs Theoderich des Großen schieden die
Landschaften zwischen Donau und Alpen endgültig aus den Bindungen nach dem
Süden hin aus. Das Alpenbistum Säben, das sich in der zweiten Hälfte des 6. Jahrhunderts auf hohem Felsen über dem Eisacktal niedergelassen hatte, führte den Namen
der rätischen Provinz im Bereich der Brennerstraße fort[12]; im 7. Jahrhundert übernahm es wohl auch die Tradition der norischen Bistümer, die bei dem Eindringen der
Slaven in das Draugebiet ihren Untergang fanden. Der Rest der Raetia secunda, der
von den Alpenketten noch einigermaßen abgeschirmt war, wurde offensichtlich schon
in ostgotischer Zeit mit der Raetia prima verwaltungsmäßig verbunden; bereits unter
Theoderich dem Großen wurde nur noch ein *dux Raetiarum* bestellt[13]. Bis zum Ende
des 6. Jahrhunderts wuchs das, was bis dahin von den beiden rätischen Provinzen noch
übrig geblieben war, zu einer Einheit zusammen, die ihren Mittelpunkt in Chur besaß, das wie die Täler des Alpenrheines insgesamt die Stürme der Zeit noch am besten
überstanden hatte. Die Wege von Chur über das Engadin nach dem Vintschgau gewannen für die politischen Kräfte Rätiens, die ihre Hauptstütze im Rheingebiet südlich des Bodensees besaßen, seit dem Ausgang des 6. Jahrhunderts eine gewisse Bedeutung, da sie wesentlich für den Zusammenhang der einzelnen, durch die hohen
Gebirgszüge geschiedenen Landschaften waren.

Churrätien hatte im 5./6. Jahrhundert zwar seine Gebiete im Thurgau und zu beiden Seiten des Bodensees an die Alemannen verloren[14], im Alpenraum aber war es
intakt geblieben. Die gesamten Vorgänge in den Alpen brachten es allerdings mit sich,
daß die älteste große römische Straßenverbindung in den rätischen Alpenlandschaften,
die Via Claudia, völlig bedeutungslos wurde; während des Mittelalters konnte diese
Straße, die Augsburg über den Fernpaß und das Inngebiet mit dem Etschtal verbunden hatte, ihre einstige Bedeutung nicht wieder erringen. Dagegen konnte von dem
Ende des 6. Jahrhunderts an die Julierroute, die sowohl nach Süden wie im Engadin
flußabwärts wies, eben wegen dieses Umstandes der mehrfachen Verbindungsmög-
lichkeiten zweifellos eine gewisse erhöhte Bedeutung erlangen gegenüber den Verbindungen, die über den Septimer oder den Bernardin führten, ohne daß diese jedoch
völlig verödet wären.

---

12) BRACKMANN, Germ. Pont. I 139 ff.; G. Löhlein, Die Alpen- und Italienpolitik der Merowinger im 6. Jahrhundert (Erlangen 1932), S. 21 f., 24 f., 52 f.; R. HEUBERGER, Rätien im
Altertum und Frühmittelalter (Innsbruck 1932), S. 168–200; FR. MILTNER/R. EGGER, Fliehburg und Bischofskirche in: Frühmittelalt. Kunst in den Alpenländern (Olten 1954), S. 16–33,
bes. S. 29 f.; E. KLEBEL, Das Fortleben des Namens Noricum im Mittelalter in: Carinthia I,
Bd. 146 (1956) 481–492; A. SPARBER, Kirchengeschichte Tirols (Bozen 1957), S. 9 ff.
13) Mon. Germ. Auct. ant. 12, 203; Bünd. UB I 3 Nr. 3.
14) O. FEGER, Geschichte des Bodenseeraumes I (Konstanz 1956), S. 68 ff.

In den Uferlandschaften, die sich von Konstanz und Arbon am Bodensee entlang erstreckten, waren im 6. Jahrhundert noch romanische Bevölkerungsreste übriggeblieben, die über den See hin zweifellos noch Verbindung mit den romanischen Gebieten im Rheintal südlich des Bodensees besaßen. Auf dem gegenüberliegenden Seeufer dagegen war damals schon die romanische Bevölkerung weiter nach Süden zurückgewichen; die Schilderungen über das Leben zu Bregenz, wie Columban bei seinem Missionsversuch es antraf, zeigen die Zustände zu Beginn des 7. Jahrhunderts für diese Landschaft zur Genüge[15]. Um die Zeit der Wende zum 7. Jahrhundert begann sich in dem alten Kastell zu Konstanz ein Bistum zu entwickeln[16], das sich geistig-religiös an die romanische Gruppe und vor allem an den kirchlichen Mittelpunkt in Chur anlehnte, das aber vom politischen Blickpunkt her gesehen unter dem Einfluß des Alemannenherzogs stand, der von den Franken eingesetzt war und unter stärkstem Einfluß des fränkischen Königshofes stand.

In den innerfränkischen Kämpfen um die Vorherrschaft spielte der Alemannenherzog zu Beginn des 7. Jahrhunderts bei Theuderich II. und in dessen Umgebung eine verhängnisvolle Rolle[17]. Das Churer Bistum selbst, das für den vorgeschobenen christlichen Posten zu Konstanz den geistigen und religiösen Rückhalt bildete, löste sich während der langdauernden Kämpfe, die das austrasische Frankenreich bis nach 590/91 mit den Langobarden führte, aus dem Verband der Kirchenprovinz Mailand und wandte sich, wie es den fränkischen Anschauungen entsprach, der fränkischen Reichskirche zu, wie die Teilnahme des Churer Bischofs Victor an der Pariser Synode des Oktober 614 deutlich werden läßt[18]. Die kirchlichen Grenzen des Churer Sprengels im Vintschgau und in der Alpenwelt bis zum Tal von Misox sind herausgewachsen aus den erstarrten politischen Linien der austrasischen Alpenkämpfe, die sich bis 590/604 gegen die Langobarden abspielten.

Die Langobardeneinfälle in den Westalpen und nach dem südlichen Rhonetal, die sofort nach dem Einwandern der Langobarden in Oberitalien einsetzten, konnten von den Truppen des fränkischen Königs Guntram zunächst nur mühsam aufgefangen und

---

15) Vgl. F. BLANKE, Columban und Gallus (Zürich 1940); L. KILGER, Die Quellen zum Leben des Hl. Kolumban und Gallus in: Z Schweiz. KG 36 (1942) 107–120; F. BLANKE, Columban in Bregenz in: Evang. Missionsmagazin 97 (1953) 165–180.

16) ELIS. REINERS-ERNST, Die Gründung des Bistums Konstanz in neuer Sicht in: Schriften Ver. Gesch. Bodensee 71 (1952) 17–36; H. BÜTTNER, Die Entstehung der Konstanzer Diözesangrenzen in: ZSchweiz. KG 48 (1954) 225–274 und in: Frühmittelalterliches Christentum und fränkischer Staat zwischen Hochrhein und Alpen (Darmstadt 1961), S. 55–106; R. SPRANDEL, Der merowingische Adel und die Gebiete östlich des Rheins (Freiburg 1957), S. 101 ff.; O. FEGER, Zur Geschichte des alemannischen Herzogtums in: ZWürttemb. LG 16 (1957) 41 bis 94, bes. S. 74–88; E. KLEBEL, Zur Geschichte der christlichen Mission im schwäbischen Stammesgebiet in: ZWürttemb. LG 17, 2 (1958) 145–218, bes. S. 154 ff.

17) O. FEGER in: ZWürttemb. LG 16 (1957) 47, 71, 81.

18) Mon. Germ. Conc. I 192; Bünd. UB I 6 Nr. 7.

erst bis zum Jahre 575 endgültig abgewehrt werden[19]; sie brachten im Alpenraum folgenreiche Umgestaltungen, welche die Alpenpässe vom Großen St. Bernhard bis zum Mont Cenis auch über die Kammhöhe hinaus in fränkische Hand brachten. Die Landschaft um Susa, bisher zum Bistum Turin gehörend, wurde für die Zukunft zum burgundischen Teilreich der Franken geschlagen und verblieb dabei. In St. Jean-de-Maurienne wurde vor dem Jahre 583 für die von König Guntram neuerworbenen Gebiete ein Bistum errichtet und der Metropole Vienne zugeordnet[20]. Auch das um die Mitte des 5. Jahrhunderts entstandene und nach Oberitalien ausgerichtete Bistum Aosta[21] wurde durch die Ereignisse bis 575, welche die Langobarden auch zu Angriffen über den Großen St. Bernhard geführt hatten, dem fränkischen Teilreiche Guntrams und dadurch in der Folge zunächst dem kirchlichen Verband von Vienne eingegliedert, nachdem es gelungen war, die Langobarden wieder aus dem Wallis zu vertreiben. Aus der Abwehr der Langobardenangriffe heraus hatte König Guntram, dem sonst eine offensive Italienpolitik fernlag, die fränkischen Grenzen über die Paßhöhen der Westalpen und des Großen St. Bernhard nach der italienischen Seite hinüber verlegt, eine Entwicklung, die bis in das 8. Jahrhundert fortdauerte und unter König Pippin weltgeschichtliche Folgen zeitigte. Im Gefolge der Langobardenkämpfe wechselte auch das Bistum im Wallis seinen Sitz; im Jahre 585 nannte Bischof Heliodor sich nach Sitten[22]; er hatte das offene, am Fuß des Paßweges über den Großen St. Bernhard gelegene Martigny verlassen und sich auf die mitten aus dem Rhonetal aufragende Felsenhöhe weiter flußaufwärts zurückgezogen; von da an blieb der Sitz des Bistums im Wallis mit Sitten verbunden. Alle Alpenbistümer hatten sich somit bis zum Ende des 6. Jahrhunderts in solch bergenden Schutzlagen niedergelassen, von Säben über Chur bis nach Sitten und Lausanne.

Zwischen den beiden Landschaften der Westalpenpässe, deren Wege im Rhonetal oder nach dem Genfer See sich öffneten, und der Bündener Pässe, deren Straßen auf Chur zuliefen und von dort zum Bodensee oder über den Walensee nach Zürich führten, lag inmitten der Bergwelt der Alpen im frühesten Mittelalter ein Gebiet, das vom Vorderrheintal bei Somvix bis zum oberen Rhonetal bei Mörel und Naters (bei Brig) reichte; es wurde wohl gelegentlich von Jägern und Hirten begangen, war aber noch nicht nachhaltig erschlossen. Die älteste Grundherrschaft von St. Maurice[23], die im Wallis den im 6./8. Jahrhundert in die Wirtschaft und Verwaltung einbezogenen

19) H. BÜTTNER, Die Alpenpolitik der Franken im 6. und 7. Jh. in: Hist. Jahrb. 79 (1960) 62–88, bes. S. 71 ff.
20) L. DUCHESNE, Fastes épiscopaux de l' ancienne Gaule I (1894) 233 ff.; Mon. Germ. Conc. I 161 und 173.
21) P. KEHR, Italia Pont. VI, 2, S. 157 ff.
22) Mon. Germ. Conc. I 172 f.; BRACKMANN, Germ. Pont. II, 2, S. 126 f.
23) J. M. THEURILLAT, L'abbaye de Saint-Maurice d'Agaune (Sonderdruck aus Vallesia 1954), S. 75 ff. (Text).

Raum widerspiegelt, reichte bis in die Gegend von Leuk, aber nicht mehr wesentlich weiter talaufwärts. Auf der rätischen Seite waren im Vorderrheingebiet die Gegenden oberhalb des Russeinerfelsens noch nicht in die beständigen Siedlungs- und Wirtschaftszusammenhänge einbezogen.

Im Vorland der Alpen waren die beiden Landschaften um den Bodensee und den Genfer See verbunden durch die Straßen, die durch das Aare- und Broyegebiet liefen. Dieses Wegenetz hatte bereits in römischer Zeit dazu gedient, die wichtigsten Orte von Lausanne über Avenches, Solothurn, Olten bis Windisch, Zürich, Konstanz und Arbon am Bodensee miteinander in Verbindung zu halten[24]. Jetzt wandten sich auf diesen Straßen die Alemannen von der zweiten Hälfte des 5. Jahrhunderts und vom 6. Jahrhundert ab nach Westen; diese alemannische Einwanderung war im 6./7. Jahrhundert überwiegend kein feindliches Angreifen mehr, sondern eine Besitznahme in siedlungsgünstigen, aber wenig bevölkerten Landstrichen, nachdem sowohl Burgund wie das unter ostgotischem Schutz stehende alemannische Gebiet in den Jahren von 534/36 an die Franken gefallen war. In den fränkischen Teilreichen des 6./7. Jahrhunderts wechselte dieser Raum des Mittellandes seine Zugehörigkeit öfter, je nach der Gestaltung des austrasischen oder burgundischen Teilreiches. In den ersten Jahrzehnten des 7. Jahrhunderts, insbesondere unter Chlothar II. und Dagobert I., war die Grenze des burgundischen Teilgebietes des Frankenreiches nach Osten bis in das Rheintal südlich des Bodensees vorgeschoben, wo noch die spätere Überlieferung von einem Grenzfelsen zu berichten wußte *ad discernendos terminos Burgundie et Curiensis Rhetie*[25].

II.

Die Schwächung der fränkischen Zentralgewalt, die mit den vierziger Jahren des 7. Jahrhunderts in erschreckendem Ausmaße vor sich ging, wirkte sich zwar im Gebiet um den Genfer See bis zum Jura bei Biel und Solothurn weniger aus. Hier im *pagus Ultraiuranus*, in dem noch in der ersten Hälfte des 7. Jahrhunderts fränkische duces tätig waren, machte sich auch weiterhin der fränkische Einfluß geltend; soweit wir sehen, war er von dem elsässischen Herzogsgeschlecht der Etichonen getragen und von jenen Kräften, die im Doubsgebiet zwischen Luxeuil und Besançon ansässig und zu spüren waren[26]. Das alemannische Gebiet dagegen hatte sich seit der Mitte des 7. Jahrhunderts weitgehend dem Einfluß des merowingischen Königtums entzogen;

---

24) Hist. Atlas d. Schweiz, Karte 6.
25) St. 3730; Wirtemb. UB II 95 Nr. 352; Thurgau. UB II 139 Nr. 42; PERRET, UB südl. St. Gallen I 5 Nr. 6, 165 Nr. 179.
26) H. BÜTTNER, Geschichte des Elsaß I (Berlin 1939), S. 49 f., 60 ff.; A. M. BURG, Das elsässische Herzogtum in: Arbeitsgemeinschaft f. gesch. Landeskunde am Oberrhein, Protokoll 45 (Karlsruhe 1964).

die alemannischen Herzöge handelten hier bis in den Beginn des 8. Jahrhunderts fast selbständig[27]. Die karolingischen Hausmeier mühten sich seit eben der Zeit des ausgehenden 7. Jahrhunderts und der ersten Jahrzehnte des 8. Jahrhunderts, die fränkische Zentralgewalt wieder zu stärken; auch das alemannische Herzogtum wurde in dieses politische Wollen mit einbezogen. Als im Jahre 724 das Kloster Reichenau durch Pirmin begründet wurde[28], kam dieser fränkische Einfluß, der in der Person des aus dem aquitanisch-neustrischen Kulturbereich herkommenden Klostergründers sich geltend machte, noch nicht so stark zum Durchbruch, daß er sogleich auf Widerstand gestoßen wäre; erst im Verlauf mehrerer Jahre hatte die Spannung sich so weit verstärkt, daß Pirmin nach dem benachbarten Elsaß weichen mußte. Etwa gleichzeitig wuchs aus der Memorie des Hl. Gallus im Steinachtal ein Kloster[29]; der erste Abt Otmar[30] und die ersten Mönche kamen aus der religiösen und kulturellen Welt Rätiens; alemannische und churätische Einflüsse dauerten in den ersten Jahren der Entwicklung des neuen Klosters an der Steinach noch weiter fort; erst allmählich machte sich die fränkische Einwirkung auch in St. Gallen geltend. Im alemannischen Bereich des Thurgaues und um den Zürichsee kamen um 740 die Anfänge der fränkisch bestimmten Grafschaftsverfassung auf[31]. Bald übernahmen bedeutende Persönlichkeiten, die aus dem fränkischen Adel herkamen, wie die Grafen Chancor oder Warin und Ruthard, die Leitung der politischen Geschäfte im Alemannenland zwischen Hochrhein und Alpen.

Um dieselbe Zeit etwa, wiederum in den letzten Jahren Karl Martells und in der Anfangszeit Pippins, wurden auch die kirchlichen Grenzen, wo es noch nötig war, für die Zukunft festgelegt. Die Abgrenzung des Bistums Konstanz, das im 7. Jahrhundert mit dem alemannischen Herzogtum gewachsen war, wurde von der übergeordneten Macht der Hausmeier vorgenommen. Mit dem Jahre 740 wurde auch das Bistum Basel wieder ins Leben gerufen[32]. Die Grenzen des Konstanzer Kirchensprengels wurden nach Westen durch den Lauf der Aare bestimmt, nicht aber durch siedlungsmäßige und sprachliche Gegebenheiten. Wenn Solothurn im Aaregebiet noch bei der Diözese Lausanne verblieb[33], so spiegelte sich darin die Fortdauer frühmittelalter-

---

27) O. Feger, Zur Geschichte des aleman. Herzogtums in: ZWürttemb. LG 16 (1957) 41–94.

28) Th. Mayer, Die Anfänge der Reichenau in: ZGORh. 101 (1953) 305–352; Th. Mayer, Bonifatius und Pirmin in: St. Bonifatius (Fulda 1954), S. 450–464.

29) Th. Mayer, Konstanz und St. Gallen in der Frühzeit in: Schweiz ZG 2 (1952) 473–524; R. Sprandel, Das Kloster St. Gallen in der Verfassung des karolingischen Reiches (Freiburg 1958).

30) J. Duft, Sankt Otmar (Zürich 1959).

31) Wartmann, UB St. Gallen I 6 Nr. 6, 11 Nr. 10, 14 Nr. 12.

32) Brackmann, Germ. Pont. II, 2, S. 216f.; Trouillat, Mon. de Bâle I 186 Nr. 123; Mon. Germ. Script. 13, 374.

33) Hist. Atlas d. Schweiz, Karte 14; Br. Amiet, Solothurnische Geschichte I (Solothurn 1952) 147 ff.

licher, burgundischer Zusammenhänge, die zum Genfer See wiesen. Das Bistum Straßburg, dessen weitest vorgeprellte Eigenkirchen am Thuner See lagen[34], zog sich um
die Mitte des 8. Jahrhunderts aus dem Aaregebiet ebenso zurück, wie es dem elsässischen Sundgau zugunsten des wiedereingerichteten Bistums Basel entsagte.

In Churrätien war die weltliche und geistliche Führung im Laufe des 7. Jahrhunderts an die Mitglieder einer einzigen Familie gelangt, die wir nach dem Praeses Churrätiens im Anfang des 8. Jahrhunderts als die Victoriden zu bezeichnen pflegen[35].
Unter seinem Sohne Tello vereinigten sich weltliche und bischöfliche Gewalt in Churrätien, das bewußt seine überkommene politische und religiöse Tradition pflegte. Über
das Aussehen des Landes, über die verwaltungsmäßige und grundherrschaftliche Gliederung, unterrichtet das sogenannte Tellotestament von 765 recht anschaulich[36]. Bischof Tello gab darin ausgedehnten Besitz und weite Rechte an das rätische Kloster
Disentis, das nach anfänglichem Widerstand seines Vaters im obersten Vorderrheingebiet entstanden war[37]. Es trug die Erschließung der Bergwelt in die Landschaften
des Tavetsch und des Medelser Rheines, nach dem Oberalppaß und nach dem Lukmanier vor, dem Übergang in das altbesiedelte Gebiet des Bleniotales. Durch das neue
Kloster am Vorderrhein wurde dadurch der niedrigste der Bündener Alpenpässe erschlossen; die Verbindung aus dem altbesiedelten Lugnez nach dem Bleniotal über den
Greinapaß trat dagegen ganz zurück. Die letzten Vertreter der Victoridenfamilie hatten im 8. Jahrhundert durchaus die Notwendigkeit empfunden, sich mit den neuen, sie
berührenden politischen Gegebenheiten zu befassen, die aus dem Erstarken der fränkischen Zentralgewalt und aus der Langobardenpolitik der Karolinger bis zu König
Pippin entstanden. Victor wie der letzte Sprosse seiner Familie, Tello, entschlossen
sich, an dem eigenständigen Leben Churrätiens festzuhalten. Auch nach dem Tode
Tellos wurde die Verfassung des Landes beibehalten, d. h. der Zusammenfall der
weltlichen und geistlichen Führungsgewalt blieb bestehen. Auch Karl der Große, dem
die Bündener Pässe nach dem Anfall des Langobardenreiches wichtig zu werden be-
gannen, ließ die besondere Verfassungsstruktur Churrätiens zunächst weiterleben[38].
Erst um 806 führte er nach den Grundsätzen, die er sonst im Frankenreich vom Vater
und Großvater übernommen hatte, auch in Churrätien als letzter Landschaft seines
Reiches die Trennung von weltlicher und geistlicher Gewalt durch[39]; nicht ohne
schmerzende Wunden wurden Bistumsrechte und Grafschaft geschieden.

34) WENTZCKE, Reg. Bisch. Straßburg I 224 Nr. 46; A. BRUCKNER, Regesta Alsatiae I 116 Nr.
193; B. STETTLER, Studien z. Gesch. d. obern Aareraums I (Thun 1964) 111 ff.
35) Iso MÜLLER, Rätien im 8. Jh. in: ZSchweiz. G. 19 (1939) 337–395; ELIS. MEYER-MAR-
THALER, Rätien im frühen Mittelalter (Zürich 1948); ELIS. MEYER-MARTHALER, Die Rechtsquellen des Kantons Graubünden, Lex Romana Curiensis (Aarau 1959).
36) Bünd. UB I 13 Nr. 17; dort auch die kritische Literatur.
37) Iso MÜLLER, Disentiser Klostergeschichte I (Einsiedeln 1942) 9 ff.
38) Bünd. UB I 23 Nr. 19.
39) U. STUTZ, Karls d. Gr. divisio von Bistum und Grafschaft Chur in: Hist. Aufsätze Karl

Die kirchliche, den Diözesen übergeordnete Gliederung wurde von Karl dem Großen im Verlauf seiner Regierung wiederum eingerichtet, nachdem er anfangs einer Mehrheit von Metropolitanbereichen in seinem Reich noch keinen rechten Zweck zuerkannt hatte [40]. Allmählich aber griff der Frankenherrscher wieder auf die spätrömische Metropolitanverfassung der Kirche zurück. Dort, wo es angängig war, machte er sich die Angaben der Notitia Galliarum zunutze [41], die nunmehr zu einer Art kirchlichen Handbuches wurde. Das Bistum Lausanne wurde in Verfolg dieser Vorstellungen wieder der Metropole zu Besançon unterstellt, die Diözese Sitten wurde dem Erzbistum Tarentaise zugeordnet. Der Sprengel von Aosta kehrte im 8./9. Jahrhundert in die italienischen Zusammenhänge zurück [42], aus denen er durch König Guntram im 6. Jahrhundert gelöst worden war. Der Churer kirchliche Bereich, der seit den Tagen des Erzbischofs Chrodegang zweifellos wieder vom austrasischen Metropoliten beansprucht wurde, fand sicherlich bereits nach dem Jahre 782 seinen Platz im Mainzer Erzbistum. Lediglich im Jahre 842 nahm Bischof Verendar von Chur noch einmal an einer Mailänder Synode teil [43]; es geschah dies zu einer Zeit, als Kaiser Lothar I. Churrätien als zu seinem Herrschaftsbereich gehörig ansah und dem Churer Bischof auch sonst Beweise seiner Gunst angedeihen ließ [44].

Die karolingischen Teilungspläne und Teilungen des 9. Jahrhunderts unterstreichen die Zweiteilung des Zentralalpengebietes sehr deutlich. Bereits bei dem Plan Karls des Großen aus dem Jahre 806 gingen das Schicksal Churrätiens und der auf den Großen St. Bernhard ausgerichteten Landschaft um den Genfer See sehr klar auseinander [45]. Die Bedeutung der Alpenpässe für die Verbindung von Italien nach den nördlich der Alpen gelegenen Teilen des Frankenreiches trat dabei zu Tage. Als die Teilung des Karolingerreiches unter den Söhnen Ludwigs des Frommen im Vertrag von Verdun im Jahre 843 Wirklichkeit wurde, fielen die Bündener Pässe an Ludwig den Deutschen; der Große St. Bernhard wie die übrigen Westalpenpässe gehörten zum Anteil Lothars I. Dessen Reich war zu einem guten Teil geradezu aufgereiht an den großen Straßen, die von Italien und dem Mittelmeer nach der Mosel und dem Niederrhein führten. Bereits in dem Austausch der Besitzungen Lothars II. und Kaiser Ludwigs II. im Raum zwischen Alpen und Jura läßt sich bald nachher erneut die Bedeu-

Zeumer (Weimar 1910), S. 101–152; O. P. Clavadetscher, Die Einführung der Grafschaftsverfassung in Rätien und die Klageschriften Bischof Victors III. von Chur in: ZRG. Kanon. Abt. 39 (1953) 46–111.

40) H. Büttner, Mission und Kirchenorganisation unter Karl d. Gr. in: Festschrift für Karl d. Gr. (Aachen 1965).

41) Mon. Germ. Auct. ant. 9, 552–612.

42) L. Duchesne, Fastes épiscopaux de l'ancienne Gaule I (1894). 240 f.; Kehr, Italia Pont. VI, 2, S. 157 ff.

43) Bünd. UB I 54 Nr. 62.

44) Bünd. UB I 53 Nr. 61, 55 Nr. 63.

45) Mon. Germ. Capit. I 45; B-M² 416; Bünd. UB I 33 Nr. 33.

tung erkennen, welche diese Söhne Lothars I. der Verfügung über den Großen St. Bernhard und der Herrschaft über sein unmittelbares nördliches Vorland zumaßen[46]. Ganz klar tritt dieses verkehrspolitische Denken wieder zum Vorschein, als bei dem Teilungsvertrag zwischen Ludwig dem Deutschen und Karl dem Kahlen im Jahre 870 jeder der beiden versuchte[47], seine Position im Doubsgebiet so auszubauen, daß er bei dem zu erwartenden Tod Ludwigs II. möglichst sicher die Hand nach der Paßstraße über den Großen St. Bernhard ausstrecken konnte.

Als mit den Jahren 887/88 die innere Schwäche des Karolingerreiches ganz offen zu Tage trat, machte sich auch im Raum um den Genfer See erfolgreich das Streben geltend, ein eigenes politisches Gebilde unabhängig von dem Karolingerhause zu gestalten[48]. Aus den Grafschaftsrechten, die der Welfe Rudolf im Wallis und im Waadtland ausübte, wuchs ein neues Königtum Hochburgund; wahrscheinlich am Feste Epiphanie 888 wurde Rudolf in der altberühmten burgundischen Abtei St. Maurice d'Agaune zum König gekrönt[49]. Entlang der großen Straße, die vom Großen St. Bernhard über den Jura und das Doubsgebiet nach dem Moselraum führte, versuchte er sogleich, seinen Herrschaftsbereich nach Lothringen vorzutragen[50]. Rasch sah er sich jedoch auf die Kernlandschaft zwischen Jura und Alpen als Basis seiner Macht beschränkt. Aus der gebirgigen Natur des Landes heraus vermochte sich Rudolf I. von Hochburgund auch zu halten, als im Jahre 894 zuerst Arnulf selbst und dann auch sein Sohn Zwentibold versuchten, das Ausscheiden Hochburgunds aus dem ostfränkischen staatlichen Verband rückgängig zu machen[51]; lediglich das Doubsgebiet geriet vorübergehend wieder unter die Botmäßigkeit Zwentibolds.

Im Bodenseegebiet entstand in harten und verwirrenden Kämpfen in den beiden ersten Jahrzehnten des 10. Jahrhunderts ebenfalls eine überregionale Herrschaftsgewalt, die allerdings letztlich nicht bis zur vollen politischen Selbständigkeit aufstieg, sondern als Herzogtum Schwaben im ostfränkisch-deutschen staatlichen Verband blieb[52], besonders als Heinrich I. 919 die Anerkennung seines Königtums durch Herzog Burchard erreicht hatte. Das Herzogtum Schwaben war seiner Entstehung und

---

46) Büttner, Elsaß, S. 147 f.

47) B-M² 1480; Mon. Germ. Capit. 2, 193; Büttner, Elsaß, S. 151 ff.

48) Zum Folgenden vgl. R. Poupardin, Le royaume de Bourgogne 888–1038 (Paris 1907); A. Hofmeister, Deutschland und Burgund im früheren Mittelalter (Leipzig 1914); J. Mariotte, Le royaume de Bourgogne et les souverains allemands (888–1032) in: Mém. soc. pour l'histoire du droit 23 (Dijon 1962) 163–183.

49) L. Dupraz, L'avènement de Rodolphe I et la naissance du royaume de Bourgogne transjurane in: Schweiz. ZG 13 (1963) 177–195.

50) Laet. Boehm, Rechtsformen und Rechtstitel der burgundischen Königserhebungen im 9. Jh. in: Hist. Jahrb. 80 (1961) 1–57, bes. S. 30 ff.

51) Annales Fuldenses ad a. 894/95, ed. Kurze, S. 124 ff.

52) Th. Mayer, Das schwäbische Herzogtum und der Hohentwiel in: Hohentwiel, hrsg. H. Berner (Singen 1957), S. 88–113.

seiner Zusammensetzung nach kein eigentliches Stammesherzogtum; es vereinte den
romanischen Sprach- und Rechtsbereich Rätiens mit den alemannischen Gebieten vom
Neckar und Oberrhein bis zum Bodensee und seinen Randlandschaften. Durch die
Verfügung über die churrätischen Alpenpässe war das Herzogtum Schwaben vom
10. Jahrhundert an lebhaft an dem politischen Geschehen in Oberitalien interessiert.

Das Gebiet, das zwischen dem hochburgundischen Kernraume am Genfer See und
dem schwäbischen Bodenseebereich lag, gab dem hochburgundischen König gerade in
den Jahren der Machtkämpfe um die Gestaltung des Herzogtums die Möglichkeit,
seinen Herrschaftsbereich entlang den alten Straßen nach dem Aare-Reußgebiet vorzutragen. Rudolf II. von Hochburgund stand im Jahre 914/15 bereits in Zürich[53];
wenige Jahre später versuchte er, nach dem Hegau oder dem Bodensee vorzustoßen,
doch er wurde im Kampf bei Winterthur 919 durch Burchard von Schwaben aufge-
halten[54]. Bis zum Beginn des Jahres 922 war der Ausgleich zwischen beiden Kräften
erreicht. Das hochburgundische Königtum hatte den Thur- und Zürichgau wieder
aufgegeben, aber die Reußlinie als Grenze seines Reiches zu wahren gewußt; sie folgte
keinen althergebrachten Abgrenzungen, auch die kirchlichen Gliederungen spielten
dabei keine Rolle. Die Heirat Rudolfs II. von Hochburgund mit der schwäbischen
Herzogstochter Berta war 922 das äußere Zeichen des zwischen Schwaben und Hochburgund gefundenen Ausgleichs.

Nach dem Zusammenbruch des italienischen Königtums des hochburgundischen
Herrschers und nach dem Tode des Herzogs Burchard im Verlaufe dieser italienischen
Politik im April 926 mußte sich Heinrich I. mit den in Schwaben und an seinen Grenzen aufgeworfenen Problemen befassen. Es gelang dem deutschen König, das Herzogtum Schwaben mit einer Vertrauensperson, dem Konradiner Herrmann, zu besetzen und zugleich zu erreichen, daß der hochburgundische König im November 926
mit dem Symbol der Heiligen Lanze sich an Heinrich I. kommendierte[55]. Eine der
Folgen des Einflusses, den Heinrich I. dadurch über Hochburgund gewonnen hatte,
war im Verein mit der Entwicklung in Italien, daß Rudolf II. dem Ausbau seiner
Herrschaft nach dem Rhoneraum seine Aufmerksamkeit zuzuwenden begann, besonders als Hugo von Italien ihm durch einen Vertrag von 933 seine Rechte abtrat[56], auf die
er im Westalpengebiet um den Mont Cenis und im Rhonebereich südlich Genf Anspruch erhob. Daraus wiederum ergab sich für Rudolf II. die Notwendigkeit, einen
Ausgleich mit seinem Verwandten, dem französischen König Rudolf zu suchen. Im

53) UB Zürich I 78 Nr. 185; BÜTTNER, Elsaß, S. 172.
54) Mon. Germ. Script. I 78 u. 5, 112; Böhmer-Ottenthal, Reg. Imp., S. 5 Nr. q.
55) H. BÜTTNER, Heinrichs I. Südwest- und Westpolitik (Konstanz 1964), S. 50 ff.
56) Liudprand von Cremona III 48, ed. BECKER, S. 100; W. HOLTZMANN, König Heinrich I.
und die Hl. Lanze (Bonn 1947), S. 37 f., 45 f.; vgl. a. H. E. MAYER, Ein Rundschreiben Rudolfs II. von Burgund aus dem Jahre 932 in: DA 17, 2 (1961), S. 507–517.

Dreikönigstreffen, das unter der Leitung Heinrichs I. 935 bei Ivois im Maasgebiet stattfand, wurden auch diese hochburgundischen Gebietsfragen behandelt.

Als Otto I. sich in besonderem Maße mit den politischen Fragen Italiens zu befassen begann, wandte er seine Aufmerksamkeit selbstredend auch den Bündener Pässen zu, wenngleich nicht verkannt werden darf, daß die Brennerstraße für die Verhältnisse des Mittelalters an sich die besten Voraussetzungen einer Alpendurchquerung bot; die Bündener Pässe aber führten in die politisch wichtigsten Gebiete Italiens von Schwaben aus auf kürzestem Wege hinein. Besonders nachhaltig kümmerte sich Otto I. um Churrätien, als er 951/52 Oberitalien und die Hand Adelheids erworben hatte. Als Vertrauensmann des Königs war Abt Hartbert, der Otto I. schon von Beginn seiner Regierung an bekannt geworden war [57], in Chur als Bischof eingesetzt worden (951–972). Durch die großzügigen Schenkungen Ottos I. wurden unter Bischof Hartbert für die Churer Kirche zum großen Teil die erheblichen Besitzverluste wieder ausgeglichen, die sie zu Beginn des 9. Jahrhunderts bei der Trennung der Gewalten in Rätien hatte hinnehmen müssen [58]. Es nimmt nicht wunder, daß der Paßverkehr in den Churer Königsurkunden unter Hartbert öfter wiederkehrt; das Bistum hatte besonderes Interesse an den Wegverbindungen, die nach dem Engadin und nach dem Bergell und Chiavenna gingen; hier wurden auch die meisten Zolleinnahmen erzielt [59]. Auch die Abtei Pfäfers, die im 8. Jahrhundert hoch über dem Rheintal in ausgezeichneter Schutzlage gegründet worden war [60], war durch ihre Hospize in Casaccia im obersten Bergell und in Splügen vor dem Anstieg zum Bernardinpaß an dem Paßverkehr mit interessiert, wie sich bereits aus den Aufzeichnungen des rätischen Reichsurbars des 9. Jahrhunderts ergibt [61], die aber auch weiterhin in Geltung blieben.

Die Verkehrssicherheit freilich war seit den Jahren um 940 auch an den churrätischen Alpenübergängen durch das Auftauchen der Sarazenen schwer beeinträchtigt; sie streiften nicht nur über den Lukmanier bis nach Disentis, sondern drangen noch weiter in Rätien vor [62]. Auch in den Westalpen und am Großen St. Bernhard führte die sarazenische Bedrohung zu schweren Beeinträchtigungen des Verkehrs nach

---

57) Bünd. UB I 83 Nr. 102.
58) Bünd. UB I 88 ff.
59) Bünd. UB I 89 Nr. 109, 95 Nr. 115, 98 Nr. 119.
60) Fr. Perret, Aus der Frühzeit der Abtei Pfävers in: Neujahrsblatt Hist. Ver. St. Gallen 98 (1958) 3–40; H. Büttner, Zur frühen Geschichte der Abtei Pfäfers in: ZSchweiz. KG 53 (1959) 1–17.
61) Bünd. UB I 386; O. P. Clavadetscher, Verkehrsorganisation in Rätien zur Karolingerzeit in: Schweiz. ZG 5 (1955) 1–30; Fr. Streicher, Zur Zeitbestimmung des sogen. Churer Reichsguturbars in: MIÖG 66 (1958) 93–101; W. Metz, Zur Stellung und Bedeutung des karolingischen Reichsurbars aus Churrätien in: DA 15, 1 (1959) 194–211; O. P. Clavadetscher, Nochmals zum churrätischen Reichsguturbar aus der Mitte des 9. Jh. in: ZRG Germ. Abt. 76 (1959) 319–328; W. Metz, Das karolingische Reichsgut (Berlin 1960), S. 60 ff.
62) Iso Müller, Disentiser Klostergeschichte I 61 ff.

Italien. König Hugo von Italien sah sich schließlich sogar gezwungen, mit den Sarazenen, die er nicht aus den Alpen vertreiben konnte, regelrechte Abmachungen zu treffen, die das Treiben der Streifscharen jedoch keineswegs minderten. Die Erwähnung der *terrae mortuorum*[63] im Bündner Alpenbereich freilich läßt wohl eher auf die Verheerungen der Ungarn im 10. Jahrhundert als auf die Schäden der Sarazenen schließen.

In Hochburgund setzte Otto I. die Politik seines Vaters fort; Rudolf II. seinerseits erkannte das Kommendationsverhältnis wohl auch bei Otto I. an[64]. Nach dem raschen Tod des hochburgundischen Königs wurde sein noch junger Sohn und Nachfolger Konrad am deutschen Hofe erzogen[65]; auch er lehnte sich nach der Übernahme der Regierung 942/43 an Otto I. an. Seit der Heirat Ottos I. mit der Tochter Bertas, Adelheid, besaß der deutsche König noch weitere Möglichkeiten, seinen überragenden Einfluß in Burgund zur Geltung zu bringen. Wenn schon die Gründung und Rechtsstellung der Abtei Lüders/Lure im Doubsgebiet das schützende Eingreifen Ottos I. 959 im burgundischen Gebiet gezeigt hatte[66], so nahm er an der Entwicklung des Klosters Peterlingen/Payerne, das seine Frau Adelheid 962 bei der Grabstätte ihrer Mutter Berta errichtete[67], besonders lebhaften Anteil. Peterlingen aber lag inmitten des alten hochburgundischen Kernraumes und zudem an der großen Straße, die von Basel und Zürich nach dem Genfer See und nach dem Großen St. Bernhard führte.

Die Herrschaft des burgundischen Königs Konrad erstreckte sich um die Mitte des 10. Jahrhunderts im Rhonegebiet bis nach der Gegend um Vienne[68]. Seit den 40er Jahren des 10. Jahrhunderts war der französische Einfluß in Lyon und Vienne langsam zurückgetreten; es war dies eine Folge davon, daß das französische Königtum unter dem Karolinger Ludwig IV. seinen Schwerpunkt wieder in den Landschaften an der Seine und Marne besaß, daß nunmehr nicht mehr das unmittelbare Interesse, das König Rudolf von seinem Hausgut aus an dem Rhoneraum besaß, sich geltend machte. Rhoneabwärts über Vienne hinaus war die politische Ordnung um die Mitte des 10. Jahrhunderts durch die Sarazenenplage, die von Fraxinetum ausging, noch sehr erschüttert und gestört. Erst als der Abt Maiolus von Cluny bei der Überschreitung des Großen St. Bernhard im Jahre 972 bei Orsières in die Hand der Sarazenen gefallen

---

63) Bünd. UB I 108 Nr. 134.
64) Mon. Germ. DO I 101 Nr. 14.
65) R. HOLTZMANN, Gesch. d. sächs. Kaiserzeit (München 1955), S. 129, 142 f.
66) Mon. Germ. DO I 279 Nr. 199.
67) H. E. MAYER, Die Peterlinger Urkundenfälschungen und die Anfänge von Kloster und Stadt Peterlingen in: DA 19 (1963) 30–129; H. BÜTTNER, Studien zur Geschichte von Peterlingen in: ZSchweiz. KG 58 (1964) 265–292.
68) E. FOURNIAL, Recherches sur les comtes de Lyon aux IXe et Xe siècles in: Moyen-âge 58 (1952) 221–252; ders. La souveraineté du Lyonnais au Xe siècle in: Moyen-âge 62 (1956) 413–452.

war[69], wandte man sich energisch gegen sie und jetzt gelang es, sie vollständig aus den Westalpen und aus dem Rhoneraum zu vertreiben. Diese weiten Landschaften konnten nunmehr an den Wiederaufbau gehen; das burgundische Königtum vermochte seine Herrschaft nunmehr tatsächlich bis zum Mündungsgebiet der Rhone auszuüben, ohne daß freilich dem König bei der Neuverteilung des Besitzes und der Rechte dort erhebliche Eigenansprüche zugefallen wären. Vienne blieb die am weitesten nach Süden im Rhonegebiet vorgeschobene Machtbasis des burgundischen Königs.

Weniger König Konrad von Burgund als vielmehr sein Nachfolger Rudolf III. stützte sich auf das alte Kernland um St. Maurice und den Genfer See[70]. Dazu kam als ein frühes Ausbaugebiet der burgundischen Könige noch jene Landschaft, die sich von der Emme und Aare bis zum Thuner See hin erstreckte[71]. Hier hatten im Gebiet um Spiez auch die Ottonen im 10. Jahrhundert noch Besitz, der ihnen offensichtlich aus dem Gut der burgundischen Königsfamilie durch die Kaiserin Adelheid zugefallen war[72]. Von der Gegend am Thuner See richtete sich der Blick nach dem Simmental und nach dem Berner Oberland, das bald in die intensivere wirtschaftliche und politische Erfassung einbezogen werden sollte. Ein früherer Siedlungsvorgang hatte sich im 9./10. Jahrhundert bereits im Saanebereich von Bulle aus südwärts vollzogen[73].

Die folgerichtige Konsequenz aus der ottonischen Politik des 10. Jahrhunderts, so wie sie von Heinrich I. an eingeschlagen war, führte unter dem letzten Herrscher dieses Hauses, Heinrich II., zu dem Erbvertrag mit Rudolf III. von Burgund und nach mannigfachen Hemmnissen zum tatsächlichen Anfall Burgunds 1032/34 an Konrad II., der gegenüber dem persönlichen Erbrecht und seinen Auswirkungen dem staatlichen Vertrag zum Siege verholfen hatte.

III.

Unter dem letzten burgundischen König Rudolf III. waren zahlreiche Grafschaftsrechte an die Bischöfe gelangt. Die Grafschaft im Wallis wurde 999 an den Bischof von Sitten übertragen[74]; die Grafenrechte im Waadtland erhielt 1011 der Bischof von Lausanne. Bereits um das Jahr 1000 waren die Grafschaftsbefugnisse auch an den Erzbischof von Tarentaise verliehen worden. Ob damals auch der Bischof von Genf

---

69) Gremaud, Documents du Valais I (Lausanne 1875) 39 Nr. 64; Mon. Germ. Script. 4, 651.
70) Herrn Kollegen Schieffer dankte ich verbindlichst für die Einsichtnahme, die er mir in das Manuskript der Urkundenedition der hochburgundischen Könige gewährte.
71) Vgl. a. Stettler, Geschichte des obern Aaregebietes, S. 141 ff.
72) Mon. Germ. DO III 572 Nr. 160; Font. rer. Bern. I 287 Nr. 53.
73) Cartulaire de Lausanne, ed. Ch. Roth (Lausanne 1948), S. 213 Nr. 221; 218 Nr. 226.
74) Gremaud I 49 Nr. 71; H. Büttner, Zur Urkunde des Königs Rudolf III. von Burgund aus dem Jahre 999 für das Bistum Sitten in: ZSchweiz. KG 54 (1960) 158–163. Vgl. a. R. Poupardin, Le royaume de Bourgogne (Paris 1907).

mit der Grafschaft im Bereiche seines Bezirkes betraut wurde, entzieht sich unserer
Kenntnis, jedoch liegt eine solche Übertragung sehr nahe, weil später die Grafschaft
Genf Lehen des Bistums war[75]. Auch die weit in die Alpen hineinreichenden Rechte,
die mit der Grafschaft Vienne verknüpft waren, wurden durch Rudolf III. zunächst
an seine zweite Gemahlin Irmgard vergabt und kamen durch diese dann um 1030 an
das Erzbistum Vienne. So waren gerade in den Kerngebieten des burgundischen
Königtums zwischen Genfer See und Vienne durch Rudolf III. die Grafschaftsbefugnisse weitgehend an kirchliche Institutionen gelangt; diese konnten sie freilich nicht
selbst ausüben, sondern mußten sie durch weltliche Beauftragte des Grafenadels ver-
walten lassen, so daß sie rasch wieder zu kirchlichen Lehen einzelner, sich darauf
stützender Adelsfamilien wurden.

    Konrad II. nahm im Jahre 1027 eine ähnliche Vergabung von Grafenrechten vor,
als er dem Bistum Trient diese im Vintschgau übertrug[76]. Dadurch wurde das Bistum
Chur sehr stark berührt; denn das Bistum Chur, dem der Vintschgau kirchlich bis zum
Paßeierbach zugehörte, hatte dort sehr erheblichen grundherrschaftlichen Besitz, für
den die aus der Immunität sich ergebenden Gerichtsrechte beansprucht wurden. Die
Zwischenstellung des Vintschgaues zwischen Churrätien und in der Verbindung nach
dem Etschgebiet bei Trient machte sich von jetzt an öfter geltend. Im engeren Bereich
von Churrätien wurden dagegen im 10./11. Jahrhundert keine Grafenrechte an kirchliche Institutionen übergeben. Zunächst war im 10. Jahrhundert die Grafschaftsbefug-
nis in Rätien für das schwäbische Herzogtum als Machtgrundlage noch sehr wesentlich[77]; im 11. Jahrhundert befand sich sodann die Grafschaft als Lehen bei dem
Bregenzer Grafenhaus. Maßgeblich wurde in Churrätien die Entwicklung der auf der
Immunität aufbauenden Hochvogtei, besonders des Bistums Chur. Hinzu traten noch
die Vogteien der beiden bedeutenden Abteien Pfäfers und Disentis im Rheingebiet.
Diese Bereiche insgesamt entzogen dem Grafenamt im rätischen Gebiet mit ihrer
Ausgestaltung des 10./11. Jahrhunderts, die sie funktionsgleich neben die Grafschaft
treten ließen, einen guten Teil seines Wirkungsfeldes.

    So war zwar der verfassungsrechtliche Aufbau der Landschaften zwischen Jura
und Alpen einerseits und Churrätien andererseits in den ersten Jahrzehnten des
11. Jahrhunderts deutlich voneinander abgehoben, in dem äußeren Erscheinungsbild
jedoch, dem Auftreten gräflicher Familien als Träger der Gerichtsbarkeit, unterschie-
den sie sich nicht allzusehr.

---

75) Gallia christ. 16, 148 Nr. 7; G. MEISTER, Der Genfer Regalienstreit (1124–1219) (Diss.
Greifswald 1911), S. 13 ff., 101 (Text).
76) Mon. Germ. DK II 144 Nr. 102; HUTER, Tiroler UB I 31 Nr. 52. Im Juni 1027 verlieh
Konrad II. dem Bistum Brixen die Grafschaftsrechte im Inn- und Eisacktal; Mon. Germ. DK II
146 Nr. 103; HUTER, Tiroler UB I 32 Nr. 53.
77) Bünd. UB I 500 f.

Für das 11. Jahrhundert ist der einheimische Grafen- und freie Adel in der Landschaft zwischen Alpen und Jura nicht allzu zahlreich anzutreffen. Dessen Macht und Zahl war eigentlich nur im Bereiche des Bieler Sees stärker ausgebildet. Dorthin reichte auch der Einfluß des Grafenhauses von Burgund, das im Doubs-Saône-Gebiet sich entfaltete, über den Jura herein[78]. Nach dem Anfall Burgunds an das deutsche Reich, wurden im burgundischen Gebiet auch zwei Adelsfamilien bemerkbar, die eine Verklammerung des alten hochburgundischen Kernraumes mit dem schwäbischen Bereich anbahnen konnten. Einmal sehen wir, wie die Lenzburger Grafen[79], deren älterer Besitz zwischen Zürichsee und Reuss gelegen war, in der ersten Hälfte des 11. Jahrhunderts weiter nach Westen ausgreifen bis nach Lausanne und nach dem Wallis; Bischof Heinrich von Lausanne (1039–50) wird dem Lenzburger Grafenhause zugeschrieben; Lenzburger Besitz ist vor der Mitte des 11. Jahrhunderts in Sitten entstanden[80]. Um 1050 allerdings zogen sich die Lenzburger, die gerade damals ihr Stift Beromünster gut ausgestattet hatten[81], wieder aus diesen weitvorgeschobenen Positionen zurück. Sehr viel nachhaltiger dagegen waren die Bemühungen der zweiten, für uns in diesem Streben faßbaren Familie, der Grafen von Rheinfelden[82]. Sie weiteten ihr Einflußgebiet vom Hochrhein aus bis in die Gegend von Lausanne–Vevey am Genfer See und behaupteten sich darin bis zum Ausbruch des Investiturstreites. Im Waadtland beruhte die Stellung der Rheinfelder Grafen offensichtlich in der Hauptsache auf Lehensrechten, im Aaregebiet dagegen verfügten sie im Verlaufe des 11. Jahrhunderts bereits über wachsenden Eigenbesitz, so daß sie berufen schienen, hier eine starke Eigenmacht zu entfalten. Dazu mag vor allem beigetragen haben, daß die Grafen von Rheinfelden im Aaregebiet nach den Voralpen hin noch große Möglichkeiten des Landesausbaues antrafen.

Im Wallis breitete seit dem zweiten Viertel des 11. Jahrhunderts jene Familie ihre Macht aus, der Graf Humbert Weisshand († 1046) angehörte[83]; sie führte bald den Namen der Grafen von Savoyen. Sie kamen aus dem Alpenbereich um Maurienne wohl über den Paß des Großen St. Bernhard nach dem Wallis. Auch Bischof Aimo von

---

78) R. KALLMANN, Die Beziehungen des Königreiches Burgund zu Kaiser und Reich (Diss. Berlin 1888), S. 87 ff.
79) Vgl. H. WEIS, Die Grafen von Lenzburg in ihren Beziehungen zum Reich und zur adligen Umwelt (Diss. ms. Freiburg 1959).
80) Gremaud I 61 Nr. 85.
81) Mon. Germ. DH III 160 Nr. 129.
82) K. SCHIB, Geschichte der Stadt Rheinfelden (Rheinf. 1961), S. 21 ff.
83) G. DE MANTEYER, Les origines de la maison de Savoie en Bourgogne (Rom 1899); M. HELLMANN, Die Grafen von Savoyen und das Reich bis zum Ende der staufischen Periode (Innsbruck 1900); M. REYMOND, Les origines de la maison de Savoie in: Anzeiger Schweiz. Gesch. 50 (1919) 89–111; M. CHAUME, Le problème des origines de la maison de Savoie in: Annales de Bourgogne 3 (1931) 120–161.

Sitten (1037/54) gehörte dieser Familie an; auf ihn wird es wohl zurückgehen, wenn
große weltliche Rechte im Bereiche des ganzen Wallis später im Besitze der Savoyer
Grafen auftauchen. Es gewinnt fast den Anschein, als ob die Lenzburger Grafen sich
um die Mitte des 11. Jahrhunderts aus dem Wallis zurückzogen, weil sie sich gegenüber den Savoyern nicht recht durchsetzen und behaupten konnten.

Auch in Churrätien wird für uns im Verlaufe des 11. Jahrhunderts Hochadel
greifbar, der aus dem Bodenseegebiet und Schwaben kam und sich in der Alpenwelt
herrschaftsbildend betätigte. Auf das Hereinkommen der Grafen von Bregenz und
ihre Stellung als Grafen in Churrätien wurde schon hingewiesen; auch die Hochvogtei
des Bistums Chur gelangte in ihre Hand, so daß sie in den rätischen Alpen ein weites
Feld ihrer Tätigkeit gewannen. In den letzten Jahrzehnten des 11. Jahrhunderts sind
wohl auch die Grafen von Gammertingen nach dem oberen Engadin gelangt, wo sie
zwischen Samaden und Zuoz eine durch ihre Lage an wichtigen Alpenstraßen
bedeutende Herrschaft ausbildeten[84]. Ein weiteres Zeichen dieser Einwanderung
schwäbischen Adels nach dem Gebiet Churrätiens ist es, wenn wir die Herren von
Frickingen im Unterengadin antreffen, wo wir ihre Rechte allerdings erst im 12. Jahrhundert bei Besitzveränderungen fassen können. Auch die Herren von Wildenberg
gehören zu jenen Familien, die sowohl im rätischen Raum bei Fellers/Ilanz wie in
Oberschwaben über Güter und Herrschaftsrechte verfügten[85]. Auch die mit den Wildenbergern verbundenen Herren v. Greifenstein, deren namengebende Burg bei
Filisur lag, bildeten nach Bergün und dem Albulapaß hin eine Herrschaft aus[86], die
uns freilich erst viel später urkundlich entgegentritt, deren Anfänge aber auch dem
11. Jahrhundert oder dem frühen 12. Jahrhundert angehören werden. Die Verbindungen des schwäbischen Adels nach Rätien hinein deuten auch die Besitzungen an, welche
die Grafen von Achalm und Nellenburg im Rheintal unterhalb Chur noch hatten. Die
Welfen dagegen verfügten offenbar über keine Anrechte, die rheinaufwärts über die
Luziensteige hinausgingen, wohl aber über zahlreiche Ansprüche und Besitzungen im
Vintschgau.

IV.

Die große Auseinandersetzung Heinrichs IV. mit dem deutschen Hochadel, die zeitlich
mit dem Investiturstreit großenteils zusammenfiel, machte sich auch im Zentralalpengebiet und dessen Vorlanden stärkstens bemerkbar. Im Königreich Burgund schränkte
sich das Gebiet, in dem der deutsche König noch ohne weiteres Rechte geltend machen

---

84) Vgl. unten Anm. 112.
85) Emma von Wildenberg und ihr Sohn Konrad gründeten im Jahre 1126 das Kloster Rot
in Oberschwaben; BRACKMANN, Germ. Pont. II, 1, S. 230 f.; Mon. Germ. Necrol. I 202–205;
Histor.-biogr. Lex. d. Schweiz 7, 535.
86) Hist.-biogr. Lex. d. Schweiz 3, 729 f.

konnte, auf die Gegenden vom Doubs bei Besançon und den Raum zwischen dem
Herzogtum Schwaben und dem Genfer See ein; die Hauptstützen Heinrichs IV. waren
hier die Bischöfe von Basel, Lausanne und Sitten. Mit ihrer Hilfe gelang es auch, die
dem König feindlich gesinnten Rheinfelder Grafen aus dem Gebiet um den Genfer See
zurückzudrängen und ihre Stellung im Aaregebiet zu erschüttern. Im Jahre 1079 übertrug Heinrich IV. aus dem Anteil des geächteten Rudolf von Rheinfelden reichen
Besitz am Genfer See an Bischof Burchard von Lausanne sowie zahlreiche Anrechte,
die Herzog Rudolf in dem Bereich zwischen Jura und Alpen besessen hatte[87]. Auch
der königstreue Bischof Ermenfried von Sitten erhielt wichtige Besitzungen im Wallis
durch die Gunst Heinrichs IV.[88]. Die dem König anhängenden Bischöfe von Basel
und Lausanne waren aber nicht Gegner der kirchlichen Reform schlechthin. Gerade
in den letzten Jahrzehnten des 11. Jahrhunderts konnte der Reformgedanke von
Cluny in dem Gebiet der Voralpen und Alpen Fuß fassen mit der Gründung der
klösterlichen Niederlassungen von Rüeggisberg[89] im Schwarzenburger Land und
von Rougemont im oberen Saanetal[90]. Die Nachrichten, die über das Entstehen des
Klosters zu Rougemont erhalten sind, geben zudem einen guten Einblick in die
Besiedlung dieser Landschaften; bereits damals war die alemannische bäuerliche Bevölkerung über Saanenmöser aus dem Simmental bis in die Gefilde von Saanen und
Gstaad eingewandert und hatte diese Landschaft mit ihren Nebentälern erschlossen
und wirtschaftlich erfaßt. Bei Rougemont bildete sich somit für die Landschaft an der
oberen Saane bis zur zweiten Hälfte des 11. Jahrhunderts die romanisch-alemannische
Sprachgrenze mit der intensiven Besiedlung dieses Teiles der Alpenlandschaft heraus.

Im Bodenseegebiet und in Churrätien ist die politische, geistige und religiöse
Situation während der letzten Jahrzehnte des 11. Jahrhunderts insofern weniger
kompliziert, als die Gegner des salischen Königs und Anhänger der Reform und
Gregors VII. sich sozusagen decken, wenigstens bis zum Ende der 80er Jahre des
11. Jahrhunderts[91]. Mit dem Aussterben der Rheinfelder Familie werden im Bodenseegebiet ihre Erben, die Zähringer, mit der politischen Führung betraut; sie finden
bis zum Jahre 1096 die Unterstützung der Welfen, ehe diese sich mit Heinrich IV.
wieder zusammenfinden. Im Jahre 1080 war es Heinrich IV. gelungen, seinen Kandi-
daten Norbert, der aus dem Augsburger Domstift herkam, gegen den gregorianisch

87) Mon. Germ. DH IV 409 Nr. 311; Font. rer. Bern. I 342 Nr. 126.
88) Mon. Germ. DH IV 421 Nr. 321.
89) BRACKMANN, Germ. Pont. II, 2, S. 206 ff.
90) Mém. doc. Suisse Romande 22 (Lausanne 1867) 8 Nr. 4; Font. rer. Bern. I 366 Nr. 152;
P. AEBISCHER, La pancarte de Rougemont de 1115 in: Rev. Hist. Vaudoise 1920, S. 1 ff.; R.
WERNER, La pancarte de Rougemont de 1115 in: Rev. Hist. Vaudoise 1934 (und gesondert
Lausanne 1934).
91) Zum Folgenden vgl. H. BÜTTNER, Staufer und Welfen im politischen Kräftespiel zwischen
Bodensee und Iller während des 12. Jh. in: Z. Württemb. LG 20 (1961) 17–73, bes. S. 17 ff.

gesinnten Ulrich von Tarasp auf den Bischofssitz von Chur zu bringen[92]. Bischof Norbert war offenkundig besonders tätig im Engadin und im Vintschgau; das Kloster Müstair im Münstertal wurde von ihm besonders gepflegt, wie schon die Weihinschrift der Klosterkirche zum 15. August 1087 dartut[93], und zu einer Art bevorzugten Sitzes des Bischofs ausgebaut. Auf Bischof Norbert († 1088) folgte sein ehedem unterlegener Gegner, Ulrich von Tarasp, im Bischofsamt und diesem wieder mit Bischof Wido eine Persönlichkeit, die ebenfalls der kirchlichen Reformrichtung zugetan war. Mit Bischof Wido konnte auch der junge König Konrad, der sich in Oberitalien von seinem Vater Heinrich IV. getrennt hatte, Verbindung aufnehmen; er übergab dem Bistum Chur die Reichsabtei Disentis[94] und hoffte dadurch die Bündener Pässe zur Verfügung zu haben und damit die Beziehungen zu den Gegnern seines Vaters im Bodenseegebiet herstellen zu können. Um im rätischen Rheintal nicht allen Einflusses verlustig zu gehen, hatte Heinrich IV. bereits im März 1095 die Abtei Pfäfers dem Bischof Burchard von Basel übertragen[95].

Wenn wir die Struktur des Zentralalpengebietes und seiner Vorlande um die Wende vom 11. zum 12. Jahrhundert betrachten, dann bestehen immer noch zwei große politische Räume, das Bodenseegebiet mit seinen Nachbarlandschaften und Churrätien einerseits und die Gebiete um den Genfer See sowie der Raum zwischen Jura und Alpen andererseits. Aber der nichterfaßte Bereich im Inneren der Alpenwelt ist bis dahin sehr zusammengeschrumpft, ja fast verschwunden. Von dem Kloster Disentis aus war seit dem 8./9. Jahrhundert nicht nur der Lukmanierpaß in die großen Verkehrswege über die Alpen eingereiht worden[96], sondern die Abtei hatte sich auch, dem Vorderrhein aufwärts folgend, um die Landschaft des Tavetsch bemüht und war über den Oberalppaß nach Ursern hin vorgedrungen und hatte dieses weite Hochalpental bis zur Furka hin in ihre Grundherrschaft einbezogen[97]. Daß die Vorderrheinabtei ihre Rechte bis zum Furkapaß auszuweiten vermochte, konnte offensichtlich deshalb geschehen, weil die Erschließung des Goms, des Rhonetals oberhalb des Deischberges im Wallis, nicht so frühzeitig und langsamer erfolgte. Von Naters und Mörel aus, vom Rande des altbesiedelten Rhonetales stießen das Bistum Sitten und die Grafen von Savoyen, wie das spätere Herrschaftsbild zeigt, nach der Mitte des 11.

---

92) ELIS. MEYER-MARTHALER, Bischof Wido von Chur im Kampf zwischen Kaiser und Papst in: Festschrift Th. Mayer Bd. I (Konstanz 1954), S. 183–203, bes. S. 191 ff.

93) Bünd. UB I 166 Nr. 209; H. BÜTTNER/Iso MÜLLER, Das Kloster Müstair im Früh- und Hochmittelalter in: ZSchweiz. KG 50 (1956) 12–84, bes. S. 29 ff., Text der Inschrift S. 34, 38 f.

94) Mon. Germ. DH IV 673 D Konrad Nr. 3.

95) Mon. Germ. DH IV 597 Nr. 443; Bünd. UB I 168 Nr. 212.

96) Iso MÜLLER, Zur Bedeutung des Lukmaniers im Mittelalter in: Schweiz. ZG 10 (1960) 1–17.

97) Iso MÜLLER, Der Gotthardraum in der Frühzeit in: Schweiz. ZG 7 (1957) 433–479, bes. S. 450 ff.

Jahrhunderts bis zum Rhonegletscher vor[98] und gliederten dieses Gebiet, das von der alemannischen Bauernbevölkerung des Oberwallis besiedelt wurde, ihrem Herrschaftsbereich ein. Von Uri aus war das Urserntal um diese Zeit noch nicht angegangen; die Schlucht der Schöllenen war noch nicht überwunden und auch über das Göschener Tal und den Bätzberg war die verkehrserschließende Verbindung nach Ursern noch nicht hergestellt. Auch von Süden her war um diese Zeit aus der Leventina heraus das Gotthardgebiet über die schroff ansteigenden Höhen noch nicht in eine intensivere Erschließung der Gegend einbezogen.

Nach dem Jahre 1098 kehrte in die weiten Landschaften zwischen dem Bodensee und dem Genfer See wieder größere politische Ruhe und Stetigkeit ein. Die Erben der Rheinfelder, die Zähringer, machten ihren Frieden mit Heinrich IV. und mit dessen Herzog für Schwaben, dem Staufer Friedrich[99]. Die Zähringer hatten inzwischen ihre Herrschaft über den südlichen Schwarzwald und im Breisgau und in der Ortenau aufgebaut[100], sie hatten aber auch das Rheinfelder Erbe im Aaregebiet gewahrt und ihre Stellung in dem verkehrsmäßig so wichtigen Zürich zu behalten vermocht. In Zürich hatten sie um die Wende zum 12. Jahrhundert einen planmäßigen Ausbau der Siedlung auf dem rechten Ufer der Limmat begonnen, der auch den Markt endgültig über die Limmat herüber in die Nähe des Großmünsters verlagerte[101]. Der Städtegründung der Zähringer in Zürich hatte ihr politischer Widersacher im Bodenseeraum, der Abt Ulrich von St. Gallen, vor 1121 den planmäßig durchdachten Ausbau von St. Gallen innerhalb der Ummauerung des 10. Jahrhunderts folgen lassen[102].

Gegen Ende des 11. Jahrhunderts und zu Beginn des 12. Jahrhunderts waren im Alpengebiet auch die Anfänge einer genossenschaftlich-gemeindlichen Entwicklung zu bemerken. Zuerst spürbar wurde sie bei der Kirchgemeinde von St. Zeno zu Lüen im Schanfigg zur Zeit des Churer Bischofs Norbert; die *vicini de Leune* erbauten und statteten ihre Kirche mit Gütern und Einkünften aus[103]; die Gemeinschaft der Nach-

---

98) Ebda S. 453 ff.

99) Otto von Freising, Gesta Friderici I 8, ed. Waitz, S. 24.

100) Th. Mayer, Der Staat der Herzoge von Zähringen (Freiburg 1935) und: Mittelalterliche Studien (Konstanz 1959), S. 350–364; ders., Die Zähringer und Freiburg im Breisgau in: Schauinsland 65/66 (1939) 133–146 und: Mittelalterl. Studien S. 365–379; ders., Die Besiedelung und politische Erfassung des Schwarzwaldes im Hochmittelalter in: ZGORh NF 52 (1939) 500–522 und: Mittelalterl. Studien S. 404–424; H. Büttner, Die Zähringer im Breisgau und Schwarzwald während des 11. und 12. Jh. in: Schauinsland 76 (1958) 3–18.

101) H. Büttner, Die Anfänge der Stadt Zürich in: Schweiz. ZG 1 (1951) 529–544; P. Kläui, Zähringische Politik zwischen Alpen und Jura in: Alemannisches Jahrb. 1959, S. 92–108, bes. S. 93 f.

102) E. Pöschel, Kunstdennkmäler des Kt. St. Gallen Bd. 2 (Basel 1957) 32 f., 54, 56 ff. Vgl. a. J. Duft, St. Gallen wird befestigte Stadt in: Gallusstadt 1952, S. 22 ff.

103) Bünd. UB I 164 Nr. 206.

barn von Lüen erfüllte eine Aufgabe, die bisher dem Grundherrn zugefallen war. Die Genossenschaft der Einwohner von Olivone im Blenio richtete um 1104/36 das Hospital zu Casaccia, nahe der Paßhöhe des Lukmanier, ein [104] und unterzog sich damit derselben Aufgabe, die etwa gleichzeitig der Bischof von Chur am Septimerpaß mit der Errichtung des Hospizes St. Peter unternahm [105]. Von Süden her war der Gedanke der politischen Gemeinde, der sich in Oberitalien im 11. Jahrhundert in den civitates und castella ausgestaltet hatte, als verfassungsrechtliche Form bis an die Alpen gelangt und machte sich im Bleniotal nunmehr auch in einer bäuerlichen Gegend geltend. Über die Alpenkämme hinüber drang im 11./12. Jahrhundert diese gemeindliche Entwicklung noch nicht vor, die Vorgänge im Schanfigg sind aus der Ideenwelt zu erklären, wie sie durch den Reformeinfluß in den letzten Jahrzehnten des 11. Jahrhunderts weite ländliche Bezirke auch Schwabens ergriff.

V.

Die Zähringer hatten zu Anfang des 12. Jahrhunderts durch die Stellung, die sie in Zürich wie im Aaregebiet und bis in die Gegend des Thuner Sees besaßen, die Möglichkeit, in ihren politischen Zielsetzungen sich sowohl nach dem Bodenseeraum hinzuwenden wie auch ihr Augenmerk nach dem Genfer See zu lenken, um dort den alten Einfluß der Rheinfelder wieder zu gewinnen. In Wiederaufnahme der Politik, die das Zähringerhaus nach dem Ulmer Hoftag bis zum Jahre 1096/98 in den Landschaften um den Bodensee verfolgt hatte, versuchte Konrad von Zähringen im Jahre 1120 seine Herrschaft über die Abtei Allerheiligen zu Schaffhausen durchzusetzen [106]; wenig später griff er auch in St. Gallen ein, um dieses mächtige Kloster in seinen Einflußbereich zu bringen. Beide Bemühungen scheiterten bis zum Jahre 1121/22, so daß der Zähringer in den folgenden Jahren sich mit verstärktem Eifer dem Ausbau seiner Herrschaftsrechte im Schwarzwald zuwandte und sich dort sowohl gegen die Basler Bischöfe in St. Blasien [107] wie gegen die Hohenberger Grafen im Streit um St. Märgen [108] durchzusetzen vermochte. Bald aber tat sich für das Zähringergeschlecht eine

---

104) E. MOTTA, Il documento più antico per gli ospizi del Lucomagno in: Bolletino storico della Svizzera Italiana 30 (1908) 75 ff.; Iso MÜLLER, Der Lukmanier als Disentiser Klosterpaß im 12./13. Jh. (Chur 1934), S. 11 f.; ders., in: Schweiz. ZG 7 (1957) 466.

105) Mon. Germ. Necrol. I 630.

106) E. HEYCK, Geschichte der Herzoge von Zähringen (Freiburg 1891), S. 250 ff.; BAUMANN in: Quellen z. Schweiz. Gesch. III, 1, S. 93 Nr. 57; Brackmann, Germ. Pont. II, 2, S. 17 Nr. 19.

107) St. 3204; TROUILLAT, Mon. de Bâle I 243 Nr. 166; Mon. Germ. DL III 7 Nr. 6; TROUILLAT, Mon. de Bâle I 249 Nr. 169; H. BÜTTNER, St. Blasien und das Bistum Basel im 11./12. Jh. in: ZSchweiz. KG 44 (1950) 137–148.

108) BRACKMANN, Germ. Pont. II, 1, S. 188 ff.; TH. MAYER, Der Staat der Herzoge von Zähringen (Freiburg 1935), S. 17 f.

neue Möglichkeit auf, um seine Kräfte an einer größeren politischen Aufgabe zu er-
proben. Als nach dem Tode des Grafen Wilhelm von Burgund im Jahre 1127 seine
Nachfolger es versäumten, sich die Belehnung des deutschen Königs Lothar III. ein-
zuholen, übertrug der deutsche Herrscher, den die Zähringer auch in seiner Auseinandersetzung mit den Staufern unterstützten, die burgundische Aufgabe an Konrad
von Zähringen[109]. Dies hatte zur Folge, daß die Zähringer von dem ihnen überge-
benen Reichsbesitz von Solothurn und von ihrem Eigenbesitz im Aaregebiet aus
entlang der großen Heerstraße im heutigen Schweizer Mittelland nach Westen hin
vorstießen. Dadurch wurde die politische Blickrichtung der Zähringer bis gegen Ende
des 12. Jahrhunderts maßgeblich mitbestimmt.

Im Wallis war die erste Hälfte des 12. Jahrhunderts gekennzeichnet durch die
immer wieder aufbrechende Rivalität des um seine weltlichen Rechte ringenden
Bistums Sitten und des nach einer weiteren Stärkung seiner Macht strebenden und zum
Genfer See drängenden Grafenhauses der Savoyer. Im Wallis selbst spielten sich die
Gegensätze und Kämpfe vorzüglich ab um den Besitz der wichtigen grundherrlichen
Mittelpunkte Leuk und Naters. Zwar mußte der Graf von Savoyen schon einmal im
Jahre 1116 darauf verzichten[110], aber erst kurz vor dem Aufbruch des Grafen
Amadeus zum 2. Kreuzzug gab dieser unter Vermittlung des Erzbischofs Peter von
Tarentaise die beiden strittigen Siedlungen auf. Von Naters aus war der Zugang zur
Landschaft Goms im oberen Wallis, oberhalb der Talstufe des Deischberges, leicht
gegeben; in der Tat hatten die Savoyer Grafen ihre Anrechte im Goms von hier aus
erworben. Am Ausgang des Rhonetales zum Genfer See wurde für die Grafen von
Savoyen der Besitz der Burg Chillon sehr wichtig[111]; dank der Gunst ihrer Lage
konnte diese Burg den Verkehr von Lausanne nach dem Großen St. Bernhard völlig
unter ihrer Kontrolle halten und, wenn nötig, abriegeln und sperren.

In Churrätien kümmerte sich das Bistum Chur während der ersten Hälfte des
12. Jahrhunderts sehr um seine Alpengebiete. Bischof Wido hatte mit der Stiftung
des Hospizes St. Peter am Septimerpaß bereits in den ersten Jahrzehnten des 12. Jahrhunderts sein Interesse an dieser Verbindung nach dem Süden bekundet. Die Herrschaft der Grafen von Gammertingen, die im Engadin die wichtige Verkehrslandschaft
umfaßte, konnte sein Nachfolger Konrad (1123–1144) in den Jahren 1137/39 käuflich
erwerben und sogleich durch ein Privileg Innozenz II. sichern lassen[112]. Die Straße

109) Mon. Germ. Script. 17, 23; zum Folgenden vgl. H. Büttner, Staufer und Zähringer im
politischen Kräftespiel zwischen Bodensee und Genfer See während des 12. Jh. (Zürich 1961),
S. 20 ff.
110) Gremaud, Documents du Valais I 76 Nr. 118; 83 Nr. 128/129.
111) Hist.-biogr. Lex. d. Schweiz 2, 565 f.
112) Bünd. UB I 218 Nr. 297 bis 220 Nr. 299, 221 Nr. 300; Brackmann, Germ. Pont. II, 2,
S. 95 Nr. 32; Elis. Meyer-Marthaler, Die Gamertinger Urkunden in: ZSchweiz. G 25 (1945)
491–519.

über den Julier war damit wieder unter die volle Kontrolle des Churer Bischofs gekommen; seine Macht reichte bis nahe an Zernez, wo der Weg über den Ofenpaß in das Inntal mündete, und bis zum Weißen See am Berninapaß. Die Voraussetzung war damit geschaffen, daß das Bistum Chur seine Herrschaft auch in das Puschlav ausdehnen konnte. Zugleich wurden auch die Herren von Tarasp, deren Besitz im Unterengadin bis Zernez reichte und in Sils im Oberengadin wieder einsetzte und bis Vicosoprano im Bergell ging[113], in ihren Interessen noch enger mit dem Churer Bistum verbunden, als es bis dahin schon geschehen war.

Die Lenzburger Grafen, deren Besitzungen von ihrem Hauskloster Schänis bis zu ihrer zweiten Familienstiftung Beromünster gestreut waren[114], wurden als Vögte der Abtei Zürich auch über Cham nach dem Vierwaldstätter See und nach dem Tal von Uri gewiesen, fanden aber hier im noch nicht erschlossenen Alpenraum keinen Zugang zu einem Übergang über die Alpenkette, der den Anfang eines großen Verkehrsweges hätte bedeuten können. Konrad III. wies den Lenzburgern aber dennoch eine Funktion in der Paßwacht zu, indem er ihnen die Grafschaftsrechte im Blenio und Livinental übergab[115] und ihnen damit den Südausgang der Lukmanierroute anvertraute.

Ähnlich wie sich aus dem Marchenstreit zwischen Kloster Einsiedeln und den Bauern von Schwyz, in welchem Konrad III. nach dem Vorbild seiner Vorgänger wiederum ein Urteil zugunsten der Abtei fällte[116], mit Deutlichkeit ergab, daß die Bevölkerung der Alpengebiete um die Erweiterung ihrer Wirtschaftsgrundlage sich mühte, so war auch im Bereich des Berner Oberlandes in der Zeit Konrads III. eine lebhafte Tätigkeit im Gange, neue Gebiete zu erschließen. Vom Stift Interlaken war die Siedlung in die Bergwelt hinein bereits bis Grindelwald vorgeschoben[117]. Im Bereich des Brienzer Sees hatten in den gleichen Jahrzehnten sich adlige Grundherrschaften zu bilden begonnen; über das Kandertal waren die Herren von Opplingen schon bis in das obere Wallis bei Raron gelangt[118]. Die Benutzung des Gemmipasses für die Verbindung zwischen dem oberen Wallis und der Gegend des Thuner Sees trat damit wieder hervor. Sowohl Konrad III. wie der Herzog von Zähringen kümmerten sich um diese Vorgänge; die umfassende rechtssichernde Urkunde Konrads III. für das Stift Interlaken ließ zudem die vizekönigliche Stellung des Zähringers gut erkennen für jene Gebiete, in denen er das Amt des rector Burgundionum ausüben konnte.

Jene Anfänge einer staufischen Alpenpolitik, die in der Zeit Konrads III. beobach-

---

113) Vgl. Bünd. UB I 214 Nr. 289, 252 Nr. 341.
114) H. WEIS, Die Grafen von Lenzburg in ihren Beziehungen zum Reich und zur adligen Umwelt (Diss. ms. Freiburg 1959).
115) K. MEYER, Blenio und Leventina (Luzern 1911); H. BÜTTNER, Kloster Disentis, das Bleniotal und Friedrich Barbarossa in: ZSchweiz. KG 47 (1953) 47–64, bes. S. 53–58.
116) St. 3456; Quellenwerk I, 1, S. 59 Nr. 130.
117) St. 3521; Font. rer. Bern I 421 Nr. 22.
118) Font. rer. Bern I 420 Nr. 21.

tet werden konnten, wurden unter seinem Nachfolger Friedrich Barbarossa bewußt aufgegriffen und ausgestaltet. Der langwierige Streit Konrads III. mit dem Welfenhause hatte es mit sich gebracht, daß die Staufer im Bodenseegebiet ihren Einfluß nicht nennenswert ausdehnen konnten. Nur die Vogtei über das Zisterzienserkloster Salem ging in Oberschwaben direkt in den Besitz des Königs über[119]. Der staufische Herzog Friedrich von Schwaben hatte die feindliche Haltung des Königs gegenüber den Welfen nicht gebilligt und war zufrieden darüber, daß auch Konrad III. bis zum Konstanzer Hoftag im Januar 1152 gegen Welf VI. wohl eine friedlichere Gesinnung hegte. Als Friedrich Barbarossa, nunmehr als König, im Juli 1152 in Ulm weilte[120], war in seiner Umgebung auch der rehabilitierte Herzog Welf.

Friedrich I. wurde sogleich bei Beginn seiner Regierung mit der Frage befaßt, ob die Grafschaft Chiavenna, die Schlüsselposition am Ausgang der Bündener Pässe nach Süden, zum Herzogtum Schwaben gehöre; zunächst betrachtete der König diese Angelegenheit offensichtlich mehr unter dem Gesichtspunkt innerer Spannungen in Chiavenna, bald aber erkannte er die darin liegenden Möglichkeiten für die Wahrung der großen Wegverbindungen. So endete der Streit im Jahre 1158 schließlich mit der Zuordnung Chiavennas zum Herzogtum Schwaben[121]. Das Aussterben des Bregenzer Grafenhauses, das höchstwahrscheinlich auch in die Anfangszeit Barbarossas fällt[122], führte den staufischen König wiederum zu den Fragen der churrätischen Paßlandschaften. Friedrich I. nahm die erwünschte Gelegenheit wahr, aus dem Kreise der Erbberechtigten seinen unbedingten Anhänger, den Grafen Rudolf von Pfullendorf, mit der Hochvogtei über das Bistum Chur zu betrauen; die Grafschaft in Rätien, die weit geringere Bedeutung besaß, wurde dem Pfalzgrafen von Tübingen überlassen, dem zweiten Erbanwärter. Die enge Verbindung Barbarossas mit dem Welfenhause brachte im Bodenseegebiet zunächst eine völlige Entspannung der Lage und damit indirekt eine Stärkung des staufischen Einflusses, zumal auch der Konstanzer Bischof Hermann auf Seiten Friedrichs I. stand[123].

Die große Tübinger Fehde der Jahre 1164 bis 1166, die der Italienpolitik Barbarossas beträchtliche Kräfte entzog, berührte Churrätien wenig; bei ihrer Beendung konnte Friedrich I. die Grafschaft in Rätien, die der unterlegene und verurteilte Tübinger Pfalzgraf besessen hatte, einziehen und besetzte sie nicht mehr, so daß die Hochvogtei über das Bistum Chur, die sich in der Hand des Pfullendorfer Grafen

119) St. 3441; Cod. Salemit., ed. WEECH I 5 Nr. 3; BRACKMANN, Germ. Pont. II, 1, S. 159 ff.
120) St. 3636; Solothurner UB I 67 Nr. 122, 69 Nr. 123; STUMPF, Acta imperii, S. 477 Nr. 335.
121) St. 4536; SCHEFFER-BOICHORST, Zur Geschichte des 12. u. 13. Jh. (Berlin 1897), S. 120 ff.
122) K. SCHMID, Graf Rudolf von Pfullendorf und Kaiser Friedrich I. (Freiburg 1954), S. 136 ff.
123) Vgl. das umfassende Privileg für Konstanz; der Dienst des Bischofs Hermann von Konstanz am Reich wird darin bezeichnet als indefessum fidelitatis obsequium; St. 3730; Wirtemberg. UB 2,95 Nr. 352; Thurgau. UB 2, 139 Nr. 42; PERRET, UB südl. St. Gallen I 165 Nr. 179.

befand, die wichtigste weltliche politische Kraft in Churrätien war. Da auch Bischof
Egino von Chur (1160–70) auf der Seite Barbarossas stand, konnte der Kaiser Churrätien zu jenen Landschaften zählen, in denen seine Macht am sichersten begründet
war. Als Friedrich I. im Oktober 1164 über den Lukmanier aus Italien zurückkam [124],
konnte er bei seinem Zug über das Reichskloster Disentis und über Chur, in dem ja
alle Bündner Straßen sich vereinten, eine eigene Anschauung von der rätischen Paßlandschaft gewinnen. Daß Barbarossa sich sehr intensiv mit den Verbindungen über
die Alpen beschäftigte, dazu hatten die Ereignisse in Italien während des Jahres 1164
wesentlich beigetragen; der Kaiser wandte damals seine Aufmerksamkeit auch den
weniger begangenen Übergängen zu, wie wir aus der Privilegierung der Talgemeinde
der Val Camonica im Oktober 1164 feststellen können [125], womit ihm die Umgehung
der Veroneser Klausen und des Gardasees über den Tonalepaß ermöglicht wurde.

Als der staufentreue Graf von Pfullendorf im Jahre 1166 die Hochvogtei über St.
Gallen erwerben konnte [126], waren die Bodenseelandschaft und Churrätien zu einem
Raum stärksten staufischen Einflusses zusammengeschlossen, ohne daß die eigenen
Rechte der staufischen Familie sich bereits wesentlich vermehrt hätten. Dies geschah
erst durch die Folgen des großen Sterbens im schwäbischen Adel, das der Italienfeld-
zug des Jahres 1167 mit sich brachte. Auch der Erbe des Pfullendorfer Grafen hatte
dabei sein Leben gelassen, und so war Graf Rudolf von Pfullendorf im Jahre 1170
bereit, auf die Hochvogtei über das Bistum Chur zu verzichten und sie dem Herzog
Friedrich von Schwaben, dem jungen Sohn Barbarossas, zu überlassen [127]. Bischof
Egino von Chur war ebenfalls damit einverstanden; als er bald nach dieser Rechts-
handlung starb, wurde der Abt Ulrich von St. Gallen, der gleichfalls der staufischen
Sache anhing, mit dem Bistum Chur betraut, so daß die engere Verbindung der beiden
Landschaften, wie sie bisher durch den Hochvogt bestanden hatte, durch den gemeinsamen Inhaber der kirchlichen Institutionen gewahrt blieb. Als Ulrich nach dem Frieden von Venedig sich seit dem Jahre 1179 wieder mit der Abtei St. Gallen begnügte [128],
war der Zeitpunkt gekommen, daß durch einen weiteren Verzicht des Pfullendorfer
Grafen nunmehr auch die Hochvogtei über die Abtei St. Gallen an das staufische Haus
überging [129]. Der überragende politische Einfluß Barbarossas, der für das Bodenseegebiet und Churrätien sich seit dem Beginn seiner Regierung angebahnt hatte, hatte
um 1180 dort seinen Höhepunkt erreicht. So ist sehr wohl die staufische Gesinnung
zu verstehen, die in der Abtei Müstair um diese Zeit hervortritt durch das Aufstellen

124) St. 4030/32, 4034; Bünd. UB I 267 Nr. 356.
125) St. 4030; F. ODORICI, Storia Bresciana (Brescia 1856), S. 114 Nr. 99.
126) WARTMANN, UB St. Gallen 3, 698 Nr. 17; K. SCHMID, Rudolf von Pfullendorf, S. 283
Nr. 80.
127) St. 4113; Bünd. UB I 278 Nr. 373.
128) Bünd. UB I 300 Nr. 403/404.
129) Vgl. K. SCHMID, Rudolf von Pfullendorf, S. 295 Nr. 106; Zeitschr. Württemb. LG 20
(1961) 64 f.

einer Statue Karls des Großen als Heiligen [130], wie ihn Barbarossa am Ende des Jahres 1165 und bis zum Epiphaniefest 1166 hatte erheben lassen.

Die Welfenpolitik, wie sie Friedrich I. gegenüber Welf VI. eingeschlagen hatte, und wie sie sich weiterhin seit dem Jahre 1178 aus dem Prozeß Heinrichs des Löwen ergab, brachte das welfische Hausgut in Schwaben und die Vogtei über das Kloster Reichenau an die staufische Familie, so daß das ganze Bodenseegebiet nunmehr aus den verschiedensten Entwicklungen politischer und rechtlicher Vorgänge zu einer »staufischen« Landschaft geworden war. Etwa in den Jahren 1180/87 vollzog sich hier auch die erste staufische Stadtgründung zu Überlingen in der Bodenseelandschaft [131].

Konrad III. hatte nicht lange vor seinem eigenen Hinscheiden nach dem Tode Konrads von Zähringen dessen Sohn Berthold IV. als dux Burgundie bestätigt [132]. Friedrich I. setzte diese Politik, die Konrad III. selbst von seinem Vorgänger Lothar III. übernommen hatte, weiterhin fort und schloß mit dem Herzog von Zähringen noch vor Juni 1152 ein Abkommen [133], das darauf abzielte, ganz Burgund wieder unter die Herrschaft des Reiches zu bringen; dem Zähringer war dabei wiederum eine den König stellvertretende Tätigkeit zugedacht. Nach der Hochzeit Barbarossas mit Beatrix, der Erbin der Grafschaft Burgund, wollte der Kaiser die umfassende Aufgabe der Wiedereingliederung Burgunds selbst in die Hand nehmen, ausgehend von der Machtgrundlage, die ihm seine Gemahlin zugebracht hatte. Der Auftrag des Herzogs Bertholds von Zähringen wurde deshalb vom Sommer 1156 an auf den Raum zwischen Jura und Alpen beschränkt [134], auf jenes Gebiet, in dem nach dem Sieg des Zähringers bei Peterlingen 1133 dessen Einfluß sich ohnehin ausgebreitet hatte [135]; die Unterstellung der Reichsbistümer Lausanne, Genf und Sitten bedeutete für Herzog Berthold nur einen geringen Ausgleich und konnte zudem rechtlich angefochten werden, wie es bei Genf 1162 auch mit Erfolg für das Bistum geschah [136]. Um die ihm verbliebenen Gebiete zu sichern und sich einen eigenen, möglichst weit nach Westen vorgeschobenen Stützpunkt zu schaffen, gründete Herzog Berthold um 1157 bereits in einer wohlgeschützten Spornlage, hoch über einer Saaneschleife, die Stadt Freiburg im Üchtland [137]. Sie war von der alten Straße, die zum Genfer See lief, weiter nach dem Voralpenrand hin vorgeschoben und hatte zunächst mehr verwaltungsmä

130) POESCHEL, Kunstdenkmäler Graubündens V (1943) 294, 311 f.; ZSchweiz. KG 50 (1956) 80.

131) ZWürttemb. LG 20 (1961) 70 f.

132) St. 3598; Wirtemb. UB 2, 57 Nr. 334.

133) St. 3628; Font. rer. Bern. I 428 Nr. 29; Mon. Germ. Const. I 199 Nr. 141.

134) Otto von Freising, Gesta Friderici II 48, ed. Waitz, S. 155 f.

135) Font. rer. Bern. I 407 Nr. 10.

136) St. 3967; Font. rer. Bern. I 446 Nr. 49.

137) H. WICKI, Die geschichtlichen Grundlagen der Freiburger Stadtgründung in: Fribourg-Freiburg 1157–1481 (Freiburg 1957), S. 19–53.

ßige und militärische Aufgaben als solche, die sich aus dem Handelsverkehr ergaben. Die gleiche Lage besaß an der Aare eine weitere Stadtgründung des Zähringerherzogs in Bern, die wohl um das Jahr 1170 entstand [138]. Auch hier war wieder eine politische Zielsetzung gegeben, die Sicherung eines verstärkten Einflusses der Zähringer aareaufwärts nach dem Thuner See und zum Brienzer See. Die Verbindung der Zähringer Stützpunkte vor den Alpen, von Herzogenbuchsee und Burgdorf bis nach Freiburg, zog bald die Straße und den Verkehr an sich, so daß die alte Fernstraße in ihrer Bedeutung allmählich zurückging.

Durch die politischen und machtpolitischen Impulse der Zähringer wurde der seit dem 11. Jahrhundert unaufhaltsam vordringende Landesausbau weiter gefördert; er machte sich in den Tälern des heutigen Berner Oberlandes besonders bemerkbar. Die Träger in den kleineren Räumen waren freie Adelsfamilien, wie sie uns in den Herren von Belp, Brienz oder von Erlenbach und Weißenburg im Simmerntal begegnen, um nur einige Namen aus der Reihe der Gefolgsleute und der Lehensträger der Zähringerherzöge zu nennen [139].

Das Verhältnis der Zähringer zu Friedrich I. war von Anfang an mannigfachen Schwankungen unterworfen, besonders gespannt war es in dem Jahrzehnt von 1160 an, als die Zähringer Familie mehrfach starke Zurücksetzungen erfahren mußte von dem Augenblick an, als Friedrich I. dem Elekten Rudolf von Zähringen das Erzstift Mainz und das Erzkanzleramt verweigerte [140]. Dieser Gegensatz, der zwischen Staufern und Zähringern ausbrach, hatte auch eine Entfremdung der Zähringerfamilie von Heinrich dem Löwen im Gefolge und führte nach 1162 andererseits zu einer Annäherung zwischen den Herzögen von Zähringen und den Savoyer Grafen, die sich in der Heirat zwischen Clementia von Zähringen und Humbert von Savoyen kundtat [141]. Erst um das Jahr 1170 machte diese Spannung wieder einem etwas freundlicheren Verhältnis zwischen Friedrich Barbarossa und Herzog Berthold von Zähringen Platz.

Dennoch gab der Kaiser nach dem Aussterben der staufertreuen Grafen von Lenzburg [142] dem Zähringerhause 1173 keine Gelegenheit, zwischen Hochrhein-Reuß und

---

138) H. STRAHM, Der zähringische Gründungsplan der Stadt Bern in: Archiv Hist. Ver. Bern 39, 2 (1948) 361–390; ders., Zur Verfassungstopographie der mittelalterlichen Stadt mit besonderer Berücksichtigung des Gründungsplanes der Stadt Bern in: ZSchweiz. G. 30 (1950) 372–410; P. HOFER, Die Wehrbauten Berns (Bern 1953); P. KLÄUI in: Alemannisches Jahrb. 1959, S. 100 f.

139) Vgl. z. B. die Zeugenreihen der Urkunden Mon. Germ. DL III 35 Nr. 24, 87 Nr. 55; Font. rer. Bern. I 420 Nr. 21.

140) BÖHMER-WILL, Reg. archiep. Magunt. I 378 ff.

141) HEYCK, Gesch. d. Herzoge von Zähringen, S. 380; S. HELLMANN, Die Grafen von Savoyen und das Reich (Innsbruck 1900), S. 49.

142) J. SIEGRIST, Lenzburg im Mittelalter und im 16. Jh. (Aarau 1956), S. 30 ff.; H. WEIS, Die Grafen von Lenzburg (Diss. ms. Freiburg 1959), S. 206 ff.

Walensee seine Macht wesentlich zu erweitern. Die Lenzburger Rechte und Besitzungen wurden an entscheidenden Stellen zum staufischen Machtbereich gezogen; lediglich in der Stadt Zürich und im Hochvogteibereich der Fraumünsterabtei zu Zürich blieben die Zähringer nunmehr die alleinigen Inhaber der weltlichen Rechte. Dies war für die Zukunft besonders wichtig bei Uri; in der zweiten Hälfte des 12. Jahrhunderts freilich lagen Uri und die anderen Talschaften um den Vierwaldstätter See noch nicht an einer großen Verbindung, die von Norden über die Alpen nach dem italischen Süden in den Raum von Mailand führte. Aber in die Urner Gebiete wanderten in den letzten Jahrzehnten des 12. Jahrhunderts eine Reihe von Adelsfamilien ein, die aus dem zähringischen Aareraum herkamen [143]; so kamen die Herren von Schweinsberg im Emmental nach Uri und nannten sich hier nach Attinghausen; die Herren von Belp erwarben Besitzungen in Uri; Opplingen bei Silenen (heute Opplital) erhielt seinen Namen von den Herren von Opplingen, die aus der Gegend zwischen Thun und Belp herkamen; die Herren von Brienz waren die Stifter des Lazaritenklosters zu Seedorf in Uri, dessen Name wohl beeinflußt ist durch Seedorf bei Aarburg und zugleich auf die Herren von Saugern-Seedorf hindeuten mag. Von den Adelsfamilien, die mit Fraumünster in Zürich seit alters in Verbindung standen, erwarben die Herren von Rapperswil eine umfangreiche Grundherrschaft in Uri.

Die Herren von Eschenbach, deren Einflußbereich von der neuerrichteten Schnabelburg bei Horgen am Albis [144] bis nach Interlaken und zum Gebiet zwischen Thuner See und Bern reichte, lehnten sich in den letzten Jahrzehnten des 12. Jahrhunderts eng an die Zähringer an. Den zähringischen Anregungen folgend mühten sie sich um die Gründung der Stadt Luzern [145], die um 1178 erfolgte mit Unterstützung des Abtes von Murbach, dem die Propstei zu Luzern unterstand. Die Stadt Luzern beherrschte den Reußübergang und lag sozusagen inmitten des damaligen Einflußgebietes der Eschenbacher.

Nach dem Frieden von Venedig, der dem Kaiser wieder Bewegungsfreiheit in Oberitalien gab, griff Friedrich Barbarossa Gedanken auf, die auf eine gewisse Verbindung aus dem westlichen Oberitalien nach der staufischen Grafschaft Burgund abzielten. Bereits im Jahre 1176 begann Friedrich I. größeres Interesse an dem reichbegüterten Hospiz auf dem Großen St. Bernhard zu zeigen [146], auch eine Kaiser-Pfalz

---

143) P. Kläui, Bildung und Auflösung der Grundherrschaft im Lande Uri in: Hist. Neujahrsbl. Uri 1957/58, Sonderdruck, S. 1–50, bes. S. 8 ff., 19 ff. mit Karte 2; ders., Zähringische Politik zwischen Alpen und Jura in: Alemannische Jahrb. 1959, S. 92–108, bes. S. 101 ff.

144) P. Kläui, Geschichte der Gemeinde Horgen (1952), S. 56 ff.

145) K. Meyer, Über die Gründung der Stadt Luzern in: Neujahrsbl. Uri 1946, S. 3–25 und in: Aufsätze und Reden (Zürich 1952), S. 179–195; A. Müller, Zentrale Probleme der Luzerner Stadtgeschichte in: Schweiz. ZG 7 (1957), 44–59; Büttner, Staufer und Zähringer (Zürich 1961), S. 65 ff.

146) St. 4182; Gremaud, Documents du Valais I 101 Nr. 155.

zu Ivrea wurde genannt [147]. Im folgenden Jahre erwarb Barbarossa die Burg Arto am
Ortasee [148] und 1178 kaufte er die Flußübergänge am Cervo und an der Sesia für
seine Gemahlin Beatrix an [149]. Diese Bestrebungen dienten ganz unverkennbar dazu,
die Straßen, die nach dem Großen St. Bernhard und nach dem allmählich wieder auf-
kommenden Simplonpaß [150] führten, schon auf der italischen Seite unter die Kontrolle
Barbarossas zu bringen. Die Stellung der Zähringer und deren Rechte im Gebiete
zwischen Alpen und Jura aber wurden von Friedrich I. nicht angetastet, sondern das
gute Verhältnis zu den Zähringern war geradezu eine grundlegende Voraussetzung
dieser politischen Konzeption Barbarossas, wie sich auch im Prozeß um die Hochvogtei des Bistums Lausanne 1178/79 erwies [151]. Die Beziehungen Friedrichs I. zu den
Grafen von Savoyen freilich wurden durch das staufische Interesse am Hospiz auf dem
Großen St. Bernhard wie durch das staufische politische Ziel als solches einer starken
Belastungsprobe ausgesetzt.

VI.

Heinrich VI. setzte die Politik seines Vaters in den Zentralalpengebieten fort, so wie
er bereits mehrere Jahre vor dem Aufbruch Barbarossas zum Kreuzzug in sie hinein-
gewachsen war; dem jungen Herrscher aber ging die vorsichtig abwägende Haltung
des Vaters weitgehend ab, er griff oft viel härter in die Entwicklung ein. Das Verhältnis zwischen den Staufern und den Grafen Humbert von Savoyen war allerdings
schon in den letzten Jahren Friedrichs I. sehr schlecht geworden [152]; wegen Wider-
setzlichkeit gegen die Anordnungen Friedrichs und Heinrichs VI. und wegen Nicht-
erscheinens vor dem Hoftag waren dem Grafen von Savoyen alle Allodialbesitzungen
und Lehen durch das Fürstengericht abgesprochen worden. Als nach dem Tode des
schließlich der Reichsacht verfallenen Grafen Humbert im Jahre 1189 für dessen
Sohn Thomas wieder eine Versöhnung und ein Ausgleich mit Heinrich VI. gefunden
wurde, behielt der Staufer die Verfügung über das Bistum Sitten dem Reiche vor;
die Entwicklung der letzten Jahrzehnte, wonach die Savoyer Grafen die Regalien an
den Bischof verliehen hatten, wurde rückgängig gemacht, die Abhängigkeit des Bistums von der Krone wieder hergestellt und damit seine Reichsunmittelbarkeit betont.
Von den möglichen Anrechten der Zähringer, die sich aus dem Vertrag von 1156 her-

147) St. 4181a.
148) St. 4214; STUMPF, Acta imperii, S. 689 Nr. 491.
149) St. 4250; STUMPF, Acta imperii, S. 730 Nr. 524.
150) H. BÜTTNER, Die Erschließung des Simplon als Fernstraße in: Schweiz. ZG 3 (1953).
575–584.
151) Font. rer. Bern I 460 Nr. 66; WENTZCKE, Reg. Bisch. Straßburg I 353 Nr. 628 (zu
1181/86); BRACKMANN, Germ. Pont. II, 2, S. 173 Nr. 21.
152) Zum Folgenden vgl. St. 4644; GREMAUD I 122 Nr. 176.

leiteten, war unter Heinrich VI. nicht mehr die Rede. Der Herzog von Zähringen war damit im Wallis aus einem Streben nach den beiden bedeutsamen Alpenpässen ausgeschaltet. Die veränderten Beziehungen zwischen Heinrich VI. und Berthold von Zähringen trugen sicherlich dazu bei, daß der Adel im Zähringer Machtbereich Burgunds sich im Jahre 1191 zu einem Aufstand gegen den Herzog bewegen ließ[153]. Das Aufbegehren des Adels zwischen Jura und Alpen wurde allerdings rasch unterdrückt, das Abdrängen der Zähringer von den großen Straßen über den Großen St. Bernhard und über den Simplon blieb dagegen auch für die Zukunft bestehen.

Auch im Bodenseegebiet und in Churrätien befolgte Heinrich VI. nicht mehr ganz die politische Linie, die sein Vater in jenen Landschaften innegehalten hatte. Friedrich I. hatte alle dem staufischen Hause in jenen Gegenden zugewachsenen Rechte mit dem Herzogtum Schwaben verbunden und damit wohl die Absicht verfolgt, diesen Machtzuwachs seinem Hause zu sichern gegen Gefährdungen, die in der Fortführung des staufischen Königtums im Reich entstehen konnten. Heinrich VI. zog auch in Churrätien die Verbindungen zum Königtum stärker an; in seiner Umgebung befanden sich bald, erstmals bei einem Aufenthalt Heinrichs VI. in der elsässischen Pfalz Hagenau im Februar 1192 nachweisbar[154], Angehörige des rätischen Adels und der Churer Ministerialenfamilien; auch weiterhin sammelte sich der churrätische Adel um den kaiserlichen Hof, so daß Heinrich VI. in der wichtigsten Paßlandschaft ebenso wie im Wallis die unmittelbare Beziehung zum Königtum betonen konnte.

In den südlichsten Tälern von Churrätien machte sich im ausgehenden 12. Jahrhundert auch die genossenschaftlich-gemeindliche Entwicklung, von deren erstem Beginn wir schon berichten konnten, weiterhin geltend. Dahin weist die auf das Jahr 1024 in der zweiten Hälfte des 12. Jahrhunderts hergestellte Urkunde, die sich an *omnes homines Bergellensis comitatus* richtete[155]. Auch im Misoxer Tal bildete sich eine Gemeinschaft neben der Herrschaft heraus, die als Träger von erheblichen Rechten zu betrachten ist, wie sich aus dem Vertrag von 1203 ergibt[156], der zwischen Chiavenna und dem Comune de Mesoco de Supraporta abgeschlossen wurde. Um die gleiche Zeit begegnet im Schams, nördlich des Bernardinpasses, aber anschließend an die Gebiete des Misox, ebenfalls eine genossenschaftliche Entwicklung[157], welche die Freien des Schams als Partner neben herrschaftliche Faktoren stellte.

Im oberen Wallis mit seiner alemannisch sprechenden Bevölkerung wurde im 12. Jahrhundert eine erhebliche Bewegung ausgelöst, die zur Neugewinnung von Siedlungsgebieten im Alpenbereich führte. Bis zum Ende des 12. Jahrhunderts wanderten

153) Font. rer. Bern. I 484 Nr. 89, 91; HEYCK, Gesch. d. Herzoge von Zähringen, S. 431 f.
154) St. 4735; Bünd. UB I 350 Nr. 456.
155) Mon. Germ. DH II 688 Nr. 532; Bünd. UB I 133 Nr. 167.
156) Bünd. UB 2, 13 Nr. 501.
157) Bünd. UB 2, 19 Nr. 504.

die Walser [158) über den Griespaß und über den Albrunpaß nach dem Pomat-Formazzatal hinüber, das sich in mehreren Stufen in die Ebene von Domodossola senkte. Aus dem Formazzatal ging die Walsersiedlung bis zur Mitte des 13. Jahrhunderts sogar noch bis nach Bosco-Gurin hinüber [159), das letzten Endes schon in die Zusammenhänge von Locarno gehörte. Über die Furka waren in der zweiten Hälfte des 12. Jahrhunderts Walser nach dem Hochtal von Ursern gelangt und von dort über den Oberalppaß nach dem Tavetsch gekommen. Im Kloster Disentis stammte bereits um das Jahr 1200 ein Teil des Konventes aus Familien des Oberwallis her [160).

Die bäuerliche Siedlungsbewegung der Walser griff im 13. Jahrhundert den genossenschaftlichen Gedanken als Organisationsform auf. Die Anfänge dazu hatten die Walser wohl aus ihrer Heimat mitgenommen. Die Bauernsiedlung zu Lauinen oberhalb Brig, die um 1165/75 bereits entstanden war, wurde vom Bischof von Sitten als eine freie Genossenschaft 1181 privilegiert [161); sie wurde vom obersten Lehens- und Grundherrn im Wallis gefördert gegen den freien Adel, der sich als wichtige Mittelinstanz zwischen Bischof und Landbevölkerung eingeschoben hatte, wie das in jenen Jahrhunderten der Regelfall war. Die Gedankengänge, die sich in der Urkunde des Bischofs Kuno von Sitten für die Genossenschaft zu Lauinen widerspiegeln, spielten auch im Blenio und Livinental eine Rolle, als das Domstift von Mailand die Genossenschaften der Talleute förderte im Kampfe gegen die Adelsfamilie von Torre, die im Blenio aus der Entwicklung seit den Lenzburgern Herrschaftsrechte ausübte; die Gemeinden des Blenio und der Leventina begegnen 1182 im Eid von Torre.

Vom Berner Oberland her, das in der zweiten Hälfte des 12. Jahrhunderts immer eingehender in die bestehenden Siedlungs- und Wirtschaftszusammenhänge einbezogen wurde, konnte Berthold V. von Zähringen diese Bevölkerungsbewegungen im Goms und nach dem Formazzatal und nach Ursern beobachten. Es war ihm klar, daß damit das letzte Stück der Zentralalpen um das Gotthardmassiv nunmehr intensiver erschlossen wurde, und daß hier sich auch noch Möglichkeiten nach weiteren Verbindungen ergeben konnten, die die vorhandenen Alpenübergänge zu ergänzen vermochten. Als unternehmender und interessierter Politiker sah Herzog Berthold dabei auch gegebenenfalls eine Gelegenheit, um aus dem Abgeschnittensein von den großen Fern-

158) H. BÜTTNER, Anfänge des Walserrechtes im Wallis in: Vorträge und Forschungen, hrsg. TH. MAYER, Bd. 2 (Konstanz 1955), S. 89—102; H. KREIS, Die Walser (Bern 1958), S. 47 ff.
159) K. MEYER in: Bünd. Monatsbl. 1925, S. 287 ff.; T. TOMAMICHEL, Bosco Gurin (Basel 1953), S. 10 ff.
160) Iso MÜLLER, Die Wanderung der Walser über Furka-Oberalp und ihr Einfluß auf den Gotthardweg in: Z Schweiz. G. 16 (1936), 353—428; ders. Der Paßverkehr über Furka-Oberalp um 1200 in: Blätter aus der Walliser Geschichte 10 (1950), 401—437; ders., Der Gotthard-Raum in der Frühzeit in: Schweiz. ZG 7 (1957), 433—479, bes. S. 453 ff. Vgl. a. J. GISLER, Die spätmittelalterlichen Abtszins- und Steuerrödel von Ursern in: Geschichtsfreund 115 (1962), 5—108.
161) GREMAUD in: Mém. doc Suisse Romande, 18 S. 369 Nr. 18.

straßen über die Alpen herauszukommen. Als nüchterner Rechner versagte er sich
nach dem frühen Tode Heinrichs VI. einer Königskandidatur, die ihm angetragen
wurde, sondern griff lieber alte zähringische territoriale Pläne wieder auf; aber mit
dem Streben nach Ausweitung der Zähringer Stellung im Bodenseegebiet hatte er
keinen Erfolg, so daß sein Suchen nach Anschluß an die Wege der großen Politik auf
seinen Raum in den Alpen beschränkt blieb [162]. Es gewinnt den Anschein, daß Herzog
Berthold sein Augenmerk zunächst den Walliser Pässen zuwandte; so erklärt sich am
besten der Kriegszug des Jahres 1211, in dem er von den Kräften des Wallis allerdings zu Obergesteln im Goms geschlagen wurde [163]. Das Heer des Zähringers muß,
nach dem Ort des Kampfes zu urteilen, über die Grimsel seinen Angriff unternommen
haben. Der Vorstoß in das Wallis und nach seinen Pässen endete somit ohne Erfolg
für den Zähringer.

Aber eine andere Möglichkeit gewann für Herzog Berthold offensichtlich rasch
eine greifbarere Gestalt [164]. Von Süden her war um 1170 der Gotthardpaß durch die
Mailänder Grundherrschaft, aus dem Livinental her, erreicht worden, ja Alpweiden
nördlich der Paßhöhe konnten noch gewonnen werden. Zur großen Paßverbindung
von Uri nach dem Süden über den St. Gotthard fehlte nur noch die Überwindung der
Schöllenen. Um 1230 ist die Gotthardstraße bereits als vorhanden bezeugt [165]. So
wird es fast zur Gewißheit, daß die Eröffnung der Schöllenen und damit der großen
Nord-Süd-Straße inmitten des Gotthardbereiches die letzte große Leistung des Zäh-
ringerhauses im Alpenraum war. Der große Wurf des Gedankens stammt wohl von
Berthold V.; zur Ausführung bediente er sich der örtlichen Grundherrschaft der Herren von Rapperswil zu Göschenen sowie des technischen Könnens der Walser im Urserntal, die das Wissen vom Bauen an glatten Felswänden aus ihrer Heimat mitge-
bracht hatten. In einem Bereich, der bis dahin ohne erhebliche Bedeutung war, der
aber während der letzten Jahrzehnte des 12. Jahrhunderts auch von dem Gedanken
der Ausgestaltung einer Talgemeinde als handelnden Faktors ergriffen war [166], entstand mit der Erschließung des neuen Paßweges, der vom Vierwaldstätter See über Uri

---

162) Zum Folgenden vgl. H. BÜTTNER, Staufer und Zähringer (Zürich 1961), S. 86 ff.
163) GREMAUD, Doc. du Valais I 166 Nr. 226; HEYCK, Gesch. d. Herzoge von Zähringen, S. 469 f.
164) H. BÜTTNER, Zur politischen Erfassung der Innerschweiz im Hochmittelalter in DA 6
(1943), 475–515; P. KLÄUI, Die Meierämter der Fraumünsterabtei in Uri in: Hist. Neujahrbl.
Uri 1955/56, Sonderdruck S. 1–27; Iso MÜLLER, Uri im Frühmittelalter in: Hist. Neujahrbl.
Uri 1957/58, Sonderdruck, S. 1–33; P. KLÄUI, Bildung und Auflösung der Grundherrschaft im
Lande Uri in: Hist. Neujahrsbl. Uri 1957/58, Sonderdruck, S. 1–50; ders., Zähringische Politik
zwischen Alpen und Jura in: Aleman. Jahrb. 1959, S. 92–108; ders., Genossame, Gemeinde und
Mark in der Innerschweiz, mit besond. Berücksichtigung des Landes Uri in: Vorträge u. Forschungen, hrsg. TH. MAYER, Bd. 7 (Konstanz 1964), S. 237–244.
165) A. SCHULTE, Geschichte des mittelalterlichen Handels und Verkehrs zwischen West-
deutschland und Italien I (Leipzig 1900), S. 169 ff.
166) UB Zürich I 236 Nr. 356; Quellenwerk I 95 Nr. 196

und die Schöllenenschlucht nach Ursern und dem St. Gotthard und von dort in das Tessintal führte, zu Beginn des 13. Jahrhunderts eine neue politisch wichtige Landschaft. Dieser um die Gotthardstraße sich formende, neue Kernraum brachte den Anfang einer neuen Epoche in der Geschichte des Zentralalpenlandes. Als dritte Komponente trat er neben die Landschaften um den Bodensee und um den Genfer See, die beide auf alte Alpenübergänge ausgerichtet waren, und mußte nunmehr auf diese einwirken. Die neue Kernlandschaft im Raume des St. Gotthard wurde um den Vierwaldstätter See zur Wiege der Eidgenossenschaft, und diese wieder bezog in jahrhundertelangem Gestalten die Gebiete bis zu den alten Räumen am Bodensee und am Genfer See in ihr politisches Werden und Leben ein.

Flurnamen als Zeugen ehemaligen Königsgutes in Rätien *)

VON OTTO P. CLAVADETSCHER

Die Reichsgutsforschung hat in den letzten Jahren einen gewaltigen Aufschwung genommen. Nachdem zunächst vor allem der Umfang und die Ausdehnung des Reichsgutes in den verschiedensten Teilen des ehemaligen Karolingerreiches festgestellt worden waren, konzentrierte sich die Forschung dann auf die innere Organisation und Gliederung des Reichsgutes [1], wobei auch umstrittene Quellen wie das Capitulare de villis [2] und die Brevium Exempla [3] neu erörtert wurden. Neuestens hat Wolfgang Metz die Forschungsergebnisse der letzten Jahre in einer sehr wertvollen Publikation zusammengefaßt [4].

Aber nicht nur die Wirtschafts-, sondern auch die Verfassungsgeschichte ist durch diese Arbeiten befruchtet worden, denn nachdem man die hohe Bedeutung des Reichs-

---

*) *Abkürzungen:*

Ämterbücher = Zwei sogenannte Ämterbücher des Bistums Chur aus dem Anfang des XV. Jahrhunderts, veröffentlicht von J. C. MUOTH, in: JHGG 27, 1897.

BAC = Bischöfliches Archiv Chur.

BUB = Bündner Urkundenbuch, bearbeitet v. E. MEYER-MARTHALER und FRANZ PERRET, Chur 1955 ff.

CD = Codex Diplomaticus, Sammlung der Urkunden zur Geschichte Cur-Rätiens und der Republik Graubünden, hsg. v. TH. v. MOHR, 4 Bände, Cur 1848–1865.

JHGG = Jahresbericht der Historisch-antiquarischen Gesellschaft von Graubünden, 1878 ff.

RN = R. v. PLANTA und A. SCHORTA, Rätisches Namenbuch, Band I, 1939.

1) Vgl. etwa für das Frühmittelalter: HEINRICH DANNENBAUER, Hundertschaft, Centena und Huntari, Histor. Jahrbuch 62–69, 1949, S. 155–219; für die Stauferzeit: GERO KIRCHNER, Die Steuerliste von 1241. Ein Beitrag zur Entstehung des staufischen Königsterritoriums, Zeitschr. d. Savignystiftung f. Rechtsgesch., Germ. Abt. 70, 1953, S. 64–104.

2) KLAUS VERHEIN, Studien zu den Quellen zum Reichsgut der Karolingerzeit, Deutsches Archiv 10, 1954, S. 322 ff. – WOLFGANG METZ, Das Problem des Capitulare de villis, Zeitschr. für Agrargeschichte 2, 1954, S. 96–104.

3) KLAUS VERHEIN, Deutsches Archiv 11, 1955, S. 333–392. – WOLFGANG METZ, Zur Entstehung der Brevium Exempla, Deutsches Archiv 10, 1954, S. 395–416.

4) Das karolingische Reichsgut. Eine verfassungs- und verwaltungsgeschichtliche Untersuchung, Berlin 1960.

guts für das frühmittelalterliche Königtum und dessen Funktionäre und Mitinhaber der Staatsgewalt erkannt hatte, stellte sich von selbst die Frage nach der politischen Bedeutung der Inhaber von Reichsgut [5].

Dank dem einzigartigen churrätischen Reichsgutsurbar aus der Mitte des 9. Jahrhunderts [6] spielt das frühmittelalterliche Rätien in der Reichsgutsforschung eine entscheidende Rolle [7]. In dieser Quelle haben wir für einzelne Gebiete Rätiens [8] einmal den gesamten Bestand an Reichsgut und an Reichsrechten vor uns, während normalerweise das Reichsgut erst in den Urkunden erscheint, wenn es vom Reiche durch Tausch oder Schenkung veräußert wird. Nur noch die rhein-mainischen Gebiete sind mit dem sogenannten Lorscher Reichsgutsurbar [9] und dem Bruchstück über den Banzforst [10] in einer ähnlich glücklichen Lage wie Rätien, wenn auch der Umfang dieser Quellen viel geringer ist.

Auf welchen Wegen das umfangreiche Reichsgut in Rätien dann im Laufe der Zeit in andere Hände übergegangen ist, liegt heute noch sehr im Dunkeln. Wohl wissen wir, daß besonders zur Zeit Kaiser Ottos des Großen dessen Vertrauter, Bischof Hartbert von Chur, durch heute noch erhaltene Königsurkunden bedeutende Besitzungen aus königlicher Hand erhalten hat [11], doch machen sie nur einen Bruchteil dessen aus, was uns durch das Reichsgutsurbar als karolingischer Reichsbesitz in Rätien bekannt ist. Sehr wahrscheinlich hat das Bistum früher und später noch weitere Besitzungen erhalten, die urkundlich nicht mehr faßbar sind, ebenso dürften, in Analogie zu

---

5) Vgl. etwa DANNENBAUER (wie Anm. 1), dazu: FRANZ STEINBACH, Hundertschar, Centena und Zentgericht, Rhein. Vierteljahrsbll. 15/16, 1950/51, S. 121–138 und THEODOR MAYER, Staat und Hundertschaft in fränkischer Zeit, ib. 17, 1952, S.344–384; ders. Die Königsfreien und der Staat des frühen Mittelalters, in: Das Problem der Freiheit in der deutschen und schweizerischen Geschichte (Vorträge und Forschungen, Band II), Lindau und Konstanz 1955, S. 7–56.

6) BUB I, S. 375 ff.

7) Vgl. zuletzt OTTO P. CLAVADETSCHER, Das churrätische Reichsgutsurbar als Quelle zur Geschichte des Vertrags von Verdun, Zeitschr. der Savignystiftung für Rechtsgesch., Germ. Abt. 70, 1953, S. 1-63; ders., Verkehrsorganisation in Rätien zur Karolingerzeit, Schweiz. Zeitschr. f. Geschichte 5, 1955, S. 1–30; WOLFGANG METZ, Zur Stellung und Bedeutung des karolingischen Reichsurbars aus Churrätien, Deutsches Archiv 15, 1959, S. 94–211. – Völlig verfehlt ist der Versuch von FRIEDRICH STREICHER, Zur Zeitbestimmung des sogenannten Churer Reichsguturbars, Mitteilungen des Instituts für österr. Geschichtsforschung 66, 1958, S. 93–101, das Urbar wieder ins 10. Jahrhundert zu setzen (vgl. CLAVADETSCHER, Nochmals zum churrätischen Reichsgutsurbar aus der Mitte des 9. Jahrhunderts, Zeitschr. d. Savignystiftung f. Rechtsgesch., Germ. Abt. 76, 1959, S. 319–328).

8) Das Urbar ist nur fragmentarisch, etwa zu einem Drittel, erhalten.

9) KARL GLÖCKNER, Ein Urbar des rheinfränkischen Reichsguts aus Lorsch, Mitteilungen des Inst. f. österr. Geschichtsforschung 38, 1920, S. 381 ff.

10) W. METZ, Eine Quelle zur Geschichte der fränkischen Reichsgutsverwaltung, Deutsches Archiv 11, 1954, S. 207–219.

11) BUB 102, 103, 104, 108, 109, 111, 112, 113, 114, 115, 119, 133.

bekannten Vorgängen in anderen Teilen des Reiches, im 9. Jahrhundert praktisch selbständig gewordene Reichsbeamte und ihre Gehilfen von ihrem ehemaligen Amtsgut sich einen beträchtlichen Teil als Allod angeeignet haben. Auch die Klöster werden kaum leer ausgegangen sein. Leider hat das Lukmanierkloster Disentis, das in der deutschen Kaiserzeit ja eine bedeutende Rolle gespielt hat, durch eine Reihe von Bränden und den Franzoseneinfall seinen ganzen älteren Urkundenbestand verloren, so daß man auch hier auf Vermutungen angewiesen ist. Wie manches der späteren Freiherrengeschlechter und wie manche bischöfliche Dienstmannenfamilie ihre Macht usurpiertem Reichsgut verdankten, entzieht sich ebenfalls dem exakten Nachweis, denn die Besitzgeschichte dieser Geschlechter ist noch nicht erforscht, während in anderen Reichsgegenden zahlreiche Arbeiten über den kirchlichen und adeligen Besitz die Reichsgutsforschung in hohem Maße befruchtet haben. Diese Vorarbeit, die Aufarbeitung und kartographische Darstellung des adeligen und kirchlichen Besitzes nach modernen landesgeschichtlichen Gesichtspunkten, muß für Rätien erst noch geleistet werden und böte genügend Stoff für eine ganze Reihe interessanter, sowohl die allgemeine als auch die Bündnergeschichte fördernder Dissertationen.

Als Beitrag zur Aufhellung des Schicksals ehemaligen Reichsguts sollen im folgenden einige Flurnamen untersucht werden, die uns in verhältnismäßig später Zeit noch Kunde von ehemaligem Reichsgut geben und auch für die Frühgeschichte der romanischen Sprache interessant sind. Nach der Aufzählung und Besprechung der Belege sollen diese Flurnamen dann nochmals geographisch gegliedert und eingereiht werden, woraus sich ergeben wird, daß die aus dem Reichsgutsurbar erkennbare Häufung des Reichsgutes an den Straßen auch noch Jahrhunderte später aus den Flurnamen zu erschließen ist. Ferner wird es im einen und andern Fall noch möglich sein, auch aus besitzgeschichtlichen Gründen die Herkunft des betreffenden Objektes aus Reichsgut wenigstens wahrscheinlich zu machen.

Die Belege stammen aus dem weitverstreuten spätmittelalterlichen Urkundenmaterial Graubündens und aus den Ämterbüchern und Urbaren des Bistums Chur [12].

Keine besonderen Probleme werfen die Quellenstellen auf, die geradezu von Königsgut reden.

Im Jahre 1325 verpfändeten die Grafen Hugo und Albrecht von Werdenberg-Heiligenberg für eine Schuld von 76 Mark dem Rudolf von Schleuis einen jährlichen Zins von 24 Schilling aus Besitz in Trins, »daz da haißt des künges gut« [13]. Vorbehalten wurde das Wiederkaufsrecht, ebenso die Möglichkeit, die Pfandschaft auf andere Güter zu Wildenberg oder Frauenberg zu schlagen, falls die Werdenberger Abmachungen mit den Vazern treffen sollten. Offenbar stammte also das »Königsgut« von der Mutter, einer Tochter Walters III. von Vaz, her. Der Name ist heute abge-

---

12) Vgl. Abkürzungsverzeichnis.
13) CD II, 202.

gangen, doch soll ein Gut unter der Burg seit sehr alter Zeit von allen Abgaben und Lasten frei gewesen sein[14]. Das Pfand scheint nicht mehr ausgelöst worden zu sein, denn 1350 verkaufte Simon von Montalt an das Kloster St. Luzi in Chur sein Eigentum in Trins, das er vom Pfandinhaber Rudolf von Schleuis erworben hatte, nämlich »die gúter... ze Trüns... haissent... des kúniges gût«[15]. Ob »Güter« nur unpräzise Ausdrucksweise ist oder ob man daraus schließen darf, daß der ehemals wohl umfangreiche Königshof im Laufe der Zeit sich in selbständige Teile aufgelöst habe, muß offen bleiben. St. Luzi hatte 1350 jedoch nur die ehemalige Pfandschaft erworben, nicht das volle Eigentumsrecht, denn 1371 kaufte es dieses von Albrecht von Werdenberg um die Summe von 100 Pfund. Das Rechtsobjekt wird als Gut in Trins bezeichnet, »daz man nempt dez kúnges gût«[16]. Wie sehr der mittelalterliche Eigentumsbegriff vom römischen und modernen abweichen konnte, zeigt nicht nur diese Urkunde, sondern auch eine weitere von 1412, nach welcher in einem Vergleich zwischen Graf Rudolf von Werdenberg und dem Kloster St. Luzi festgesetzt wurde, daß das Kloster den Hof in Trins »genant dez kúnigs gut« nur an werdenbergische Eigenleute verleihen dürfe[17]. Auch der scheinbar unanfechtbare Kauf von 1371 hatte dem Kloster demnach nicht das volle Verfügungsrecht verschafft. Schon Bertogg hatte aus diesen Urkunden zu Recht geschlossen, daß in Trins »ausgedehnter königlicher Eigenbesitz... Ausgangspunkt sowohl der politischen als der kirchlichen Entwicklung gewesen zu sein« scheine[18]. Die chronikalischen Nachrichten, daß Pipin die Burg Hohentrins gegründet und ein karolingischer oder ottonischer Herrscher Trins-Tamins dem Kloster Reichenau geschenkt habe[19], haben wohl wenigstens insoweit einen geschichtlichen Kern, als es sich tatsächlich um Königsgut handelt[19a]. Völlig offen bleibt allerdings, seit wann und wie lange der König hier Rechte besaß.

Angefügt seien hier noch Belege aus Malans. 1451 stellte Ulrich Venner dem österreichischen Herzog Sigmund einen Pfandrevers aus, unter anderem für einen Weingarten in Malans »genant der Küng«[20]. Nach Venners Tod wurden diese Güter zur Feste Marschlins geschlagen, welche Ulrich von Brandis als österreichisches Lehen

14) Ib. S. 276, Anm. 3.
15) Ib. Nr. 331.
16) Ib. III, 155.
17) BAC, Urk. v. 20. April 1412.
18) Beiträge zur mittelalterlichen Geschichte der Kirchgemeinde am Vorder- und Hinterrhein, Diss., Chur 1937, S. 63 f.
19) Ib. S. 64, Anm. 150.
19a) Auf hohes Alter weist auch das Pankratius-Patrozinium in der Kirchenburg Crap Sogn Parcazi, vgl. BERTOGG, a. a. O., S. 38 ff. – Über eine frappante Parallele bei Karlburg (b. Würzburg) vgl. PAUL SCHÖFFEL, Herbipolis Sacra, Würzburg 1948, S. 29 f.: »Ein gütlein nennt man die königsgüter, ist von künigen wirden Pipino an die pfarr Carlenburg geben«.
20) RUDOLF THOMMEN, Urkunden zur Schweizergeschichte aus österreich. Archiven IV,128/I.

innehatte[20a]. Ferner heißt es 1510 anläßlich einer Belehnung, daß das verliehene Gut
an *»ain wingarten genant dår kúng« stosse*[20b]. Da königliche Weinberge in Malans
durch das Reichsgutsurbar bezeugt sind[21], können die zitierten Urkundenstellen
zwanglos auf Reichsgut bezogen werden, und dies um so mehr, als ein Domkapitelsurbar von ungefähr 1375 eine *»Vinea de Rege«* in Malans als dem Domkapitel zehnt-
pflichtig verzeichnet[22]. Daher ist die Deutung wenig wahrscheinlich, daß dieser Flurname lediglich auf die hohe Qualität des Weinbergs hinweisen wolle. Dieser »Küng«
existiert heute noch in Malans, daneben aber auch ein »Kaiser« genannter Weinberg[23].
Letzterer dürfte eine jüngere Analogiebildung zum bereits im Mittelalter bezeugten
»Küng« sein, durch welche der Wein aus dem »Kaiser« qualitativ noch über den aus
dem »Küng« gestellt werden sollte.

Hingewiesen sei noch auf den heutigen Flurnamen »Chomp da Rai« für Äcker in
Tschlin[23a], wofür aber urkundliche Belege fehlen.

Pratum (Prau) Regis (Redg, Retgs). Dem deutschen »Königsgut« entsprechen die lateinische Form *»Pratum regis«*, die lateinisch-romanische Mischform
»Prau regis« und das romanische *»Prau redg«* respektive *»Prau retgs«*.

Ein *»Pratum regis«* in Zuoz nennt ein bischöfliches Urbar aus der Mitte des 14.
Jahrhunderts[24]. *»Prau regis«* begegnet aber auch als Flurname im Domleschg, wobei
nicht sicher auszumachen ist, wieweit die folgenden Belege dasselbe Grundstück betreffen. Identität darf am ehesten angenommen werden für die Belege von ungefähr
1375 und 1464. Das Urbar des Domkapitels von ungefähr 1375 nennt nämlich
einen Acker genannt *»Air da Prau regis«*, der unter anderem an den Acker *»Prau
regis«* stößt und in den Hof Rodels gehört[25]. Aus dieser Stelle wird besonders
deutlich, daß *Prau regis* bereits Flurname ist, denn es wird ja ein A c k e r zu
Prau (Wiese!) *regis* genannt. Dieselben Grundstücke betrifft zweifellos ein Erb-
lehensrevers des Lenhart Pregeller zu Fürstenau ans Domkapitel über Güter in Fürstenau und Rodels von 1464: *Praw retgs*[26]. Nichts hindert aber, den zu einer Wit-
tumsstiftung des Johannes von Rietberg gehörenden Geldzins *»ze Prau regis«* von

---

20a) Landesregierungsarchiv Innsbruck I, 5811.
20b) Familienarchiv Sprecher, Maienfeld v. 15. 4. 1510.
21) BUB I, S. 391, Z. 20.
22) Die Urbarien des Domcapitels zu Cur. Aus dem XII., XIII. und XIV. Saec., hsg. von
CONRADIN V. MOOR, Cur 1869, S. 85.
23) RN S. 303 f.
23a) RN S. 373.
24) BAC, Urbar B, S. 59: *bonum, quod habet nomen Pratum regis.*
25) Urbarien des Domcapitels, S. 70.
26) BAC, Urk. vom 27. 11. 1464.

1343 [27)] hier zu lokalisieren, ist doch die Urkunde in Fürstenau ausgestellt und folgen unmittelbar auf diesen Zins Zehnten zu Tomils, Scheid und Feldis. Die rein romanische Form »*Prau Redg*« stammt aus dem Oberhalbstein, wo im Jahre 1455 Greta, die Tochter eines in Burvagn nachweisbaren Stussun, eine Wiese dieses Namens verkaufte [28)]. Das Rätische Namenbuch [29)] lokalisiert diesen Flurnamen in Cunter i. O., wozu der Weiler Burvagn gehört.

Nicht in diesem Zusammenhang gehören eine Reihe von Urkunden und Urbarstellen aus dem Bergell, in welchen von »*pratum comitis*«, »*pred cunt*«, »*prad cunt*« oder ähnlich die Rede ist, denn richtig ist nur die Form »*pred cunt*«, da es sich um das »*pretium comitis*« handelt, nicht um das »*pratum comitis*«. Wohl gehören diese Stellen auch in die Geschichte des Reichsgutes, doch handelt es sich um A b g a b e n, nicht um Grundbesitz. Vermutlich haben wir hier den ehemaligen Königszins vor uns, der vom König an den Grafen und mit der Grafschaft Bergell im Jahre 960 [30)] ans Bistum Chur übergegangen ist [30a)].

Mit diesen den König direkt nennenden Quellenstellen sind jedoch die Möglichkeiten, aus Flurnamen auf früheres Königsgut zu schließen, keineswegs erschöpft. Viel zahlreicher und deshalb auch wichtiger sind die mit dem Adjektiv *dominicus* gebildeten Flurnamen. Der Aufzählung vorangehen muß aber eine kurze Erörterung über die Bedeutung dieses Adjektivs in den rätischen und außerrätischen Quellen.

Die meisten Belegstellen für *dominicus* stammen begreiflicherweise aus dem rätischen Reichsgutsurbar von 842/3. Daß hier *dominicus* mit königlich übersetzt werden darf, steht außer Frage für die *cinctae dominicae* [31)], die *magistri dominici aedificiorum* [32)], den *missus dominicus* [33)], das *horreum dominicum* (im Zusammenhang mit dem *census regis* [34)]) und die *navis dominica* [35)], während man die *curtis, res* und *terra dominica* [36)] gelegentlich auch als Salland im Gegensatz zu verliehenen Grundstücken verstehen kann. Aber auch in diesen Fällen ist es eben königliches Salland. In engstem Zusammenhang mit Königsgut und Königsrechten *(census regius)* steht auch das substantivierte *domini-*

---

27) CD II, 285.
28) BAC, Urk. vom 23. 6. 1455.
29) S. 207.
30) BUB 119: *exactum a liberis hominibus.*
30a) Vgl. CLAVADETSCHER, Hostisana und pretium comitis. Ein Beitrag z. Reichsgutsforschung, Schweiz. Zeitschr. f. Gesch. 14, 1964, S. 218–227.
31) BUB I, S. 393.
32) Ib. S. 393.
33) Ib. S. 394.
34) Ib. S. 380.
35) Ib. S. 381.
36) Ib. S. 376, 377, 379, 381, 383, 389, 390, 394–396.

cum des Reichsgutsurbars[37]. Besonders aufschlußreich ist die Feststellung, daß im Pfäferser Rodel, der ins Urbar eingeschoben ist, *dominicus* nicht vorkommt, obschon auch klösterliche Herrenhöfe aufgeführt werden. Den gleichen Sinn hat *dominicum* in einer Urkunde des rätischen Grafen Hunfried von 807[38]: *quod in dominico dictum et terminis divisum coram testibus fuit, receptum sit ad parte domni nostri* (also des Königs!). Dann begegnet der Ausdruck *dominicus* erst wieder in den Königs- und Kaiserurkunden des 10. Jahrhunderts[39], respektive in Urkunden des 9. Jahrhunderts, deren einschlägige Stellen aber im 10. Jahrhundert interpoliert worden sind[40]. Auch eine *terra dominicalis* in einer Kaiserurkunde von 956 ist eindeutig Königsgut[41]. Der Begriff fehlt völlig in Privaturkunden, obwohl auch in Rätien viel bischöfliches und klösterliches Salland oder Herrenland vorhanden war. Das gesamte rätische Quellenmaterial läßt also mit Sicherheit den Schluß zu, daß *dominicus* mit königlich zu übersetzen ist. Sachlich kann diese Ansicht dadurch gestützt werden, daß vom 11. Jahrhundert an dieses Adjektiv vollständig aus den Quellen verschwindet. Das Königsgut war im 9. und 10. Jahrhundert eben auf recht- oder unrechtmäßigem Wege in andere Hände (Bistum, Klöster, Adelige) übergegangen, so daß es nicht mehr als solches in den Quellen erscheint. Daraus darf auch die Berechtigung abgeleitet werden, die genannten und noch zu nennenden Flurnamen, welche direkt *(künig, regis)* oder indirekt *(dominicus)* auf ehemaliges Königsgut hinweisen, tatsächlich auf frühmittelalterlichen Königsbesitz zurückzuführen. Daß nun im Spätmittelalter der Flurname »Königsgut« als auszeichnendes Merkmal verwendet werden konnte, spricht mit aller Deutlichkeit für den Verlust des königlichen Grundbesitzes im Hoch- und Spätmittelalter. Erst wenn an einem Ort nur noch ein kleines Stück vom ehemaligen Königsgut übriggeblieben war, konnte dessen Benennung als »Königsgut« die unterscheidende Funktion eines Flur- oder Ortsnamens erfüllen.

Für das außerrätische Gebiet betont Schlesinger, daß der König als der *dominus* schlechthin erscheine, daß *dominium* vielfach die Königsherrschaft sei, wenn auch beide Begriffe die allgemeine Bedeutung von Herrschaft und herrschaftlich haben können. In der Lex Salica jedenfalls heißt *dominicus* königlich, ebenso in einem Sendrecht der Wenden um 900[42]. Trotz vorsichtiger Formulierung sieht auch Metz im

---

37) Ib. S. 381, 392, 394.
38) Ib. 35 vom 7. 2. 807.
39) Ib. 106 von 949: *terra dominica;* 113 von 955: *naves dominicae;* 144 von 979 und 149 von 992: *terra dominica* (Nachurkunden von 106).
40) Ib. 63: *dominicae naves;* 67: *naves dominicae.*
41) Ib. 114: *terra dominicalis* (weiter oben in der Urkunde als *curtis nostra* bezeichnet!).
42) WALTER SCHLESINGER, Herrschaft und Gefolgschaft in der germanisch-deutschen Verfassungsgeschichte, in: Herrschaft und Staat im Mittelalter, Darmstadt 1955, S. 138 (zuerst in Histor. Zeitschr. 176, 1953, S. 228).

dominicatus Banzgau eine Königsmark der fränkischen Zeit[43]. Hält man diese wenigen Beispiele neben die Tatsache, daß in rätischen Quellen bis zum 10. Jahrhundert *dominicus* nur als Synonym für *regalis* oder *regius* erscheint, der Begriff dann völlig verschwindet, vor allem auch nie in kirchlichen oder weltlichen Privaturkunden für andere als königliche Herrschaften verwendet wird[44], so muß man wohl die damit gebildeten Flurnamen aus dem Spätmittelalter mit dem frühmittelalterlichen Königsbesitz in Rätien in Zusammenhang bringen.

Die Zahl dieser Belege ist umfangreich, trotzdem sollen sie hier vollständig aufgeführt werden, weil hier, wie oben gezeigt wurde, ein Rückschluß methodisch gerechtfertigt ist und wir somit hier einen der wenigen Wege sehen, die urkundenarme Zeit des 11. bis 13. Jahrhunderts einigermaßen zu überbrücken und etwas in den für die Herrschaftsbildung wichtigen Prozeß des Niedergangs der Königsherrschaft in den Randgebieten hineinzuleuchten, wo keine mehr oder weniger geschlossenen Reichsgutskomplexe bestanden haben.

In einem Urbar des Domkapitels aus der 2. Hälfte des 12. Jahrhunderts steht: *In curte Donega X pecudes*[45]. Der Hof muß an der Lenzerheideroute liegen, da der Passus zwischen Abgaben aus Tiefencastel und Malix eingefügt ist.

Unter den ans Domkapitel zu entrichtenden Zehnten[46] aus Malans nennt ein Urbarfragment aus der Mitte des 13. Jahrhunderts eine *Vinea Donniga, et altera Vinea Donniga*[47].

1271 verlieh Swiker von Reichenberg an Pero von Mals alle Abgaben und Rechte aus vier *coloniae*, die letzterer von den Herren von Wangen zu Lehen trug. Ausdrücklich ausgenommen wurden dabei diejenigen Rechte, welche diese vier *coloniae* der *curia de Curdonii* und dem *pratum quod dicitur Pradoni* zu leisten hatten[48]. Mit dieser *curia de Curdonii* darf wohl eine Stelle aus einem dem 13. Jahrhundert angehörenden Verzeichnis der Ämter und Güter, welche die Reichenberger vom Bistum Chur zu Lehen hatten, identifiziert werden: *Item omnes coloneas, que pertinent ad curtem*

43) WOLFGANG METZ, Eine Quelle zur Geschichte der fränkischen Reichsgutsverwaltung, Deutsches Archiv 11, 1954, S. 213.

44) Die Feststellung von E. LESNE, L'indominicatum dans la propriété foncière des églises à l'époque carolingienne, Revue d'Histoire ecclésiastique 27, 1931, p. 74: Dans le langage religieux le *dominus* c'est le Seigneur Dieu; dans le langage politique c'est le monarque; en droit privé c'est un maître quelconque, trifft also für Rätien nicht zu.

45) Urbarien des Domcapitels, S. 11.

46) Die Frage bedarf einer besonderen Untersuchung, ob unter den hier genannten *decime canonicorum Curiensium* wirklich Kirchenzehnten zu verstehen sind, ob es sich nicht vielmehr – wie wahrscheinlich auch bei den Zehnten im Engadin und Bergell – um ehemalige Abgaben von Königsgut handelt, die in der Karolingerzeit oft als *decimae* oder *nonae* bezeichnet wurden.

47) Urbarien des Domcapitels, S. 25.

48) BUB 1023.

donegam [49]. Weiter figurieren im Viztumbuch B von 1410 unter den Gütern, die dem Dekansamt in Mals zugehörten: *sechs mannmat wisen, gehörent zů dem hof Curdani, sind gelegen under Malls* [50]. Um diesen Hof dürfte es sich auch handeln bei einem durch die Herren von Matsch verliehenen Mannlehen, das auch einen Roggenzins aus dem Hof Gvrdenege umfaßte [50a].

Mit Einwilligung der Pfandinhaberin Agnes von Straßberg verlieh 1326 der Bischof von Chur den Gebrüdern von Sassiel den gleichnamigen Hof in Churwalden zu Erblehen: *et bona que Prawdonige nuncupantur* [51]. Um dieses Gut dürfte es sich auch in einem Tauschvertrag unter Privaten zwischen 1376 und 1388 handeln: *gůt Sessel Praudonig* [52]. Der damalige Inhaber Hans Vopper wäre demnach als Rechtsnachfolger der oben erwähnten belehnten Gebrüder von Sassiel zu betrachten. Unsicher bleibt, ob auch noch das Eigengut Pradöni des Jenni Schimon, ab welchem dieser 1488 einen Zins ans Kloster Churwalden verkaufte, mit diesem Gut Sassiel Praudonig identifiziert werden darf, doch ist dies eher zu bejahen [53]. Vielleicht aber war damals Pradöni bereits zum Flurnamen geworden, so daß es sich um benachbarte Güter handeln würde.

Unter den Gütern, die 1337 Jakob von Bulcaria, der Pfarrherr von Igis, zu einer Jahrzeitstiftung ans Kloster Pfäfers schenkte, befanden sich auch »*agros dictos Vinnia Doniga*« in Ragaz [54]. Hier wird besonders deutlich, wie der ehemalige »königliche Weinberg« zum Namen einer Ackerflur, also reiner Flurname geworden ist.

In einem schiedsgerichtlich erledigten Erbstreit zwischen den Brüdern von Juvalt wird im Jahre 1342 eine Wiese ze Valdonica erwähnt [55], und zwar zwischen Besitz in Tomils und Feldis drin. So darf dieser Flurname mit der 1407 durch den Bischof an die Juvalt verliehenen Alp am Scheiderberg (Albtunnga) [55a] identifiziert werden. Um das gleiche Objekt dürfte es sich handeln, als 1474 Janut Uli von Scheid die Alp Waldonia am Scheiderberg, die er als Juvalter Lehen innehatte, an die Stadt Chur verkaufte [56]. Nicht nur die genannte Wiese und Alp lagen aber zu Waldonia, sondern noch drei weitere bischöfliche Alpen, wie ein bischöfliches Urbar meldet: *Item noch sind drye*

---

49) CD III, 3.
50) Ämterbücher, S. 49.
50a) Schloßarchiv Churburg 19 v. 26. 4. 1318.
51) CD II, 206.
52) BAC, Liber de feodis, S. 89.
53) BAC, Urkunde vom 4. 7. 1488.
54) C. WEGELIN, Die Regesten der Benedictiner-Abtei Pfäfers und der Landschaft Sargans, Chur 1850, Nr. 153.
55) Rätische Urkunden aus dem Centralarchiv des fürstlichen Hauses Thurn und Taxis in Regensburg, hsg. v. H. WARTMANN (Quellen z. Schweizer Geschichte 10), Basel 1891, Nr. 21.
55a) BAC, Cartular E, fol. 228.
56) Staatsarchiv Graubünden, Codex Juvalt III, 235 vom 8. 11. 1474.

alpen ob Schayd, haissent Waldoenia [57]. Eine davon verlieh der Bischof von Chur im Jahre 1493 an eine Anzahl Leute von Scheid zu Erblehen [58], eine andere hatte 1548 Rudolf von Juvalt inne [59].

1347 verkaufte der Feldkircher Bürger Jos Han zusammen mit anderem Besitz in Maienfeld und Fläsch an das Kloster Pfäfers auch die Hube *Vinea Dônga* in Fläsch [60]. Der Bruder des Verkäufers, Johannes Han, scheint dann aber Ansprüche geltend gemacht zu haben, denn im folgenden Jahre verzichtete er gegen Entschädigung auf seine Eigentumsrechte [61] und schloß mit dem Kloster eine Vereinbarung ab, wonach seine Eigenleute in Fläsch diese drei Huben, darunter auch die Vinea Donga, vom Kloster Pfäfers zu Erblehen erhielten [62]. Vom gleichen Tag datiert denn auch der betreffende Erblehensbrief des Klosters Pfäfers, der wieder *»únser húb Vinea Donga«* aufführt [63]. Als dann 1364 das Kloster Pfäfers mit Zustimmung des Generalvikars von Chur eine Reihe kirchlicher Gegenstände, Güter und Rechte an den Ritter Konrad von Wolfurt verkaufen mußte, befand sich darunter auch ein *mansus* in Fläsch *vulgariter Vinea donega nominatus*, der jährlich vier Saum Wein zinste [64]. Auf Geheiß des Klosterdekans von Pfäfers gaben eine Reihe von Leuten aus Fläsch im Jahre 1402 oder 1452 [65] Kundschaft über die Weinzehnten. Dreimal wird dabei wieder die *Vinea Donga* erwähnt [66]. Entsprechend der Verleihung durch das Kloster an drei Männer im Jahre 1348 [63] sind auch hier wieder drei Fläscher Einwohner genannt, welche von der *Vinea Donga* Zehnten zu bezahlen hatten.

In einem Domkapitelsurbar von ungefähr 1375 sind in Maladers verzeichnet: *II secture prope vall donigam* [67].

Über *Curduniga* in Scharans geben eine Reihe von Quellen Aufschluß. Mit dem halben Schüssel-, Garten- und Pfisteramt zu Fürstenau erhielten Albrecht Schuler

---

57) Ämterbücher, S. 77.

58) BAC, Urkunde vom 29. 3. 1493.

59) BAC, Urbar von 1548, S. 22: Thumlesch, *Růdolff von Juffalt haut ain alp, genant Waldunga, gilt VI wert käss vnd ain vogelmal.* – In RN, S. 127 irrtümlich auf Cazis bezogen. – Auch die *»hoffstat Waldoniga hört gen Jufalt«* bezieht sich auf diese Scheider Alp (Gemeindearchiv Domat/Ems Nr. 4 vom 7. 9. 1468, darin eine Urkunde v. 30. 11. 1458 inseriert).

60) WEGELIN, a. a. O., Nr. 184.

61) ib. Nr. 190.

62) ib. Nr. 189.

63) Gemeindearchiv Fläsch Nr. 1 vom 1. 5. 1348.

64) WEGELIN, a. a. O., Nr. 240 vom 2. 9. 1364.

65) Die Urkunde nennt ausdrücklich das Jahr 1402: *tusent vierhundert und zway jaur;* doch weist der Klosterdekan Johans vom Berg auf die Mitte des Jahrhunderts (vgl. WEGELIN, a. a. O., Nr. 556 vom 12. 3. 1450: Hans Berger, Dekan). Da nur eine Copie erhalten geblieben ist, vermag die Schrift über das Datum keinen Aufschluß zu geben. Am ehesten ist daher anzunehmen, daß der Schreiber oder Copist »fünfzig« ausgelassen hat.

66) Gemeindearchiv Fläsch, Nr. 2.

67) Urbarien des Domcapitels, S. 55.

(v. Castelmur) und dessen Gemahlin Elisabeth als bischöfliche Lehen im Jahre 1383 auch: *medietatem prati in duabus petiis situatam iuxta Schrans in Curduniga ... item medietatem bonorum dictorum de Curduniga sitorum prope villam Schrans*[68]. Diese bischöflichen Lehen hatte vorher Elisabeths Mutter Euphemia Baff innegehabt, und die andere Hälfte war zunächst an Elisabeths Bruder Rudolf Baff gefallen[69]. Nach einer deutschen Kopie eines Lehensbriefes im bischöflichen Urbar E belehnte der Bischof nach dem Tode Rudolf Baffs Albrecht Schuler und dessen Gemahlin auch mit der zweiten Hälfte, so daß sie nun die gesamten Ämter, Zehnten und Güter innehatten[70]. Genannt werden in diesem Zusammenhang unter anderem *II stuk wisen, die gelegen sint bi Schirans, genant ze Cordoniga*[71], und unter den ehemaligen Zehnten des ser Manfred, die nun auch an Albrecht Schuler und seine Gemahlin gelangten: *Zu Schrans Kurtonia*[72]. Weiter meldet das Buch des Viztumamtes im Domleschg um 1400, daß die in das ebenfalls an Schuler verliehene Krautlehen gehörenden Güter »*ligent ze Kurtonia ze Schirans*«[73].

Im Jahre 1388 belehnte Johannes von Reichenberg die beiden Söhne des früheren Dekans von Mals mit dem Dekanamt in Mals, das unter anderem auch eine Wiese umfaßte, die in den Hof Curdoniga unterhalb Mals gehörte[74]. 1481 erhielt Gaudenz v. Matsch als bischöfliches Lehen u. a. einen Zins aus dem Hof »Cordanyga« zu Mals[74a].

Der Bischof von Chur verpfändete 1398 an Jakob von Castelmur mit der Feste Rietberg auch eine Reihe dazugehöriger Güter und Zinsen, so 23 Schilling »*von der wisen Prawdonig*« in Almens[75]. Diese Wiese wird um 1400 herum ebenfalls im bischöflichen Urbar E als zu den Rietberger Gütern gehörend erwähnt: *Item ain wise heisst Praw Dönig*[76]. Unsicher bleibt die Lokalisierung der Wiese Dönig im Lehenbuch A von 1410[77]. Immerhin könnte es sich auch hier um die Wiese in Almens handeln, da bei den bischöflichen Lehen der Edlen von Stierva ausdrücklich vermerkt ist, daß früher die Rietberg diese Güter vom Bischof zu Lehen hatten. Da aber diese

68) Lateinische Copie Staatsarchiv Graubünden, Codex Juvalt, Ergänzungsband Nr. 180; BAC, Liber de feodis v. ca. 1380 f. 24: ze Cordoniga.
69) Ämterbücher, S. 62 f.
70) Ib., S. 63.
71) Ib., S. 63 und CD IV, 119. – In Ämterbücher, S. 64, Anm. 1, wird *Curduniga* irrtümlich von Quartane abgeleitet und das Kornmaß Quartane mit dem Pfisterlehen in Zusammenhang gebracht.
72) Ämterbücher, S. 64 nach dem bischöflichen Urbar E.
73) Ib., S. 41.
74) CD IV, 122.
74a) Schloßarchiv Churburg v. 15. 10. 1481.
75) BAC, Urk. vom 7. 12. 1398.
76) Ämterbücher, S. 61.
77) Ib., S. 114. – BAC, Urbar E, S. 100.

Wiese Dönig nach dem Meierhof Lantsch und einem Acker in Stierva genannt ist, könnte sie auch in Stierva selber oder dessen Umgebung liegen.

Symon Hemmy von Churwalden verkaufte 1439 ans Kloster Churwalden einen Zins von 5 Pfund Haller ab Gütern in Malix und Churwalden, unter anderem *ab Pra dumig* im Malixertal[78]. Dieses Rechtsgeschäft ist auch im Churwaldner Zinsbuch von 1513 verzeichnet: *ab ainer wysen genant Prau Donig in Vmblix*[79].

In Untervaz ist der Flurname Bradungi belegt durch das bischöfliche Steuergüterurbar des Gerichts Zizers von 1448: *Item zway manmad in Bradungi*, respektive: *stossent vnden vff an Bradungi*. Inhaber dieser Steuergüter war damals Phylipp Jácklin von Untervaz[80]. Im gleichen Urbar wird der Flurname Bradongi dann nochmals zur genaueren Bestimmung eines anderen Gutes gebraucht[81]. Auch bei den Steuergütern des Lucj von Somfig erscheint der Name wieder: *dry manmad wûst vnden an Brandungi ... Item in Brádúlgi ain stuck*[82].

Der heutige Flurname Prodadongia für eine Bergwiese in Salouf[83] erscheint in einem bischöflichen Urbar aus dem Anfang des 16. Jahrhunderts als *Praw donig*[84]. Anläßlich einer Erblehensverleihung von Gütern in Jenins durch Ulrich von Schlandersberg auf Aspermont an einen Eigenmann wird unter den anstoßenden Gütern Vardonick erwähnt[85].

Obschon für diese Abhandlung sonst nur mittelalterliche Belege (bis 1526) herangezogen wurden, seien doch noch einige spätere hinzugefügt: Durch ein bischöfliches Urbar von 1548[86] ist in Rodels[87] der Flurname Präwdöny bezeugt. Am Bürserberg (westlich Bludenz, Vorarlberg) ist seit 1565 mehrfach ein Parduonig o. ä. bezeugt[88]. Endlich erwähnt Kübler ohne Quellenangabe in Maienfeld »*in Dominico agro*«[89].

Hingewiesen sei noch auf drei heute noch existierende Flurnamen, die aber urkund-

---

78) BAC, Cartular Churwalden f. 43.

79) Zinsbuch des Prämonstratenserklosters Churwalden vom Jahre 1513, hsg. v. FRITZ JECKLIN, JHGG 38, 1908, S. 21.

80) BRUNO HÜBSCHER, Die Steuergüter im Gericht Zizers um 1448, JHGG 89, 1959, S. 12 f.

81) Ib., S. 21.

82) Ib., S. 23.

83) RN, S. 201.

84) BAC, Urbar, S. 75.

85) Gemeindearchiv Jenins 56.

86) BAC, Urbar v. 1548, S. 15: *vnd git aber XII sch. korn von Präwdöny* (Inhaber: Vrich Gresta ammann).

87) Vielleicht beziehen sich auch die in den Anm. 76 und 77 genannten Belege auf dieses *Prawdöny* und nicht auf dasjenige in Almens. Möglich ist aber auch, daß nur der Hof in Rodels lag und das dazugehörige *Präwdöny* tatsächlich mit dem in Almens identisch ist.

88) GUNTRAM PLANGG, Die rätoromanischen Flurnamen des Brandnertales. Beitrag zu Vorarlbergs Raetoromania Alemanica (Romanica Aenipontana I), Innsbruck 1962, S. 18.

89) AUGUST KÜBLER, Die romanischen und deutschen Örtlichkeitsnamen des Kantons Graubünden, Heidelberg 1926, S. 105 Nr. 951.

lich nicht belegt werden können: Wiesen und Äcker Pradoni in Müstair[90], Wiesen, Äcker und Stall Valdunga in Obersaxen[91] und eine Gadenstatt Valdugna in Pigniu[92].

Nach der Aufzählung dieser zweifellos auf ehemaliges Königsgut weisenden Flurnamen seien noch zwei andere zur Diskussion gestellt, die sich nicht mehr mit gleicher Sicherheit auf Königsgut zurückführen lassen, bei denen aber dieser Zusammenhang doch im Auge behalten werden muß.

Dies gilt vor allem für die mit *centenar-* gebildeten Flurnamen.

Die *centena* hat in besonderem Maße die jüngste verfassungsgeschichtliche Forschung beschäftigt[93]. Das Problem ist heute noch nicht restlos geklärt, doch darf man als Ergebnis der umfangreichen, von den verschiedensten Gesichtspunkten her vorgetriebenen Forschungen mindestens soviel als gesichert betrachten, daß die *centena* nicht eine Unterabteilung der Grafschaft war, daß sie an manchen Orten eindeutig als Organisationsform des Königsgutes erkennbar ist und der *centenarius* demnach als Reichsgutsverwalter betrachtet werden kann, entsprechend etwa dem *iudex* des Capitulare de villis oder dem *exactor fisci* anderer Quellen. Die Frage, wieweit die spätmittelalterlichen Zenten mit der frühmittelalterlichen *centena* zusammenhängen, ist noch wenig geklärt, mit Sicherheit läßt sich lediglich sagen, daß bestimmt nicht jede Zent auf eine *centena* zurückgeht, daß es sich also zum Teil um jüngere Bildungen handelt.

Wenn nun aber im gesamten Urkundenmaterial eines größeren Raumes, wie ihn Rätien darstellt, außer in zwei Urkunden der sächsischen Kaiser[94] und in einigen Misoxer Urkunden des Spätmittelalters[95] die *centena* als Verwaltungs- oder Gerichtsbezirk nicht nachzuweisen ist, zudem die *centena* der Kaiserurkunden eindeutig

90) RN, S. 366. – Vielleicht identisch mit Wal Pradŏnig (Landesregierungsarchiv Innsbruck II, 5749 v. 18. 10. 1497).
91) RN, S. 45.
92) RN, S. 38.
93) Vgl. vor allem die in den Anm. 1 und 5 genannten Arbeiten von HEINRICH DANNENBAUER, FRANZ STEINBACH und THEODOR MAYER; ferner WOLFGANG METZ, Zur Geschichte der fränkischen centena, Zeitschrift der Savignystiftung für Rechtsgeschichte, Germanist. Abt. 74, 1957, S. 234–241.
94) BUB 119 (D O I von 960) und 142 (D O II von 976), wobei 119 für 142 als Vorurkunde diente.
95) Im Misox erscheint das *consilium centenae* als Umstand im Gericht des Grafen. Der Begriff stammt von Oberitalien her (Tre valli, auch Leventina). vgl. GERTRUD HOFER-WILD, Herrschaft und Hoheitsrechte der Sax im Misox, Diss., Poschiavo 1949, S. 101 ff. – Folgende Urkunden nennen die *centena*: Gemeindearchiv Leggia 3 vom 19. 6. 1421 *(consilio centene)*; BAC, Urk. vom 3. 12. 1452 *(unionem et communionem ac centenam totius vallis Misolcine)*; ib. vom 5. 12. 1452 *(congregato conscilio et centena totius vallis)*; Gemeindearchiv Verdabbio 13 vom 14. 12. 1459 *(fecit congregare ... centenam totius vallis)*; Gemeindearchiv Mesocco 65 vom 11. 6. 1488 *(centenam dicti vallis)*; Gemeindearchiv Leggia 22 vom 27. 1. 1518 *congregata centena)*.

mit königlichen Rechten zusammen genannt wird, so ist wohl der Schluß naheliegend – wenn man nicht sagen will unabweislich –, daß auch die daraus gebildeten Flurnamen, die alle im Norden der Alpen nachzuweisen sind und nicht etwa im Misox, auf ehemaliges Königsgut hinweisen.

Die sprachlichen Formen sind mannigfaltig, zum Teil wohl etwas verderbt, zum Teil bedeutsam für die Frühgeschichte des Romanischen.

Im Jahre 1307 gab Ulrich von Aspermont eine Weinabgabe und Wiesen in Maienfeld ans Kloster Churwalden auf und erhielt dafür drei Juchart Acker zu Maienfeld, *»ligent in Schentenare«*, die aber bei kinderlosem Tod ans Kloster zurückfallen sollten [96]. 1357 wurde unter anderem ein Weingarten in Maienfeld, der *»obnan stoßt an den weg von Tschentenair«*, ans Kloster Pfäfers verkauft [97]. 1381 verpfändeten die Grafen v. Werdenberg für eine Schuld von 200 gl. Güter in Maienfeld, u. a. 2 1/2 Juchart Acker genannt »Tschentenår« [97a]. 1397 empfing Ulrich Hurdli vom Kloster Churwalden zu Erblehen *»an juchart ackers genant Schentener«* zu Maienfeld, den er in einen Weingarten umwandeln sollte [98]. Um diesen Weinberg mag es sich auch beim Eintrag im Zinsbuch des Klosters Churwalden von 1512 handeln: *ain wingarten, haist der Schentener, ist erblehen* [99].

Im Einkünfteverzeichnis der Freiherren von Vaz von ungefähr 1330 heißt es: *So giltet der akir Centnara 42 schevil* [100]. Da dieser Passus auf Einkünfte aus Paspels, Dusch und Rodels folgt, darf wohl auch dieser Acker im Domleschg lokalisiert werden.

1386 verkauften Hainz und Hartwig von Valendas einem Freien von Sevgein ein Gut in Vals namens Zschintzschinyöla *(centeniola)* [101].

Als Johann von Reichenberg 1388 den Söhnen des verstorbenen Dekans von Mals das Dekanamt in Mals mit seinen Zubehörden verlieh, befand sich darunter eine geographisch nicht näher bestimmbare, aber sicher im Vintschgau gelegene Wiese: *in pratis Tschentenayr* [102]. Ebenso nennt das Buch des Viztumamtes B von 1410 unter den Gütern, die zum Dekanamt in Mals gehören: *Item III manmmat wisen in den wisen ze Chentenayr* [103], ferner erwähnt eine Urkunde von 1429 ein *Tschintnair* [103a]. Es handelt sich wohl in diesen Quellen um dasselbe Wiesgelände. Eine Wiese *Tschintney* in

---

96) CD II, 121.

97) WEGELIN, a. a. O., 215.

97a) Cop. 15. Jh. im Kantonsarchiv Clarus, Werdenberger Kiste 3 (Urkunde v. 23. 6. 1381).

98) Auszug CD IV, 232 (Or. im German. Nationalmuseum Nürnberg 7202).

99) JHGG 38, 1908, S. 38 (irrtümlich Scheutener).

100) Rätische Urkunden (Anm. 55) Anhang II, S. 475.

101) CD IV, 102. – Nach freundlicher Mitteilung von Herrn Dr. A. Schorta, Chur das heutige Hansiola (RN, S. 62), urkundlich 1694 Zantziola.

102) CD IV, 122.

103) Ämterbücher, S. 49.

103a) Kirchenarchiv Laatsch v. 20. 2. 1429 (Tiroler Archivberichte II, 277).

Goldrain [103b]) und ein Acker *Tschintnayer* in Morter [103c]), also weiter südlich im Vintschgau, erscheinen ferner in den Urbaren des Klosters Marienberg, eine Wiese »Tchintenayr« 1332 in Morter [103d]).

Als Graf Johann von Werdenberg-Sargans 1384 zwei Kaplaneien an der Kirche Sargans stiftete, dotierte er diese u. a. mit *duo iugera agri an Tschintenâr dicta,* die zweifellos in Sargans selbst lagen [104]).

Zum bischöflichen, im Lehenbuch A von 1410 verzeichneten Zinslehen des Heinrich von Canal in Flims gehörte auch: *Item I peciam agri sitam su Schzintenayr* [105]).

Im Jahre 1410 empfingen die Gebrüder von Cawientg in Villa vom Bischof Güter im Lugnez zu Erblehen, unter anderem *ze Zentenâws* [106]). Ein *Gtschintanayr* nennt auch das Pfrundurbar von Duvin aus dem Anfang des 16. Jahrhunderts [107]).

Recht zahlreich sind die Belege für Castrisch dank den Jahrzeit- und Zinsbüchern der St.-Georgs-Kirche. Das Jahrzeitbuch [108]), um 1500 entstanden, nennt einen Acker *Aiger Rodund uff Zentenár,* aus dem die Herren von Castrisch eine Jahrzeit stifteten [109]). In den Zinsbüchern, deren einschlägige Einträge von 1485 bis 1531 reichen [110]), erscheint der Flurname mehrmals. Die Güter in *Tschentaners* befanden sich demnach vor allem im Eigentum der Georgskirche Castrisch, waren aber als Lehen (wohl Erblehen) ausgetan. Dies geht aus verschiedenen Einträgen hervor, besonders aber aus dem Schlußblatt, wo die an die Nachbarn von Castrisch verliehenen Kirchengüter verzeichnet sind. Der Flurname wird verschieden geschrieben: *Zschentenárss* (f. 6), *Zentanair* (p. 30), *Zentaneirss* (p. 41), *Schåntanairs, Schantaners, Schentaneras* (auf dem Schlußblatt von 1531).

Ferner sind mir aus späterer Zeit noch folgende Belege bekannt geworden: 1527 ein *Centanier* in Igels (heute Tschentanè) [111]), um 1500 [112]), dann wieder 1562 und

103b) Urbare von Marienberg, hsg. v. BASILIUS SCHWITZER, in Tirolische Geschichtsquellen III, 1891, S. 320 f.

103c) Ib., S. 287 f. – Vgl. auch Tirolische Geschichtsquellen II, S. 271 u. 275 (*Tschentnair, Centnair*) und Tiroler Archivberichte II, 75 v. 24. 4. 1369 (*Schentenair*).

103d) Tiroler Archivberichte IV, Nachträge 76 v. 18. 3. 1332.

104) 2 Originale in BAC und Pfarrarchiv Sargans. Teildruck: Zeitschrift f. Schweiz. Kirchengeschichte 14, 1920, S. 151 (irrtümlich Schnittenaer).

105) Ämterbücher, S. 161.

106) BAC, Urkunde v. 29. 4. 1410.

107) Gemeindearchiv Duvin, Pfrundurbar, S. 3b, 4.

108) Gemeindearchiv Castrisch 1a.

109) Ib. f. 16v.

110) Gemeindearchiv Castrisch 4b, f. 6, 30, 41, Schlußblatt.

111) Pfarrarchiv Igels 15.

112) Gemeindearchiv Tavetsch, Akten Nr. 1, Urbarfragment von etwa 1500, gehört nach Sevgein, wo sich im Pfarrarchiv ein Fragment aus dem gleichen Urbar befindet. Alle Personen- und Ortsnamen weisen auf Sevgein/Castrisch hin, ebenso die Patrozinien (St. Georg/Castrisch, St. Thomas/Sevgein).

1570[113]) ein Acker *ara sum Schentanares*, respektive »*ein groß veld*« (*guetter und wisen*) unter dem Dorf Sevgein, genannt *Santaneras* (Tschantanerss), wobei das eine Mal (1570) bemerkt ist, daß es sich auf »*Cestriser piet*« befinde. *Tschentaneras* erstreckte sich demnach schon damals auf die beiden Gemeinden Sevgein und Castrisch, d. h. die Gemeindegrenze durchschnitt das Gebiet Tschentaneras. Endlich erscheint noch 1810 ein *Schantaneras* in Alvaneu[114]).

Wie bei den Ausführungen über die mit *dominicus* zusammengesetzten Flurnamen muß auch hier noch auf die modernen Flurnamen verwiesen werden, für die keine urkundlichen Belege beigebracht werden können: Wiesen *Tschentanes* in Somvix[115]), Weiden *Tschentaneras* in Vrin[116]), Bergwiesen *Tschantaners* in Pitasch[117]), Heimgüter *Tschantaners* in Lohn[118]) und Alpweide *Tschantaner* in Zillis[119]).

Vielleicht sind auch die mit *senior* zusammengesetzten Flurnamen hier einzureihen, besteht doch die Möglichkeit, daß die *Vinia senior* ursprünglich *vinea senioris* hieß und *senior* dann *dominicus* gleichzusetzen wäre. Nur der Vollständigkeit halber seien diese hypothetischen Flurnamen für ehemaliges Königsgut hier noch erwähnt.

Im Jahre 1344 gaben die Gebrüder Han von Feldkirch verschiedene Güter an das Kloster Pfäfers und empfingen sie wieder als Mannlehen; darunter befand sich auch der *wingarten Sieni̊r* in Fläsch[120]). In der schon behandelten Offnung über die Weinzehnten in Fläsch von wahrscheinlich 1452[121]) ist die *Vinea Senior* mehrmals genannt. Sie befand sich also nicht mehr in einer Hand, was durch die bereits erwähnten Verleihungen von 1348[122]) erklärt wird. Endlich verkauften verschiedene Glieder der Familie Bäsinger von Feldkirch an einige Fläscher im Jahre 1462 mehrere Huben und Zinsen, darunter die *hůb genant Vinia Sinier*[123]).

Nicht nur die bereits angeführten Gründe, sondern auch eine geographische Gliederung und Einordnung der behandelten Flurnamen zeigt mit aller Deutlichkeit, daß diese in den karolingischen Verhältnissen wurzeln. Leider ist das rätische Reichsguturbar nur fragmentarisch erhalten, aber die uns durch Ägidius Tschudi überlieferten Teile genügen zum Beweis, daß die fraglichen Flurnamen sich nur in den Gegenden

---

113) Gemeindearchiv Sevgein, Urkunden vom 6. 5. 1562 und März 1570. Beide Gemeinden hatten das Weiderecht auf dem Feld Santaneras.
114) Gemeindearchiv Alvaneu, Aktenmappe I c 4.
115) RN, S. 24.
116) RN, S. 60.
117) RN, S. 74.
118) RN, S. 157.
119) RN, S. 165.
120) CD II, 297.
121) Gemeindearchiv Fläsch 2, vgl. dazu oben Anm. 65.
122) Gemeindearchiv Fläsch 1.
123) Ib. 8.

befinden, wo im 9. Jahrhundert karolingischer Reichsbesitz bezeugt ist. Natürlich darf man nicht von Ort zu Ort eine Übereinstimmung erwarten, da zweifellos ein großer Königshof oder ein großes königliches Lehen der Karolingerzeit sich oft über das Gebiet mehrerer spätmittelalterlicher oder heutiger Dörfer erstreckt hat. Ein Beispiel: Wenn etwa dem Flurnamen *Vardonick* in Jenins keine Stelle im Reichsgutsurbar zu entsprechen scheint, so kann dieses Gut eben zum großen Königshof Maienfeld gehört haben, der Ackerland mit einem Ertrag von 560 Mütt aufwies, ferner Wiesen mit einem Ertrag von 140 Wagenladungen, Weinberge mit einem Ertrag von 100 Wagenladungen, 17 Mansen, 3 Alpen und eine Mühle. Ferner gehörten in diesen Hof die Kirchen von Maienfeld und auf der Luzisteig [124].

Vorarlberg [125]: Kirche und Zehnt von Bürs *(Parduonig)* sind als Zubehör zur Kirche Bludenz im Urbar enthalten [125a].

Raum Sargans: Das Urbar nennt Reichsbesitz in Sargans *(Tschintenär)* [126], während allerdings Ragaz *(Vinnia Doniga)* nur im Pfäferser Rodel innerhalb des Urbars erscheint [127], was aber direkten Reichsbesitz in Ragaz nicht ausschließt, denn der dem Kloster Pfäfers gehörende große Hof Ragaz braucht nicht das gesamte Gebiet des heutigen Dorfes umfaßt zu haben.

Bündner Herrschaft: Mit Ausnahme des oben erwähnten Jenins *(Vardonick)* sind hier alle Flurnamen durch das Urbar gedeckt: Maienfeld *(dominico agro, Schentenare)* [128], Malans *(Küng, Vinea de Rege, Vinea Donnige)* [129] und Fläsch *(Vinea Dônga, ev. senior)* [130].

Raum Chur: Das *ministerium Curisinum*, welches natürlich unser besonderes Interesse verdienen würde, fehlt leider im Urbar. So haben wir keine Vergleichsmöglichkeit für Untervaz *(Bradungi)*, wo auch Pfäfers begütert war [131], und für Maladers *(vall donigam)*. Wegen der fragmentarischen Überlieferung wissen wir für die Karolingerzeit auch nichts über Malix *(Pra dumig)*, Churwalden *(Prawdonige)* und die irgendwo an der Lenzerheideroute gelegene *curtis Donega*.

Raum Domleschg/Schams: Vom *ministerium Tumilasca*, welches auch das Schams umfaßte, ist nur ein kleines Fragment erhalten geblieben. Für das Schams enthält es aber glücklicherweise gerade die beiden in Frage kommenden Orte, Lohn

---

124) BUB I, S. 383.
125) In Klammer werden die spätmittelalterlichen Flurnamen der betreffenden Orte angeführt.
125a) BUB I, S. 380.
126) Ib., S. 383.
127) Ib., S. 385.
128) Ib., S. 383.
129) Ib., S. 391; vgl. auch ib. Nr. 114 von 956.
130) Ib., S. 384. – Auch Pfäfers hatte Besitz in Fläsch, ib., S. 387.
131) Ib., S. 385.

(Tschantaners) [132] und Zillis *(Tschantaner)* [133]. Ein Lehen im Schams ist ferner im *ministerium Tuverasca* verzeichnet [134]. Die Vergleichsmöglichkeit fehlt für das eigentliche Domleschg *(Prau regis, Centnara)* mit den Orten Scheid *(Waldonia, Valdonica)*, Scharans *(Curduniga)* und Rodels *(Prawdöny)*. Lediglich für Almens *(Prawdonig)* ist durch das Urbar im Zusammenhang mit dem Lehen Obervaz Königsbesitz bezeugt [135].

Raum Gruob und Oberland: Es ist schwierig, über den Erhaltungszustand dieses Teils im Urbar etwas Sicheres auszusagen. Einerseits ist dieser Passus recht umfangreich, so daß man schließen möchte, man habe hier wirklich das ganze *ministerium Tuverasca* vor sich, anderseits folgt auf die Zusammenfassung [136] noch ein Lehen des Priesters Victor in Castrisch. Dann endet dieser Teil, die Seite ist von Tschudi aber nur zu einem Drittel beschrieben worden, offenbar fehlte in seiner Vorlage etwas oder war nicht mehr lesbar. Daß hier nicht alle Flurnamen mit dem Urbar in Zusammenhang gebracht werden können, mag zum Teil wenigstens auf diesem Umstand beruhen. Für Flims *(Schzintenayr)* ist Königsgut direkt bezeugt [137], das nahe gelegene Trins *(künges gut)* fehlt dagegen. Immerhin ist zu beachten, daß kein Königshof oder Lehen in Flims selber erwähnt ist, sondern nur je zu einem Lehen in Sargans und Igels auch noch ein *mansus* in Flims gehört [138]. Meines Erachtens dürfte die Gegend von Flims nach dem oben erwähnten Castrisch verzeichnet gewesen sein, was geographisch gut passen würde, und fehlt deshalb heute. Castrisch *(Tschentaneras)* erscheint im Urbar [139], ebenso auf der rechten Seite des Lugnez Sevgein *(Tschentaners)* [140], Pitasch *(Tschantaners)* [141] und Duvin *(Gtschintanayr)*, wenn auch die Identifikation von Haune [142] mit Duvin nicht über jeden Zweifel erhaben ist. In Duvin hatte ferner Pfäfers einen Zins von 40 Denaren [143], der nur als Königszins gedeutet werden kann, denn im ganzen übrigen Pfäferserrodel sind sonst keine *census* verzeichnet, so daß es sich nicht um Zinsen von Pfäferser Höfen handeln kann. Auf der linken Talseite und im eigentlichen Lugnez verzeichnet das Urbar um-

---

132) Ib., S. 389.
133) Ib., S. 389, vgl. auch noch ib., S. 390 (Schams) und eine Urkunde von 940 über die Kirche Schams, ib. Nr. 103.
134) Ib., S. 390.
135) Ib., S. 395, vgl. auch noch die Urkunde von 926 *(proprietas nostra)*, ib. Nr. 99.
136) Ib., S. 393.
137) Ib., S. 383, 391; auch Pfäfers hatte dort Besitz, ib., S. 386, ferner ist 841 Königsgut in Flims bezeugt, ib. Nr. 61.
138) Ib., S. 383 (Lehen des Constantius in Sargans) und S. 391 (Lehen des Adelgisus in Igels).
139) Ib., S. 393.
140) Ib., S. 393.
141) Ib., S. 393, vgl. auch noch die Urkunden von 960 (ib. Nr. 119) und 976 (ib. Nr. 142).
142) Ib., S. 392.
143) Ib., S. 386.

fangreiche Lehen in Igels *(Centanier)* [144] und mannigfaltigen Besitz, Abgaben und Rechte im Lugnez ohne nähere Ortsangabe *(Zentenâws)* [145]. Auch Obersaxen *Valdunga)* ist durch das Urbar belegt [146]. Die zahlreichen Urbarstellen über das Lugnez ohne genauere Ortsangabe erlauben, auch für Vrin *(Tschentaneras)* und Vals *(Zschintzschyöla)* karolingisches Königsgut anzunehmen, zumal es sich in beiden Fällen um hochgelegene Siedlungen weit hinten im Tal handelt. Vielleicht beziehen sich die Stellen über die fünf Alpen im Lugnez auf diese Orte [147]. Ähnlich könnte der Fall bei Panix/Pigniu *(Valdugna)* liegen, sind doch auch beim 500 Meter tiefer gelegenen Rueun drei Alpen genannt [148]. Nicht vollständig scheint das *ministerium Tuverasca* auch in bezug auf den oberen Teil des Vorderrheintals zu sein, ist doch Obersaxen der oberste im Urbar erscheinende Ort. Ob wirklich weiter rheinaufwärts kein Königsgut mehr lag, ist deshalb wenigstens sehr fraglich. Deshalb darf meines Erachtens auch der Flurname im schon altbesiedelten Somvix *(Tschentanes)* [149] mit dem Königsgut in Zusammenhang gebracht werden.

Raum Tiefencastel/Oberhalbstein: Sicher nur fragmentarisch erhalten ist das Urbar für das *ministerium »Impidenis«*. Schon die vielen Punkte Tschudis [150] beweisen, daß die Vorlage nur noch schwer lesbar gewesen sein muß. Erwähnt ist im Urbar Stierva (ev. *Dönig)* [151], ferner könnte der Besitz in Burvagn *(Prau Redg)* und Salouf *(Praw donig)* zum großen Königshof in Riom gehört haben [152]. Da mit diesem die Tschudische Copie schließt, könnten sie aber auch anschließend im heute verlorenen Teil des *ministerium »Impidenis«* verzeichnet gewesen sein. Daß Alvaneu *(Schantaneras)* bei der Lückenhaftigkeit des Urbars nicht bezeugt ist, sagt nichts gegen dessen Zuweisung zum Königsgut, sind doch Orte wie etwa Lantsch, wo in der Zusammenfassung zwei *tabernae* erwähnt werden [153] und wo zweifellos wegen der Straßenlage erhebliches Königsgut lag, sonst im Urbar auch nicht aufgeführt.

Raum Engadin: Dieses *ministerium* fehlt im Urbar ganz. Nur in Zuoz *(pratum regis)* ist in der eben erwähnten Zusammenstellung eine *taberna* erwähnt [153]. Daß auch im Unterengadin, wo Tschlin *(Chomp da Rai)* liegt, Königsgut vorhanden war, ist mehrfach bezeugt, etwa durch die Schenkung erbenlosen Gutes durch Kaiser

---

144) Ib., S. 392 f.
145) Ib., S. 383, 392, 393.
146) Ib., S. 391.
147) Ib., S. 392.
148) Ib., S. 391.
149) Vgl. das Tellotestament von 765, ib. Nr. 17.
150) Ib., S. 395 f. (bis Schluß).
151) Ib., S. 395.
152) Ib., S. 396, vgl. auch die Urkunde von 904 (ib. Nr. 86), durch welche ein Ruotpert die ihm von Kaiser Arnulf geschenkten Güter in Riom ans Kloster Lorsch vertauscht.
153) Ib., S. 394.

Otto I. an den Erzpriester Victor [154]. Auch kann die Hälfte des Zehnten von den freien Leuten, welche die Tarasper 1089–1096 ans Kloster Scuol schenkten, nur aus Königsbesitz stammen [155].

Raum Münstertal/Vintschgau: Auch dieses *ministerium* fehlt im Urbar. Die erwähnte Schenkung erbenlosen Gutes an den Erzprister Victor [154] bezog sich auch auf den Vintschgau *(Curia de Curdonii, Curdoniga, pratum Pradoni, Tschentenayr)*, während in Müstair *(Pradoni)* ein königliches Kloster bestand [156]

Da in Rätien zur Karolingerzeit eine eigentliche Verkehrsorganisation bestanden hat [157], ist es auch nicht verwunderlich, daß fast alle Orte, in denen auf Königsgut weisende Flurnamen bezeugt sind, an wichtigen Straßen liegen. Sicherung dieser Straßen war zweifellos die Hauptaufgabe der königlichen Lehensträger und der übrigen Inhaber von Königsgut.

Solche Flurnamen sind an der Route Zürich–Walensee–Chur in Sargans und Ragaz bezeugt, dann besonders im Raume von Maienfeld, wo die Straße von Zürich in die wichtige Verbindung Bregenz–Luzisteig–Chur einmündete. Ebenso reihen sich eine ganze Anzahl von Flurnamen an der Fortsetzung über Lenzerheide–Oberhalbstein–Julier (oder Septimer) auf: Malix, Churwalden, curte Donega, Prau Redg, Salouf. Die fränkische Königsstraße Engadin–S-charl–Münstertal–Vintschgau ist durch Flurnamen in Zuoz, Müstair und nicht näher bestimmbare im Vintschgau in der Umgebung von Mals belegt. Von Chur weiter rheinaufwärts finden wir die einschlägigen Flurnamen sowohl im Gebiet des Hinter- als auch des Vorderrheins. An der Route Chur–Domleschg–Schams–Splügen (oder Bernhardin) liegen Rodels, wohl auch das *Prau regis* im Domleschg, dann Zillis und Lohn. Über die belegten Trins und Flims erreicht man den Raum der Gruob, wo schon für diese frühe Zeit Straßen auf beiden Seiten des Rheins anzunehmen sind, ist einerseits doch Castrisch im Urbar bezeugt, andererseits Sagogn durchs Tellotestament. Mit der Valserbergroute [158], die Ilanz mit dem Rheinwald verband und dort Anschluß sowohl an den Bernhardin als an den Splügen fand, steht das Königsgut im Lugnez und Valsertal in engster Verbindung. Nur noch einen Beleg weist das obere Vorderrheintal auf, in Somvix. Immerhin handelt es sich um früh besiedeltes Gebiet im Raume des alten Klosters Disentis. Aber auch die wenigen etwas abgelegeneren Flurnamen lassen sich zwanglos in diesen

---

154) Ib., Nr. 134.
155) Ib., Nr. 214: *dimidia pars decimarum de liberis hominibus preter octavam partem, et dimidia pars decimi agnorum.* – Vgl. dazu oben Anm. 46.
156) Ib., Nr. 75: Von Karl III. im Jahre 881 an das Bistum Chur vertauscht, 888 bestätigt durch Arnulf (ib., Nr. 79).
157) OTTO P. CLAVADETSCHER, Verkehrsorganisation in Rätien zur Karolingerzeit, Schweiz. Zeitschrift f. Geschichte 5, 1955, S. 1 ff.
158) Vgl. OTTO P. CLAVADETSCHER, Die Valserberg-Route im Frühmittelalter, Neue Bündner Zeitung 213 vom 11. September 1954.

Zusammenhang stellen. Untervaz ist dem Raume Maienfeld zuzuzählen, Maladers dem Raume Chur. Scheid, Almens und Scharans gehören zur Domleschgstraße, wenn sie alle auch etwas höher gelegen sind. Alvaneu ist dem Raume Tiefencastel zugeordnet, während Stierva als Nachbarort von Mon noch in den Zusammenhang der Julierstraße gestellt werden darf. Wirklich abseits liegt nur Tschlin, immerhin auf dem seit der vorgeschichtlichen Zeit dauernd besiedelten Südhang des Unterengadins.

Negativ verdient doch die Tatsache Beachtung, daß in den erst später besiedelten Gebieten, besonders in den Walsergebieten, im innern Schanfigg, innern Prättigau und Davos diese Flurnamen völlig fehlen.

Dürfte es auch nach den bisherigen Ausführungen kaum mehr zweifelhaft sein, daß die spätmittelalterlichen Flurnamen auf karolingisches, zum Teil vielleicht gar auf merowingisches Königsgut hinweisen, so stellt sich nun die Frage, ob aus diesen Flurnamen auch etwas zur Entwicklung und Geschichte des rätischen Reichsguts zu entnehmen sei. Es handelt sich dabei um ein typisches Kontinuitätsproblem, das seinem Wesen nach in allen Epochen der Geschichte auftritt und keineswegs nur auf das Frühmittelalter beschränkt ist, wie man an Hand der umfangreichen Literatur leicht zu glauben geneigt sein könnte. Auch in unserem Falle geht es nicht nur darum, irgendeine Art von Kontinuität nachzuweisen. Das ist durch das bisher Angeführte zweifellos gelungen. Entscheidender ist die Frage, was in der Zwischenzeit mit dem Objekt geschehen ist, ob es seinen Charakter bewahrt hat oder nur noch äußere Zeichen – wie etwa der Name – an den früheren Zustand erinnern, ob also auch funktionell ein Zusammenhang bestehe oder nicht.

Hier ergeben sich aber sofort große Schwierigkeiten. Einmal ist der Zeitraum sehr groß, liegen doch das Reichsgutsurbar einerseits (842/3) und die meisten urkundlichen Belege andererseits 500–700 Jahre auseinander. Nehmen wir den Mittelwert und vergleichen wir mit unserer heutigen Situation, so würde das heißen, daß man eine heutige Institution oder irgendwelche heutigen Zustände mit solchen um 1350 in Verbindung zu bringen hätte! Auch der früheste Beleg liegt noch 300 Jahre nach dem Urbar, nämlich die *curte Donega* an der Lenzenheideroute aus der Mitte des 12. Jahrhunderts [159]. Die Gefahr eines Fehlurteils bei einem Vergleich zwischen heute und dem 14. Jahrhundert ist deshalb verhältnismäßig gering, da uns die einschneidenden Ereignisse der Zwischenzeit wie die Reformation und vor allem die Aufklärung mit der nachfolgenden Französischen Revolution gut bekannt sind, während zwischen dem 9. und dem 14. Jahrhundert zum Teil doch recht urkundenarme Jahrhunderte liegen, für deren Überbrückung wir auf deduktive Methoden und auf unsere Phantasie und Kombinationsgabe reichlich angewiesen sind.

Um die Eigentumsverhältnisse und deren eventuellen Wandel bei einzelnen Grundstücken untersuchen zu können, müßte deren Lage so genau bestimmbar sein,

---

159) Die Urbarien des Domcapitels, S. 11.

daß eine Identifikation der belegten Güter mit Sicherheit vorgenommen werden könnte. Schon oben bei der Zusammenstellung der Belege hat sich aber gezeigt, wie schwierig dies oft ist.

Immerhin kann man auch Überlegungen anstellen, welche uns diese methodischen Probleme in etwas positiverem Licht erscheinen lassen. Aus den Urkunden ist gelegentlich zu erfahren, daß Reichsgut verschenkt wird, besonders in der Ottonenzeit ans Bistum, zum Teil auch an andere geistliche Anstalten, sogar an Weltliche. Hingegen wird man die Möglichkeit ganz ausschließen oder nur als sehr seltenen Einzelfall gelten lassen dürfen, daß etwa der König oder Kaiser Reichsgut verkauft. Tausch käme grundsätzlich noch in Frage, doch müßte der Kontrahent Besitzungen haben, die für den König günstiger gelegen wären, wie dies etwa beim Tauschvertrag zwischen Karl III. und dem Bistum Chur vom Jahre 881 der Fall war [160]. Tausch von königlichem Streubesitz wieder gegen Streubesitz darf wohl ebenfalls ausgeschlossen werden. Neben der Schenkung, die – wenn wohl auch nur zum geringen Teil – urkundlich faßbar ist, muß am ehesten an Usurpation von Reichsgut durch Amtsträger und lokale Machthaber gedacht werden. Indirekt bezeugt werden solche Vorgänge ja durch Restitutionsbemühungen des Reiches, wie sie uns beispielsweise bereits unter Ludwig dem Deutschen [161], dann aber besonders unter Heinrich IV. (in Sachsen) [162] und den Staufern bekannt sind.

Bei aller Vorsicht ist es deshalb vielleicht doch möglich, aus dem spätmittelalterlichen Urkundenmaterial, das heißt an Hand der damaligen Eigentumsverhältnisse an ehemaligem Königsgut ein wenig in den Prozeß der Besitzverschiebung hineinzuleuchten. Die folgenden Seiten wollen nicht mehr als ein methodischer Versuch in dieser Richtung sein. Gelegentlich vermöchten wohl die allgemeinen Besitzverhältnisse am betreffenden Ort zur Klärung weiter beizutragen, doch fehlt es gerade in dieser Beziehung an den notwendigen Vorarbeiten. Aber das Problem muß trotzdem einmal an irgendeiner Ecke – ob es die richtige sei, bleibe dahingestellt – angepackt werden.

Die *centenar*-Flurnamen können hier zunächst unberücksichtigt bleiben, da sie später [163] unter einem besonderen Gesichtspunkt näher behandelt werden müssen.

Was ist also aus den spätmittelalterlichen Eigentumsverhältnissen von Gütern mit »Königsgut-Flurnamen« zu schließen?

Schon auf den ersten Blick ist festzustellen, daß der größte Teil der mit solchen Flurnamen benannten Güter sich im Besitz des Bistums, des Domkapitels und der bischöflichen Ministerialen befindet. Im Früh- und Hochmittelalter läge es natürlich

---

160) BUB 75.

161) Annales Fuldenses sive Annales regni Francorum orientalis, post ed. G. H. PERTZII rec. FR. KURZE (MG. SS. rer. Germ.), Hannoverae 1891, p. 42.

162) Vgl. jetzt G. BAAKEN, Königtum, Burgen und Königsfreie, SA aus Vorträge und Forschungen Bd. VI, Konstanz 1961, S. 80 ff.

163) Siehe unten S. 135 ff.

nahe, diese Tatsache damit zu erklären, daß eben fast nur kirchliche Urkunden erhalten geblieben seien. Dies trifft jedoch für das Spätmittelalter nicht mehr zu. Vom gesamten bündnerischen Urkundenbestand des Spätmittelalters von über 10 000 Stück sind weit mehr als die Hälfte weltliche Urkunden. Die Möglichkeit, daß die einschlägigen Flurnamen in weltlichen Urkunden als weltlicher Besitz erscheinen, wäre als durchaus gegeben. Da im Frühmittelalter das Bistumsgut noch nicht in bischöfliches und Kapitelsgut geschieden war, rechtfertigt es sich, Besitz von Bistum, Domkapitel und bischöflichen Ministerialen gemeinsam zu betrachten.

Weiter kann man feststellen, daß es sich bei den in Frage stehenden Besitzungen nicht um irgendwelchen Streubesitz des Bistums, des Domkapitels oder der bischöflichen Ministerialen und Beamten handelt, sondern daß diese in den betreffenden Gegenden und Orten über umfangreiche Rechte und Besitzungen verfügen. Dies trifft für das Engadin, Domleschg, Oberhalbstein, den Vintschgau und den Raum von Chur zu. Zum Beweis genügt ein Blick in die Ämterbücher [164]. Auf die zahlreichen Urkunden, die ebenfalls diese bischöflichen Rechte belegen, kann nur summarisch hingewiesen werden. Ob auch der Domkapitelsbesitz in Malans und Fläsch in diesen Zusammenhang gehört, ist unsicher, denn dort begegnen vor allem das Kloster Pfäfers, dann aber auch Private (Bürger aus Feldkirch) als Inhaber der betreffenden Güter. Hier wäre eher an die Montforter als Erben der Grafen von Bregenz zu denken. Über sie ist wohl der Besitz an Pfäfers und die Feldkircher Bürger gekommen, vielleicht auch ans Domkapitel, das zeitweise von den Grafen sehr begünstigt worden ist.

Der Schluß scheint daher berechtigt, daß ein ansehnlicher Teil des umfangreichen Churer Bistumsbesitzes aus ehemaligem Reichsgut stammt, wenn man den Erwerb auch meist nicht urkundlich fassen kann. Man könnte geradezu sagen, daß die divisio von 806 wirklich zu einem schönen Teil rückgängig gemacht worden sei, allerdings nicht durch die ottonischen Schenkungen an Bischof Hartbert, sondern durch spätere (recht- oder unrechtmäßige) Erwerbungen, die in den Urkunden keine Spuren hinterlassen haben. Durch die königlichen Schenkungen des 10. Jahrhunderts ist nachweisbar nur ein sehr geringer Teil dessen wieder bischöflich geworden, was das Bistum vor der divisio in Rätien besessen hatte [165].

Auf die Vazer dürfte die werdenbergische Herrschaft Trins zurückgehen, waren doch die Grafen Hug und Albrecht von Werdenberg-Heiligenberg Söhne einer Tochter Walters IV. von Vaz, andererseits Adelheid von Montfort die Gemahlin Walters III. von Vaz [166]. Man kommt also am ehesten wieder auf die Montforter respektive Bregenzer zurück, wie oben bei Malans und Fläsch. Auch von allgemeinen

---

164) Ämterbücher S. 51–91 (Domleschg), S. 104–116 (Oberhalbstein), S. 134–146 (Engadin) und S. 146–152 (Vintschgau).

165) Vgl. die Schenkungsurkunden, oben Anm. 11.

166) Der Ansicht P. C. v. PLANTAS, Die currätischen Herrschaften in der Feudalzeit. Bern 1881, S. 441 f. ist in diesem Punkte zuzustimmen, allerdings nicht seinen weiteren Folgerungen.

Überlegungen aus ist es ja höchst wahrscheinlich, daß das Reichsgut zunächst in die
Hand der Grafen, dann nach dem Verschwinden der Grafschaft mit dem Grafschafts-
und Eigengut der Bregenzer an deren Erben gekommen ist. Vielleicht haben auch die
Vazischen Rechte in Schams und anderswo hier ihren Ursprung. Daß man bei solchen
Schlüssen vorsichtig sein muß und über Hypothesen nicht hinauskommt, so lange
keine umfangreichen Forschungen über den rätischen Adelsbesitz vorhanden sind,
lehrt gerade das Beispiel des Königsguts in Trins. Innert weniger als einem halben
Jahrhundert gelangte dieses Gut von den Werdenbergern über Rudolf von Schleuis
und Simon von Montalt an das Kloster St. Luzi in Chur [167], so daß wenigstens
theoretisch damit gerechnet werden muß, daß auch in den vorhergehenden Jahren
Handänderungen stattgefunden haben könnten. Immerhin bleibt vorläufig die Linie
König – Grafen von Bregenz – Montfort – Vaz – Werdenberg/Heiligenberg die wahr-
scheinlichste.

Ähnlich verhält es sich wohl auch mit einigen ehemaligen Königsgütern in Privat-
hand. Von denjenigen in Fläsch war schon die Rede. Eine Herkunft von den Bre-
genzern ist hier wahrscheinlich, doch können hier auch ganz andersgelagerte Handänderungen stattgefunden haben, wechselten doch auch diese Güter innert kurzer
Zeit ihren Besitzer; sie gelangten von der Familie Han in Feldkirch ans Kloster
Pfäfers, von diesem an Konrad von Wolfurt [168], so daß auch frühere Änderungen
in Betracht zu ziehen sind.

Beim Zinsverkauf ab solchen Gütern kann es sich zudem um Erblehen handeln. So
bezieht sich vielleicht ein Zinsverkauf durch einen Privaten ans Kloster Churwalden
auf das Gut Prawdonig in Churwalden, welches das Bistum als Erblehen ausgetan, dann
aber an Straßberg verpfändet hatte [169]. Eigentümer wäre demnach der Bischof, während
uns urkundlich der Erblehensinhaber als solcher entgegentritt. Tatsächlich ist beim Zinsverkauf die genaue Rechtsqualität des belasteten Gutes oft nicht angegeben, es tritt
uns als Eigentum des zu Zins Verpflichteten entgegen, während es Erblehen ist. Der
Erblehenscharakter wurde ja durch die Zinsbelastung nicht berührt, der Erblehenszins
ging späteren Belastungen immer voran. Bei der zunehmenden Abschwächung der
Herrenrechte am Erblehen, also der Verkümmerung des *dominium directum* zugunsten des *dominium utile*, muß man auch mit der Möglichkeit rechnen, daß bei Nicht-
bezahlung des Zinses das Gut laut der Rückfallklausel im Zinsverkaufsbrief an den
Berechtigten fiel, der dann einfach dem Erblehensherrn in Zukunft den Erblehenszins
bezahlte, im übrigen aber in die Stellung eines eigentlichen »Eigentümers« gerückt war.

Gar keine Anhaltspunkte bestehen für eine Erklärung der Eigentumsrechte eines
Privaten am Gut Prau Redg in Burvagn im Oberhalbstein [170].

167) Vgl. oben, S. 113 f.
168) Vgl. oben, S. 120.
169) Vgl. oben, S. 119.
170) BAC vom 23. 6. 1455.

All diese Fälle zeigen jedenfalls deutlich, auf was für verschlungenen Wegen und Umwegen ehemaliges Königsgut in andere Hände übergehen konnte, und zwar muß diese Entwicklung zum Teil schon sehr früh, im 9. und 10. Jahrhundert, begonnen haben. Wir haben hier eine aufschlußreiche, wenn auch völlig negative Seite in der Geschichte des Königtums im Hochmittelalter vor uns. Geistliche und weltliche Herrschaften und Besitzungen scheinen also zu einem nicht unbedeutenden Teil auf ehemaliges Reichsgut zurückzugehen. Schon im 13. Jahrhundert ist kein direkter Reichsbesitz mehr in Rätien nachweisbar, der im Spätmittelalter zur Genüge bekannte Prozeß des Niedergangs des Königtums hat also schon viel früher recht intensiv eingesetzt, nur war der Schaden für das Reich nicht so groß, so lange der König die neuen Inhaber (Bischöfe, Äbte und weltliche Herren) noch einigermaßen unter Kontrolle zu halten vermochte. Vielleicht war sogar auf diesem Wege das Reichsgut für den König besser zu nutzen als bei direktem Besitz, auf die Dauer war aber ein völliger Verlust nicht zu vermeiden. Unter solchen Gesichtspunkten vermögen vielleicht die vorangegangenen recht lokalen und speziellen Erörterungen doch auch für die allgemeine Reichsgeschichte etwas abzuwerfen.

Besonderes Interesse verdienen nun noch die *centenar*-Flurnamen. Während der Raum von Ilanz keine *dominicus*- und Königsgut-Flurnamen aufweist, häufen sich dort in auffallender Weise die *centenar*-Namen. Außerhalb dieses Raumes sind solche mit Sicherheit nur noch bezeugt in Maienfeld, Alvaneu, Mals, Goldrain und Morter, zwei können nicht bestimmt lokalisiert werden, gehören aber wahrscheinlich nach Sargans und ins Domleschg. Dazu kommen noch die zwei unten zu erwähnenden Flurnamen im Schams (Zillis und Lohn). Diesen neun Namen aus dem gesamten rätischen Raum stehen nun zehn solche im kleinen Raum von Ilanz und im anschließenden Vorderrheingebiet gegenüber, nämlich von Flims bis hinauf nach Somvix, gehäuft allerdings nur im Lugnez mit Pitasch, Sevgein, Duvin, Vals, Igels und Vrin, dazu ein Name ohne genauere Lokalisierung im Lugnez (Zschintzschinyöla). In der Nähe liegt noch Castrisch, etwas entfernter Flims, endlich rheinaufwärts Somvix. Nun ist das Lugnez nach Ausweis des Reichsgutsurbars altes Königsland [171], also nicht erst durch die divisio von 806 an den fränkischen König gekommen. Auch für Trins (bei Flims) deuten spätere chronikalische Quellen auf bereits merowingischen Königsbesitz hin, und ebenso geht ja die Gründung von Disentis in diese Zeit zurück. Daß also eine Verknüpfung dieser Flurnamen mit merowingischer Königssiedlung sehr verlockend ist, liegt auf der Hand.

Es soll aber noch ein anderer Zusammenhang kurz beleuchtet werden. Die bekannte F r e i g r a f s c h a f t L a a x bei Ilanz [172], welche uns im Habsburgischen Urbar

---

171) BUB I, S. 392.
172) Vgl. PETER TUOR, Die Freien von Laax. Ein Beitrag zur Verfassungs- und Standesgeschichte, jur. Diss., Chur 1903.

König Albrechts als österreichische Herrschaft entgegentritt [173], umfaßte in dieser Zeit, also im 13./14. Jahrhundert, sowohl die sogenannten äußeren als auch die inneren Freien. Erst im Laufe der spätmittelalterlichen Entwicklung reduzierte sich die Herrschaft auf die inneren Freien von Laax und Sevgein, während die äußeren Freien andern Gerichtsherrschaften unterstellt wurden. Der ältere, personale Gerichtsverband wandelte sich also in eine territoriale Gerichtsgemeinde. Die endgültige Scheidung geschah 1518 [174]. Als Folge davon wurden zum Beispiel die Freien von Brigels durch einen Schiedsspruch im Jahre 1536 zu Disentiser Gotteshausleuten [175].

Die *centenar*-Flurnamen sind natürlich mit dem Zustand vor 1518 in Verbindung zu bringen, als innere und äußere Freie noch ungetrennt waren, also noch ein personaler Gerichtsverband bestand. Da ergibt sich nun die interessante Tatsache, daß die Orte mit den besagten Flurnamen und die Gemeinden, in denen Freie wohnen, weitgehend übereinstimmen. Tuor [176] zählt neben Laax und Sevgein (den beiden Gemeinden der inneren Freien) folgende Ortschaften auf, in denen Freie ansässig sind: Somvix, Brigels, Obersaxen, Pleif, Duvin, Ilanz, Castrisch, Valendas, Sagogn, Ladir, Fellers, Ruschein, Riein, Flims und Waltenburg. *Centenar*-Flurnamen finden sich in Vals, Flims, Duvin, Igels, Castrisch, Sevgein, Somvix, Vrin und Pitasch, dazu ein nicht näher bestimmbares Zentenâws (im Lugnez). Die Übereinstimmung ist noch größer, wenn man bedenkt, daß Riein und Pitasch ursprünglich zusammengehörten, daß weiter *Zentenâws* in einer der Ortschaften liegen wird, wo Freie bezeugt sind (vielleicht in Pleif), daß Igels Pleif benachbart ist und daß Vrin und Vals ganz hinten in den beiden Seitentälern liegen. Urkunden aus diesen beiden abgelegenen Orten wie übrigens auch aus den umliegenden sind verhältnismäßig selten, so daß es nicht weiter auffällt, wenn nicht überall Freie urkundlich nachzuweisen sind, wo wir *centenar*-Flurnamen antreffen.

Hatte schon Tuor in seiner auch heute noch lesenswerten Arbeit über die Freien von Laax nachgewiesen, daß die Grafschaft oder Herrschaft Laax des Habsburgischen Urbars keine Neuschöpfung des 13. Jahrhunderts sein könne [177], so wird man nun wohl diese Herrschaft auf Grund der *centenar*-Flurnamen als späte Zusammenfassung der noch übriggebliebenen Freien auffassen müssen, die also früher eigene Organisationen (*centenae*) besaßen, dann aber wohl infolge des Niedergangs der königlichen Macht in diesem Gebiet sich nur noch schlecht gegenüber den neuen Herrschaftsbildungen halten konnten. Immerhin bestand die eigene personale Gerichtsorganisa-

173) Das Habsburgische Urbar, hsg. von RUDOLF MAAG, Bd. 1 (Quellen zur Schweizergeschichte Bd. XIV), Basel 1894, S. 522 ff.
174) Urteil des Gerichts Flims vom 21. 6. 1518 (Druck: Zeitschrift für Schweiz. Recht 25, 1884, S. 383 ff.).
175) TUOR, a. a. O., S. 115 ff.
176) A. a. O., S. 109 ff.
177) A. a. O., S. 33 ff.

tion noch, die erst zu Beginn des 16. Jahrhunderts in eine territoriale verwandelt wurde. Die Habsburger haben hier also durch Neuorganisation gerettet, was an Reichsrechten noch vorhanden war. Theoretisch erstreckte sich diese freie Gerichtsgemeinde ja über ganz Oberrätien, doch hatten die Außenposten bereits im Hochmittelalter den Zusammenhang mit der Gerichtsgemeinde verloren. Für den Heinzenberg (Freie von Portein) hat Tuor die ehemalige Zugehörigkeit zur Gerichtsgemeinde Laax wahrscheinlich machen können [178]. Schwieriger stellt sich das Problem für das entlegenere Schams mit seinen *centenar*-Flurnamen in Zillis und Lohn. Hier ist die Ablösung noch früher anzusetzen. Daß die Freien am Schamersberg im Frühmittelalter wurzeln, dürfte durch die *centenar*-Flurnamen erwiesen sein. Im 13. Jahrhundert treten sie uns unter der Herrschaft der Herren von Rialt entgegen [179], wobei es unklar bleibt, ob diese dabei eigene Herrschaftsrechte ausübten oder sie vom Bistum zu Lehen hatten. Jedenfalls ging die »Grafschaft« Schams von den ausgestorbenen Rialt an die Vazer über, ohne daß es diesen aber gelungen wäre, die Freien auf die Stufe der andern Herrschaftsleute hinunterzudrücken. Da die Vazer auch Reichsvögte von Chur waren, hatten sie den Freien gegenüber wohl eine starke Stellung, vermochten sich aber trotzdem nicht völlig durchzusetzen [180]. Bei einem Ausgleich zwischen dem Bistum Chur und den Vazern im Jahre 1275 [181] behielten sich letztere den comitatus im Schams vor. Durch Erbschaft ging dieser Besitz mit anderem an die Grafen von Werdenberg-Sargans über, die dann als bischöfliche Vasallen für das Schams erscheinen. Ob bereits die Vazer das Schams vom Bischof zu Lehen nehmen mußten oder erst die Werdenberger, ist nicht festzustellen. Der ganze Vorgang läßt sich am ehesten so erklären, daß die beiden Mächte, der Bischof und die Vazer, um diese Gebiete stritten, dann aber ein Ausgleich so gefunden wurde, daß der Bischof die Vazer oder deren Rechtsnachfolger, die Werdenberger, mit dem Schams belehnte, weil er sie aus den Herrschaftsrechten nicht mehr zu verdrängen mochte. Beiden fehlte offenbar die Rechtsgrundlage für einen klaren Entscheid. Jedenfalls wurden auch die Werdenberger mit diesen Freien nie fertig. Sie standen in dauerndem Aufstand gegen die Herrschaft, und selbst ein Eingreifen des Kaisers im Jahre 1434 [182] vermochte den Widerstand nicht zu brechen, so daß dann die Werdenberger 1456 ihre Herrschaftsrechte an den Bischof von Chur verkauften [183].

Die jahrhundertealte Freiheitstradition und der Einfluß der jüngeren Freiheits-

---

178) A. a. O., S. 64 f.

179) Zuerst BUB 504.

180) Vgl. dazu auch PETER LIVER, Vom Feudalismus zur Demokratie. Verfassungsgeschichte der graubündnerischen Hinterrheintäler, 1. Teil (phil. Diss., ungedruckt), S. 38 ff.

181) BUB 1060.

182) Urteil des kaiserlichen Hofgerichts zu Basel, gedruckt im Bündnerischen Monatsblatt 1938, S. 281 ff.

183) Druck: JHGG 1881, S. 11 Nr. 5.

bewegungen, besonders der Walser, dürften den freien Schamsern die wenigstens teilweise Bewahrung ihrer Freiheiten erleichtert haben.

Rechnet man auf Grund des *centenar*-Flurnamens für Alvaneu, das ganz im vazischen Herrschaftsgebiet liegt, mit ähnlichen Verhältnissen in der Frühzeit, so hätten wir hier ein Beispiel, daß ein Freienverband der geographischen Lage innerhalb eines sich bildenden Herrschaftsbereiches zum Opfer fiel, denn für das spätere Mittelalter fehlen alle Hinweise auf Freie in dieser Gegend. Ähnliches dürfte gelten für das vazische *Centnara* (im Domleschg?).

So bleiben denn außerhalb des Raumes von Ilanz noch die *centenar*-Flurnamen in Maienfeld, Mals, Goldrain und Morter, eventuell auch in Sargans. Alle diese »*centenae*« sind als karolingisch anzusprechen, fügen sie sich doch sehr gut in die nachweisbare fränkische Verkehrsorganisation im karolingischen Rätien ein. Sie liegen alle an der Königsstraße Bregenz (respektive Zürich) – Chur – Julier und an der Fortsetzung über das Engadin nach Müstair und in den Vintschgau. Für Maienfeld darf in diesem Zusammenhang an die durch das Reichsgutsurbar bezeugte Organisation der Fährleute über den Rhein erinnert werden [184].

So drängt sich denn der Schluß auf, daß die Organisationen der Freien an den wichtigen Straßen und Pässen dem Ansturm der neuen Herrschaften des Hochmittelalters erlagen, während sie sich im Raume Ilanz–Lugnez zu halten vermochten. Hier war schon in der Merowingerzeit verhältnismäßig umfangreicher Reichsbesitz vorhanden, der durch die divisio von 806 noch vergrößert wurde. Dadurch entstand wohl eine einigermaßen zusammenhängende Organisation von Königsfreien. Wenn auch die Valserbergroute im Frühmittelalter eine größere Rolle gespielt hat als in den folgenden Jahrhunderten [185], so lag das Gebiet um Ilanz doch abseits der großen karolingischen Königsstraßen und der im Hochmittelalter besonders begangenen Pässe (Septimer, Julier, Lukmanier, Splügen).

Der Lukmanier besaß nicht mehr die Bedeutung wie zur Ottonenzeit, während der Bischof den Septimer besonders ausbauen ließ und im Westen seit dem 13. Jahrhundert der Gotthard immer stärker in den Vordergrund trat als kürzeste Verbindung von Süddeutschland nach Italien. Zwischen diesen Pässen nun, abseits vom großen Verkehr und deshalb weniger gefährdet durch die neuen Territorialherren, scheinen sich nun die Organisationen der Freien verhältnismäßig gut gehalten zu haben, als Relikte einer Zeit, in der das Königtum und die Königsfreien im Staatsaufbau eine entscheidende Rolle gespielt hatten. In diesen Rahmen paßt auch die Entwicklung im Schams. Da die Pässe Bernhardin und Splügen auch im Hoch- und Spätmittelalter immer eine gewisse Rolle spielten, gelang es hier den Freien nur mit äußerster Mühe, sich den Inhabern der »Grafschaft« gegenüber zu behaupten.

---

184) BUB I, S. 384.
185) Vgl. oben Anm. 158.

Mögen etwa die Freien in Maienfeld und im Vintschgau (wie auch an andern Punkten der großen Straßen) ursprünglich vom König für den Unterhalt dieser Verbindungswege und aus militärischen Gründen angesetzt worden sein, so dürften diese Gründe für den Raum von Ilanz–Lugnez weniger ausschlaggebend gewesen sein. Hier werden die Königsfreien doch in erster Linie einfach Königsgut besiedelt und bebaut haben. Es darf also wohl die militärische und verkehrspolitische Seite der frühmittelalterlichen Freien nicht zu einseitig in den Vordergrund geschoben werden. Auch löst sich der Streit: Altfreie oder Königs- respektive Rodungsfreie? weitgehend, wenn man der geschilderten Vielfalt von Freien Rechnung trägt und die Möglichkeit zugibt, daß beim Niedergang der königlichen Macht Freie verschiedener Herkunft sich zusammenschließen oder Gruppen sich an herkunftsmäßig andere Organisationen anschließen konnten, um sich den neuen Herrschaftsgewalten gegenüber zu behaupten. Nur in diesem Sinne darf von einer Kontinuität Frühmittelalter – Spätmittelalter gesprochen werden. Vielleicht umfaßte auch die Grafschaft Laax bei ihrer Neubildung im 13. Jahrhundert Freie verschiedenen Ursprungs. Albrecht hätte dann einfach alle Rechte ans Reich gezogen, über die er in diesem Raum noch verfügen konnte. Wie wenig aber dieser Vorgang der damaligen Entwicklung entsprach, beweist dann die weitere Geschichte der Grafschaft Laax. Österreich mußte sie bald – kaum ganz freiwillig! – an das mächtigste Geschlecht in diesem Raume, die Grafen von Werdenberg, verpfänden, und im 15. Jahrhundert wurde diese Herrschaft durch die bischöfliche abgelöst, was damals schon weitgehende Freiheit bedeutete, da sich im Gotteshausbund die Gerichtsgemeinden gegenüber dem ehemaligen Herrn, dem Bischof, bereits weitgehende Rechte verschafft hatten.

Stimmt man diesen Gedankengänge zu, so ergäbe sich etwa folgende Geschichte der Freien in Oberrätien: Königsfreie (in *centenae* organisiert), durch Albrecht nochmals ans Reich gebunden, dann an Werdenberg verpfändet, von diesen freigelassen, zu freien Gotteshausleute geworden und innerhalb der freiheitlichen Entwicklung des Gotteshausbundes praktisch zu einer Hochgerichtsgemeinde dieses Bundes aufgestiegen.

Hält man sich die führende Stellung der Gerichtsgemeinden in den III Bünden vor Augen, so zeigt sich erst die volle Bedeutung der älteren Freien, denn durch sie und die Walser hat die rätische Freiheitsbewegung des Spätmittelalters zweifellos den entscheidenden Anstoß erhalten.

Die Herrschaftsbildung in Rätien*)

VON OTTO P. CLAVADETSCHER

Geringe Fruchtbarkeit infolge der Höhenlage und geringer Umfang des nutzbaren Bodens einerseits, die verkehrs- und damit auch machtpolitische Lage an den Pässen andererseits kennzeichnen das Alpengebiet. Je nach der Intensität der Beziehungen zwischen den Gebieten nördlich und südlich der Alpen konnten die Alpengebiete entweder ein Sonderdasein führen, sich also selbständig entwickeln, oder wurden Objekte der machtpolitischen Auseinandersetzungen.

In einem kurzen Überblick sollen hier die politisch wirksam gewordenen Kräfte vorgeführt werden, und zwar vom Früh- bis zum Spätmittelalter. Auch in Rätien klafft die bekannte Quellenlücke des Hochmittelalters, vielleicht noch auffallender als in anderen Gebieten. Wir empfinden sie wohl auch deshalb stärker, weil wir über die rätischen Verhältnisse des Frühmittelalters dank einer besonders günstigen Quellenlage überdurchschnittlich gut orientiert sind. Reich fließen die Quellen auch wieder für das Spätmittelalter, und es muß deshalb der Versuch unternommen werden, von vorn und von hinten her in die dunkle Zeit hineinzuleuchten. Wir haben es hier mit einem Kontinuitätsproblem zu tun, das ebenso kompliziert ist wie dasjenige des Übergangs vom Altertum zum Frühmittelalter, ja es ist noch schwieriger zu lösen, weil ein größerer Zeitraum zwischen den einigermaßen bekannten Epochen liegt, nämlich mindestens ein halbes Jahrtausend. Was darf etwa im 13. Jahrhundert mit gutem Gewissen als Überrest oder Fortsetzung einer Einrichtung des 8. Jahrhunderts bezeichnet werden? Andererseits hat die Geschichte wahrscheinlich auch in Rätien keine Sprünge gemacht, so daß man ebenso vorsichtig sein muß mit der Behauptung, eine Einrichtung sei in der quellenarmen Epoche völlig neu entstanden.

Für das Frühmittelalter ist das Quellenmaterial leicht zu überblicken, im Spätmittelalter wächst es wie überall ins Uferlose, wodurch aber die Klarheit des Bildes nicht unbedingt zunimmt, im Gegenteil, es häufen sich auch die sich widersprechenden Quellen, die der Interpretation bedürfen. Daraus ergeben sich einerseits Möglichkeiten der Fehldeutung, andererseits aber auch des Einblickes in den realen politischen Machtkampf.

---

*) Die oben S. 111 genannten Abkürzungen gelten auch für diese Abhandlung.

Für das Problem der Herrschaftsbildung in Rätien, besonders für die quellenarme Zeit des Hochmittelalters ist die bisherige Literatur wenig ergiebig. Wesentlichste Fragen sind nicht geklärt, ja nicht einmal gestellt worden. Vor allem fehlen zuverlässige Arbeiten über die rätischen Adelsgeschlechter (Bregenz, Tarasp, Vaz, Belmont, Rhäzüns u. a.), über die Klöster (Pfäfers, Churwalden, St. Luzi, Cazis, Schänis, Müstair), sogar über Umfang und Inhalt der bischöflichen Rechte [1], ganz zu schweigen vom Problem der Freien, über die Tuor [2] immer noch am meisten bietet.

Dieser Aufsatz kann deshalb nicht mehr als eine Skizze mit vielen Fragezeichen und offenen Problemen sein. Es bedürfte wohl einiger Jahre intensivster Arbeit, bis ein einigermaßen zutreffendes und vollständiges Bild gezeichnet werden könnte.

Beginnen wir also den Gang von der römischen Provinz Raetia zu den III Bünden.

Mit der Teilung der Provinz in die Raetia prima und die Raetia secunda wurde Chur Sitz der Zivilgewalt, des *praeses* [3]. Noch ins 4. Jahrhundert fällt auch die Christianisierung und Errichtung des Bistums in Chur [4]. Ob Chur Bistum wurde, weil es Sitz des Praeses war, oder umgekehrt, wird sich nie mehr mit Sicherheit ausmachen lassen. Von der Ostgotenherrschaft künden eine Bestallungsformel für den Dux [5] und eine Mahnung Theoderichs an diesen, einem in Rätien durch die Breonen Beraubten wieder zu seinem Eigentum zu verhelfen [6]. *Ut milites et in pace regas*, heißt es in der Bestallungsformel [5]. Vielleicht darf daraus auf eine Art Militärkolonisation ähnlich den späteren Arimannien der Langobarden geschlossen werden. Als Rätien dann um 536 ans Merowingerreich kam, spielte es zweifellos eine bedeutende Rolle in der merowingischen Alpenpolitik [7]. Mit deren Zusammenbruch rückte es jedoch an den Rand des Geschehens. Nun bildete sich die einheimische Herrschaft der Victoriden [8] heraus, die man in Parallele zu Zuständen in der Provence [9] und im Rhein-Mosel-Gebiet [10] setzen muß. Niedergang der Zentralgewalt begünstigt die lokalen

1) H. CASPARIS, Der Bischof von Chur als Grundherr im Mittelalter (Abhd. z. schweiz. Recht 38), Bern 1910, ist in der Fragestellung veraltet und stützt sich – mit wenigen Ausnahmen – nur auf die gedruckten Quellen.

2) P. TUOR, Die Freien von Laax. Ein Beitrag zur Verfassungs- und Standesgeschichte, Friburger jur. Diss., Chur 1903.

3) Vgl. zum Folgenden R. HEUBERGER, Rätien im Altertum und im Frühmittelalter (Schlern-Schriften 20), Innsbruck 1932.

4) 451 zum erstenmal erwähnt, BUB 2.

5) BUB 3.

6) BUB 4.

7) Vgl. G. LÖHLEIN, Die Alpen- und Italienpolitik der Merowinger im 6. Jahrhundert, Diss. Erlangen 1932.

8) Vgl. I. MÜLLER, Rätien im 8. Jahrhundert, Zs. f. Schweiz. Geschichte 19, 1939, S. 337 ff. (bes. Kap. I: Die Victoriden).

9) K. F. STROHEKER, Der senatorische Adel im spätantiken Gallien, Tübingen 1948, bes. S. 23 u. 74 f.

10) E. EWIG, Milo et eiusmodi similes, in: St. Bonifatius, Fulda 1954, S. 412 ff.

Machthaber. Wohl mag man den fränkischen König als Oberhaupt anerkannt haben, solange er einen in Ruhe ließ, aber die Macht lag eindeutig in den Händen der Victoriden. In welchem Maße dies der Fall war, erhellt am besten aus dem vorsichtigen, stufenweisen Vorgehen Karls des Großen in Rätien[11]. Ungefähr 773 nimmt er den Rector und Bischof Constantius und das rätische Volk in seinen Schutz und bestätigt ihnen das hergebrachte Recht, aber nur solange sie ihm treu bleiben[12]. Betont wird ebenfalls die Einsetzung des Rectors durch den König. Die Zentralgewalt macht sich also wieder stärker bemerkbar, die Zeit der praktischen Selbständigkeit Rätiens ist vorüber. Constantius' Nachfolger Remedius muß wohl als Landesfremder angesprochen werden, steht er doch in regem Briefwechsel mit Alcuin[13]. Weltliche und geistliche Gewalt blieben unter ihm noch vereinigt, nach seinem Tode aber folgte die bekannte Teilung der beiden Gewalten, die auch zur Scheidung des Besitzes des Praeses führte, zur *divisio inter episcopatum et comitatum*. Damit war die materielle Grundlage für die Errichtung einer Grafschaft geschaffen, ebenso für die Ansiedlung königlicher Vasallen und wohl auch von Königsfreien. Die Wirkung dieser *divisio* fand ihren Niederschlag im rätischen Reichsgutsurbar von ungefähr 842[14]. Karl der Große hatte nun Rätien fest in die Hand genommen, Hunfried erhielt die Grafschaft, an den wichtigsten Punkten saßen königliche Vasallen, Freie und Kolonen, sicherlich in erster Linie zum Schutze der Verkehrswege. Außer der Handhabung der Gerichtsbarkeit[15] läßt sich für Rätien nichts über die Funktionen des Grafen aussagen. Man wird aber kaum fehlgehen, sie wie in andern westlichen Teilen des Frankenreiches als allgemeine Landesherrschaft und -verwaltung aufzufassen. Das Urbar legt nun aber den Schluß nahe, neben dieser allgemeinen Grafschaftsverwaltung eine recht intensive besondere Verwaltung des Königsgutes anzunehmen. Mit ihm befaßt sich naturgemäß das Urbar, da es ja Reichsgutsurbar ist, also den Besitz (und die Rechte) verzeichnet, der dem König direkt zur Verfügung steht, sei es zur eigenen Nutzung, vor allem aber zur Belehnung. Die *ministri* als Beamte des Königsguts sind selber Vasallen, erfüllen militärische Aufgaben und beziehen, neben den Lehen, umfangreiche Abgaben und Dienstleistungen aus dem Königsgut. Bezeugt ist ferner ihre richterliche Tätigkeit[16], so daß man wohl von der Immunität des Königsguts sprechen darf. Den Schiffer- und Fischer-

---

11) Vgl. zum Folgenden: O. P. CLAVADETSCHER, Die Einführung der Grafschaftsverfassung in Rätien und die Klageschriften Bischof Viktors III. von Chur, Zs. d. Savignystiftung f. Rechtsgesch. 70, Kan. Abt. 39, 1953, S. 46 ff., und zusammenfassend: *ders.*, Die Verfassungsentwicklung im karolingischen Rätien, Bündner Monatsblatt 1954, S. 397 ff.

12) BUB 19.

13) BUB 21, 22, 30–32.

14) Druck: BUB I, S. 375 ff. – Vgl. O. P. CLAVADETSCHER, Das churrätische Reichsgutsurbar als Quelle zur Geschichte des Vertrags von Verdun, Zs. d. Savignystiftung f. Rechsgesch., Germ. Abt. 70, 1953, S. 1 ff.

15) BUB 35.

16) BUB I, S. 381.

dienst versehen freie Leute, deren Abgaben bestimmt werden [17]. Ein Teil davon geht an die *ministri* und den *camerarius* [18]. Es hat also neben der mehr militärisch-politischen offenbar auch eine königliche Finanzverwaltung für das Reichsgut bestanden. Mindestens so wichtig wie die finanzielle Seite ist jedoch die militärisch-verkehrspolitische. An Hand des Urbars läßt sich für das karolingische Rätien eine königliche Verkehrsorganisation nachweisen [19], die aber auf die Straßen Maienfeld–Chur–Lenzerheide–Julier (oder Septimer)–Bergell und die Engadinstraße über Zuoz–Ardez–S-charl–Münstertal–Vintschgau beschränkt war.

Aus diesen Beispielen erhellt die recht intensive königliche Verwaltung in der Karolingerzeit. Dann schweigen die Quellen praktisch für ein Jahrhundert. Wohl war Rätien in den Reichsteilungen noch oft umstritten, so auch 842/843 [20], nachher aber geriet es in den Schatten der großen politischen Ereignisse, da die Bündner Alpen die Grenze zwischen dem Reiche Lothars und demjenigen Ludwigs des Deutschen bildeten. Die Pässe traten in ihrer Bedeutung zurück, und damit wurde dieses Bergland offenbar politisch weniger interessant und anziehend. Dazu kommt der Niedergang der königlichen Gewalt im 9. Jahrhundert, der wieder den Lokalgewalten zugute kommen mußte, wofür uns aber in Rätien alle Quellenbelege fehlen.

In der karolingischen Blütezeit hatten also wieder Kräfte von außen die Entwicklung in Rätien entscheidend bestimmt. Königliche Grafen, Vasallen und Bauern (Kolonen und Königsfreie) waren ins Land gekommen, ohne allerdings die Einheimischen aus dem politischen Leben ganz zu verdrängen. Nach dem Reichsgutsurbar lebten romanische und deutsche Vasallen und Siedler nebeneinander. An Hand der Personennamen kann festgestellt werden, daß Karl wohl das Land fest in die Hand nahm, aber es nicht durch Fremde »besetzen« ließ. Daß aber doch das deutsche Element entscheidend geworden ist, geht auch aus der Rechtsentwicklung mit aller Klarheit hervor. Im nordalpinen Rätien, in welchem nach den St. Galler Urkunden und den sogenannten Durrer-Urkunden [21] die *Lex Romana Curiensis* tatsächlich Geltung gehabt hatte [22], setzte sich das deutsche Recht vollständig durch [23]. Romanistische Überreste sind selten und zeugen gerade davon, daß die römischen Rechtsideen nicht mehr verstanden wurden, wird doch etwa *testamentum* für die gewöhnliche Schen-

---

17) Ib., S. 383.
18) Ib., S. 393 f.
19) O. P. CLAVADETSCHER, Verkehrsorganisation in Rätien zur Karolingerzeit, Schweiz. Zs. f. Gesch. 5, 1955, S. 1 ff.
20) Vgl. die in Anm. 14 zitierte Abhandlung.
21) BUB 24–29.
22) Vgl. WATTENBACH-LEVISON, Deutschlands Geschichtsquellen im Mittelalter, Beiheft: Die Rechtsquellen, v. R. BUCHNER, Weimar 1953, S. 38 f.
23) Vgl. O. P. CLAVADETSCHER, L'influence du droit romain en Rhétie au XIIIe et au commencement du XIVe siècle, Mémoires de la Société pour l'Histoire du Droit et des Institutions des anciens pays bourguignons, comtois et romands, fasc. 18, 1956, p. 45 ss.

kung verwendet[24]. Wie meistens in der Geschichte setzte auch in Rätien die neue politische Macht ihr Recht durch. Diese Rechtsentwicklung ist zweifellos ein viel stärkeres Indiz für Germanisierungstendenzen als die Personennamen[25]. Vollendet war dieser Prozeß in dem Moment, als auch die Bischöfe nicht mehr Romanen, sondern Deutsche waren, also seit 843, der Angliederung des Bistums ans Erzbistum Mainz im Zusammenhang mit der Reichsteilung von Verdun[26]. Damit hatte das politische Romanentum seinen letzten Halt verloren. Dies hinderte allerdings nicht, daß das Romanische als Sprache erhalten blieb, aber doch wohl als Sprache der politisch inaktiven Schicht, während am bischöflichen Hof in Chur und auf den meisten Burgen oder Herrensitzen das Deutsche sich durchsetzte.

In der Ottonenzeit tritt dann Rätien wieder hervor. Die Bündner Pässe erhielten durch Ottos Übergreifen nach Italien im Jahre 951 wieder erhöhte Bedeutung. Es überrascht deshalb nicht, daß Otto dieses Gebiet fest in die Hand bekommen wollte. Gemäß seiner Politik, sich vor allem auf die Kirche zu stützen, wurde denn auch das Bistum Chur in besonderem Maße Nutznießer – aber sicher auch Belasteter – der neuen königlichen Politik. Die verhältnismäßig zahlreichen Schenkungen ans Bistum müssen als teilweise Entschädigung für kostspielige Reichsdienste aufgefaßt werden. Ein wesentlicher Teil des damals noch vorhandenen Königsbesitzes und der Königsrechte scheint damals ans Bistum gekommen zu sein: Fiskaleinnahmen, Kirchen, Königshöfe, Zollrechte, die Grafschaft im Bergell u. a.[27]. Auf dem Bischofsstuhl saß jedoch ein besonderer Vertrauensmann Ottos, Bischof Hartbert, der sein Amt zur Durchführung der königlichen Politik erhalten hatte[28]. Einheimische Gewalten treten nirgends hervor. Wenn man sich auf Gallus Oeheim, den Klosterchronisten der Reichenau, verlassen darf, wurde auch das Kloster Reichenau in diese Politik eingespannt, erhielt es doch Besitz in Lantsch (an der Lenzerheideroute) und in Tamins, Reichenau (GR) und Trins (an der Lukmanierroute)[29].

---

24) BUB 220 vom März 1105.

25) Noch im 13. Jahrhundert, als in die lateinischen Urkunden langsam einzelne deutsche Begriffe eindringen, sind es fast ausnahmslos juristische Termini. Dafür einige Beispiele: BUB 570 v. 1213: *sub nomine dotis, que morgengabe dicitur*; BUB 866 v. 1249: *pro dote, quod vulgariter libgedinge dicitur*; BUB 923 v. 1257: *prosecutor, quod in vulgari dicitur wer*; BUB 926 v. 1258: *exceptis feodis, que vulgo manlien appellantur*. Bedenkt man, daß diese Urkunden zum Teil in Gegenden ausgestellt wurden, wo heute noch romanisch gesprochen wird, so kann »*vulgariter*« o. ä. nur die juristische Umgangssprache (nicht Volkssprache!) bedeuten.

26) O. P. CLAVADETSCHER, Zur Bischofseinsetzung im 9. Jahrhundert, Zs. d. Savignystiftg. f. Rechtsgesch. 73, Kan. Abt. 42, 1956, S. 388 ff.

27) BUB 103, 108, 109, 111–115, 119, 138.

28) Sein Aufstieg läßt sich urkundlich verfolgen, denn königliche Schenkungen sind bezeugt für Hartbert als Priester (BUB 100 v. 930 durch Heinrich I. und BUB 102 v. 937 durch Otto I.), als Abt von Ellwangen (BUB 104 v. 948) und ab 951 als Bischof (BUB 108).

29) Quellen u. Forschungen zur Geschichte der Abtei Reichenau II, Heidelberg 1893, S. 19.

Eine der wichtigsten, leider nicht zu lösenden Fragen ist diejenige nach dem Erwerb der Hoheitsrechte des Bistums Chur im Engadin und Oberhalbstein. Geschah er vor oder nach der Ottonenzeit? Aus allgemeinen Überlegungen möchte man eher auf die Zeit vorher schließen, weil sich für Otto I. doch die Gelegenheit geboten hätte, Chur mit Hoheitsrechten in diesen Tälern zu entschädigen, wie es im Bergell geschehen ist. Dieses war demnach offenbar für das Bistum zu abgelegen, als daß es vor der Ottonenzeit, in der die Pässe wieder erhöhte Bedeutung gewannen, hätte an Chur gelangen können. Es scheint nicht ausgeschlossen, daß im Bergell in der Zwischenzeit oberitalienische Mächte ans Ruder kamen und erst Otto als König von Italien die Reichsrechte wieder kräftig wahrnehmen respektive an Chur verschenken konnte.

Nach der Ottonenzeit sind nun die Veränderungen eingetreten, deren Ergebnisse uns im 12./13. Jahrhundert entgegentreten, die wir aber nicht näher zu fassen vermögen. Hatte Karl der Große um 806 e i n e Grafschaft in Rätien eingerichtet und sie den Hunfridingern übertragen, so begegnen uns seit dem 10. Jahrhundert d r e i Grafschaften, nämlich Unterrätien, Oberrätien und Vintschgau. Unterrätien verblieb zunächst den Hunfridingern, ging dann aber an die Bregenzer über, während Oberrätien an die Udalrichinger kam. Für den Vintschgau sind nur zwei Grafen bezeugt, deren Familienzugehörigkeit unbekannt bleibt [30], ab 1141 [31] war die Grafschaft jedoch in erblichem Besitz der Grafen von Tirol und wurde zum Ausgangspunkt für deren großen Herrschaftskomplex.

Über Art und Umfang der Tätigkeit dieser Grafen ist aus den Quellen nichts zu erfahren. Die Königsurkunden erwähnen lediglich, daß ein Ort im *pagus* X in der Grafschaft des Y gelegen sei. Die Bündner Quellen vermögen zum Problem Gau-Grafschaft nichts beizutragen.

Andererseits muß auch die Reichsgutsorganisation der Karolingerzeit, wie sich später noch zeigen wird, in irgendeiner Form weitergegangen sein. Und hier tauchen nun die großen ungelösten Fragen auf. Worauf gehen die neuen Herrschaften zurück, auf die Grafschaften als deren Splitterprodukte, auf die Reichsgutsorganisation oder gar auf beide?

Die Quellen schweigen hier vollständig, und auch mit verfassungsrechtlichen Überlegungen kommt man hier nicht ans Ziel, weil damals wie immer politische Gesichtspunkte primär maßgebend waren, die mit juristischen Konstruktionen nicht zu fassen sind. Wenn man bedenkt, daß die Grafschaften eines Tages einfach eingegangen sind, so muß wohl angenommen werden, daß die Grafenrechte schon seit längerer Zeit an Bedeutung verloren hatten und gelegentlich einfach einschliefen. Bereits mußten also

---

30) 930/931 Berthold (BUB 100, 101); 1077 Gerungus (BUB 200 = MG DD H IV, 297, auch noch erwähnt ib. 304.)
31) R. HEUBERGER, Vom alpinen Oströtien zur Grafschaft Tirol (Schlern-Schriften 29), Innsbruck 1935, S. 19.

neue Kräfte hochgekommen sein, welche die Grafschaftsfunktionen übernehmen konnten oder schon übernommen hatten. Das gleiche dürfte für die Reichsgutsorganisation zutreffen. Von den *ministeria*, wie sie uns im Urbar des 9. Jahrhunderts entgegentreten, ist seither in den Quellen auch nicht mehr die Rede. Die Könige verschenkten einzelne Güter und Rechte, eine Ausnahme macht nur das Bergell, welches im Jahre 960 beim Übergang ans Bistum Chur aber nur als *vallis* bezeichnet wird [32], während es im Urbar noch *ministerium Bergalliae* [33] hieß. Wir haben hier ein schönes Beispiel für die Durchlöcherung der Grafschaft, da das Bergell nach der Urkunde von 960 *hactenus ad comitatum* gehörte. Die gleiche Urkunde nennt in Chur eine *centena et scultatia*, deren *census* sowie Abgaben der Freien ans Bistum geschenkt werden. Daneben funktionierte aber die Grafschaftsverfassung noch, denn der König schenkte mit der gleichen Urkunde auch einen Königshof in Chur selber an das Bistum, wobei Chur als in der Grafschaft Rätien gelegen genannt wird. Dieser Königshof war vorher Lehen des *comes noster Adalbertus.*

Es sei hier auf das Problem besonders aufmerksam gemacht, ob es tatsächlich in der Karolingerzeit eine eigentliche Reichsverwaltung (Grafschaft) und eine Reichsgutsverwaltung *(centena o. ä.)* nebeneinander, unabhängig voneinander gegeben habe, wie es das Reichsgutsurbar ja wohl recht deutlich nahelegt, und wie lange diese beiden Organisationsformen nebeneinander zu bestehen vermochten, wer endlich die andere aufsaugen konnte oder wie beide in neue Formen übergingen. Kehren wir nochmals zur Urkunde Ottos I. für das Bistum vom Jahre 960 zurück, so ist doch schwer einzusehen, wie damals in Chur selber neben dem *comes* mit seinem Lehen, dem 960 verschenkten Königshof, noch eine besondere Reichsgutsverwaltung bestanden haben sollte. Offenbar lag damals die Reichsgutsverwaltung auch in der Hand des Grafen. An andern Orten mag der umgekehrte Fall eingetreten sein, und es scheint mir nicht unmöglich, daß in diesen Verhältnissen eine Ursache für die ganze Kontroverse um die Grafschaft zu suchen ist, weil uns vielleicht das ganze Konglomerat von Reichsgut und Grafschaftsrechten einmal als Herrschaftsbezirk eines Grafen, das andere Mal als solcher eines Reichsgutsverwalters *(centenarius o. ä.)* entgegentritt. So ließen sich vor allem auch wesentliche Unterschiede zwischen den östlichen und westlichen Gebieten des Karolingerreiches erklären, wie sie besonders durch die Forschungen Schlesingers [34] zutage getreten sind.

Der folgende Überblick kann nur die wichtigsten der neuen Herrschaften berücksichtigen, denn die Entwicklung des 11. und 12. Jahrhunderts hat in Graubünden eine politische Mannigfaltigkeit hervorgebracht, die mit der geographischen Vielfalt des Landes der 150 Täler wetteifern kann. Zudem fehlen, wie bereits erwähnt, zuverlässige Vorarbeiten.

---

32) BUB 119.
33) BUB I, S. 394.
34) Die Entstehung der Landesherrschaft, 1. Teil, Dresden 1941, bes. S. 137, 177, 189, 200 f.

Man kann diese neuen politischen Gebilde einteilen in

a) geistliche Herrschaften

b) weltliche Herrschaften

c) kommunale Gebilde.

Das Mit- und Gegeneinander dieser Herrschaften hat dann wesentlich die politischen Verhältnisse in Graubünden bestimmt, wobei die geographische Tatsache nicht zu übersehen ist, daß neben der Nord-Süd-Komponente (Paßverkehr und Paßsicherung) auch die West-Ost-Komponente starken Einfluß auf das Geschehen ausübte, nämlich die zunehmende Verflechtung Graubündens in den Gegensatz Eidgenossenschaft-Österreich, denn für das Schicksal der Eidgenossenschaft war es nicht gleichgültig, ob Graubünden zum Schutzwall gegen die Österreicher oder zu deren Aufmarschgebiet wurde.

Die bischöfliche Herrschaft: Nur noch einen bescheidenen Überrest aus der großen Zeit der Victoriden stellte das im 9. Jahrhundert mit Immunität begabte Gebiet des Bischofs[35] dar. Der Umfang läßt sich nicht mehr ermitteln. Wenn man sich aber erinnert, daß nach der Klageschrift Bischof Viktors aus der Zeit Ludwigs des Frommen dem Bistums von über 230 Kirchen nur noch deren 31 geblieben[36], die andern ihm also durch die *divisio* und Gewalttaten der Grafen entzogen worden waren, so wird man nicht geneigt sein anzunehmen, daß dem Bistum besonders umfangreicher weltlicher Besitz verblieben sei. Sehr weit über die Stadt Chur hinaus wird das Herrschaftsgebiet des Bischofs kaum gereicht haben.

Eine große Zahl von Besitzungen und Hoheitsrechten erhielt das Bistum, wie bereits erwähnt, von Otto dem Großen, so das Zollrecht, das Münzrecht, die Fiskalrechte in der Grafschaft Chur, die halbe *civitas* Chur, den *census* und die Abgaben der Freien aus der *centena* Chur[37]. Verschiedene Quellen lassen aber vermuten, daß der Bischof dadurch nicht alleiniger Herr über die Stadt Chur geworden ist. Einmal könnte die halbe *civitas* sich nur auf den Hof, den Bischofssitz, beziehen, dann aber fällt doch auf, daß noch im 14. Jahrhundert Chur eine der Gerichtsstätten der Freigrafschaft Laax gewesen ist[38]. Auch daß Eigenleute der Herren von Rhäzüns als Churer Bürger nachzuweisen sind[39], spricht gegen Chur als rein bischöfliche Stadt. Das Reich und dessen Amtsleute respektive deren Rechtsnachfolger scheinen in Chur also über das ganze Mittelalter gewisse Rechte behauptet zu haben.

Vollständig bischöflich wurde durch die Schenkung von 960 das Tal Bergell. In späterer Zeit sind keine anderen Herrschaftsrechte als bischöfliche in diesem Südtal

---

35) BUB 54.

36) BUB 46.

37) BUB 108, 109, 115, 119.

38) Das Habsburgische Urbar, hsg. v. R. MAAG, Bd. I (Quellen z. Schweiz. Gesch. 14), Basel 1894, S. 526.

39) BUB 1123 v. 20. Februar 1283.

festzustellen. Die Eximierung von der Grafschaft (*hactenus ad comitatum pertinens*) ist doch so zu verstehen, daß in Zukunft der Bischof selber diese Rechte ausüben konnte. Das gesamte spätere Urkundenmaterial spricht für diese Folgerung. Aber nicht nur die Grafschaftsrechte, sondern auch die auf das karolingische *ministerium* [40] zurückgehenden Reichsrechte sind ans Bistum Chur gekommen, verlieh doch der Bischof noch im 14./15. Jahrhundert an verschiedene Ministerialengeschlechter das *pretium comitis* und die *hostisana*, die als ehemalige Abgaben von Reichsgut mit hoher Wahrscheinlichkeit auf die karolingische Reichsgutsorganisation zurückgehen [41].

Die Verhältnisse im Bergell sind ein schöner Beleg dafür, wie die beiden Verwaltungskreise, die allgemeine Reichsverwaltung (Grafschaft) und die Reichsgutsverwaltung, zusammenfließen konnten. Dies aber setzt wohl einen allgemeinen Rückgang der königlichen Machtstellung voraus, der zwei parallele Organisationen nicht mehr rechtfertigte und schon ins späte 9. Jahrhundert gesetzt werden muß. Durch die erwähnte Schenkung von 960 wurde demnach der Bischof Nachfolger des Grafen, der bereits Grafschaft und Reichsgutsbezirk in seiner Hand vereinigt hatte.

Bedeutend weniger klar sehen wir fürs Oberengadin. Von einer Schenkung wie beim Bergell ist nichts bekannt, anderseits aber werden in einem bischöflichen Urbar aus dem Ende des 13. Jahrhunderts unter den Geldzinsen an den Bischof genannt: *IIII librae de precio comitis* [42]. Diese Stelle ist bisher ganz unbeachtet geblieben, obschon sie in Analogie zu den Verhältnissen im Bergell den Beweis liefert, daß die Rechte aus der Reichsgutsverwaltung auch im Oberengadin an den Bischof gelangt sein müssen. Man kann hier ebenfalls wie im Bergell an die karolingische Reichsgutsorganisation anknüpfen und im *pretium comitis* die Fortsetzung des Geldzinses aus dem *ministerium Endena* sehen [43]. Da im Spätmittelalter nie andere Inhaber der Territorialhoheit im Engadin genannt werden als der Bischof, müssen also sowohl die Grafenrechte als auch die engeren Reichsrechte früh ans Bistum gekommen sein. Über den Zeitpunkt und die Rechtsnatur des Überganges schweigen die Quellen allerdings vollständig. Man muß deshalb versuchen, auf indirektem Wege der Frage etwas näher zu kommen. Einmal umfaßte der Kauf der Gamertingerrechte durch den Bischof nach dem Wortlaut der Urkunden von 1137/1139 [44] nur Grundbesitz und Kirchen, aber keine Hoheitsrechte. Durch diese Rechtsgeschäfte können sie also nicht ans Bistum gekommen sein. Auch hinsichtlich der Zeit des Erwerbs läßt sich aus diesen Urkunden nichts folgern. Man kann annehmen, der Bischof habe als Inhaber der Hoheitsrechte

40) BUB I, S. 394.

41) Vgl. dazu O. P. CLAVADETSCHER, Hostisana und pretium comitis. Ein Beitrag z. Reichsgutsforschung, Schweiz. Zs. f. Gesch. 14, 1964, S. 218 ff.

42) CD II, S. 122: *Item redditus denariorum ibidem (sc. in superiori Engendina). Et primo IIII libr. de precio comitis.*

43) BUB I, S. 394, vgl. dazu meine in Anm. 41 genannte Abhandlung.

44) BUB 297–299.

versucht, diese durch Erwerb oder Ausdehnung des Grundbesitzes zu festigen. Aber auch der umgekehrte Fall ist denkbar, daß er versucht habe, zu den grundherrlichen Rechten die Hoheitsrechte hinzuzugewinnen. Mit Sicherheit läßt sich nur das Jahr 1244 als terminus ante quem festlegen, weil damals der Bischof an Andreas Planta in Zuoz das Kanzleramt im Oberengadin verlieh, das vorher Tobias von Pontresina innegehabt und durch Urteilsspruch verloren hatte [45]. Besonders wird dem Kanzler aufgetragen, nicht zuzulassen, daß »extra societatem eiusdem comitatus predium aliquod« entfremdet werde. Nur in dieser Urkunde ist von einem comitatus im Engadin die Rede, und man darf hier wohl doch an comitatus im Sinne eines Reichsgutsbezirks denken, da ja auch andernorts Verfügungsbeschränkungen für die Güter der Königsfreien bekannt sind, welche das königliche Obereigentum zum Ausdruck bringen [46]. Wir hätten es bei den predia in der Urkunde von 1244 also mit dem Gut ehemaliger Königsfreier zu tun, die schon vor längerer Zeit ans Bistum gekommen waren und deren ehemals bevorzugte Rechtsstellung sich jetzt nur noch in der eher rechtsmindernd wirkenden Verfügungsbeschränkung äußerte. Vielleicht darf man die »societas eiusdem comitatus« mit den Communen im Bergell in Parallele setzen, von welchen die oben genannten Abgaben hostisana und pretium comitis geleistet wurden. Dann hätten wir auch im Engadin eine auf das Reichsgut zurückgehende Organisationsform als Grundlage des späteren Hochgerichts, das heißt für die Gemeindebildung im Oberengadin. Dieser urkundliche terminus ante quem (1244) läßt sich jedoch bedeutend zurückverschieben, wenn man den Begriff pretium comitis heranzieht. Da dieser nur im Bergell und Engadin bezeugt ist und im Bergell der Übergang der Hoheitsrechte ans Bistum im Jahre 960 geschah, ergibt sich der Schluß, daß nur dort das pretium comitis sich erhalten hat, wo die Hoheitsrechte früh ans Bistum übergingen, wo sie nicht in andere Hände gelangten, bevor sie bischöflich wurden. Auch Überlegungen zur geographischen Lage des Engadins führen in die gleiche Richtung. Durch das Engadin führte der Julier, der wichtigste Bündner Paß des Früh- und Hochmittelalters. Sollte nun das entferntere Bergell früher ans Bistum gekommen sein als das Engadin? Man müßte sich doch mindestens fragen, warum der Vertraute Ottos I., Bischof Hartbert von Chur, sich für seine wichtigen Reichsdienste im Jahre 960 nicht das nähergelegene Engadin, sondern das Bergell übertragen ließ. Die Antwort ist einfach, wenn das Engadin damals bereits bischöflich war. Mehr als eine Hypothese ist damit aber nicht ausgesprochen, da die Quellen über diese Vorgänge völlig schweigen [47].

Über das Unterengadin müssen einige Worte genügen. Für die frühere Zeit läßt sich wenig Bestimmtes aussagen, bevor nicht einmal die Geschichte der Herren von Tarasp mit modernen, landesgeschichtlichen Methoden geklärt ist. Sicher haben auch

---

45) BUB 807.
46) Vgl. TH. MAYER, Die Königsfreien und der Staat des frühen Mittelalters, Vorträge und Forschungen II, Lindau und Konstanz 1955, S. 19.
47) Vgl. meine in Anm. 41 zitierte Arbeit.

Reichsrechte zur Bildung des Tarasper Herrschaftskomplexes beigetragen[48], der dann durch Schenkungen teilweise ans Bistum gekommen ist. Dank diesen Rechten und umfangreichem Grundbesitz vermochte sich das Bistum im Kampf gegen den Grafen von Tirol um die Territorialhoheit zu behaupten, und der Schwabenkrieg entschied dann endgültig zugunsten von Chur, nachdem die Gerichtsgemeinde schon im 15. Jahrhundert trotz den tirolisch-österreichischen Ansprüchen zum Gotteshausbund gehört hatte. Der Vintschgau hingegen ging verloren und wurde um 1618 definitiv der Grafschaft Tirol einverleibt.

Umstritten war auch das Oberhalbstein. Der Bischof mußte an diesem Tal als Zugang zum Julier-Septimer und damit zum Engadin und Bergell größtes Interesse haben. Die Herkunft der bischöflichen Herrschaftsrechte ist jedoch nicht festzustellen. Rechte der Herren von Tarasp sind für die Frühzeit nicht auszuschließen, schenkten sie doch im Jahre 1160 Dienstleute von Tinizong, Marmorera (mit der Burg) und Savognin ans Bistum[49], während sich Riom in der Hand der Herren von Wangen-Burgeis befand, die auch irgendwie mit den Taraspern zusammenhängen müssen. Der Übergang der Herrschaft Riom durch Kauf ans Bistum im Jahre 1258[50] dürfte dann dem Bistum endgültig das Übergewicht in diesem Gebiet und damit die Gerichtshoheit eingetragen haben, wodurch auch die spätere Zugehörigkeit des Oberhalbsteins zum Gotteshausbund gegeben war. Jedenfalls beanspruchte der Bischof im Klagerodel gegen die Vazer von ungefähr 1314 das Geleitsrecht bis zum Septimer[51] und beklagte sich nicht nur über dessen Beeinträchtigung durch die Vazer, sondern auch über weitere Übergriffe in diesem Gebiet. Diese Spannungen könnten immerhin darauf hinweisen, daß die bischöflichen Ansprüche rechtlich nicht über jeden Zweifel erhaben waren.

Angefügt sei hier diesem Abschnitt über die bischöfliche Herrschaft, daß im Oberland das K l o s t e r D i s e n t i s[52] einen kleinen Territorialstaat aufzubauen vermochte, der zum Kern des Obern oder Grauen Bundes wurde.

Mit den Bemerkungen über die bischöfliche Herrschaft im Oberhalbstein ist schon ein Problem berührt worden, das für die bündnerische Herrschaftsbildung von größter Bedeutung war, nämlich der Kampf zwischen dem Bistum und den Herren von Vaz, dem bedeutendsten Adelsgeschlecht Rätiens.

Die Herkunft der V a z e r ist bis heute umstritten. Wohl begegnen sie uns in der Frühzeit, im 12./13. Jahrhundert, vor allem im Zusammenhang mit dem Kloster

---

48) Um 1090 wird die *decima de liberis hominibus erwähnt* (BUB 214), welche 1131 dann als *libera decima* bezeichnet wird (BUB 288).
49) BUB 341.
50) BUB 926, 927.
51) Anzeiger f. Schweiz. Gesch. NF 11, 1910–13, S. 50.
52) Vgl. die ausführliche Darstellung bei I. MÜLLER, Disentiser Klostergeschichte, 1. Bd., Einsiedeln/Köln 1942.

Salem, und zwar besonders bei der Veräußerung ihres Besitzes nördlich des Bodensees an dieses Kloster [53]. Ob daraus aber auf die Herkunft aus diesem Gebiet geschlossen werden darf, scheint doch recht fraglich, wenn man bedenkt, daß bei der ersten urkundlichen Erwähnung im Jahre 1135 [54] ein Walter von Vaz als Schuldner der Gemeinde Piuro oberhalb Chiavenna bezeugt ist. Mindestens frühe Beziehungen über Julier oder Septimer ins Bergell hinüber sind damit belegt, während die radikale Abstoßung des Bodenseebesitzes doch eher darauf schließen läßt, daß dieser durch Heirat oder Erbschaft an die Vazer gekommen und deshalb als zu abgelegen bald wieder veräußert worden sei. Man kann sich doch schwer vorstellen, daß die Vazer ihren Stammbesitz im Bodenseegebiet aufgegeben hätten und gleichsam in einen politisch leeren Raum in Rätien vorgedrungen wären, besonders wenn man bedenkt, wie großes Interesse das Bistum an den Gebieten hatte, welche wir später in der Hand der Vazer finden. Viel eher dürften die Vazer als einheimisches Adelsgeschlecht den Zerfall der Grafschafts- und Reichsgutsorganisation für ihre Zwecke ausgenützt haben. Die Vermutung, daß die Vazer Nachkommen der Inhaber des großen, im Reichsgutsurbar verzeichneten Reichslehens in Vaz/Obervaz [55] waren, läßt sich nicht ohne weiteres von der Hand zu weisen. In die gleiche Richtung weist auch der Umstand, daß die Vazer selbständige Herren und nicht etwa bischöfliche oder andere Ministerialen waren. Mit dem Ausscheiden des Königs als politischer Macht in Rätien hätten sie demnach ihren unmittelbaren Herrn verloren und konnten deshalb den Kampf mit dem Bischof um die Hoheitsrechte als gleichgestellte politische Macht führen. Unbestritten war die vazische Herrschaft im Raume Churwalden–Lenzerheide—Alvaschein, doch stießen sie sich auch dort mit dem Bistum, wie wieder der bereits erwähnte Klagerodel zeigt. Als vazische Stiftung stand das Kloster Churwalden wohl unter deren Vogtei. Das vazische Herrschaftsgebiet unterbrach also in empfindlicher Weise den Weg von Chur zum Julier und Septimer, und auch aus diesem Grunde ist es unwahrscheinlich, daß ein schwäbisches Geschlecht hier nachträglich hätte Fuß fassen können. Nach den Forschungen von Liver [56] muß auch der Heinzenberg, die linke Talseite des Domleschgs, den Vazern unterstanden haben, ebenso Davos, das Schanfigg, Safien und das Schams mit dem Rheinwald. Bei einem Ausgleich mit dem Bistum im Jahre 1275 behielt sich denn auch Vaz den *comitatus* im Schams vor [57]. Beim Aussterben der Vazer im Mannesstamm ging dieser Besitz mit anderem

---

53) BUB 368, 424, 427, 451, 543, 566, 570, 576, 593, 629, 631, 645, 666, 667, 726, 734, 797. 895, 905, 906, 940, 950, 959, 999, 1211.
54) BUB 293.
55) BUB I, S. 395: *Beneficium Azzonis villa Vazzes...* (mit reichem Zubehör, auch an Kirchen und Zehnten).
56) Vom Feudalismus zur Demokratie, 1. Teil, ungedr. phil. Diss. (Mscr. in der Zentralbibliothek Zürich).
57) BUB 1060.

erbweise an die Grafen von Werdenberg-Sargans über, die dann als bischöfliche Vasallen für das Schams erscheinen [58]. Ob bereits die Vazer das Schams vom Bischof zu Lehen nehmen mußten oder erst die Werdenberger, ist nicht mehr festzustellen. Der ganze Vorgang läßt sich am ehesten so erklären, daß die beiden politischen Mächte, der Bischof und die Vazer, um dieses Gebiet stritten, dann aber ein Ausgleich so gefunden wurde, daß der Bischof die Vazer oder deren Rechtsnachfolger, die Grafen von Werdenberg-Sargans, mit dem Schams belehnte, weil er sie aus den Herrschaftsrechten nicht mehr zu verdrängen vermochte. Beiden fehlte offenbar die klare Rechtsgrundlage für ihre Herrschaft [59]. Ähnlich lagen die Verhältnisse am Heinzenberg, in Safien und im Domleschg, wo ebenfalls der spätere Werdenberger Besitz an Hoheitsrechten von den Vazern herrührte. Ein berühmter Prozeß des 15. Jahrhunderts um die Rechte im Domleschg, in welchem der Bischof den Werdenbergern unterlag [60], zeigt gut die unklare Rechtslage. Die Herrschaftsrechte am Heinzenberg und in Safien dagegen hatten die Werdenberger 1383 [61] an die Rhäzünser verkauft, doch fielen sie 1459 erbweise wieder an Werdenberg-Sargans zurück. Graf Jörg, der Letzte des Geschlechts, verkaufte seine Rechte am Heinzenberg dann 1475 ans Bistum [62].

Lediglich erinnert sei an die Walser-Politik [63] der Vazer, durch die sie ihre militärische Macht nicht unbedeutend stärkten. Mit Hilfe der Walser bauten sie ihre Herrschaft in Davos, im Prätigau und Schanfigg aus, aber auch im Rheinwald, wo zwar wenigstens der hintere Teil ursprünglich mit dem Misox verbunden war [64], sich die Vazer aber dank der Rodungstätigkeit der Walser als Territorialherren durchzusetzen vermochten. Hier war die vazische Schutzherrschaft Grundlage für die Territorialherrschaft.

Undurchsichtig sind für das frühere Mittelalter die Verhältnisse im Vorderrheintal. Das Kloster Disentis erhielt hier schon im 8. Jahrhundert durch das

---

58) Zuerst 1338, CD II, 256, 257.

59) Die Vazer Rechte in Safien und im Schams dürften am ehesten von den Herren von Rialt (auch von Masein genannt) herstammen, doch bedarf die Frage genauerer Abklärung, besonders auch im Hinblick auf die Beziehungen der Rialt zu den Freien am Schamserberg.

60) P. LIVER, Der Kampf um die Landeshoheit im Domleschg zwischen den Grafen von Werdenberg-Sargans und dem Bistum Chur, JHGG 61, 1931, S. 183 ff.

61) Quellen z. Schweizer Geschichte X, Nr. 91.

62) JHGG 30, 1900, S. 102, Nr. 30.

63) Vgl. die Literatur bis 1945 bei E. MEYER-MARTHALER, Die Walserfrage. Der heutige Stand der Walserforschung, Zeitschr. f. Schweiz. Gesch. 24, 1944, S. 1 ff. – Aus der seitherigen Literatur wäre vor allem zu nennen: LORENZ JOOS, Die Walserwanderungen vom 13. bis 16. Jahrhundert und ihre Siedlungsgebiete, Einzelhöfe und Niederlassung in schon bestehenden romanischen Siedlungen gegen Ende des 15. Jahrhunderts auf dem Gebiet von Graubünden, St. Gallen und Liechtenstein, ib. 26, 1946, S. 289 ff.

64) KARL MEYER, JHGG 57, 1927, S. 52 ff.

Tello-Testament umfangreichen Victoriden-Besitz[65] und blieb bis zur Reformation die wichtigste Macht, was sich auch darin zeigt, daß der Abt 1395 als eigentlicher Gründer des Grauen oder Oberen Bundes angesprochen werden muß und einer der drei Hauptherren (mit Rhäzüns und Sax-Misox) blieb[66]. Die Forstschenkung durch Heinrich III.[67] ans Bistum Chur im Jahre 1050 umfaßte das eigentliche Oberland oberhalb der Linie Flims-Versam nicht mehr, so daß beim Fehlen von landesgeschichtlichen Forschungen über die bündnerischen Herrengeschlechter (Wildenberg, Belmont, Montalt u. a.) heute leider noch nicht zu erkennen ist, wie der doch durch das Reichsgutsurbar[68] ausgewiesene, nicht unerhebliche Reichsbesitz an die späteren Adelshäuser gekommen ist.

Im Spätmittelalter jedenfalls teilten sich im wesentlichen das Kloster Disentis, die Herren von Rhäzüns (Herrschaft Jörgenberg) und die Herren von Sax-Misox (Herrschaften Gruob und Lugnez) in die Herrschaftsrechte des Vorderrheintals[69], neben welchen aber die unten noch zu erwähnenden Freien von Laax nicht vergessen werden dürfen.

Die unter dem Flimserwald gelegene Herrschaft Hohentrins endlich scheint über die Vazer an die Grafen von Werdenberg-Heiligenberg gekommen zu sein[70]. Ob dabei Vogteirechte des in Reichenau GR, Tamins, Trin und Lantsch begüterten Klosters Reichenau[71] mitgespielt haben, kann heute ebenfalls noch nicht entschieden werden. Auch Verwandtschaft mit den Wildenbergern ist nicht ausgeschlossen, waren diese doch im 13. Jahrhundert Vögte des Klosters Pfäfers[72], das ja auch im Raume Flims-Ilanz seit der Karolingerzeit über erheblichen Grundbesitz und Kirchen verfügte[73].

Im Vorderrheintal wären also vor allem die Beziehungen zwischen dem Königtum, den Vazern, den Wildenbergern und den Grafen von Werdenberg-Heiligenberg abzuklären, wobei die Möglichkeit einer ursprünglichen Königsvasallität von der Karolingerzeit her im Auge behalten werden müßte.

Nach diesem sehr summarischen Überblick[74] über die herrschaftlichen Gewalten

---

65) BUB 17.

66) Iso Müller, Klostergeschichte I, S. 172 ff.

67) BUB 191.

68) BUB I, S. 389 ff.

69) Iso Müller, a. a. O., S. 176 ff.

70) Vgl. oben S. 153.

71) Die Chronik des Gallus Öhem, bearb. v. Karl Brandi (Quellen u. Forschungen z. Geschichte der Abtei Reichenau II), Heidelberg 1893, S. 19.

72) Wegelin, a. a. O., 111 und CD II, 89.

73) Zum Teil schon durch das Reichsgutsurbar des 9. Jahrhunderts ausgewiesen, vgl. BUB I, S. 386: die curtis Flims mit zwei Kirchen und die Kirchen von Ruschein, Ladir und Siat.

74) Nicht berücksichtigt sind kleinere Herrschaften ohne wesentliche Bedeutung für den Herrschaftsbildungsprozeß und solche, die relativ spät entstanden sind (Rhäzüns, Belmont, Montalt, Greifenstein, Aspermont u. a.).

in Rätien sei noch ein Kapitel den genossenschaftlichen Kräften gewidmet. Daß Gemeinde und Genossenschaft im Spätmittelalter eine ganz hervorragende Rolle spielten, wird von niemandem bestritten. Sehr im Dunkel liegen hingegen Ursprung und Entwicklung dieser Gebilde, die selbstverständlich nicht von einem Tag auf den andern entstanden sind, zudem noch in einer völlig herrschaftlich organisierten Umgebung, die dem Aufkommen eines Gegners tatenlos zugeschaut hätte.

Deutlich muß aber betont werden, daß es Gemeinden verschiedener Art und Herkunft gegeben hat, solche, die auf ältere Freienverbände zurückgingen, aber auch solche, die in ganz herrschaftlich organisierten Gebieten entstanden sind, und zwar offensichtlich aus Herrschaftsleuten; dazu kommen als drittes Element die zugewanderten Walser. Die Verschmelzung dieser verschiedenen Typen zu den Gemeinden der Drei Bünde macht das Besondere der spätmittelalterlichen rätischen Verfassungsgeschichte aus.

Welche Freien gehen nun auf das Frühmittelalter zurück? Als Ausgangspunkt mögen die bekannteren Verhältnisse des Spätmittelalters dienen. Im Habsburgischen Urbar erscheint die Grafschaft Laax als österreichisches Reichslehen. Sie reicht von der Landquart bis zum Alpenkamm, das heißt bis auf die Pässe Septimer, Bernhardin, Greina und Lukmanier, umfaßt also ganz Oberrätien ohne die Südtäler. Schon dadurch drängt sich die Vermutung auf, daß es sich um eine Fortsetzung irgendwelcher Art der Grafschaft Oberrätien handeln muß. Nun ist aber diese Grafschaft Laax ein reiner Personalverband, der die Territorialentwicklung überlebt hat, was wieder auf das Frühmittelalter hinweist. Wenn sich die Grafschaft unter König Albrecht in der Hand Österreichs befindet, immerhin als Reichslehen, so haben wir nur einen Fall der österreichisch-habsburgischen Hausmachtpolitik vor uns. Schon im Namen »Grafschaft Laax« kommt aber die Tendenz zum Territorialstaat zum Ausdruck, indem die neugebildete Grafschaft den Namen des Dorfes erhalten hat, wo sich – neben Sevgein/Seewis – noch eine geschlossene Freiengemeinde erhalten konnte. Aber in der näheren und weiteren Umgebung sitzen ebenfalls Freie, die zur Grafschaft Laax gehören, jedoch den territorialen Zusammenhang mit ihr verloren haben, nämlich von Flims aufwärts bis nach Somvix, besonders jedoch um Ilanz herum. Anfangs des 16. Jahrhunderts setzte sich dann die Territorialisierung ganz durch, indem das Gericht Laax auf Laax und Sevgein beschränkt wurde, die sogenannten äußeren Freien (das heißt jene in den übrigen Orten) von Laax gerichtsherrlich gelöst wurden und damit auch weitgehend ihre Sonderstellung verloren[75].

Wenn wir nun nach den Ursprüngen dieser Freien fragen, so helfen uns hier die Flurnamen wesentlich weiter[76]. Fruchtbar für unsere Fragestellung ist vor allem der

75) Vgl. dazu oben S. 136.
76) Vgl. oben S. 111 ff.; da für diese Untersuchung das Urkundenmaterial vollständig herangezogen wurde, dürfen wohl aus dem Vorhandensein respektive dem Fehlen bestimmter Flurnamen in bestimmten Gebieten die entsprechenden Schlüsse gezogen werden.

Flurname »*Tschentenair*« oder ähnlich, dem der Stamm *centenar* zugrundeliegt. Diese Namen häufen sich nun auffällig im Raum ob dem Flimser Wald, also im Gebiet der Grafschaft Laax und in deren weiterer Umgebung, dem Raume von Ilanz. Außerhalb dieses Gebietes finden sich entsprechende Flurnamen noch in Maienfeld, Alvaneu, Zillis, Lohn, im Vintschgau (Mals, Morter, Goldrain) und an zwei nicht genau zu identifizierenden Orten, wobei es sich aber sehr wahrscheinlich um Sargans und ums Domleschg handelt.

Dieser Tatbestand läßt sich am ehesten so deuten, daß die Grafschaft Laax eine späte Zusammenfassung der noch übriggebliebenen Freien darstellt, die ihre eigene Organisation *(centena)* gegenüber den neuen Herrschaftsgebilden erfolgreich zu behaupten vermochte. Die *centena* aber weist wohl zwingend auf karolingische Reichsgutsorganisation. In den Freien von Laax erkennen wir somit Leute, die in der neueren Literatur als Königsfreie bezeichnet werden[77].

Aber auch bei den Freien im Schams[78], die früh den Zusammenhang mit den Freien im Vorderrheintal verloren haben müssen, läßt sich eine Sonderentwicklung feststellen. Im 13. Jahrhundert standen sie unter der Herrschaft der Herren von Rialt/ Masein, gingen dann an die Vazer über, ohne daß es diesen aber gelungen wäre, die Freien auf die Stufe der übrigen Herrschaftsleute hinunterzudrücken. Da die Vazer auch Reichsvögte von Chur waren, hatten sie den Freien gegenüber eine sehr günstige Stellung, vermochten sich ihnen gegenüber aber doch nicht völlig durchzusetzen. Noch die Nachfolger, die Grafen von Werdenberg-Sargans, hatten sich im 14. und 15. Jahrhundert dauernd mit diesen Freien herumzuschlagen, und auch eine Klage vor dem Kaiser führte im Jahre 1434 nur formell zum Ziel. Letzten Endes waren es wieder die Freien, die zusammen mit den übrigen Talbewohnern in der Mitte des 15. Jahrhunderts die völlige Freiheit erlangten.

Gemeindebildung läßt sich aber auch in den geistlichen und weltlichen rätischen Herrschaften feststellen. Erinnert sei etwa an die Bergeller, die als freie Gotteshausleute erscheinen. Bedenkt man die geographische Lage dieses Tales am Zugang zu den Pässen und die bereits erwähnten Abgaben, die *hostisana* und das *pretium comitis*[79], so dürften auch hier ursprünglich Königsfreie eine führende Rolle gespielt haben; sie verschmolzen dann aber mit der übrigen Bevölkerung immer mehr unter der bischöflichen Herrschaft. Überreste frühmittelalterlicher Freien dürften auch die Semper- oder Sintleute im Domleschg[80] sein, die einmal als *homines municipes* bezeichnet sind[81]. Reste davon finden sich im 15. Jahrhundert noch in Tomils und Trans[82].

---

77) Vgl. zum ganzen Problem oben S. 135 ff.
78) Vgl. dazu oben S. 137.
79) Vgl. CLAVADETSCHER, Zeitschrift f. Schweiz. Geschichte 14, 1964, S. 218 ff.
80) Ämterbücher S. 39.
81) BAC, Urkunde vom 20. 10. 1384.
82) Ämterbücher S. 42.

Überblickt man das Ganze, so kommt man zum Schluß, daß der Bischof als Territorialherr die Freien unter seine Herrschaft zu drücken verstand, während dies den Vazern nur unvollständig gelang, wie die Geschichte der Freien im Schams beweist. In Gebieten, wo sich im Hochmittelalter keine geschlossene, starke Herrschaft zu bilden vermochte, konnten sich die Freien mit eigener Organisation halten, wie dies für das Vorderrheintal gezeigt wurde. Hier darf man deshalb wohl von einer Art Relikterscheinung sprechen, handelt es sich doch um ein Gebiet, das im Hoch- und Spätmittelalter abseits der großen Verkehrswege lag; denn einerseits hatte der Lukmanier seine Bedeutung weitgehend eingebüßt, andererseits forcierte der Bischof im Spätmittelalter den Septimerpaß, während in der westlichen Nachbarschaft der Gotthard immer mehr in den Vordergrund trat. Zwischendrin nun haben sich die Freien erhalten, abseits vom Verkehr, deshalb auch weniger dem Zugriff der Territorialherren ausgesetzt. Diese Entwicklung wird auch durch die Geschicke der Freien im Schams bestätigt. Dieses Tal spielte als Zugang zum Splügen und Bernhardin immer noch eine gewisse Rolle, deshalb konnten sich hier denn auch die Freien nur mit äußerster Mühe halten, um im 14./15. Jahrhundert das Ferment für die freiheitliche Entwicklung der Talschaft abzugeben.

Als neues Element kamen im 13. Jahrhundert die freien Walser dazu, deren Geschichte in diesem Rahmen nicht dargestellt werden kann. Immerhin sei darauf hingewiesen, daß wohl an manchen Orten diese neue Freiheitsbewegung auch auf die älteren Freien positiv gewirkt hat, gelegentlich sind sogar Walser in den Verband dieser Freien aufgenommen worden, wie sich das etwa in Valendas zeigen läßt, wohin Walser aus Safien gekommen waren[83].

Die ganze Entwicklung der Freien ist also recht kompliziert, und bei Berücksichtigung all dieser Gesichtspunkte schwindet auch der heute oft noch zu stark betonte Gegensatz zwischen Altfreien einerseits und Rodungs- respektive Königsfreien anderseits weitgehend. Denn die ursprünglichen Königsfreien in den *centenar*-Orten verloren eben seit dem 9. Jahrhundert ihren Herrn, und es hing ganz von den lokalen Verhältnissen ab, ob sie unter die Herrschaft eines anderen Herrn kamen wie offenbar die ehemaligen Freien im Herrschaftsbereich des Bischofs von Chur, oder ob sie sich, im Windschatten der großen Ereignisse und der Paßstraßen, weitgehend frei zu erhalten vermochten.

Bedenkt man ferner, daß dann in ganz Graubünden, also auch in den ausgesprochen herrschaftlich organisierten Gebieten, die Gerichtsgemeinden sich letztlich durchsetzten, so wird die Bedeutung der älteren Freien erst recht deutlich, denn durch sie und die Walser hat diese Freiheitsbewegung des Spätmittelalters zweifellos den entscheidenden Anstoß erhalten.

---

83) L. Joos, Die Herrschaft Valendas, JHGG 45, 1915, S. 19 ff.

In diesem sehr summarischen Überblick über die Herrschaftsentwicklung in Rätien sollte gezeigt werden, daß die großen geschichtlichen Epochen an Graubünden nicht spurlos vorübergegangen sind. Die jeweilige Bedeutung der Pässe hat die innere Entwicklung des Landes weitgehend bestimmt. Unter Karl dem Großen treffen wir die Organisation der Grafschaft und des Königsguts, Otto der Große begünstigte das Bistum als Hüter der Pässe, in der Stauferzeit verstanden es die Vazer, die weltgeschichtliche Situation für ihre Zwecke auszunützen, und sicherlich wirkten der Zerfall der deutschen Königsmacht in Italien und die Verlagerung des Verkehrs auf den Gotthard in dem Sinne, daß Graubünden für die politischen Mächte an Interesse verlor und sich die einheimischen Kräfte wieder besser entfalten konnten, die dann die Drei Bünde schufen, welche, von Anfang an in recht enger Verbindung mit der Eidgenossenschaft, um 1500 selber als aktive Kraft auftraten und in den oberitalienischen Raum ausgriffen, wo sie das Veltlin, Bormio und Chiavenna eroberten. Aus Objekten der herrschaftlichen Epoche waren kräftig ausgreifende Subjekte der Herrschaftsbildung geworden.

St. Gallen an der Wiege der deutschen Sprache

Das Althochdeutsche von St. Gallen im Rahmen der frühdeutschen Sprach- und Überlieferungsgeschichte [1)]

VON STEFAN SONDEREGGER

Das Althochdeutsche, die älteste schriftlich bezeugte Stufe der deutschen Sprache, ist erst langsam im Verlauf des frühen Mittelalters aus den Stammesdialekten der Franken, Bayern, Alemannen und Langobarden zu einer zunächst noch wenig einheitlichen Sprache erwachsen, die dann Ende des 11. Jahrhunderts und im 12./13. Jahrhundert geglätteter ins höfische Mittelhochdeutsch übergeht. Oberdeutsch und Fränkisch sind die beiden tragenden Schichten des Althochdeutschen, zu denen sich südlich der Alpen mit deutlicher Verbindung zum Bairischen noch das Langobardische im oberitalienischen Raum gesellt. Althochdeutsch heißt somit – und das wird durch die eben in den entscheidenden Jahrhunderten erst allmählich einsetzenden Sprachquellen immer aufs neue erhärtet – Vielfalt einzelner Mundarten seit dem 8. Jahrhundert; weitgehendes sprachliches Eigenleben der bedeutendsten Überlieferungsorte trotz mancher gegenseitiger Beziehung; Neuschaffung und Neusetzung gesprochener Volkssprache in schriftlicher Form oder Adaption des lateinischen Schriftsystems – gelegentlich vermehrt durch Runenzeichen – für eine neue Schreibsprache althochdeutscher Prägung; erst langsames Zusammenwachsen verschiedener Mundarten einer wunderbar schallvollen, vokalreichen Sprache in einer durch die politische Vormachtstellung der Franken bestimmten Umwelt, einer Vormachtstellung übrigens, die für die Sprachgeschichte des frühen Deutschen seit merowingischer Zeit bedeutsam wird [2)]; erste Versuche, einer rein bäuerlichen Muttersprache das hohe Gedankengut einer christlich-

---

1) Nach Vorträgen an der Gallus-Feier vom 16. Oktober 1964 im Stadttheater zu St. Gallen und an der Universität Freiburg i. Br. am 10. Februar 1965. Der Aufsatz berührt sich teilweise mit des Verfassers Darlegungen »Das Althochdeutsche im Bodenseegebiet; der Anteil von St. Gallen und Reichenau am Werden der deutschen Sprache«, Bodenseebuch 40 (Kreuzlingen 1965), 140–159. Die Karten sind nach Entwürfen des Verfassers gezeichnet von Erwin Zimmerli, Graphiker VSG, St. Gallen.

2) Vgl. besonders FRIEDRICH MAURER, Zur vor- und frühdeutschen Sprachgeschichte, in: Dichtung und Sprache des Mittelalters, Gesammelte Aufsätze, Bern–München 1963, 286–298 und ders., Die ›westgermanischen‹ Spracheigenheiten und das Merowingerreich ebda. 299–309; RUDOLF SCHÜTZEICHEL, Die Grundlagen des westlichen Mitteldeutschen, Studien zur historischen Sprachgeographie, Tübingen 1961, 79 ff. (IV. 1. Zur sprachgeschichtlichen Problematik der Merowingerzeit, 2. Die Francia Rinensis, 3. Das merowingische Großreich usw.).

antiken Bildungswelt zu erschließen. Wenig wüßten wir von der ältesten Stufe des Deutschen, wenn nicht die Klöster des frühen Mittelalters auch der Volkssprache und ihrer Aufzeichnung, ja selbst volkssprachlicher Dichtung größte Aufmerksamkeit und sammlerischen Eifer hätten angedeihen lassen. Oft genug geschah dies freilich im Dienste des Lateins, im Dienste lateinisch-christlicher und lateinisch-antiker Kultur, wirkte aber von da hinein in das frühe Deutsche, an dessen Wiege – wie Theodor Frings [3] es·formuliert hat – Antike und Christentum stehen. Man kann auch sagen: zur siedlungsgeschichtlichen Voraussetzung einer fortschreitenden Südwanderung frühgermanischer Binnenstämme über Main und Limes hinaus zum Ober- und Hochrhein, ins Bodenseegebiet, in die heutige deutsche Schweiz und zu den bayrischen Alpen gesellte sich der missions- und kirchengeschichtliche Hintergrund von Klostergründungen und Bekehrung, ja das bildungsgeschichtliche Ereignis einer Vereinigung von Antike und Christentum im Südgermanischen, wie sie gerade und von allem Anfang im Althochdeutschen sprachliche Gestalt angenommen hat. In diesem größeren Zusammenhang ist nun auch St. Gallen an der Wiege der deutschen Sprache zu sehen.

Schon ein erster Blick auf die Karte der Hauptorte althochdeutscher Überlieferung (Karte 1) zeigt uns, wie nördlich der Alpen im Bodenseegebiet gleich zwei Hauptträger althochdeutscher Sprachkultur anzusetzen sind: St. Gallen und die Reichenau. Wie ist es dazu gekommen? Siedlungsgeschichtlicher Hintergrund bleibt der Vorstoß der Alemannen aus dem Maingebiet nach Südwestdeutschland und an die obere Donau im 3. Jahrhundert, ins Bodenseegebiet seit der zweiten Hälfte des 4. Jahrhunderts und südwärts über den Hochrhein seit der zweiten Hälfte des 5. Jahrhunderts. Als älteste Spuren alemannischer Siedlung der Landnahmezeit dürfen besonders die vielen Ortsnamen auf -ingen gelten, die sich wie ein Kranz vor allem um das nordwestliche Bodenseeufer zu legen vermochten: z. B. Ober- und Unteruhldingen, Überlingen, Sipplingen am Nordufer des Überlinger Sees; Espasingen, Nenzingen, Orsingen usw. westlich davon; Stahringen, Güttingen, Möggingen, Liggeringen im Nordwestteil und Dettingen bzw. Wollmatingen im Südostteil des Bodanrückens; Markelfingen am Gnadensee; die vielen -ingen-Orte im Raum Singen; Ermatingen am Untersee sowie Scherzingen und Güttingen am Südufer des Bodensees. Damit ist sozusagen ein ältester Siedlungsraum markiert, an den sich im Verlauf der althochdeutschen Zeit, also bis ins 11. Jahrhundert hinein, weitere Ortsnamengruppen zum Beispiel auf -dorf, -stetten, -inghofen, -inghusen und -weil/wil, -wiler anlehnen, die wir, wie auch die Gruppen der Rodungsnamen, hier nicht näher beleuchten wollen. Die Namenkunde des Bodenseegebietes, sozusagen des Vorfeldes von St. Gallen, lehrt aber noch ein weiteres: die alemannischen Siedler trafen hier stellenweise auf eine vordeutsche illyrisch-venetische oder galloromanische Siedlerschicht, die im Gebiete des Seeraumes

---

[3] THEODOR FRINGS, Grundlegung einer Geschichte der deutschen Sprache, 3. Aufl., Halle 1957, S. 58–75.

Die Hauptorte althochdeutscher Überlieferung

Köln

Fulda

Frankfurt

Mainz
Lorsch
Würzburg
Bamberg

Trier

Worms

Speyer

Regensburg

Passau

Weissenburg

Strassburg

Augsburg
Freising

Monsee

Salzburg

Murbach

Reichenau

Tegernsee

Wessobrunn

St. Gallen

Karte 1

durch vordeutsche Fluß- oder Seenamen wie Rhein, Argen, Thur, Sitter, Lacus Vene-
tus (»Venetischer See«, bei Pomponius Mela 43 n. Chr.) oder Ortsnamen wie Eschenz
(Tasgaetium), Arbon (Arbona), Bregenz (Brigantia) in Erscheinung tritt, was auch
durch Zeugnisse antiker Autoren ergänzt werden kann. Was der klösterlichen Kultur
des Bodenseegebietes an Althochdeutschem vorausliegt, sind somit die ältesten Schichten deutscher Ortsnamen, die in ihren Altersgruppen gleichzeitig das erste Bild alemannischer Siedlung unseres Raumes vermitteln und durch die Mischung mit Vor-

deutschem die enge Verflechtung mit der den Alemannen vorausgehenden, durch sie dann assimilierten, zahlenmäßig relativ kleinen Bevölkerung beleuchten[4].

Gerade der Hintergrund des gewaltigen St. Galler Urkundenmaterials[5] läßt uns auf dem Gebiet der Nordostschweiz und ihren Grenzstreifen deutlich den allmählichen Siedlungsausbau schauen, der sich hier zwischen Romanischem am Bodensee, im Rheintal, im Walensee-Seeztal-Gebiet, im Churer Raum und dem neu vorstoßenden Alemannischen vollzog. Sprechen für die St. Galler Gegend die Zeugnisse der Lebensbeschreibungen des hl. Gallus[6] für das 7. und frühe 8. Jahrhundert an verschiedenen Stellen immer wieder von der Einsamkeit und Abgeschiedenheit (lat. *solitudo, heremus, secreta silvarum*) des Gebietes; fliehen die Einwohner des frühmittelalterlichen Arbon noch vierzig Jahre nach dem Tode des Gallus vor dem Heereszug des alemannischen Otwini in die – wie es heißt – Einsamkeit der Zelle des Iren (lat. *in solitudinem et ad cellam viri Dei)*; wird noch in einer in Kembs am Oberrhein ausgestellten St. Galler Privaturkunde anno 757 von der abgeschiedenen Lage der Galluskirche im Steinachtal gesprochen (lat. *super fluviolum Steinaha in solitudine in pago Durgaugense);* so zeigt sich aus den Urkunden und Namensnennungen, wie sehr dann in den folgenden Jahrhunderten das Gebiet der nördlichen Teile des Kantons St. Gallen um die Stätte des hl. Gallus, um das an Einfluß gewinnende Kloster von Alemannen besiedelt und erschlossen wird, ja wie die Siedler mehr und mehr in ein rechtliches Verhältnis zum Kloster treten[7]. Vermittelt uns Karte 2 »Urkundliche Erstnennungen in den Kantonen Thurgau, St. Gallen und Appenzell bis 800« das Bild von alemannischen Siedlungsschwerpunkten am Bodensee, im mittleren Thurtal, am oberen Zürichsee – wogegen die Landschaft um St. Gallen noch durchaus jene Siedlungsleere zeigt, von der die historischen Quellen ausdrücklich sprechen –, von romanischen im St. Galler Rheintal, so zeigt sich durch die urkundlichen Erstnennungen bis 850 (Karte 3) schon deutlich ein sich zunehmend verstärkender Siedlungsbau zwischen Bodensee und Thur, zwischen Thur und Murg und auf den Vorhöhen der Landschaft um St. Gallen, ja bis ins spätere Appenzellerland hinein, wobei das sich ergebende Bild freilich durch die Ausbreitung des st. gallischen Klosterbesitzes wesentlich mitbestimmt ist, aber

---

4) Zur Namenkunde des Bodenseegebietes neuerdings besonders OSKAR BANDLE, Zur Schichtung der thurgauischen Ortsnamen, in: Sprachleben der Schweiz (Festschrift Rudolf Hotzenköcherle), Bern 1963, 261–288; zur Geschichte i. a. OTTO FEGER, Geschichte des Bodenseeraums, Bd. 1 (Anfänge und frühe Größe), Konstanz 1956.

5) HERMANN WARTMANN, Urkundenbuch der Abtei St. Gallen, Bd. I–III, Zürich und St. Gallen 1863–1874 (dazu Sachregister zu Bd. I und II, St. Gallen 1921); Urkundenbuch der südlichen Teile des Kantons St. Gallen, bearbeitet von F. PERRET, Bd. I, Rorschach 1961.

6) Vita Galli confessoris triplex, ed. BRUNO KRUSCH, Monumenta Germaniae historica, Scriptores rerum merovingicarum tom. IV, Hannoverae et Lipsiae 1904.

7) Die siedlungsgeschichtlich-namenkundlichen Aspekte und die Nachweise zu den oben zitierten Stellen im einzelnen ausführlich bei STEFAN SONDEREGGER, Grundlegung einer Siedlungsgeschichte des Landes Appenzell an Hand der Orts- und Flurnamen, Appenzellische Jahrbücher 1957, 58. Heft, Trogen 1958, 3–68 (mit 13 Karten).

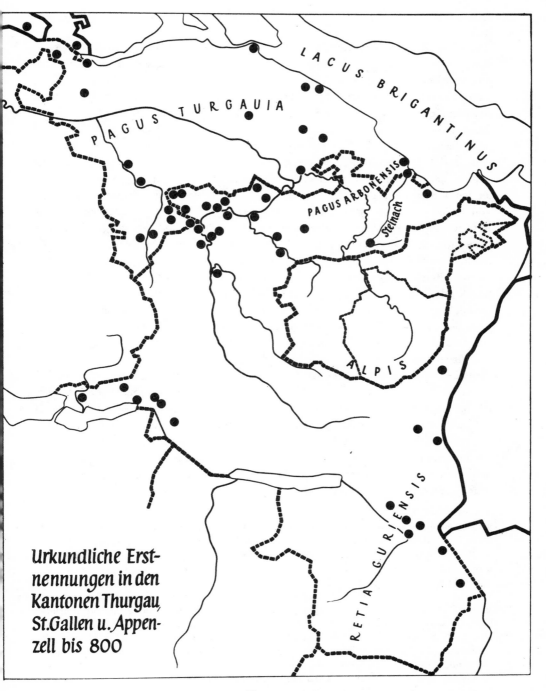

Urkundliche Erst-
nennungen in den
Kantonen Thurgau,
St.Gallen u. Appen-
zell bis 800

Karte 2

doch einen guten Anhaltswert für die Rekonstruktion von Siedlung und Siedlungsausbau in der ersten Hälfte des 9. Jahrhunderts vermittelt. Nehmen wir eine Karte der
althochdeutschen Gaunamen der Schweiz dazu (Karte 4), also das Bild aller bis zum
Jahre 1100 nachzuweisenden deutschen Landschafts- oder Gaubezeichnungen, so wird
noch einmal deutlich, wie sehr St. Gallen am Südrand althochdeutsch-alemannischer
Siedlung liegt, ja eigentlich in den Kreis der Alpenklöster zu rechnen ist [8].

Neben die Orts- oder Landschaftsnamen treten innerhalb der ältesten Zeugnisse
eines vorklösterlichen deutschen Sprachlebens die alemannischen Runeninschriften des
5. bis 7. Jahrhunderts, die aus einer reichen Fundgruppe im oberen Donautal nahe bis
an den Bodensee und selbst in die heutige deutsche Schweiz hineinragen, wie das Bild
von Karte 5 zeigen mag: mit der Lanzenspitze von Wurmlingen, den Funden von
Fützen und Weingarten und der Bügelfibel von Bülach sind wir geographisch und
sprachlich schon ganz nahe beim nachmaligen Althochdeutschen der großen Klöster
des Bodenseegebietes, in deren Überlieferungsreichtum selbst eine frühmittelalterlich-
gelehrte Beschäftigung mit der Runenkunde durch ihren Niederschlag in Handschriften (Runica Manuscripta) faßbar wird [9]. Selbst die auf der Reichenau entstandene althochdeutsche Benediktinerregel (Codex 916 der Stiftsbibliothek St. Gallen) verwendet
noch den Ausdruck *runstaba* »Runenstäbe« für lateinisch *eulogia* »eine Art Freund-
schaftsbrief«, was noch die Nähe des ganzen Runenbereichs dokumentieren mag.

Wir sprachen bisher von der siedlungsgeschichtlichen Voraussetzung der althochdeutschen Sprache von St. Gallen. Überlieferungsgeschichtlich gesehen wird freilich
selbst diese jeder literarisch-klösterlichen Ausformung des althochdeutschen Sprachlebens vorgängige Voraussetzung erst eigentlich durch die nachfolgende Klosterüber-
lieferung, zumal des gewaltigen St. Galler Urkundenbestandes, faßbar und rekon-
struktionsfähig, so daß sich die Sprach- und Geschichtsforschung der Neuzeit immer
wieder damit zu beschäftigen haben. Die Geschichte des Klosters St. Gallen nachzuzeichnen ist hier nicht der Ort [10], wobei freilich zu betonen bleibt, daß die Klostergründung von St. Gallen zu den ältesten des deutschen Sprachgebietes überhaupt ge-

---

8) Zu den ahd. Gaunamen vgl. STEFAN SONDEREGGER, Die althochdeutsche Schweiz, in: Sprachleben der Schweiz (Festschrift R. Hotzenköcherle), Bern 1963, 52–55 (mit weiterer Lit.).

9) Vgl. die Literatur bei STEFAN SONDEREGGER, Volks- und Sprachgrenzen in der Schweiz im
Frühmittelalter, Der sprachgeschichtliche Aspekt, Schweiz. Zeitschrift für Geschichte 13 (Zürich 1963), 499 und 501 (Anm. 6 und 7).

10) Dazu besonders THEODOR MAYER, Konstanz und St. Gallen in der Frühzeit, Schweiz. Zeit-
schrift für Geschichte 2 (Zürich 1952), 473–524; HEINRICH BÜTTNER, Frühmittelalterliches
Christentum und fränkischer Staat zwischen Hochrhein und Alpen, Darmstadt 1961; JOHANNES
DUFT, Die Beziehungen zwischen Irland und St. Gallen im Rahmen der st. gallischen Stifts-
Geschichte, in: Die irischen Miniaturen der Stiftsbibliothek St. Gallen, hrsg. von JOHANNES
DUFT und PETER MEYER, Olten–Bern–Lausanne 1953, 11–61; ROLF SPRANDEL, Das Kloster
St. Gallen in der Verfassung des karolingischen Reiches (Forschungen zur oberrheinischen
Landesgeschichte, Bd. VII), Freiburg 1958.

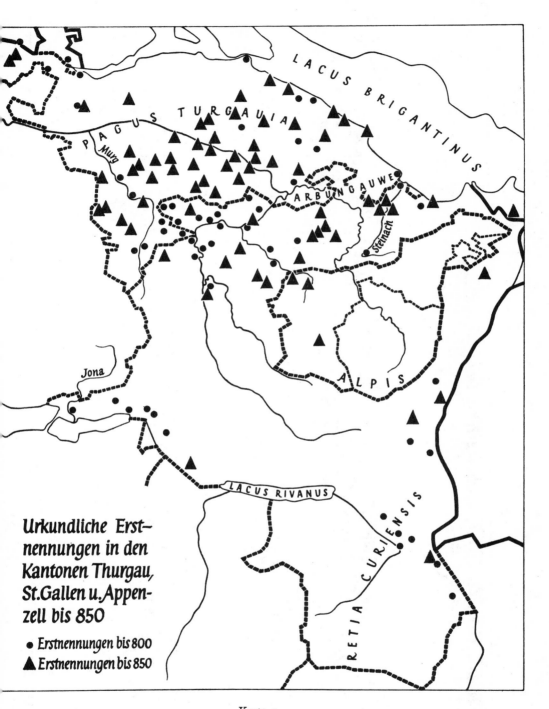

LACUS BRIGANTINUS

PAGUS TURGAUIA

Murg

ARBUNGAUWE

Steinach

ALPIS

Jona

LACUS RIVANUS

RETIA CURIENSIS

**Urkundliche Erst-
nennungen in den
Kantonen Thurgau,
St.Gallen u.Appen-
zell bis 850**

● Erstnennungen bis 800
▲ Erstnennungen bis 850

Karte 3

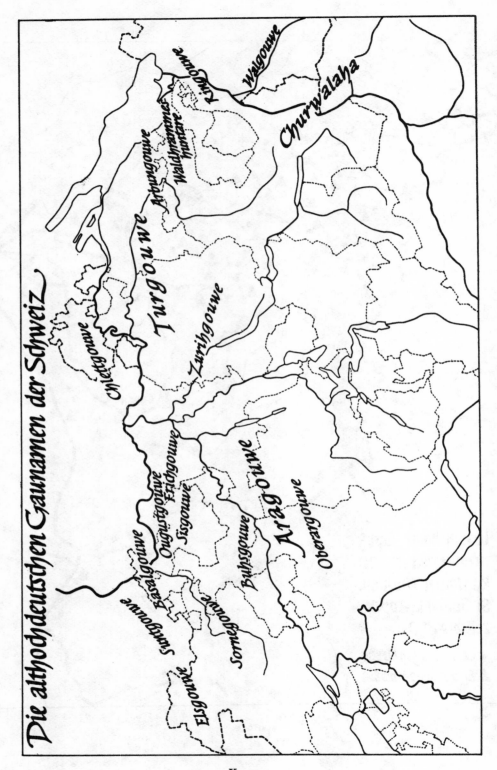

Die althochdeutschen Gaunamen der Schweiz

Churwalaha

Walgouwe

Ringouwe

Waldrâmnesshuntari

Arbongouwe

Turgouwe

Züribgouwe

Chlettgouwe

Augstgouwe

Frickgouwe

Sisgouwe

Aragouwe

Buhsgouwe

Oberaragouwe

Sornegouwe

Basalgouwe

Elsgouwe

Suntgouwe

Karte 4

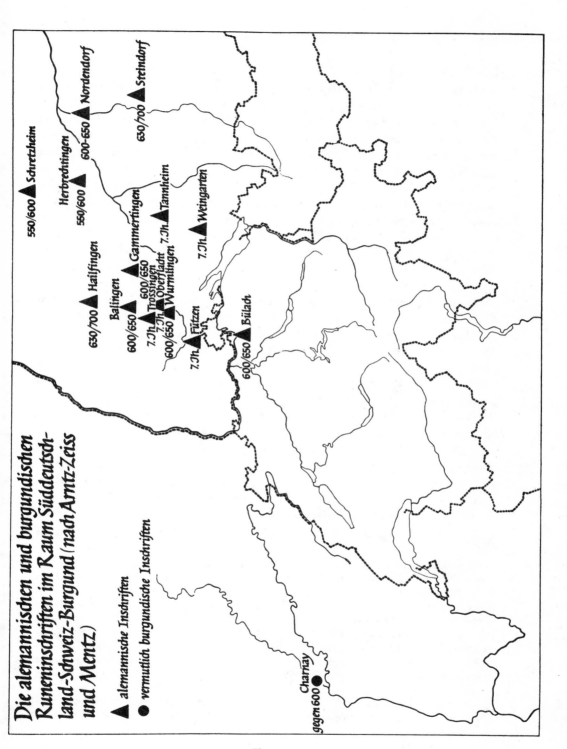

Die alemannischen und burgundischen Runeninschriften im Raum Süddeutschland-Schweiz-Burgund (nach Arntz-Zeiss und Mentz)

▲ alemannische Inschriften
● vermutlich burgundische Inschriften

550/600 ▲ Schretzheim

600-650 ▲ Nordendorf

630/700 ▲ Steindorf

550/600 ▲ Herbrechtingen

650/700 ▲ Hailfingen

Balingen

600/650 ▲ Gammertingen

7.Jh. Trossingen
7.Jh. Oberflacht 7.Jh. ▲ Tannheim
600/650 ▲ Wurmlingen

7.Jh. ▲ Weingarten

7.Jh. ▲ Fützen

600/650 ● Bülach

Charnay
gegen 600 ●

Karte 5

hört: nach der schon im Jahre 612 durch den irischen Glaubensboten Gallus gegründeten Mönchszelle an der später nach ihm benannten Örtlichkeit St. Gallen folgte 719 der Ausbau zum Benediktinerkloster durch den Alemannen Otmar. Demgegenüber liegen die auf Karte 1 aufgezeichneten althochdeutschen Hauptüberlieferungsorte ihrer Gründung nach mit Ausnahme Weißenburgs (7. Jahrhundert) doch später: Reichenau 724, Fulda 744, Murbach 727, Lorsch 764, Wessobrunn um 750, Monsee 748, Tegernsee um 770 usw. Ferner muß hier betont werden, daß schon bald nach den Anfängen des Klosters St. Gallen im 8. Jahrhundert eine Schrifttradition einsetzt, eine Schreibschule entsteht, Codices und Urkunden ab- oder neugeschrieben werden, ja selbst Volkssprachliches bereits vor 800 zur Aufzeichnung gelangt [11].

Gerade die Besinnung auf die älteste Stufe der deutschen Sprache in St. Gallen führt in mannigfacher Hinsicht immer wieder auf den heiligen Gründer Gallus selbst zurück. Dies besonders in folgender Hinsicht:

1. Das erste Zeugnis einer deutschen, volkssprachlichen Predigt schon im 7. Jahrhundert mitten unter noch heidnischen Alemannen liegt bei Gallus. Die verschiedenen Fassungen der lateinischen Viten über den hl. Gallus berichten davon, daß dieser sprachmächtige Glaubensbote vor der Zerstörung der heidnischen Heiligtümer in Bregenz – vielleicht schon in Tuggen – gepredigt habe. Eine an die alemannischen Heiden gerichtete Missionspredigt leitete die Zerstörung des Heidentums ein. Die wissenschaftliche Forschung über dieses Problem ist sich doch darüber einig, daß Gallus des Alemannischen mächtig war [12]. Auch in Konstanz hat Gallus gepredigt, bei der Wahl seines Schülers Johannes zum Bischof – hier wohl lateinisch, während der eben geweihte Bischof Johannes dann zum Volk alemannisch sprach.

2. Die Viten über den hl. Gallus sind überlieferungsgeschichtlich gesehen die ersten und ältesten Belege für die Landstrichsnamen der St. Galler Gegend. Hier liegt ältestes Namengut im Rückgriff auf weitgehend mündliche Überlieferung vor uns [13].

3. Die Klostertradition von St. Gallen hat selbst später Entstandenes, ja selbst nicht in St. Gallen Geschaffenes, wie das ehrwürdige Glossar *Vocabularius Sancti Galli* vielleicht aus einer wachen Erinnerung an die Sprachgewalt des Gründers dem hl. Gallus

---

11) Zur Schreibschule von St. Gallen besonders ALBERT BRUCKNER, Scriptoria medii aevi helvetica II/III, Schreibschulen der Diözese Konstanz, St. Gallen I–II, Genf 1936–38; JOHANNES DUFT, Mittelalterliche Schreiber, 2. Aufl., St. Gallen 1964; zur Bibliotheksgeschichte neuerdings JOHANNES DUFT, Aus der Stiftsbibliothek St. Gallen, Mitteilungen Universitätsbund Marburg 1960, 55–67 (mit Lit.).

12) Zur Frage FRITZ BLANKE, Columban und Gallus, Urgeschichte des schweizerischen Christentums, Zürich 1940, 73–77; TRAUGOTT SCHIESS, Hat Gallus Deutsch verstanden? Mitteilungen zur vaterländischen Geschichte, Bd. XXXVIII, St. Gallen 1932; JOHANNES DUFT, Die Beziehungen zwischen Irland und St. Gallen im Rahmen der st. gallischen Stifts-Geschichte, a. a. O., S. 22.

13) Zum Zeugniswert und Alter der Viten i. a. vgl. JOHANNES DUFT, Die Beziehungen zwischen Irland und St. Gallen im Rahmen der st. gallischen Stifts-Geschichte, a. a. O., S. 18–19.

zugeschrieben, wenn damit nicht lediglich der Bibliotheksbesitz dieser in ihrer Vorformung in Fulda entstandenen Glossenhandschrift gemeint ist [14].

4. Leben und Wirken des hl. Gallus sind selbst sprachtragend geworden und in lateinischer wie althochdeutscher Sprache besungen worden. So stellt sich, um nur einiges zu nennen, neben des Reichenauer Abtes Walahfrid Strabo lateinisches Loblied auf Gallus das althochdeutsche des Mönches Ratpert aus dem 9. Jahrhundert, das uns freilich leider nicht in der Ursprache, sondern nur in der lateinischen Fassung Ekkehards IV. aus dem 11. Jahrhundert erhalten ist [15]. Es scheint mir, wie wenn wir aus dem lateinischen Text Ekkehards noch so etwas wie die althochdeutsche Fassung heraushören könnten, wenn dies auch von der bisherigen Forschung in der Regel verneint wird [16]. So könnte der Anfang Strophe I, 1

> *Nunc incipiendum   est mihi magnum gaudium*

althochdeutsch etwa gelautet haben

> *Wellemēs biginnan   frewilīh nu singan,*

oder aus der Schlußstrophe 17, 82

> *vivit, inquam, Gallus,   beatior iam nullus*

althochdeutsch etwa

> *Lebēt, quid'ih Gallo,   nist ioman so sāligo.*

Nun sind dies freilich Versuche, die immer unzureichend bleiben. Und doch stehen wir vor der Tatsache, daß hinter dem mittellateinischen Text so oder so eine althochdeutsche Fassung steht, auch wenn wir sie nur an einzelnen Stellen und auch da nur versuchsweise zu rekonstruieren vermögen.

Ein indirekter Galluspreis findet sich sodann am Schluß der Versepistel Otfrids von Weißenburg an seine Mitbrüder Hartmuat und Werinbert von St. Gallen (*Ot-*

---

14) Zur Frage vgl. JOHANNES DUFT, Aus der Stiftsbibliothek St. Gallen, Mitteilungen Universitätsbund Marburg 1960, 57–58.

15) Vgl. GUSTAV EHRISMANN, Geschichte der deutschen Literatur bis zum Ausgang des Mittelalters, 1. Teil, Die althochdeutsche Literatur, 2. Aufl., München 1932 bzw. Nachdruck 1954, 217–220. Text bei JOHANNES EGLI, Der Liber benedictionum Ekkeharts IV. nebst den kleinen Dichtungen aus dem Codex Sangallensis 393, St. Gallen 1909, 382–389.

16) GUSTAV EHRISMANN a. a. O. (Anm. 15), 218: »Der deutsche Text ist hinter dem lateinischen Gewand nicht mehr zu erkennen«. Alles hängt dabei von der Interpretation der Worte Ekkehards ab, der zur Übersetzung sagt »*quod nos multo impares homini, ut tam dulcis melodia latine luderet, quam proxime potuimus, in latinam transtulimus*«. Grundsätzlich vergleiche man die Versuche FELIX GENZMERS, altnordische Dichtungen aus mittellat. Quellen wiederzugewinnen (z. B. HANS NAUMANN, Frühgermanisches Dichterbuch, Berlin und Leipzig 1931, 54–63).

fridus Uuizanburgensis monachus Hartmuato et Uuerinberto Sancti Galli monasterii monachis) aus der Zeit um 870:
Hartm. 165–168

> *Krist hálte Hártmuatan*
> *joh Wérinbrahtan gúatan,*
> *mit in sí ouh mir giméini*
> *thiu éwiniga heili;*
> *Joh állen io zi gámane*
> *themo héilegen gisámane,*
> *thie dáges joh náhtes thuruh nót*
> *thar sancte Gállen thíonont!*

Das heißt neuhochdeutsch: »Christus erhalte Hartmuat und den guten Werinbert; mit ihnen werde auch mir das ewige Heil zuteil, wie auch allen immer zur Freude, der heiligen Gemeinschaft, welche Tag und Nacht gemäß der Regel (oder einfach: eifrig, sorgfältig, mit Disziplin) dort dem heiligen Gallus dient.«

Ja selbst Notker der Deutsche nimmt am Schluß von Psalm XXVIII auf die Vita Sancti Galli Bezug, von der er sagt *in uita sancti Galli* (in der Glossierung von Codex 21 der Stiftsbibliothek St. Gallen heißt es *in lîb-pûoche), diu metrice getân ist,* wobei nicht recht klar ist, ob Notker Walahfrid Strabos metrische Bearbeitung der Vita oder Ratperts Lobgesang auf den hl. Gallus – die durchaus der Handlung der Vita folgt – gemeint hat [17].

Wenn wir versuchen, einen Überblick über die älteste Schicht deutschen Sprachlebens in St. Gallen zu gewinnen, so müssen wir mit den Urkunden beginnen. Die älteste erhaltene Originalurkunde mit althochdeutschen Namen ist in St. Gallen bereits aus dem Jahr 731/736 überliefert [18] – es ist das älteste Privaturkundenoriginal mit deutschem Sprachgut überhaupt; und nun folgt durch über zwei Jahrhunderte hindurch ein Strom von Urkunden: gegen 900 Originalurkunden oder fast gleichzeitige Kopien allein aus althochdeutscher Zeit, die das Stiftsarchiv St. Gallen sorgsam verwahrt. Der sprachgeschichtliche Wert der älteren St. Galler Urkunden für das Althochdeutsche liegt in der Nennung der vielen Orts- und Landstrichsbezeichnungen, ganz besonders aber in dem dadurch überlieferten gewaltigen Schatz von Personennamen, zumal in den Zeugennennungen [19]. Obwohl die Urkunden vorwiegend Ori-

---

17) Notkers des Deutschen Werke, hrsg. von E. H. SEHRT und TAYLOR STARCK, III, 1 (Halle 1952), 149.

18) HERMANN WARTMANN, Urkundenbuch der Abtei St. Gallen, Bd. I, Zürich 1863, Nr. 6, S. 6.

19) Vgl. STEFAN SONDEREGGER, Der althochdeutsche Personennamenschatz von St. Gallen. Ein Beitrag zum Problem einer althochdeutschen Namengrammatik. VI. Internationaler Kongreß für Namenforschung, Kongreßberichte III, München 1961, 722–729.

ginale, seltener gleichzeitige oder wenig spätere Kopien darstellen, ergeben sich bei einer sprachhistorisch-linguistischen Auswertung eine Reihe von Problemen. Betrachten wir z. B. die Namen der ältesten St. Galler Originalurkunde a. 731/736, so stellen wir neben beachtlichen frühalthochdeutschen Altertümlichkeiten entsprechend dem Sprachstand der ersten Hälfte des 8. Jahrhunderts eine Reihe von rätisch-romanischen Latinisierungstendenzen fest, die dem rätischen Schreiber Silvester (in der Urkunde *Selvester diagonus*) zugeschrieben werden müssen. Von den in der Urkunde vorkommenden Nennungen *Petto, sig. Pettonis, Gondaharancum, Rihfredum, Winifredum, Liuddulfum, Causulfum, Witonem, sig. Airici, sig. Berterici, sig. Pepones, sig. Lantfreti, sig. Vultperti, sig. Ungari, Clata, Glata* (ON, eig. Flußname) muß jede einzelne Form nach ihrem Aussagewert für das Althochdeutsche (bzw. nach ihrer lateinisch-romanischen Angleichung) überprüft werden. So steht z. B. *Causulfum* für frühahd. *Gauʒ-wulf, später Gōʒwolf, Cōʒolf*; hier mit teils ahd. Lautung, teils romanischer Orthographie und latinisierter Endung usw. Oder *sig. Ungari* für frühahd. *Hūngaer,* später *Hūngēr,* latinisiert *(H)ungar(i)us,* Gen. *(H)ungar(i)i* usw. Schon dieses erste im Rahmen dieses Aufsatzes nach seiner Problematik nur skizzenhaft umrissene Beispiel der ersten St. Galler Originalurkunde zeigt, wie differenziert der sprachwissenschaftliche Befund der Urkundenoriginale ist, ja wie sehr die Urkunden aus ahd. Zeit (auch die späteren und selbst dort, wo nicht, wie in St. Gallen, noch mit rätisch-romanischen Einflüssen zu rechnen ist) bezüglich ihres Namenmaterials in der großen Auseinandersetzung Lateinisch/Deutsch oder geschriebenes Formular einer Kanzleilatinität / gesprochene ahd. Namensform stehen. Selbst die weitgehend originalen älteren St. Galler Urkunden suchen zunächst noch lange Zeit das volkssprachliche Namengut im Rahmen ihrer Formularlatinität zu integrieren. Was an althochdeutschem Namengut in den Urkunden vorliegt, ist keineswegs so rein althochdeutsch, wie man es zunächst erwarten möchte. Vielmehr kennzeichnen zwei Tendenzen, allerdings zwei im Verlaufe der althochdeutschen Überlieferung entsprechend dem Durchbruch eines deutschen Sprachbewußtseins abnehmende Tendenzen das althochdeutsche Namengut der Urkunden:

a) die Latinisierungstendenz

b) die Archaisierungstendenz, die gelegentlich bis zu voralthochdeutschen Formen in lateinischem Gewande führt[20]. Nun hat aber St. Gallen – und von vereinzelten Ausnahmen abgesehen nur St. Gallen – noch eine ganz bedeutende Besonderheit, die für das frühe Deutsche von großem Wert ist: die sogenannten Voraufzeichnungen oder Vorakte der älteren St. Galler Urkunden. Vorakte sind selten erhaltene, der Urkundenreinschrift vorausgehende Notizen, ihrem Ursprung nach »ein reines Hilfs- und Verlegenheitsmittel, eine Gedächtnisstütze des Schreibers«, der den Hauptinhalt des

20) Zu diesen Problemen ausführlich und an weiterer Materialien STEFAN SONDEREGGER, Aufgaben und Probleme der althochdeutschen Namenkunde, in: Namenforschung, Festschrift für Adolf Bach, Heidelberg 1965, 55–96.

zu vollziehenden und in der Urkunde festzuhaltenden Rechtsgeschäftes vorgängig der Reinschrift in der Art eines Konzeptes an Ort und Stelle kurz notierte. Obwohl für das Rechtsgeschäft ohne Belang, sind die Vorakte eine unmittelbare Vorstufe der Urkunde selbst. Aus St. Gallen haben sich auf Vorder- oder Rückseite der Originalurkunden solche Notizen oder Fragmente davon in verhältnismäßig reicher Anzahl im Zeitraum 750–907 erhalten. Der Palaeograph Albert Bruckner, dem die wesentlichen Forschungen darüber zu verdanken sind, hat die 104 Stücke 1931 ediert [21]. Auch sprachlich sind die Vorakte von größter Bedeutung. Sie enthalten 993 ahd. PN, 91 ahd. ON und 27 ahd. Wörter (z. T. in mlat. Gestalt oder Entlehnung), deren Lautformen trotz meist gleicher Schreiberhand oft erheblich von der Reinschrift abweichen. Ein durchgehender Vergleich des gesamten Voraktenmaterials mit demjenigen der Urkunden zeigt ganz bedeutende Abweichungen dieser ersten Konzepte von der nachfolgenden Urkundenreinschrift [22]: es ist eben so, daß diese Vorakte geradezu eine direkte Sprachaufnahme auf dem althochdeutschen Land darstellen, sozusagen die Hörformen von Namen, seltener auch von Sachwörtern bieten, während die Urkunden alles im Rahmen eines archaisierenden, festgefügten lateinischen Formulars einbetten und zum Teil umgestalten. So zeigen die Vorakte die Namen in der Regel in rein ahd. Gewande, d. h. nicht latinisiert, sind ferner sprachgeschichtlich revolutionär, weisen bereits im 8. und 9. Jahrhundert eine Reihe von Assimilationen, Verschleifungen, Abschwächungen der Endsilben oder zweiter Kompositionsglieder auf (z. B. *Albeni* für urk. *Albewini*, *Libila* für urk. *Liubila* Frauenname »die Liebevolle«, *Padger* für *Paldger*, zu *bald* »kühn« und *gêr* »Wurfspieß«; *Ragos, Liugos, Ragari* für urk. *Râtgôz, Liutgôz, Râthari*), Erscheinungen, wie sie sonst in der althochdeutschen Überlieferung erst Jahrhunderte später faßbar werden, weil eben hier ein Stück lebende althochdeutsche Sprache abgelauscht und in aller Eile zu Pergament gebracht wird. Es ist nicht von der Hand zu weisen, daß die gegen 600 von den Urkunden abweichenden oder zusätzlichen Formen der Vorakte eine wertvolle Bereicherung nicht nur des althochdeutschen Namenmaterials, sondern der althochdeutschen Sprache überhaupt bilden. Gerade aus dem Vergleich der Voraktformen mit den ihnen entsprechenden Urkundenformen ergibt sich das Bild von zwei Sprachschichten, die bisher im Ahd. zu wenig scharf ins Licht gerückt werden konnten: gesprochene Sprache einerseits und stilisierte, ins lateinische Formular eingebettete Urkundensprache anderseits.

21) ALBERT BRUCKNER, Die Vorakte der älteren St. Galler Urkunden, St. Gallen 1931; ferner A. BRUCKNER, Zum Konzeptwesen karolingischer Privaturkunden, Zs. f. Schweiz. Gesch. II, Zürich (1931), 297–315.
22) Ausführlich STEFAN SONDEREGGER, Das Althochdeutsche der Vorakte der älteren St. Galler Urkunden, Ein Beitrag zum Problem der Urkundensprache in althochdeutscher Zeit, Zeitschrift für Mundartforschung 28 (Wiesbaden 1961), 251–286. Abbildungen bei STEFAN SONDEREGGER, Aufgaben und Probleme der althochdeutschen Namenkunde, a. a. O. (Anm. 20), nach S. 72.

Die Urkunden zeigen uns sprachgeschichtlich aber noch etwas: eine ganze Reihe von ins lateinische Formular eingestreuten Sachwörtern, ein Sprachgut, das leider im großen Althochdeutschen Wörterbuch von Elisabeth Karg-Gasterstädt und Theodor Frings vorderhand wenigstens nicht vertreten ist[23], aber von größter Wichtigkeit für die deutsche Sprach- und Mundartforschung, ganz besonders für die Geschichte der deutschen Rechtssprache bleibt. Aus dem St. Galler Material begegnen althochdeutsche Sachwörter, z. T. mit lateinischen Endungen versehen, in rund fünfzig Prozent aller lateinischen Urkunden der althochdeutschen Zeit, meist in der Dispositio des Urkundentextes, im Kern der Formulierung des Rechtsgeschäftes, nämlich dort, wo es darum ging, deutsche Begriffe, welche nicht lateinisch umschrieben werden konnten oder die unbedingt nach ihrem unzweifelhaften volkssprachlichen Gehalt Eingang finden sollten, in der Urkunde festzuhalten: Abgaben und deren Höhe, Maßbezeichnungen, Rechtsbegriffe, Beamtennamen und dergleichen. So ergibt sich allein aus St. Gallen ein Material von rund 50 Wörtern mit Hunderten von Belegen, z. B. *zelga* für »Zelge, Brachfeld, bestelltes Feld«, *swās-scara* für »Eigenanteil, Ganerbenanteil an einem Anwesen«, *smoccho* m. »Frauenhemd«, *furiskio330* m. »Anwalt, Verteidiger, Wortführer«, *chwiltiwerch* n. »Abend-, Nachtarbeit« usw.[24].

Doch kehren wir noch einmal zu dem auf Karte 1 gegebenen Bild der Hauptorte althochdeutscher Überlieferung zurück. Die Betrachtung dieser Karte mit ihren rund 25 sprachtragenden Hauptorten des Althochdeutschen läßt uns – besonders wenn wir an den oben skizzierten siedlungsgeschichtlichen Hintergrund denken – sofort die Frage stellen, ob denn über das hier vermittelte, doch sehr weitmaschige Bild hinaus nichts räumlich Dichteres für das althochdeutsche Sprachleben zu gewinnen sei. Schon wenn wir vergleichsweise eine Karte der Klöster der Karolingerzeit heranziehen, ergibt sich ein viel ausgefüllteres Bild kulturtragender Stätten, in denen doch auch Althochdeutsch gesprochen wurde, auch wenn es nicht zu den in die Literaturgeschichte eingegangenen Leistungen der Klosterschulen von Fulda, Weißenburg, der Reichenau oder St. Gallens gekommen war. Nun läßt sich aber gerade mit der ältesten und kontinuierlichsten althochdeutschen Überlieferung St. Gallens, mit seinem Namenschatz, vor allem mit seiner Personennamenüberlieferung, ein ergänzendes, weil dichteres, auch viele kleine Orte umfassendes Bild althochdeutschen Sprachlebens gewinnen. Die Quelle für eine solche Betrachtung ist das Verbrüderungsbuch oder der Liber confraternitatum von St. Gallen, wozu sich als Beispiel einer einzigartigen Ortsüberlieferung das Profeßbuch der Abtei St. Gallen gesellt. Im Verlaufe des frühen Mittelalters entstanden die sogenannten Gebetsverbrüderungen, durch die sich geistliche und weltliche Personen gegenseitig durch Vertrag im Leben und nach dem Tode Anteil an den Früchten ihrer Gebete, Meßopfer und guten Werke gewährten. Die feste Formung erfuhren diese Gebetsverbrüderungen im 7. und 8. Jahrhundert. Dabei wurden

23) Berlin 1952 ff. Siehe Vorwort zu den ersten Lieferungen, Lieferung 1, 1952, S. 1*.

die Listen der lebenden und verstorbenen Insassen der Klöster ausgetauscht und in sogenannte *Libri vitae* (Bücher des Lebens) oder *Libri confraternitatum* (Verbrüderungsbücher) eingetragen. Wenn Otfrid von Weißenburg in seiner Versepistel an die St. Galler Mönche Hartmuat und Werinbert von *minna* und *bruaderscaf* spricht, so spielt er damit auf die *caritas* und die mönchische *confraternitas* an:

Hartm. 129

> *Mínna thiu díura   (theist káritas in wára),*
> *brúaderscaf (ih ságen thir éin) – thiu giléitit unsih héim* [25].

Tatsächlich stand ja St. Gallen mit Weißenburg in Gebetsverbrüderung, wie aus dem Liber confraternitatum Sangallensis hervorgeht [26]. Darüber hinaus steht der Name Otfrid selbst in der Weißenburger Liste des St. Galler Verbrüderungsbuches zweimal im Zeitraum um 840 und ebenso in den gleichen Namenzusammenhängen und darüber hinaus noch ein drittes Mal in der Weißenburger Liste des Reichenauer Verbrüderungsbuches, dort sogar einmal mit der für das orthographische Verfahren des Dichters typischen Akzentsetzung Ótfrid (wie in der Heidelberger Reinschrift Ótfridus, die man dem Dichter bzw. der Weißenburger Schreibschule seiner Zeit zuschreibt) [27]. Je eine Nennung – soviel kann man vorsichtigerweise sicher sagen – bezieht sich dabei auf den althochdeutschen Dichter, dies um so mehr, als der Name Otfrid in Weißenburg – nach den Verbrüderungslisten zu urteilen – sehr selten ist [28]. Aus dem ganzen westeuropäisch-britannischen Raum des frühen Mittelalters sind nur sieben solcher Verbrüderungsbücher erhalten: aus Durham (England), Remiremont (Lothringen), Reichenau, St. Gallen, Pfäfers, Salzburg (St. Peter) und Brescia. Unter diesen Verbrüderungsbüchern umfaßt der Liber confraternitatum Sangallensis in seinen Austauschbeziehungen im Rahmen der Gebetsverbrüderungen ein für mittelalterliche Verhältnisse erstaunlich großes Gebiet: wie Karte 6 nachweist, erhalten wir aus dem St. Galler Verbrüderungsbuch Namenlisten aus großen Teilen der deutschen Schweiz, des Elsasses, Badens und Württembergs, Teilen der Pfalz, des Ries,

---

24) Material, Problem und Literatur bei STEFAN SONDEREGGER, Zu den althochdeutschen Sachwörtern in den lateinischen Urkunden der Schweiz, in: Archivalia et Historica, Festschrift Anton Largiadèr, Zürich 1958, 203–218.

25) Vgl. H. BRAUER, Die deutsche Literatur des Mittelalters, Verfasserlexikon III, Berlin und und Leipzig 1943, 654; GUSTAV EHRISMANN, Geschichte der deutschen Literatur bis zum Ausgang des Mittelalters I, 2. Auflage, 1932 bzw. 1954, 182.

26) Libri confraternitatum Sancti Galli, Augiensis, Fabariensis ed. PAULUS PIPER, Monumenta Germaniae historica, Berolini 1884, 72/73 und 144.

27) Libri confraternitatum ed. PIPER a. a. O. 72/73 und 211.

28) Zur Frage PAUL PIPER, Zu Otfrid, PBB 8 (Halle 1882) 244–246 und Liber confraternitatum a. a. O. 72 Anm.; KARL HELM, Otfrid-Nennungen, PBB 66 (Halle 1942), 134–145. Diese Nennungen sind bei GUSTAV EHRISMANN, Lit. Gesch. a. a. O. nicht berücksichtigt.

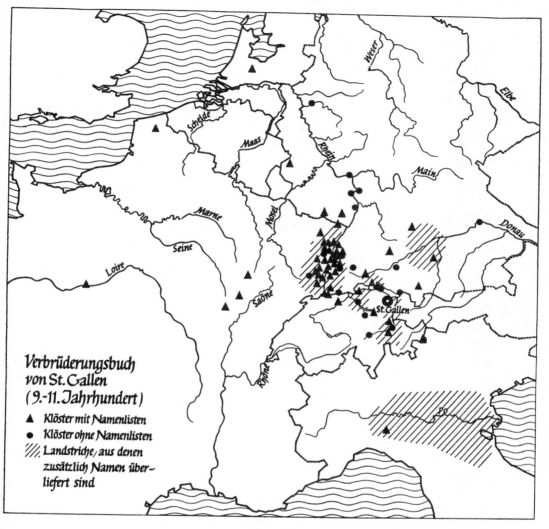

Karte 6

Teilen von Baiern, Westfranken und Oberitalien mit den äußersten Punkten Tours (St. Martin), St. Omer de Sithiu (St. Otmar und Bertinus), Utrecht in den Niederlanden (St. Martin, Nennung aus dem 11. Jahrhundert), im Süden über das rätische Gebiet hinaus Oberitalien, im Norden sogar Essen. Auch hier liegen Tausende von althochdeutschen Namen vor, so daß diese Quellengruppe nicht nur für Geschichtsforschung und Genealogie, sondern auch für die Sprachforschung von größter Bedeutung bleibt [29]. Die Auswertung im Rahmen der Sprachgeschichte und Namenkunde erweist dabei die St. Galler Überlieferung auch von hier aus als bedeutendes Sammelbecken althochdeutscher Sprachkultur. Der Liber confraternitatum Sangallensis enthält auf 374 Spalten rund 9000 Personennamen, der überwiegende Teil aus dem 9. Jahrhundert.

Zeigt uns das Verbrüderungsbuch von St. Gallen abendländisch-europäische Geltung und weltweite Verbindung des Klosters St. Gallen in althochdeutscher Zeit, so sind die klosterinternen Mönchslisten entscheidende Zeugnisse für Kloster- und Sprachgeschichte am Ort selbst. Das in St. Gallen fast vollständig erhaltene Profeßbuch der Abtei (Handschrift Stiftsarchiv St. Gallen) [30] wurde auf Grund älterer Vorlagen um 820 angelegt und zeigt in seinem sprachlichen Befund, wenigstens in den ältesten Teilen, noch deutlich den rätisch-romanischen Anteil des ältesten St. Galler Konvents, ist im übrigen aber sprachlich rein alemannisch. So stehen in pagina 1 z. B. neben den althochdeutschen, freilich noch meist latinisierten (d. h. mit lateinischen Endungen versehenen) Namen *Audomarus* (= *Otmar*, frühalthochdeutsch *Automar*), *Adalmarus, Wolfoinus, Landolinus, Theotini* usw. noch die rätisch-romanischen *Flavinus, Constantius, Exsuperatus* u. ä. Auf den späteren Blättern des St. Galler Profeßbuches mehren sich dann seit dem 9. Jahrhundert autographische Einträge, unter diesen aus dem 10. Jahrhundert derjenige Notkers des Deutschen (950–1022). Es ist von besonderer sprachgeschichtlicher Bedeutung, daß an Hand dieses Profeßbuches und seiner Namen die langsame Wandlung des Althochdeutschen von seinen Anfängen bis ins 11. Jahrhundert kontinuierlich verfolgt werden kann. Ferner zeigt sich hier an einem geschlossenen Beispiel der Aufbau eines größeren althochdeutschen Namenmaterials in seiner typischen und zahlenmäßig deutlich abfallenden Schichtung altheimischer zweigliedriger Vollnamen (*Adalbero, Adalbret, Adalcoz* usw., total 480 Namen) / von Vollnamen abgeleiteter Kurznamen mit oder ohne Suffix (sekundäre Kurznamen: *Adal, Adalunc, Bertilo, Dietinc;* total 110 Namen) / primärer Kurznamen (Lallnamen oder Bei- bzw. Übernamen: *Ato, Atto, Lallinc, Puabo, Pusto, Snagar, Subar;* total 40 Namen) / von Fremdnamen, besonders aus der älteren Zeit des 8. und 9. Jahrhunderts (*Abraham, Bonifacius, Flavinus, Marcus, Moyses, Petrus* usw., total 35 Namen) / bis zu den verschwindend wenigen althochdeutsch-christlichen Namen (*Cotesscalh, -ch;* total 3 Namen), eine Schichtung, wie sie vielleicht auch in anderen Quellen für den Aufbau des althochdeutschen Personennamenmaterials typisch ist. Das sich verstärkende althochdeutsche volkssprachliche Bewußtsein in St.

---

29) Eine vorläufige sprachgeschichtliche Auswertung bei STEFAN SONDEREGGER, Aufgaben und Probleme der althochdeutschen Namenkunde, in Namenforschung, Festschrift für Adolf Bach, Heidelberg 1965, 76–91 (IV. Namenkundliche Quellen zur Lautgeographie des Althochdeutschen); daselbst auch die historische Fachliteratur zum Problemkreis.

30) Druck Libri confraternitatum ed. P. Piper a. a. O. (Anm. 26), 111–133; E. Arbenz, Mitteilungen zur vaterländischen Geschichte IX, St. Gallen 1884, 140–162. Phototypische Wiedergabe P. M. KRIEG, Das Profeßbuch der Abtei St. Gallen, Codices Liturgici II, Augsburg 1931.

Gallen spiegelt sich sodann in einer durch das ganze Profeßbuch sozusagen von Seite zu Seite verfolgbaren Entlatinisierung der Personennamen, die mehr und mehr in rein deutscher, d. h. althochdeutsch-alemannischer Form erscheinen[31].

Aber auch was die althochdeutschen Handschriften oder die lateinischen Handschriften mit althochdeutschem Sprachgut betrifft, ist die Überlieferung von St. Gallen von einzigartiger Bedeutung, sind doch die frühesten Handschriften mit althochdeutschem Sprachgut ebenfalls der St. Galler Überlieferung zu verdanken, die selbst nicht in St. Gallen Entstandenes sorgsam durch die Jahrhunderte bewahrt hat:

– der älteste Codex des langobardischen Gesetzes *Edictus Rothari* (Codex Sangallensis 730, mit seinen Zürcher und Karlsruher Bruchstücken) aus der zweiten Hälfte des 7. Jahrhunderts, vielleicht in Bobbio entstanden, noch in Unzialschrift, mit bedeutenden althochdeutschen Rechtswörtern wie *plodraub* »Blutraub, Raubmord«, *faida* »Fehde«, *fulcfree* »volkfrei« u. a.[32];

– die beiden ältesten deutschen Bücher überhaupt, einerseits die lateinisch-althochdeutsche Glossenhandschrift *Abrogans* (Codex Stiftsbibliothek St. Gallen Nr. 911), deren Vorformung, wie Georg Baesecke gezeigt hat, nach Freising und in die Zeit um 765 zurückführt[33], andererseits der sogenannte *Vocabularius Sancti Galli* (Codex Stiftsbibliothek St. Gallen Nr. 913), das älteste deutsche Sachglossar, nach Georg Baesecke[34] seinem Ursprung nach auf Fulda in die Zeit um 775 zurückweisend, wo es im Zusammenhang mit der angelsächsischen Mission entstand. Beide Handschriften sind in der nun in St. Gallen vorliegenden Form offenbar in Murbach ab- oder umgeschrieben worden und von dort ins Galluskloster gelangt;

– älteste *althochdeutsche Glossen*, Worterklärungen zu den Paulinischen Briefen in Codex Sangallensis Nr. 70.

Schon vor 800 stehen wir sodann bereits vor althochdeutschen Eigenleistungen des Klosters: *St. Galler Pater noster* und *Credo* am Schluß der Abrogans-Handschrift (Codex Sangallensis Nr. 911), etwa 790 entstanden. So zeigt St. Gallen bereits im 8. Jahrhundert überlieferungsgeschichtliches Primat innerhalb der ganzen deutschen

---

31) Zur sprachwissenschaftlichen Auswertung des St. Galler Gelübdebuchs (Profeßbuch der Abtei) vgl. STEFAN SONDEREGGER, Aufgaben und Probleme der althochdeutschen Namenkunde a. a. O. (Anm. 20), 71/72.

32) Vgl. Leges Langobardorum 643–866, bearbeitet von FRANZ BEYERLE, mit einem Glossar von Ingeborg Schröbler, 2. Ausgabe, Witzenhausen 1962; ALBAN DOLD, Zur ältesten Handschrift des Edictus Rothari, Stuttgart 1955; BENGT LÖFSTEDT, Studien über die Sprache der langobardischen Gesetze, Stockholm-Göteborg-Uppsala 1961 (dort weitere Literatur).

33) GEORG BAESECKE, Der Deutsche Abrogans und die Herkunft des deutschen Schrifttums, Halle 1930. Derselbe, Vor- und Frühgeschichte des deutschen Schrifttums, Bd. II, Lief. 2, Halle 1953, 101–111.

34) GEORG BAESECKE, Der Vocabularius Sti. Galli in der angelsächsischen Mission, Halle 1933. Derselbe, Vor- und Frühgeschichte des deutschen Schrifttums, Bd. II, Lief. 2, Halle 1953, 147–149.

Überlieferung, handle es sich um Urkunden, Vorakte oder Handschriften, um Namen,
Glossen oder Texte, um St. Gallisches oder außerhalb St. Gallens Entstandenes, um
Alemannisches, Fränkisches oder Langobardisches.

Wie die Überlieferung der anderen sprachtragenden Hauptorte des Althochdeutschen geht auch St. Gallens althochdeutsche Sprachgeschichte von der Glossierung aus,
findet sich zur Übersetzung weiter und kommt von da zu den althochdeutschen
Eigenleistungen. Der schon genannte Codex Nr. 70 der Stiftsbibliothek St. Gallen
enthält frühe, bereits im 8. Jahrhundert entstandene Glossen zum Römer- und zweiten Korintherbrief, die sprachlich zwar alemannisch, aber nicht ganz einheitlich sind.
Für die Handschrift der lateinischen Fassung der Paulinischen Briefe zeichnet ein
Priester Winitharius, der als Urkundenschreiber auch sonst in Erscheinung tritt: ein
Winitharius presbiter findet sich als Schreiber von zwei Urkunden von 761 und 763
und als Zeuge in den gleichen Jahren unter Abt Johannes. Die deutschen Glossen
werden zeitlich in die Nähe zu setzen sein. Sie sind wohl »die erste Eigenleistung des
nachmals so beherrschenden St. Gallen in unserm Schrifttum« [35]. Aber das ist nur ein
Anfang st. gallischer Glossierungstätigkeit. Etwa der zehnte Teil von rund 750 lateinischen Handschriften mit althochdeutschen Glossen bis 1100 stammt aus St. Gallen.
Bibelglossen stehen neben Glossen zu Bibelkommentaren und zu den Kirchenvätern,
Glossen zu christlichen Dichtern wie Prudentius neben solchen zu Heiligenviten;
Vergilglossen neben solchen zu Boethius. Die Glossierungstätigkeit St. Gallens reicht
durch die althochdeutsche Zeit bis an ihr Ende im 11. Jahrhundert, wo die in Notker
des Deutschen Psalmenübersetzung lateinisch verbliebenen, meist religiösen Begriffe,
sowie die darin vorkommenden lateinischen Bibelzitate aus dem Neuen Testament
noch durch die Schule Ekkehards IV. in der Form von Interlinearglossen verdeutscht
werden. Von besonderer Bedeutung unter den althochdeutschen Glossen aus St. Gallen
sind die vielen Interpretamenta zu Bibelstellen, darunter besonders diejenigen zum
Alten Testament des 9. und 10. Jahrhunderts (Codices Sangallenses 9, 292, 295, 296,
299 und 1395), wenngleich die schon im 8. Jahrhundert einsetzenden neutestament-
lichen Glossen das zeitliche Primat haben (Codex Sangallensis 70, beigeheftetes Blatt
von Codex 70 der Stadtbibliothek Vadiana) [36]. Auch über die bereits erwähnten
Handschriften des Abrogans und des Vocabularius Sci. Galli hinaus finden sich in den
St. Galler Beständen größere Sammelhandschriften von Glossen, so die *Glossae Salo-
monis* (Codex Sangallensis 905), ein auf Grund lateinischer Wortsammlungen (Liber
glossarum 9. Jahrhundert, sog. Abavus maior) verfaßtes lateinisch-althochdeutsches
Glossar des 9./10. Jahrhunderts, das nachweisbar seit dem 12. Jahrhundert mit Bischof

---

35) Zitat aus GEORG BAESECKE, Vor- und Frühgeschichte des deutschen Schrifttums, II, Lief. 2,
Halle 1953, 183. Die schwer lesbaren Glossen von Codex 70 bedürfen einer neuen eingehen-
den Untersuchung, die Verf. vorbereitet.
36) Vgl. HEINRICH BRAUER, Die Bücherei von St. Gallen und das althochdeutsche Schrifttum,
Halle 1926, 26.

Salomo III. von Konstanz (890–909) in Beziehung gebracht wird, ohne daß die Entstehung dabei völlig geklärt ist [37]. Insgesamt zeigt der althochdeutsche Glossenbestand von St. Gallen – nach Heinrich Brauer [38] – eine nach seinem Umfang abfallende Kurve von rund 800 Manuskriptseiten mit Bibelglossierungen über rund 600 Manuskriptseiten mit Glossierungen zu christlichen Dichtern und 200 Seiten mit Glossen zu nichtkirchlicher Literatur bis zu rund 100 Seiten mit Glossen zu Kirchenschriftstellern, jede Seite mit Verdeutschungen überhaupt mitgezählt.

Schon gegen Ende des 8. Jahrhunderts ragt aus der St. Galler Überlieferung ein Denkmal heraus, das höchste Beachtung verdient, das althochdeutsche *St. Galler Paternoster* und *Credo*, das älteste Vater unser des deutschen Sprachgebietes, dem ein als Übersetzung nicht ganz fehlerloses Glaubensbekenntnis folgt. Beide Stücke stehen auf später dieser Handschrift angebundenen Blättern von Codex Nr. 911, also der Abroganshandschrift. Das Vater unser beeindruckt durch die Wucht seiner frühdeutschen Sprache: *Fater unseer, thu pist in himile. wihi namun dinan. qhueme rihhi din. werde willo diin so in himile sosa in erdu. prooth unseer emezzihic kip uns hiutu. oblaz uns sculdi unseero, so uuir oblazen uns sculdikem. enti ni unsih firleiti in khorunka. uzzer losi unsih fona ubile.* Dann folgt das Credo in deo: *Kilaubu in kot fater almahticun, kisca(f)t himiles enti erda* usw. Hier ging es, entsprechend der Kirchengesetzgebung Karls des Großen, der Admonitio generalis von 789, um die Verdeutschung der Glaubenssätze und Gebete, die das religiöse Leben des Volkes befruchten und vertiefen, ja ein solches lehren lassen sollte. Aus dem 10., 11. und 12. Jahrhundert sind dann noch drei weitere St. Galler Glaubensformeln und Beichten überliefert. St. Galler Pater noster und Credo zeigen noch durchaus das typisch frühalthochdeutsche Vokalsystem

Kurzvokale a e ë i o u

Langvokale ā ē ī ō ū

Diphthonge ai/ei au [eo] iu

noch ohne die Diphthongierungen ō > ua, uo, ē > ea, ia, im Konsonantismus aber bereits mit der typisch oberdeutschen Medienverschiebung, deren Reflexe im Text sehr stark sind (d > t, b > p, g > c/k).

Bruchstückhafte Kleinode weltlicher Literatur bilden zwei S p o t t v e r s e aus den Handschriften Nr. 105 und Nr. 30, letzterer aus dem 9. Jahrhundert mit dem Wortlaut:

> *Liubene ersazta sine gruz*
> *unde kab sina tohter uz:*
> *to cham aber Starzfidere,*
> *prahta imo sina tohter uuidere.*

37) K. LANGOSCH, Salomo III. von Konstanz, Die deutsche Literatur des Mittelalters, Verfasserlexikon IV, Berlin 1953, 25.

38) H. BRAUER, Die Bücherei von St. Gallen und das althochdeutsche Schrifttum, Halle 1926, 81–82.

Das heißt »Liubene bereitete sein Festbier und verlobte seine Tochter (wörtlich: gab sie aus); da kam aber Starzfidere wiederum, brachte ihm seine Tochter zurück« – ein wenig rühmliches Ereignis für den Vater der Braut. Das Stück ist darum so wichtig, weil es uns auf einmal weltliche Kleindichtung mitten unter der sonst so geistlich bestimmten Überlieferung des Althochdeutschen fassen läßt. In den klösterlichen Alltag schließlich weist der Stoßseufzer eines mittelalterlichen Schreibers in Codex 623 aus der Mitte des 9. Jahrhunderts *Chumo kiscreib, filo chumor kipeit*, d. h. »mit Mühe habe ich es zu Ende geschrieben, noch viel mühevoller habe ich es erwartet« [39].

Wie sehr die Klosterbibliothek von St. Gallen zur großen Bewahrerin althochdeutscher Handschriften geworden ist, mag über die schon genannten großen Glossenhandschriften des Abrogans und Vocabularius Sancti Galli hinaus ein Hinweis auf die um 830 in Fulda unter dem berühmten Abt und Gelehrten Hrabanus Maurus entstandene, aber nur in und durch St. Gallen überlieferte Übersetzung der lateinischen Fassung der Evangelienharmonie des Tatian verdeutlichen. Das umfangreiche althochdeutsche Bibelübersetzungswerk aus dem Bereich des Neuen Testamentes, eine Gemeinschaftsarbeit der Fuldaer Klosterschule, ist heute nur noch durch die St. Galler Handschrift Nr. 56 aus der zweiten Hälfte des 9. Jahrhunderts überliefert, wozu einige unbedeutende Pariser Fragmente treten. Die Handschrift, wohl schon seit dem 10. Jahrhundert in St. Gallen, zeigt lateinischen und althochdeutschen Text zweispaltig und sehr sorgsam in karolingischer Minuskel geschrieben nebeneinander. Dazu tritt Codex 816 der Stiftsbibliothek St. Gallen mit der auf der Reichenau im 2. Jahrzehnt des 9. Jahrhunderts entstandenen althochdeutschen Interlinearversion der Regula Sancti Benedicti, die somit ebenfalls durch die St. Galler Überlieferung erhalten blieb. Schließlich ist schon erwogen worden, ob nicht die Heidelberger Handschrift von Otfrids Evangeliendichtung (Codex pal. lat. 52 der Universitätsbibliothek Heidelberg) ursprünglich über St. Gallen dahin gelangt sei [40].

Abschluß und Krönung der st. gallischen Sprach- und Literaturgeschichte althochdeutscher Zeit, ja des Althochdeutschen überhaupt, bilden Werk und Gestalt Notkers III., Labeo oder Teutonicus, von St. Gallen. Dieser dichterische Gelehrte oder poetische Übersetzer, von dem schon Johann Gottfried Herder sagte, seine Sprache sei »selbst in der Prose Poesie« [41], verdient unsere größte Aufmerksamkeit. Sein ganz einer großen pädagogischen Aufgabe im Dienste der Klosterschule gewidmetes Leben fällt in die Jahre 950 bis 1022. Auch von seinem Werk kann man bis zu einem gewissen Grade sagen, daß es aus älterer Glossierungstätigkeit herauswächst, führt doch von den St. Galler Boethiusglossen in Codex 844 und 845 der Stiftsbibliothek ein

---

39) Dazu JOHANNES DUFT, Mittelalterliche Schreiber, 2. Aufl. St. Gallen 1964, 35.

40) HEINRICH BRAUER, Die Bücherei von St. Gallen und das althochdeutsche Schrifttum, Halle 1926, 71; ders., Die deutsche Literatur des Mittelalters, Verfasserlexikon Bd. III, Berlin 1943, 653.

41) Andenken an einige ältere deutsche Dichter, 1. Brief 1793.

direkter Weg zu Notkers eigener, um viele Kommentarstellen vermehrter Übersetzung des spätantiken Philosophen [42]. Die Sprache Notkers, den man auch den Vater der schweizerdeutschen Mundarten genannt hat, zeigt das Spätalthochdeutsche oder Alemannische um das Jahr 1000 in reichster Ausprägung und feinster phonetischer Aufzeichnung. Nach rhythmischen Gesichtspunkten durchgeführte Interpunktion und ein klares, auf den Gegensatz von Länge und Kürze ausgerichtetes Akzentuierungssystem verraten ein ungewöhnliches, geradezu wissenschaftliches Sprachverständnis. Kein Schriftsteller oder Einzelwerk des Althochdeutschen zeigt einen derart abgestuften, reichen Wortschatz wie Notker [43], in dessen Schriften wir gegen 8000 Wörter der ältesten Stufe des Deutschen finden, darunter viele Neubildungen wie etwa in Psalm 50, wo es von Gott heißt: *Et pulchritudo agri mecum est*, wofür Notker setzt *Vnde feldscôni ist sáment mir*. Notker bewährt sich als der erste großartige Naturschilderer deutscher Sprache selbst in seinen Übersetzungen. Nun sind seine Übersetzungen freilich mehr als dies, nämlich um viele Erklärungen aus Kommentaren, gelegentlich aus eigener Gedankenführung vermehrte Verdeutschungen lateinischer Texte. Man spürt die Nähe der Volkssprache in Notkers feinem rhythmischem Empfinden, und erstmals in der Geschichte des Althochdeutschen ist hier das Latein seiner Grundtexte mit differenzierter Meisterschaft übersetzt und interpretiert. Wo Notker Antikes heranzieht, ist es um das Christliche der frühchristlichen oder frühmittelalterlichen Kommentare vermehrt. Latein und Deutsch sind in seinen Übersetzungen weitgehende Einheit: immer stellen die Handschriften seiner Werke den lateinischen Text Satz für Satz oder Teilsatz für Teilsatz voraus, worauf die althochdeutsche Fassung nachfolgt, oft unter Belassung der zentralen Glaubensbegriffe oder der philosophischen Kategorien. Notkers Hauptwerke, über die er in einem Brief an Bischof Hugo II. von Sitten (998 bis 1017) Rechenschaft ablegt, sind die Übersetzungen von Boethius, Trost der Philosophie (De consolatione philosophiae, vor allem Handschrift Nr. 825 der Stiftsbibliothek St. Gallen); Martianus Capella, Hochzeit der Philologie mit Merkur (De nuptiis Philologiae et Mercurii, Handschrift St. Gallen Nr. 872); Aristoteles, Kategorien und die Hermeneutik in der lateinischen Fassung des Boethius (Handschrift St. Gallen Nr. 818), sowie neben einigen verlorenen und weiteren lateinischen Werken die Übersetzung des Psalters. Unter allen Werken Notkers fand seine um viele Kommentarstellen bereicherte Psalmenübersetzung die weiteste Verbreitung. Gerade die Sprache der Notkerschen Psalmenübersetzung, die in der neuen Ausgabe von E. H. Sehrt und T. Starck (1952–1955) drei stattliche Bände füllt, ist voller dichterischer Wendungen, häufig mit Stabreimen ausgeschmückt, und zeugt ebenso von der souveränen Gelehrsamkeit wie von der tiefgläubigen Inbrust eines Meisters, vor dessen

---

42) Vgl. W. BACH, Die althochdeutschen Boethiusglossen und Notkers Übersetzung der Consolatio, Diss. Halle 1934.
43) Vgl. u. a. EMIL LUGINBÜHL, Studien zu Notkers Übersetzungskunst, Diss. Zürich, Weida i. Thür. 1933.

Werk wir uns noch heute bewundernd verneigen. Seiner Herkunft nach war Notker
Thurgauer. In ihm erfüllte sich Glanz und Höhe der althochdeutschen Zeit im Bodenseegebiet noch einmal ganz besonders dicht. Daß man sich auch in St. Gallen mit
seinem Werk auseinandergesetzt hat, davon zeugen die bedeutenden Glossen zu seiner
Psalterübersetzung aus dem 11. Jahrhundert. Die Bedeutung dieser durch Codex 21
der Stiftsbibliothek aus dem 12. Jahrhundert überlieferten Glossierung, die vermutlich
der Schule Ekkehards IV. (erste Hälfte des 11. Jahrhunderts) zuzuschreiben ist, liegt
darin, daß wir hier einerseits eine direkte Nachwirkung von Notkers Sprachgewalt
und Sprachbemühung, einen direkten Reflex des wortschöpferisch oder wortbildungs-
mäßig von Notker Erreichten vor uns haben, anderseits – dem Inhalt nach – dadurch
zu vielen für das Althochdeutsche sehr wertvollen Verdeutschungen von Bibelstellen
aus dem Neuen Testament gelangen; denn diese der äußeren Form nach interlineare
Glossierung betrifft dort, wo sie über einzelne Wörter hinausgeht, meist die bei Notker herangezogenen, aber unübersetzt belassenen Bibelzitate aus dem Neuen Testament, die hier völlig komplex, ja oft verstärkend wiedergegeben sind, jedenfalls –
trotz handschriftlicher Interlinearform – in größter stilistischer Fügungsfreiheit. Man
vergleiche etwa die Stellen

Notker Psalm 63, 6:   *Nullam causam mortis in isto homine invenio*
Glossierung: *nehéin sculd findih an imo todis;*
Notker Psalm 62, 10:   *Quod timet impius veniet super eum*
Glossierung: *des der argo fúrhtet das pegátot ín*
          (mit geradezu lutherisch anmutender, sprichwortartiger
          Prägnanz).

Und wie bei Notker treffen wir auch hier häufig eine deutliche Stilisierung durch
die Verwendung des Stabreims. Notkers Sprache und das Althochdeutsche der St.
Galler Glossierung seiner Psalterübersetzung zeigen uns deutlich, wie der Stabreim
selbst nach seiner Ablösung im Reimvers durch den Endreim seit Otfrid von Weißenburg in der zweiten Hälfte des 9. Jahrhunderts ein lebendiges Stilmittel geblieben ist;
dafür nur zwei Beispiele

Notker Psalm 30, 24:   *Initium omnis peccati superbia*
Glossierung: *ánauanch állero súndon úberuuân*
          (sogenannter vokalischer Stabreim a/a/u)
Notker Psalm 1, 6:   *Quoniam novit dominus viam iustorum.*
          Vuanda got uuéiz ten uueg tero réhton.
          Er geuuérdot sie uuízen. unde iro uuerh
          (= w-Stäbe).

So liegen Anfang und Vollendung des Althochdeutschen, der ältesten Stufe unserer
Sprache, in St. Gallen: von den frühesten Namen in Originalurkunden und in den

Viten des hl. Gallus, über die frühen Glossen und ihre handschriftliche Bewahrung in der st. gallischen Klosterbibliothek und über das älteste deutsche Vater unser zu Notkers des Deutschen Meisterschaft und zur Glossierung seines Psalters im 11. Jahrhundert, in beidem ein erster Höhepunkt frühdeutscher Bibelübersetzung. Und wir bleiben uns auch bewußt, daß die althochdeutsche Überlieferung durch St. Gallen Bewahrung und Erhaltung eines großen Teiles ihres Bestandes durch die Jahrhunderte bis in die Neuzeit hat erfahren dürfen. St. Gallen – lateinisch-christliches sanctus, irischer Name, alemannische Klostergründung, deutsche Spracherfüllung, europäische Geltung – all dies liegt im Namen St. Gallen beschlossen und ist vom mittelalterlichen Kloster St. Gallen ausgegangen und seither zu einem Stück europäischer Kulturtradition geworden.

Entstehung und Gliederung des deutschen Sprachraumes der Schweiz vom Blickpunkt der Sprachgeschichte und Namenkunde[1]

VON BRUNO BOESCH

Wir schneiden ein Stück heraus aus der Siedlungsgeschichte der Alpen und sind uns bewußt, daß es der Einrahmung im romanischen Westen und bairischen Osten bedarf; in erster Linie natürlich vollzieht sich Vergleichbares im Osten. Die Alemannen und Baiern siedeln in den Alpen jedoch nicht in einen leeren Raum hinein: sie verdrängen anderssprachige Bewohner oder vermischen sich mit ihnen, und die heutigen sprachlichen Grenzen haben sich erst im Laufe der Jahrhunderte herausgebildet, sie bilden in Graubünden heute noch das Bild nicht nur eines bunt gewürfelten Nebeneinander, sondern auch eines Ineinander, und der Vorgang der Germanisierung scheint bis zum heutigen Tag noch nicht abgeschlossen, trotz einer staatlich geförderten Unterstützung der sprachlichen Minderheiten[2]. Die Erschließung der Alpen läßt innerhalb des deutschen Sprachgebiets eine mehr oder minder deutlich ausgeprägte alpine Schicht entstehen, der eine mittelländische vorgelagert ist, die ihrerseits, im Jura und am Alpenrand, voralpine Gebiete in sich einschließt. Eine Hirtenkultur setzt sich ab gegen eine Ackerbau- und Industriezone. Eine Brücke zur Stadtkultur des Tieflandes schlägt in den Hirtenzonen seit mehr als einem Jahrhundert der Fremdenverkehr; in jüngster Zeit hält auch die Industrie in die Talsohlen

1) Der Aufsatz gibt ein frei gehaltenes Referat wieder, das in erster Linie dem Historiker die Grundzüge der sprachlichen Entwicklung vermitteln will. Im Vordergrund steht die Erschließung der Alpen. Die bibliographischen Angaben erstreben keine Vollständigkeit. Es sei verwiesen auf St. Sonderegger, Die schweizerische Mundartforschung 1800–1959, Bibliographisches Handbuch mit Inhaltsangaben, Beitr. zur schweizerdeutschen Mundartforschung Band XII, Frauenfeld, 1962.

2) U. Weinreich, Languages in contact, New York 1953, berührt vor allem die gegenwärtigen Berührungen zwischen Rätoromanisch und Schweizerdeutsch im Domleschg (Feldis und Thusis). Während das Deutsche in Graubünden noch Fortschritte macht, sind die Verhältnisse an der westlichen Mischzone, der dt.-frz. Sprachgrenze im Kanton Freiburg, mehr oder weniger stabil. Von einer Grenze kann hier insofern kaum mehr gesprochen werden, als in einzelnen Dörfern der Kontaktzone nahezu gleichviel Deutschsprechende wie Welsche zusammenwohnen. Die Durchführung des in zweisprachigen Kantonen geltenden Territorialprinzips bereitet hier Schwierigkeiten und die Einführung der vollen Zweisprachigkeit, längst verwirklicht in der Stadt Biel, wird vielleicht in Gemeinden mit starken Minderheiten mit der Zeit Schule machen.

des Wallis und des Bündner Rheintals Einzug und trägt weiter zur Einebnung der
einst ausgeprägteren Unterschiede zwischen Oberland und Unterland bei. Die neueste
Zeit befördert damit den sprachlichen Ausgleich; die Unterschiede zwischen den
alpinen und mittelländischen Mundarten sind aber im extremen Falle heute noch so
groß, daß z. B. eine Verständigung zwischen einem Stadtzürcher und einem Bewohner
eines Walliser Bergdorfes auf Schwierigkeiten stößt, wenn beide Teile an ihrer echten
Mundart festhalten. Sie wird nur möglich auf der Basis einer mehr regional-verflachten
Sprechweise, die Engstmundartliches meidet, unter Anvisierung der auf beiden Seiten
verständlichen Schriftsprache.

    Der Ortsnamenbefund auf Grund des Kriteriums der sog. althochdeutschen Laut-
verschiebung lehrt uns für die älteste Zeit der alemannischen Besiedlung zu Beginn des
6. Jahrhunderts (und der ihr vorangegangenen Infiltrationen des 5. Jahrhunderts),
daß im Mittelland der Bestand der von den Einwanderern übernommenen Namen
gering war[3]: außer einer Reihe von Flußnamen sind es auch Ortsnamen, von denen
aber keine wichtigen erst nach Vollzug der Lautverschiebung, etwa erst im 8. oder
9. Jahrhundert in dieser Zone übernommen worden sind. Von einem längeren Nachleben galloromanischer Bevölkerungsreste in den fruchtbaren Niederungen der Fluß-
täler des Mittellandes kann keine Rede sein[4]. Wir finden die erst während oder nach

---

[3] Karten, die verschobene und unverschobene Namen festhalten, finden sich bei P. Zinsli,
Namenkundliches zum Deutschwerden der schweizerischen Alpentäler, Alemannisches Jahr-
buch 1962/63, Abb. 3, S. 264 (Strichskizze) und bei St. Sonderegger, Die althochdeutsche
Schweiz, in: Sprachleben der Schweiz, Bern 1963, S. 34 (mit Eintragung der wichtigsten
Namen). Auf der Skizze von P. Zinsli wäre ein Pfeil eines Vorstoßes bis 700 im Basler Jura
(Birstal) nachzutragen. Als erster hat W. Bruckner die Lautverschiebung für die Siedlungs-
kunde fruchtbar gemacht: Die Bedeutung der Ortsnamen für die Erkenntnis alter Sprach- und
Siedlungsgrenzen in der Westschweiz, Vox Romanica 1 (1936), S. 235 ff. Ders.: Ortsnamen
und Siedlungsgrenzen, Volkstum in der deutschen Schweiz, Schweiz. Archiv für Volkskunde 37
(1939/40). Ders.: Schweizerische Ortsnamenkunde, Eine Einführung, Basel, 1945.
Zur Karte von Sonderegger noch die folgenden Bemerkungen: Auszuschalten sind der Flußname *Fontanne* im Napfgebiet sowie der Bergname *Fräckmünt* (Pilatus): das sind lateinische
Benennungen, die von gelehrter Seite (Klöstern) ausgegangen sein müssen. Der Name *Winterthur* ist wohl kaum teilverschoben, denn der Ersatz von galloromanisch *Vitodurum* durch
dt. *Wintartura*, bzw. von *Vito-* durch *Wintar-* wird bereits bei der Besitznahme des römischen
castrum im 6. Jahrhundert erfolgt sein: das t in germ. ahd. *wintrus / wintar* blieb als tr-Ver-
bindung von der Verschiebung ausgenommen, das anlautende d- von *-durum* wurde von ihr
erfaßt und zu t verschoben. In der neueren Schreibung mit *-thur* lehnt man sich fälschlich an
den Flußnamen der Thur an. *Gulm* (culmen) ist von Kulm (columbaria) zu trennen und
stellt ein Lehnwort dar.
    Der teilverschobene Name *Pratteln* bei Augst (aus *pradellam*) paßt zu unseren Überlegungen
auf S. 191 f. Unsicher ist die Beurteilung von *Muttenz, Gurten* und *Belp:* auf Einzelheiten ist
hier nicht einzugehen.
[4] Dies gegen J. U. Hubschmid, Vox Romanica 3 (1938), S. 49, der für die ersten Jahrhunderte nach dem Einbruch von Burgundern, Alemannen und Langobarden für die ganze
Schweiz ein zwei- bis dreisprachiges Gebiet annimmt.

Abschluß der Lautverschiebung im 8. oder 9. Jahrhundert übernommenen Namen in den zunächst von den Alemannen gemiedenen Bastionen: ich nenne im Osten die Rätia bis zum Walensee, Hirschensprung und der Klause von Götzis im Rheintal, dann die eigentliche alpine Zone von Glarus über die Innerschweiz zum Berner Oberland, wobei sich aber an den nördlichen Buchten des Vierwaldstätter Sees und am Thuner See sowie im Talinnern von Glarus schon vereinzelt verschobene Namen finden. Der Jura zwischen Aare und Rhein zeigt eine Reihe von Reliktformen, doch ist das untere Birstal südlich von Basel schon früh besiedelt gewesen. Diesen Gebieten gegenüber ist das dem Berner Oberland vorgelagerte Napfgebiet sowie das Gebiet des Arboner Forstes mit Einschluß von Appenzell und dem Toggenburg und wohl auch des Bregenzer Waldes gesondert zu betrachten: das sind siedlungsfeindliche Zonen noch für lange Zeit gewesen, die überhaupt keine nennenswerte Vorbesiedlung aufwiesen, als die Alemannen in sie eindrangen. Lediglich die Appenzeller und Toggenburger Alpen weisen vordeutsche Namen auf und deuten auf eine Bewirtschaftung vom noch rätischen Rheintal südlich des Hirschensprungs hin. Diese Gegenden waren im Gegensatz zum Jura und den Alpen somit keine Rückzugsbastion der Welschen, die den unwirtlichen Waldgebieten ausgewichen sind, und das nachmalige Orts- und Flurnamenbild ist bis auf den davon ausgenommenen Südrand Appenzells und des Toggenburgs rein deutsch, wenn wir wenige Fluß- und Bergnamen ausnehmen. Man darf aber wohl annehmen, daß der romanische Westen, der an den Jura und das Mittelland anschließt, sowie der alpine Süden, insbesondere die Rätia, alle jene Romanen aufgenommen haben, die sich vor dem germanischen Druck im Gefolge der römischen Truppen zurückgezogen haben. Die alpine romanische Bastion dürfte sich somit im Gefolge der Völkerwanderungsereignisse zahlenmäßig verstärkt haben. Dies gilt ganz besonders für die rätischen Gebiete am Rhein, im Vorarlberg, Walenseegebiet und in Bünden: hier sind nicht wie in den übrigen Gebieten der alemannisch gewordenen Alpen nur vereinzelte Namen und Flurnamentypen ins Deutsche übernommen worden, sondern das Flurnamenbild ist bereits an der alten Siedlungsgrenze am Hirschensprung und südlich von Hohenems–Götzis zu einem bemerkenswerten Anteil von mehr als 10 Prozent rätoromanisch oder vordeutsch, ein Prozentsatz, der nach Süden hin bis zu 50 Prozent und mehr anwächst [5]. Insbesondere zwischen Hohen-

---

5) Grundlegend: C. PULT, Über die sprachlichen Verhältnisse der Raetia prima im Mittelalter, St. Gallen 1928. R. v. PLANTA, Die Sprache der rätoromanischen Urkunden des 8.–10. Jahrhunderts (in D. HELBOK, Regesten von Vorarlberg und Liechtenstein bis zum Jahre 1260, Innsbruck 1920–1925), S. 62 ff. W. GÖTZINGER, Die Romanischen Ortsnamen des Kantons St. Gallen, St. Gallen 1891, mit Karte der Dichtigkeit der roman. Namen. W. CAMENISCH Beiträge zur alträtoromanischen Lautlehre auf Grund romanischer Orts- und Flurnamen im Sarganserland, Zürich 1962. Ein st. gallisches Namenbuch ist ein besonders dringliches Desiderat; die Arbeit ist inzwischen in Angriff genommen worden. Vgl. B. BOESCH, Die Bedeutung eines st. gallischen Namenbuches, Schweiz. Zs. f. Geschichte Bd. 7, 1957, S. 194 ff. Von der Mundart

ems und Dornbirn vollzieht sich stufenweise der Übergang von der Unterländer- zur
Oberländermundart. Walenstadt westlich der Sperre bei Berschis-Tscherlach, das als
westliches Einfalltor eine ähnliche Rolle spilt wie der Hirschensprung im nördlichen
Rheintal, hieß 831 im Churer Reichsurbar bereits *Ripa Walahastad*. Der Name bezeugt
die Anwesenheit der Alemannen, die ihre Ufersiedlung noch nach den hier angetroffenen Welschen benannten. Eine so massive Übernahme der ins tägliche Leben eingrei-
fenden Flurnamen wie östlich bzw. südlich dieser Einfallstore, gepaart auch mit einer
beachtlichen Lehnwortschicht im appellativischen Wortschatz, ist nur bei einer mehr
oder minder starken Symbiose zweier Volkstümer denkbar. Wir finden sie so ausgesprochen nur im Bereiche der ehemals romanischen Rätia im Osten, während der entsprechende Anteil in den übrigen Regionen der ehemals romanischen Alpen weit geringer ist, soweit sich dies beim heutigen Stand der Flurnamensammlung schon übersehen läßt. Das spricht dafür, daß in den nichträtischen Gebieten der Alpen die
Vorbevölkerung zahlenmäßig geringer war und daß die Alemannen wohl gleichzeitig
in stärkerem Maße überhaupt noch nicht besiedelte Gebiet urbarisiert haben.

Das Obwaldner Namenbuch von Pater H. Müller (Sarnen 1952) als erstes alpines
Namenbuch der deutschen Schweiz bestätigt diesen Eindruck. Der Anteil vordeutschen Namenguts ist bescheiden und betrifft in erster Linie Siedlungsnamen. Bei den
übrigen spielen Lehnwörter wie *Chlus, Muri, Zuben, Barglen, Furgge, Fäsch, Plangg,
Laui* die Hauptrolle. Die Masse der Flurnamen dieses Alpentales ist deutsch.

Dem rätischen Osten lassen sich im Westen spät alemannisierte Gemeinden an der

her ist ein wichtiger Anfang gemacht mit den Arbeiten von J. BERGER, Die Laute der Mundarten des St. Galler Rheintals und der angrenzenden vorarlbergischen Gebiete, Beitrag zur
schweizerdeutschen Grammatik III, Frauenfeld 1913, L. JUTZ, Die Mundart von Südvorarlberg
u. Liechtenstein, Heidelberg 1925, P. MEINHERZ, Die Mundart der Bündner Herrschaft, Beitr.
z. schweizerdeutschen Grammatik XII, Frauenfeld 1920 und R. TRÜB, Die Sprachlandschaft
Walensee-Seeztal, Beitr. zur schweizerdeutschen Mundartforschung III, Frauenfeld 1951. Den
rätoromanischen Resten in diesem Umbruchs- und Übergangsgebiet hat Trüb ein eigenes
Kapitel gewidmet: in der Germanisierung stoßen hier westliche und östliche Mundarten aufeinander. Im Vorarlberg und im St. Galler Rheintal fehlt diese westliche Komponente. Für
das Vorarlberg ist auf die Forschungen von J. ZEHRER zu verweisen: Vorrömische Ortsnamen
in Vorarlberg, Jahrbuch des Vorarlberger Landesmuseumsvereins 1954, S. 142 ff.; Keltisches
und illyrisches Namengut in den Personennamen der frühesten Urkunden Vorarlbergs, ebda.
1955, S. 5 ff.; Die Ortsnamen von Vorarlberg, ebda. 1957, S. 76 ff. 1960, S. 107 ff. Ferner:
B. BILGERI, Der mittelalterliche Landesausbau von Vorarlberg, Alemannisches Jahrbuch 1954,
S. 188 ff. Diesen der Rätia durch das Alemannische abgewonnenen Gebieten lassen sich in Südtirol unmittelbar vergleichen das obere Etschtal vom Reschen bis gegen Schlanders sowie ein
Streifen östlich dem Eisack von Brixen bis Bozen: beide Gebiete grenzen ans Rätoromanische
im Westen, bzw. das Ladinische im Osten. Vgl. K. FINSTERWALDER, Die hochmittelalterliche
Siedlung in Südtirol im Spiegel der deutschen Umformung der Örtlichkeitsnamen (durch die
Diphtongierung), Tiroler Heimat 26. Bd., Innsbruck 1962, S. 77 ff., mit Karte.

heutigen Sprachgrenze vergleichen, wo sich die Germanisierung im vollen Lichte der Geschichte abgespielt hat oder noch abspielt. Hier greift das Deutsche im Gefolge der zähringischen Expansion noch relativ spät, im 11. und 12. Jahrhundert, nach Westen aus. Teile des ehemaligen Königreichs Hochburgund kamen zum Deutschen Reich und wurden durch Lothar III. an Konrad von Zähringen übertragen. Im Landesausbau gewann damit das deutsche Element die Oberhand [6].

Mit dem eben beschriebenen Ortsnamenbefund decken sich die Ergebnisse des Prähistorikers. Jedenfalls bezeichnet Moosbrugger die von ihm beschriebenen Fundgruppen im Westen und Osten auf dem Boden des schweizerischen Mittellandes, die sich einander schrittweise annähern und sich im 7. Jahrhundert im Raume der heutigen deutsch-französischen Sprachgrenze überdecken, als Kulturen, die wir den romanisierten Burgundern einerseits, den Alemannen anderseits zuweisen müssen [7]. Eine kriegerische Auseinandersetzung spielte sich 610 in der Schlacht *ad Wangas* ab (wohl westlich von Bern), doch ließ sich der Vorstoß der Alemannen in den Aarebogen bei Bern nicht aufhalten. Im 7. Jahrhundert ist von weiteren Kämpfen nicht die Rede: die Alemannen richten sich in den gewonnenen Gebieten ein und greifen im 8. und 9. Jahrhundert hauptsächlich nach Süden aus [7a]. Hier scheint einmal der Fall vorzuliegen, wo die Prähistorie keine Hemmungen haben muß, eindeutige Fundgruppen ebenso eindeutigen Stämmen bzw. ethnisch bestimmbaren Volksgruppen zuzuweisen. Wenn M. Beck rein von den historischen Quellen her die Burgunder nur als eine Heeresgruppe von bescheidener Zahlenstärke und nicht als »Volk« zu sehen vermag [8], so muß hier eben das Argument der Sprachwissenschaft mithelfen, das Bild zu ergänzen. W. v. Wartburg und andere haben am Typus der burgundischen *-ingôs*-Ortsnamen (französisch *-ens*) das Siedlungsgebiet in groben Umrissen nachzeichnen können: die eingepflanzten Burgunder waren immerhin, wenn nicht zahlenmäßig, so doch an politischer Bedeutung, mächtig genug, einer großen Zahl von Siedlungen ihren

---

6) G. Saladin, Zur Siedlungsgeschichte des freiburgischen Sensebezirks, Freib. Geschichtsbll. Bd. XXVII, 1923, mit überholter Interpretation der *-wiler-Orte*. H. Weigold, Untersuchungen zur Sprachgrenze am Nordufer des Bieler Sees auf Grund der lokalen Orts- und Flurnamen, Romanica Helvetica 24, Bern 1948.

7) Volks- und Sprachgrenzen in der Schweiz im Frühmittelalter, Schweiz. Zs. f. Geschichte Bd. 13, 1963, S. 433 ff. Darin: R. Moosbrugger-Leu, Der archäologische Aspekt, S. 457 ff.

7a) Vgl. neuerdings den mit instruktiven Karten versehenen Aufsatz von P. Zinsli, Das Berner Oberland als frühe alemannische Siedlungsstaffel im westlichen schweizerdeutschen Sprachgrenzraum nach dem Zeugnis von Streuung und Lautstand der Ortsnamen, in: Namenforschung, Festschrift für A. Bach, Heidelberg 1965, S. 330 ff.

8) M. Beck, Bemerkungen zur Geschichte des ersten Burgunderreiches (in der Anm. 7 genannten Publikation). In teilweise überspitzter Formulierung: besonders schief ist es, wenn zur Stütze der Annahme einer relativ geringen Stärke der burgundischen Heeresgruppe das Unternehmen der Angelsachsen herangezogen wird (S. 455). Eine Seeinvasion ist doch wohl bis zum heutigen Tag mit andern Maßstäben zu messen als eine Operation zu Lande.

germanischen Namen aufzudrücken, bevor sie sich ihrer neuen Umgebung sprachlich anpaßten[9].

Vom Standpunkt des Historikers lassen sich zwischen 500 und 800 drei Perioden abgrenzen[10]:

1. Die Zeit der Einwanderung von Burgundern und Alemannen bis etwa 600, wobei man sich im Westen auf die alte, römische Organisation abstützt, während im alemannischen Osten noch kaum Ansätze zu einer neuen staatlichen und kirchlichen Organisation sich abzeichnen. Der Beginn einer intensiven Besiedlung südlich des Rheins scheint erst nach 500 massiv eingesetzt zu haben, als die Niederlage der Alemannen, die ihnen der Frankenkönig Clodwig 496 beibrachte, sie nach Süden ablenkte. Es ist sprachlich die Zeit, in der die noch vorhandenen Galloromanen des Mittellandes Orts- und Flußnamen den Einwanderern direkt überliefern konnten, soweit diese sie nicht schon vorher durch Erkundung gekannt haben. Diese Namen haben den sprachlichen Prozeß der Lautverschiebung mitgemacht.

2. Die Zeit des 7. Jahrhunderts, in welchem die Besiedlung sich einrichtet und im Altsiedelraume ausbreitet. Es gibt zunächst noch keine Grafschaftsverfassung, die als eine fränkische Einrichtung erst im 8. Jahrhundert Eingang fand. Auch die Hundertschaften dürften erst zur Befestigung der fränkischen Herrschaft aufgekommen sein. Es ist die Zeit auch erster, wenig erfolgreicher Versuche eines Einbaues der Alemannen ins fränkische Reich auf dem Wege über die christliche Mission. Sprachlich die Zeit, in der an den Rändern des Altsiedelraumes noch Kontakt mit den Romanen besteht, was sich in nur teilweise verschobenen oder unverschobenen Ortsnamen dieser Gegenden abzeichnet.

3. Das 8. Jahrhundert, in welchem Alemannien und Rätien endgültig ins fränkische Reich der Karolinger eingebaut und mächtige Klöster als Stützpunkte karolingischer Macht gegründet werden. Sprachlich das erste Ausgreifen in die Alpen: nach Glarus, in die Innerschweiz, ins Berner Oberland. Ein erstes Fußfassen über die Gemmi im Wallis im 7. und 8. Jahrhundert ist wahrscheinlich, noch bevor die Besiedlung über die Grimsel ins Oberwallis (Goms) in Gang kam: diese erfolgte, nach den Ortsnamen zu schließen, erst nach Abschluß der Lautverschiebung[11].

Wir können die drei Epochen des Historikers durch die Namenkunde stützen, in-

9) Die einschlägigen Arbeiten W. v. WARTBURG, Die Entstehung der romanischen Völker, Halle 1939, Kapitel V.

10) Ich beziehe mich hier auf P. KLÄUI, Die Alemannen. Die Alemannische Landnahme in der Schweiz, Volkshochschule, Jg. XXXII, Zürich 1963, S. 207 ff. Im übrigen vgl. den Versuch einer Gliederung von B. BOESCH, Die Schichtung der Ortsnamen in der Schweiz im Frühmittelalter, Jahrbuch f. fränkische Landesforschung (Festschrift f. E. Schwarz) 20 (1960), S. 203 ff.

11) Der archäologische Befund bei MOOSBRUGGER (vgl. Anm. 7), der historische bei H. BÜTTNER, Geschichtliche Grundlagen zur Ausbildung der alemannisch-romanischen Sprachgrenze im Gebiet der heutigen Westschweiz, Zs. f. Mundartforschung XXVIII (1961), S. 193 ff.

dem wir uns bestimmter Leitnamen bedienen. Für die erste Epoche dienen die gallo-römischen -acum-Orte, alle lautverschoben zu -ach, ferner die alten -ingen-Orte. Eine Gruppe von Leuten wird der im ersten Teil des Namens genannten Person als »zugehörig« bezeichnet. In diesen Namen sind wohl vielfach Vornehme aus fürstlichem Geschlecht und Mittelfreie aus dem kleinen Ortsadel verewigt. Da in der Schweiz das -ingen-Suffix bis zum heutigen Tag ein Element der Wortbildung geblieben ist, kann es auch in jüngerer Zeit zur Ortsnamen-, besonders auch Hofnamenbildung, noch verwendet worden sein. Diese Schichten lassen sich leidlich als jüngere abheben [12]. Es ist allerdings zu sagen, daß unsere gesamte Überlieferung wesentlich später liegt als die genannte erste Epoche, für die wir sie namhaft machen. Die -ingen-Räume decken sich aber im wesentlichen mit den alten Fundräumen [13], gleichzeitig mit den klimatischen Zonen, welche die den Alemannen vertraute Ackerbaukultur zulassen, z. B. mit der Buchen-Eichen-Hagenbuchenzone, wie sie annähernd mit dem Flurnamen *Hard* umschrieben werden kann [14].

In der zweiten Epoche des 7. Jahrhunderts dürfte neben -ingen der Kompositionstyp -inghoven besonders fruchtbar gewesen sein, der das reine Siedlungssuffix -ingen mit dem »territorialen« *hof, hofen* verbindet, den Blick von den Menschen, die das Geschehen bestimmen, auf das von ihnen Gegründete lenkt. Natürlich sind daneben auch schon eine Fülle anderer Möglichkeiten der Namenbildung verwirklicht, auf -tal, -wang, -bach usw., denen aber nur kleinörtlich eine deutlicher bestimmbare Rolle zugekommen ist, die es im einzelnen zu untersuchen gilt [15]. Den Kontakt mit der Romania habe ich für diese Zeit am oberen Zürichsee untersucht und meine Ergebnisse haben sich ungewollt zu denen der Historiker gesellt, die um eben diese Zeit eine Intensivierung der alemannischen Gründertätigkeit der Beata-Landolf-Sippe in diesem Raume festgestellt haben, im Sinne auch einer Festigung des frühen Christentums an der Bistumsgrenze gegen Chur. Das längere Nachleben der Romanen am Fuße der Voralpen dürfte hier wirtschaftlicher Notwendigkeit entsprochen haben; wie in Kaiseraugst an der römischen Schiffsbrücke, so versehen sie hier den Dienst an einer

---

12) B. BOESCH, Die Ortsnamen auf -ingen als Zeugen der germanischen Besiedlung, Historischer Atlas der Schweiz. 2. Aufl. 1958, S. 11. Ders.: Ortsnamen und Siedlungsgeschichte am Beispiel der -ingen-Orte der Schweiz, Alem. Jahrbuch 1958, S. 1 ff.

13) Vgl. MOOSBRUGGER, a. a. O. Anm. 7 und Historischer Atlas der Schweiz, S. 10 (Die frühmittelalterlichen Gräberfelder der Schweiz).

14) K. A. MEYER, Geschichtliches von den Eichen in der Schweiz, Mitt. der Schweizer Centralanstalt für das forstliche Versuchswesen, XVI. Bd. Zürich 1931, S, 321 ff. H. BÜHLER und R. TRÜB, Der Begriff »Hard« in der Schweiz, Schweiz. Zs. f. Forstwesen Nr. 7, Jg. 1947, S. 1 ff. P. ZINSLI, Zum Flurnamenzeugnis f. d. deutsche Besiedlung der Alpen, Studia Onomastica Monacensia III, München 1961, S. 789 ff. und Abb. 2.

15) O. BANDLE, Zur Schichtung der thurgauischen Ortsnamen, in: Sprachleben der Schweiz, Bern 1963, S. 261 ff. H. KLÄUI, Einflüsse der fränkischen Herrschaft auf den alemannischen Siedlungsraum der Nordostschweiz, Alem. Jahrbuch 1962/63, S. 14 ff.

lebenswichtigen Wasserstraße, zwischen dem Zürich- und Walensee, der Fernstraße
zu den Bündner Pässen [16].

P. Zinsli hat für die Berner Alpen das zeitliche Auftreten der frühesten -ingen-
Belege noch genauer angegeben [17]. Erwünscht ist noch eine Gliederung des Materials
nach dem ersten Gliede dieser Namen: ob alter Personenname, jüngerer Familienname oder ein Gattungswort vorliegt. Zwischen PN und FN ist die Abgrenzung oft
schwierig; wo aber der Familienname eindeutig vorliegt, ist der Typus relativ jung.
Bei den Gattungswörtern ist zu beachten, daß reine Gattungswörter wie *See*, *Binz*,
Holz u. a. m. schon in ahd. Zeit für Personennamen verwendet wurden, so daß oft
nur scheinbar eine Bindung mit einem Gattungsworte vorliegt [18].

Für die dritte Epoche, das 8. Jahrhundert, kann der Weilertyp als Ausbauname
leitmotivisch verwendet werden, aus lat. *villare*. Es ist ein Typ, der allerdings für das
Vordringen in die Alpen fast keine Bedeutung hat. Er füllt vielmehr die weniger
siedlungsgünstigen Räume im Mittellande aus, in den Zonen des Arboner Forstes
ist er besonders häufig, in die Vorzone des Napf dringt er nur zögernd ein. Wenn
wir von den alten Lehnwörtern auf *villa*, dt. *wil* absehen (und dazu pluralisiertem
wilen), so ist die weit überwiegende Zahl der mittelländischen Weilerorte mit einem
Personennamen verbunden, hinter dem uns die Quellen oft in aller Klarheit den Orts-
gründer enthüllen. Wo der PN fehlt, muß (falls die urkundlichen Belege alt genug
sind, um das zuzulassen) entweder altes Lehnwort *wil (villa)* oder aber sekundärer
Abfall eines Personennamens erwogen werden. Im alpinen Bereich ist jedoch einfaches
Wiler ohne Personennamen wirksam geworden, aber nur im Westen, besonders auch
im Wallis, nicht aber in den Außenorten der Walser jenseits der Alpen oder in Graubünden. Auch Appenzell und das obere Toggenburg gehören bei diesem Befund zur
alpinen Zone. Das Wort *-wiler* dürfte aus seinem häufigen Vorkommen im Mittelland
als Gattungswort im halbappellativischen Sinne abgelöst worden und eine Zeitlang
so in einigen Alpentälern verwendet worden sein: aber ein kennzeichnendes Sied-
lungswort für die alpine Zone ist *Wiler* nicht geworden [19].

16) B. Boesch, Das Ortsnamenbild zwischen Zürich- und Walensee als Zeugnis für die
Sprachgrenze im 7. und 8. Jahrhundert, in: Sprachleben der Schweiz, Bern 1963, S. 241 ff.
F. Zopfi, Zeugnisse alter Zweisprachigkeit im Glarnerland, Vox Romanica 12 (1953), S. 280 ff.
Zu Kaiseraugst vgl. P. Kläui (Anm. 10), S. 210 und Anm. 3.
17) In: Alem. Jahrbuch 162/63, bes. S. 268, Abb. 4.
18) J. Schatz, Über die Lautform althochdeutscher Personennamen, Zeitschrift f. deutsches
Altertum 72, S. 129 ff.
19) Die West- und Südgrenze der mit PN zusammengesetzten Ortsnamen auf *-wil* bei
Sonderegger, Anm. 2, S. 43, und die Gesamtkarte der *-wil, -wiler*-Orte *in* der heutigen deutschen Schweiz bei Zinsli, Alem. Jahrbuch 1962/63, S. 270, Abb. 5. F. Langenbeck, Beiträge
zur Weiler-Frage, Alemannisches Jahrbuch 1954, S. 19 ff. B. Boesch, Zur Frage der Ortsna-
menstrahlung am Beispiel der alemannischen Weilerorte, in VII Congresso Internaz. di Scienze
Onomastiche, Firenze-Pisa 1961, S. 217 ff. In Namen wie *Ontsevelier* (Mutzwil), *Mervelier*

Ja es gibt überhaupt keine solchen Leitmotive mehr für die dem 8. Jahrhundert folgenden Zeiträume, wenn wir von zeitweiligem und örtlichem Grassieren der späten -*ingen* nördlich von Luzern, im urnerischen Schächental, im st. gallischen Alttoggenburg und in romanischen und italienischen Alpentälern absehen [20]. Die Siedlungsnamen der Alpen sind entweder vordeutsch oder knüpfen an Flurnamen an, die das Gelände, nicht den bestimmten Typ des Siedlers oder der Siedlung widerspiegeln. Bei den nichtdeutschen Ortsnamen verrät oft die nichtdeutsche, dem Romanischen abgelauschte Betonung der fremden Ortsnamen, daß sie zu einem späteren Zeitpunkt übernommen wurden als die alteingedeutschten im Mittelland: neben roman. *Turicum*, das zu *Zürich* mit Erstbetonung wird, steht mit Zweitbetonung *Ragáz*. Inwieweit eine aus dem Romanischen in diesen alpinen Zonen übernommene, freiere Behandlung des Wortakzents auf die Erhaltung oder stärkere Beschwerung der sonst im Deutschen verkümmerten Endsilben eingewirkt hat, ist eine erwägenswerte, besonders für das Wallis aktuelle Frage [21].

(Morschwil), *Envelier* (Wiler), *Rebeuvilier* (Rippertswiler), *Movelier* (Moderswiler), *Develier* (Dietwiler), *Undervelier* (Underschwiler), *Glovelier* (Lietingen), *Reconvilier* (Rokwiler) strahlt die deutsche Weilernamengebung auch in den frz. Jura aus. Man muß hier Fall für Fall zu entscheiden suchen, ob bei den zweisprachigen Ortsnamen der deutsche oder der französische älter ist. Da vielfach beide altüberliefert sind, darf im Frühmittelalter mit einer gemischtsprachigen Zone gerechnet werden, in der schließlich, trotz der Einflüsse der deutschen Sprache auf die französische Ortsnamengebung, das Französische gegen Nord und Ost Fortschritte gemacht hat. Erst in neuerer Zeit, seit dem 19. Jahrhundert, ergibt sich infolge eines (nicht gelenkten) Siedlungsdruckes von Bern aus eine gegenläufige Tendenz, während umgekehrt das industrielle Biel infolge der aus dem Westen kommenden Uhrenmacherei dem Französischen durch ein Statut der Zweisprachigkeit volle Rechte gewährt hat. Vgl. das Verzeichnis der zweisprachigen Ortsnamen im ehemaligen Fürstbistum bei C. A. MÜLLER, Das Buch vom Berner Jura, Derendingen 1953, S. 362 ff.

20) Vgl. BOESCH (Anm. 12). Auch die junge -ingen-Bildung im Hotzenwald gehört in diesen Zusammenhang. Hier liegt offensichtlich eine Rückstrahlung aus dem südrheinischen Gebiet vor. Dies hat bereits der Geograph GRADMANN vom Siedlungsbild her erkannt, in: Süddeutschland Bd. I (1931, Neudruck 1964), S. 75.

21) Für das Wallis vgl. K. MEYER, Formenspaltung in der schweizerischen Adjektivflexion, in: Sprachleben der Schweiz, Bern 1963, S. 106 (mit Lit.). K. FINSTERWALDER setzt den Wandel in der Akzentbehandlung für Tirol ans Ende des 11. Jahrhunderts: Ortsnamen und Schicksale der deutschen Sprache im Wipp- und Eisacktal, in: Die Brennerstraße, Bozen 1961, S. 274/75. Es wäre allerdings an der Übernahme der romanischen Lehnwörter bis in die neueste Zeit zu überprüfen, ob sich auch bei ihnen ein Unterschied der Betonung zwischen dem südlichen und nördlichen Alemannisch herausstellt, was ich vorderhand bezweifle. Wenn die Ortsnamen in den spätbesiedelten Zonen nicht mit derselben Konsequenz dem Erstton unterworfen werden wie die Lehnwörter, so liegt das wohl daran, daß sie hier noch lange in der romanischen Form zu hören waren, während beim Lehnwort eine solche dauernde Orientierung am Vorbild nicht erfolgte, jedenfalls nicht in volkstümlicher Rede. Die Fremdwörter in gelehrter Übernahme regeln dagegen ihre Betonung in Anlehnung an Latein und Französisch.

Daß das sog. »Singen« der Mundarten mit den eben geschilderten Akzentverhältnissen zu-

Das 9. Jahrhundert bedeutet jedenfalls eine neue Epoche des Ausgreifens nach Süden, wie oben für das rätische Rheintal gezeigt wurde. Auch im Wallis setzt damals der Hauptstoß ein. Uri wurde 853 der Fraumünsterabtei in Zürich durch Ludwig den Deutschen übertragen. Damit ist auch für die Zentralschweiz eine Epoche weiteren Vordringens nach Süden eingeleitet, der durch unverschobene Ortsnamen wie Gurtnellen *(curtinella)*, Göschenen *(cascina)* eingeleitet wird.

Noch ist es schwierig, nur an Hand von Namen den Gang der Besiedlung für das Hoch- und Spätmittelalter nachzuzeichnen, aber eine gewisse Aussicht besteht zweifellos, hier weiter voranzukommen, wenn einmal das Namenmaterial gesammelt vorliegt. Gute Ansätze, auf Grund der Flurnamen die Herkunft und die sprachlichen Beziehungen der Siedler zu eruieren, hat für die Walser bereits Zinsli erarbeitet: es gibt Flurnamen im Wallis, die sowohl im Berner Gebiet, im Wallis wie in Bünden vorkommen, ja sogar die Zweigliederung des deutschen Wallis nach einem oberen und unteren Teil, die sich sprachlich nach Bünden verpflanzt hat, läßt sich z. T. an Flurnamen ablesen. Andere Wörter, wie *Holiecht, Jatz* scheinen reine Walserwörter zu sein, die nur diesen e i n e n späten Siedlungszusammenhang, die Wanderung aus dem äußersten Westen in den äußersten Osten belegen [22]. Auf jeden Fall ist die Wanderung der Walser das wichtigste Ereignis der Siedlungsgeschichte innerhalb der Alpen, nachdem die ersten Stöße aus dem Norden im 8. und 9. Jahrhundert den Gotthard (Urserental) und die oberen Täler des Wallis erreicht hatten. Nun wird die rätische Bastion zuerst intensiv von Westen durch Siedlung mit deutschen Sprachinseln durchsetzt, bevor durch Infiltrierung aus dem Norden das Deutsche im Rheintal in breiteren Schichten der noch ansässigen Rätoromanen Fuß faßt. Chur spricht im 14. Jahrhundert romanisch [23]. Im Rheintal dringt das Deutsche weniger infolge von

---

sammenhängt, ist nicht anzunehmen, denn es geht dabei um ein melodisches Element. Es »singen« nämlich auch nichtalpenländische Mundarten und auch solche mit sehr ausgesprochenem Stammakzent. Voraussetzung für das Singen ist eine bodenständige Mundart, ein langsames Sprechtempo und andere Merkmale der »Rückständigkeit«, was erklärt, daß das Reliktgebiet der Alpen hier notgedrungen einen auffälligen Schwerpunkt bildet. Unmittelbarer Zusammenhang mit dem Romanischen scheint mir wegen der weiten Verbreitung dieser Erscheinung sehr fraglich. Andere Beurteilung bei ST. SONDEREGGER, Ein Jahrtausend deutscher Sprache in der Schweiz, in: Sprache, Sprachgeschichte, Sprachpflege der deutschen Schweiz, Zürich 1964, Seite 12–13, ders. in: Sprachleben der Schweiz (Anm. 3), S, 39.

22) P. ZINSLI, Alem. Jahrb. 1962/63; ferner: Wort- und Flurname als Zeichen für die volkstümliche Lage Deutschbündens, Schweiz. Archiv f. Volkskunde 55 (1959), S. 63 ff. Ders.: Zum Flurnamenzeugnis für die deutsche Besiedlung der Alpen, Studia Onomastica Monacensia, Bd. IV, München 1961, S. 798 ff. Zur Walserfrage jetzt zusammenfassend: H. KREIS, Die Walser, Ein Stück Siedlungsgeschichte der Zentralalpen, Bern 1958.

23) A. SCHORTA, Das Landschaftsbild von Chur im 14. Jahrhundert, Eine Flurnamenstudie, Beilage zur Festschrift Jakob Jud, Genf und Zürich 1942. Inzwischen ist der monumentale zweite Band des Rätischen Namenbuches von A. SCHORTA erschienen (Bern 1964). Eine Auswertung für diesen Aufsatz war nicht mehr möglich.

Siedlung als durch Beeinflussung durch die politisch führende Schicht und ihrer Beamten, also soziologisch gesehen von oben her, ein. Burgennamen sind vielfach inmitten romanischer Gegenden deutsch. Zwischen 842 und 847 war das Bistum Chur zur Erzdiözese Mainz geschlagen worden. 916 verleibte König Konrad I. Rätien dem Herzogtum Schwaben ein. Im Gefolge davon setzte sich deutscher Adel in romanisch Bünden fest, wovon Burgennamen wie Hohensax, Werdenberg, Wartau, Haldenstein, Fürstenau usw. zeugen. Auch sonst zeigt sich, daß durch herrschaftliche Beziehungen Ortsnamen verpflanzt werden können. Ihnen können auch sprachliche Einflüsse über die Oberschicht folgen 24). Zweifellos hat die starke Talung der Alpen, ihre von der Natur vorgezeichnete Kleinraumbildung, sich auch auf die Ausbildung engster Mundarträume günstig ausgewirkt. Okkasionell entstandene Neuerungen konnten sich im geschlossenen Raume leichter verfestigen, wenn die ausgleichende Funktion einer größeren Sprachgemeinschaft fehlte. Hier bestimmen wirklich noch einzelne Familien das Siedlungsbild wie auch die Sprache: die Alpen sind eine Pionierlandschaft ohnegleichen und lassen uns an Versteinerungen teilhaben (etwa in den Außenorten der Walser am Monte Rosa), die in volkreicher Umgebung mit ausgleichender Umgangs- und Schriftsprache undenkbar wären. Aber trotz solcher Differenzierung im einzelnen läßt sich die alpine alemannische Mundart, wenn wir auf den heutigen Stand schauen, gegenüber der mittelländischen doch auch als ein Ganzes abgrenzen 25).

Im Lautlichen wird die Reliktstellung, die sich Neuerungen verschließt, besonders deutlich an der sogenannten neuhochdeutschen, von Baiern ausgehenden Diphthongierung, der sich das Alpenalemannische auch in der Stellung des freien Auslauts und des Hiatus verschließt, während die mittelländischen Gebiete in diesen exponierten Wortstellungen die aus Schwaben andringende Neuerung im Spätmittelalter übernommen haben: *frei/frî, schneien/schnîen*. Parallel geht damit anderes, weniger Einschneidendes wie *dänkche*/südlich *deiche, Horn/Hore*. Hier scheidet zwar Appenzell und oberes Toggenburg aus zum Norden, während bei der wichtigeren Diphthongierung Reste noch klarmachen, daß diese beiden der Rätia vorgelagerten Landschaften zur alpinen Zone gehören oder gehörten 26).

24) P. KLÄUI, Bildung und Auflösung der Grundherrschaft im Lande Uri, Hist. Nj.bl., hrg. vom Verein f. Gesch. und Altertümer von Uri, 1957/58, S. 1 ff. Alemannische Einflüsse im rätoromanischen Wortschatz und Flurnamenbild: M. SZADROWSKY, Altes Alemannentum im rätoromanischen Graubünden, Zeitschrift f. Namenforschung 18 (1942), S. 144 ff., 242 ff. I. MÜLLER, Disentiser Klostergeschichte, 1. Bd. 700–1512, Einsiedeln 1942: zur Übertragung von Burgennamen vgl. S. 131; Walser Orte 121 ff., 156 ff.
25) P. ZINSLI, Bergschweizerdeutsch, in: Die Schweiz, Eigenart und Weltverbundenheit, Konstanz 1958, S. 125 ff.
26) Grundlegend: R. HOTZENKÖCHERLE, Zur Raumstruktur des Schweizerdeutschen, Statik und Dynamik, Zeitschrift für Mundartforschung XXVIII Jg. 1961, S. 207 ff. Zur Vertiefung unserer räumlichen Vorstellungen des Schweizerdeutschen wird der »Sprachatlas der deutschen Schweiz« entscheidend beitragen, hrg. von R. HOTZENKÖCHERLE, dessen 1. Band 1962 in Bern erschienen ist, dazu ein Einführungsband, Teil A und B, Bern 1962.

Einzig in der flexivischen Neuerung, dem schwäbischen Einheitsplural auf -et
gegenüber älterem, zwei- bis dreiformigem Bestand im Westen läuft eine wichtige
Sprachgrenze in Fortsetzung der Schwarzwaldschranke von Norden bis Süden quer
auch durch den Alpenraum hindurch, doch handelt es sich hier um eine jüngere, von
territorialen Grenzen des Spätmittelalters beeinflußte Neuerung. Bei den labileren
und vielfältigeren Wortgrenzen ist diese Scheide allerdings einschneidender[27].

Aber auch die Reliktlage des Alpendeutschen kann der Wortschatz verdeutlichen.
Da gibt es erstens eine vordeutsche, aus vielfältigen Elementen romanischer und prä-
romanischer Herkunft zusammengesetzte Schicht von Lehnwörtern, die des öfteren
auch dem Bairischen bekannt ist: es sind die sogenannten »Alpenwörter«, wie sie z. T.
mit der von den Alemannen erst an Ort und Stelle erlernten Bewirtschaftung der
Alpen, der Sennerei, zusammenhängen, oder mit den Bezeichnungen für »Grund und
Grat« u. a. m. Bei den Namen ist dabei immer wohl zu unterscheiden, ob es sich um
eigentliche, an Ort und Stelle übernommene Orts- und Flurnamen oder um Gattungswörter handelt, die erst sekundär für die Namengebung verwendet wurden, Wörter,
deren Verbreitung zwar öfters streng auf die Alpen und deren Gegebenheiten beschränkt ist, öfters aber auch darüber hinausgreift, etwa in Lehnwörtern wie *Chummel*
Gumme, Balm u. a. Als Zeugnis für vorgermanische Siedlung lassen sich solche Lehn-
namen nicht verwerten, jedenfalls nicht in streng örtlicher Festlegung[28]. Es gibt
zweitens aber auch deutsche Wörter, die aus sachlichen Gründen mehr oder minder
eindeutig auf die Alpen beschränkt sind, weil hier allein Anlaß für deren Gebrauch
ist, doch auch, weil es sich in Sonderfällen um Reliktwörter handeln kann, die aus
alter elbgermanischer Gemeinschaft der Baiern und Alemannen herstammen und sich
nur hier im äußersten Süden, oft mit bezeichnender Parallele im Nordgermanischen,
erhalten haben, während sie bei den in der Mitte sitzenden Stämmen der Franken,
Thüringer und Sachsen entweder nie vorhanden oder sekundär verloren gegangen
sind. Aber nur wenn sie den nichtelbgermanischen Stämmen von Anfang an fehlen,

27) A. BANGERTER, Die Grenze der verbalen Pluralendungen im Schweizerdeutschen, Beiträge
zur schweizerdeutschen Mundartforschung Bd. IV, Frauenfeld 1951. Ein Beispiel aus dem
Wortschatz: beim Rücktraggefäß für Milch steht westliches *Brente* gegen östliches *Tanse*,
wobei Uri hier zum Westen gehört. Vgl. M. REIMANN, Sachkunde und Terminologie der
Rückentraggeräte in der deutschen Schweiz, Diss. Zürich 1947, mit Karte. R. HOTZENKÖCHERLE
im Atlas zur Geschichte des Kantons Zürich, hrg. von P. KLÄUI und E. IMHOF, Zürich 1957,
S. 66 und 67.
28) O. v. GREYERZ, Alpenwörter. Untersuchungen über die Sprachgemeinschaft im alpinen
Wortschatz der deutschen Alpenvölker, in: Sprache, Dichtung, Heimat; Studien, Aufsätze und
Vorträge über Sprache und Schrifttum der deutschen Schweiz und der östlichen deutschen
Alpenländer, Bern 1933, S. 72 ff. J. JUD, Zur Geschichte der romanischen Reliktwörter in den
Alpenmundarten der deutschen Schweiz, Vox Romanica 8, S. 34 ff. E. GAMILLSCHEG, Altger-
manisches im Alpenromanischen, Romania Germanica Bd. II, Bln., Lpz. (1935), S. 267 ff.
JOH. HUBSCHMID, Alpenwörter romanischen und vorromanischen Ursprungs, Bern 1951.

handelt es sich um exklusive nordgermanisch-alemannische (bzw. oberdeutsche) Gemeinschaft[29]. Als dritter Bestandteil des Alpendeutschen kommen in Betracht die aus der romanischen Nachbarschaft erst nach erfolgter Besiedlung übernommenen Wörter, die also nicht unmittelbar den im Siedlungsraume selbst angetroffenen Romanen entlehnt sind: ein Prozeß, der nie zum Stillstand kommt. Das Alpendeutsche vermittelt solche Lehnwörter auch dem Binnendeutschen, eine Rolle, die sich bereits zwischen dem Oberitalienischen und dem Alemannischen in althochdeutscher Zeit nachweisen läßt, an Ausdrücken des Weinbaus wie *Torkel* für »Kelter« etwa[30]. Die genauere Geschichte und Geographie dieser Alpenwörter bleibt erst noch zu schreiben. Es gilt auch zu zeigen, inwieweit die als typisch alemannisch erkannten Alpenwörter auch noch im Westtirolischen und umgekehrt typisch bairische Alpenwörter noch im Vorarlberg, im st. gallischen Rheintal, in Appenzell und im Toggenburg zu finden sind. Hier geben wieder die Flurnamen Fingerzeige[31]. Ein Übergreifen in historischer Zeit muß gegenüber alter alemannisch-bairischer Wortgemeinschaft abgesetzt werden.

Schließlich zeichnet sich das Alpendeutsche negativ auch darin aus, daß der Wort-

P. SCHEUERMEIER, Einige Bezeichnungen für den Begriff Höhle in den romanischen Alpendialekten, Diss. Halle 1920. O. FREHNER, Die schweizerische Älplersprache, Alpwirtschaftliche Terminologie der deutschen Schweiz, Frauenfeld 1919. J. U. HUBSCHMIED, Ausdrücke der Milchwirtschaft gallischen Ursprungs: dt. *senn, ziger* etc. Vox Romanica I (1936), S. 88 ff. P. ZINSLI, Grund und Grat, Die Bergwelt im Spiegel der schweizerischen Alpenmundarten, Bern (o. J.). B. BOESCH, Schichten der als Ortsnamen verwendeten Lehnwörter am Beispiel der alemannischen Besiedlung der Ostschweiz, Studia Onomastica Monacensia Bd. III, München 1961, S. 160 ff. Zur Sach- und Volkskunde: H. RÜBEL, Viehzucht im Oberwallis, Sachkunde, Terminologie, Sprachgeographie, Beitr. zur schweizerdeutschen Mundartforschung Bd. II, Frauenfeld 1950. R. WEISS, Das Alpwesen Graubünden, Wirtschaft, Sachkultur, Recht, Älplerarbeit und Älplerleben, Zürich 1941. CHR. LOREZ, Bauernarbeit im Rheinwald, Landwirtschaftliche Methoden und Geräte, Basel 1943. W. SCHMITTER, Waldarbeit und Waldarbeiten im Prättigau, Diss. Zürich 1953. A. NIEDERER, Gemeinwerk im Wallis, Diss. Zürich 1956. R. RAMSEYER, Das altbernische Küherwesen, Sprache und Dichtung, Neue Folge Bd. 8, Bern 1961. Aus E. FRIEDLIS Darstellung »Bärndütsch als Spiegel bernischen Volkstums« seien erwähnt die Bände 2, Grindelwald (Bern 1908) und 7, Saanen (Bern 1927).
29) F. MAURER, Nordgermanen und Alemannen, 3. Aufl. Bern 1952. ED. KOLB, Alemannisch-nordgermanisches Wortgut, Beitr. z. schweizerdeutschen Mundartforschung Bd. VI, Frauenfeld 1956.
30) TH. FRINGS, Germania Romana, Halle 1932, Ders.: Grundlegung einer Geschichte der deutschen Sprache, Halle 1950. E. ALANNE, Die deutsche Weinbauterminologie in althochdeutscher und mittelhochdeutscher Zeit. Helsinki 1950. Ders.: Die Stellung der Weinbauterminologie in den westgermanischen Hauptdialekten, Neuphilologische Mitteilungen Helsinki 1963, S. 16 ff. Vgl. E. SCHÜLE (Anm. 34) zu *triel* (S. 222).
31) So z. B. das im Bairischen und auch sonst in der Germania verbreitete mhd. *lite* »Abhang«, das – soweit ich sehe – innerhalb des Südalemannischen nur in der Ostschweiz als Flurname vorhanden ist. Vgl. ST. SONDEREGGER, Die Orts- und Flurnamen des Landes Appenzell, Bd. I, Register, in: Beitr. z. schweizerdeutschen Mundartforschung Bd. VIII, Frauenfeld 1958.

import aus dem schwäbischen Norden und Osten sowie aus dem oberrheinischen
Westen die Alpen vielfach nicht mehr erreicht hat. Die Mittlerrolle, die einerseits
Zürich, andererseits Basel dabei zukommt, ist jüngst (noch unter Ausklammerung der
Rolle Berns) untersucht worden[32]. Es handelt sich vor allem um Vorgänge des späten
Mittelalters, welche im Wortschatz eine Trennungslinie zwischen Osten und Westen
an der Reuß ausbilden: von einer alten Siedlungsgrenze mitten durch das Aaretal hin-
durch kann jedoch kaum die Rede sein[33]. Auch volkskundlich gesehen ist die West-
Ost-Grenze an der Reuß anders zu begründen als die am Alpenkamm hinziehende,
die eine in Naturgegebenheiten ruhende Volkstumsgrenze ist: sie scheidet die alpine
Hirtenkultur von der mittelländischen Ackerbau- und Städtekultur[34].

Erst seit Wackernagels eindringlichen und äußerst wichtigen Forschungen wissen
wir mehr über diese Hirtenkultur im Mittelalter und deren Beziehungen zur Politik
der Eidgenossen, zu ihrer Denkweise, ihrer Kampfweise, ihrem Brauchtum, z.B. in
der Ausbildung der Telltradition[35]. Wenn sich die Konturen zwar heute verwischen,
so bleibt, wie der Atlas der Schweizerischen Volkskunde deutlich zu machen beginnt,
noch immer ein reiches, die Trennungslinie verdeutlichendes Anschauungsmaterial[36].
Besonders instruktiv sind die Karten, die R. Weiß zur Verbreitung der Baustoffe und

32) E. E. MÜLLER, Wortgeschichte und Sprachgegensatz im Alemannischen, Bern und München 1960.
33) Vgl. B. BOESCH im Archiv f. d. Stud. d. neueren Sprachen, 198. Bd. (1961), S. 43 ff.
34) R. WEISS, Die viersprachige Schweiz im Atlas der Schweizerischen Volkskunde, in:
Sprachleben der Schweiz, Bern 1963, S. 1 ff. Der Befund des Atlasses zeigt neben Zusammenfall sprachlicher mit volkskundlichen Grenzen vielfach aber auch deren Divergenz. Daß Kultur
und Volkstum nicht notwendig an sprachliche Grenzen gebunden ist, daß es eine alpine Kultur
über die Sprachgrenzen hinweg gibt, ist eine der entscheidenden Erkenntnisse der alpinen
Volkskunde. Zur Volkstumsgrenze an der Reuss, die mit keiner Sprachgrenze zusammen-
fällt (mit Ausnahme jüngerer, innerdeutscher Mundartscheiden, vgl. Anm. 27) vgl. R. WEISS,
Die Brünig-Napf-Reuss-Linie als Kulturgrenze zwischen Ost- und Westschweiz auf volkskundlichen Karten, Geographica Helvetica 2 (1947), S. 153 ff., erneut abgedruckt in Schweiz. Archiv
f. Volkskunde 58 (1962), S. 201 ff. Musterbeispiele kultureller Gemeinschaft über die Sprachgrenze hinweg gibt auch das Wallis her. Vgl. E. SCHÜLE, Romanisches Wortgut in der Sprache
der Oberwalliser Weinbauern, in: Sprachleben der Schweiz, Bern 1963, S. 209 ff.
35) H. G. WACKERNAGEL, Altes Volkstum der Schweiz, Basel 1956, bes.: Die geschichtliche
Bedeutung des Hirtentums, S. 30 ff.
36) W. ESCHER, Das schweizerische Hirtenland, Schweiz. Arch. f. Volkskunde 60 (1964),
S. 58 ff. Die sprachliche Grenze zwischen alpinem und mittelländischem Alemannisch findet
sich wieder auf einer Reihe von Karten des Volkskundeatlas, so z. B. auf der Karte zu Frage 25:
»Kapuzen oder Hemden mit Kapuzen zum Heueintragen« (oben S. 70). Einen wichtigen
sprachlichen wie volkskundlichen Aspekt bildet auch die Art und Weise, wie die Schweizer
selber ihre Mundart gegen außen, die Unterschiede der einzelnen Mundarten im Innern, und
ihre volkliche Eigenart verstanden haben: H. TRÜMPY, Schweizerdeutsche Sprache und Literatur im 17. und 18. Jahrhundert, Basel 1955 und R. WEISS, Das Alpenerlebnis in der deutschen
Literatur des 18. Jahrhunderts, Zürich und Leipzig 1933.

Bauweisen sowie der Siedlungsformen gezeichnet hat[37]. Die reinen Dorfsiedlungen liegen heute eindeutig – was das Mittelland anbetrifft – in der ältesten Zone der -ingen-Orte, aber man muß auch die Mischzonen der Dörfer, Weiler und eingestreuten Höfe mit in Betracht ziehen, wenn man die zwei ersten Perioden der Siedlung (bis etwa 700) mit dem Ortsnamenbefund zur Deckung bringen will. Mit anderen Worten: die *gesamte* alte -ingen-Siedlung deckt sich mit *zwei* Zonen der Siedlungsformen: der Dorfsiedlung *und* der Mischzone des Mittellandes. Dabei sind natürlich die in historischer Zeit erfolgten Veränderungen des Siedlungsbildes in Rechnung zu stellen. Neuere Forschung zeigt immer deutlicher, daß die ursprüngliche alemannische Siedlung locker zu denken ist, aus Weilern und Gehöften bestand, und daß sich die Konzentration zum großen Dorfe erst nachträglich vollzog[38]. In den erst spät germanisierten Gebieten, im Wallis und in den nach 800 noch rätischen Gebieten des Rheintals haben die Alemannen die Dorfsiedlung von den Romanen übernommen bzw. sich in ihr eingenistet, mit der gewichtigen Ausnahme der Walser, die in den Bündner Tälern nicht nach der Art ihrer Walliser Heimat in Dörfern, sondern in der gemischten Form siedelten, ähnlich wie im Berner Oberland, in der Innerschweiz und im Glarnerland sowie in einem großen Teil des Mittellandes überhaupt. Spezifische Hofsiedlung zeigen Appenzell, das Toggenburg, das Zürcher Oberland, Gebiete am Albis und im Zugerland, ein Strich nördlich des Vierwaldstättersees, das Napfgebiet, das Schwarzenburgerland im Kt. Bern sowie Teile des Juras. Das sind alles Gegenden, die zur Ausbausiedlung gehören und in denen die Alemannen wenig Vorbevölkerung angetroffen, also Neuland gewonnen haben. Die *reine* Hofsiedlung hat sich somit in der *voralpinen* Ausbauzone typisch ausgeprägt.

Für das allgemeine kulturelle Bewußtsein spielen bei den Alemannen und Baiern die Alpen und ihre Bevölkerung noch immer eine repräsentative Rolle, wenn es darum geht, das Heimatgefühl zu bezeugen. Das Jodeln und andere alpine Bräuche, nun vielfach durch Bewohner des Mittellandes und der Städte, zum Teil auch kommerziell, in Pflege genommen, geben dieser Sehnsucht nach dem einfachen Leben beredten Ausdruck, so wie man sich eben das Leben des Älplers seit Rousseau und Hallers Gedicht »Die Alpen« vorstellt. Aber es bleibt eine Sehnsucht, und der Unterländer genügt ihr, indem er gleichzeitig den Komfort der alpinen Hotels beansprucht oder ein mit allen Schikanen eingerichtetes Ferienhaus bewohnt, dieweil die wirkliche alpine Bevölkerung, soweit sie nicht von den Errungenschaften der Neuzeit dank dem Fremdenverkehr profitiert, zum eigentlichen Proletariat jener hochentwickelten Staaten ab-

---

37) R. Weiss, Häuser und Landschaften der Schweiz, Zürich 1959, S. 42, 276. Beispiel einer inneralpinen Verbindung von Holz und Steinbau ist das sog. »Gotthardhaus«, das hier am Alpenkamm über die Sprachgrenze hinweg verbreitet ist, aber auch in den französischen und österreichischen Alpen vorkommt. (S. 35 ff. und Register).

38) K. S. Bader, Das mittelalterliche Dorf als Friedens -und Rechtsbereich, Weimar 1957, S. 29 ff. P. Kläui (Anm. 10), S. 211.

sinkt, die diese Alpen ihr eigen nennen. Es ist bezeichnend, daß im Jahre 1963 in der Schweiz eine große Bettenaktion durchgeführt wurde, da Tausende von Bergkindern in diesem Wohlfahrtsstaate noch kein eigenes Bett besitzen. Die Verklärung des alpinen Daseins aus einer Mischung von Heimweh nach dem einfachen Leben und von Wanderfreude in einer trotz vieler Eingriffe noch immer großartigen Natur steht in einem krassen Gegensatz zum wahren Lebensgefühl der von der Konjunktur nicht verwöhnten Alpenbewohner selbst [39]. Ihr Volkstum, Aushängeschild auch für das Heimatgefühl der Unterländer, wird den legitimen Trägern insofern entfremdet, als es ihnen nicht mehr *allein* zugehört und auch Ortsfremde es für sich beanspruchen und zurechtbiegen. Insbesondere das religiöse Brauchtum wird zur Demonstration vor dem Bildschirm und einer Masse nichtgläubiger Zuschauer gestempelt [40]. Forschungsgeschichtlich sind die Alpen heute, soweit der Mensch im Vordergrund steht, ebensosehr ein Objekt moderner Kultursoziologie wie eine Fundgrube älterer, reliktartig nachlebender Kulturstufen.

39) R. Weiss, Alpiner Mensch und alpines Leben in der Krise der Gegenwart, in: Die Alpen (1957), S. 209 ff. Erneut abgedruckt in Schweiz. Archiv f. Volkskunde 58 (1962), S. 232 ff.
40) Zum sprachlichen Aspekt B. Boesch, Zur Stilistik der schweizerdeutschen Volkssprache, Schweiz. Archiv f. Volkskunde 59 (1963), S. 166 ff., S. 182.

Nachtrag zu Anmerkung 28: E. Kranzmayer, Die bairischen Kennwörter und ihre Geschichte, Wien 1960.

Die Alpenromanen [1]

VON FRIEDRICH SCHÜRR

Lassen Sie mich mit einer Begriffsbestimmung des Titels beziehungsweise einer Abgrenzung des Themas beginnen. Es kann nicht meine Aufgabe sein, mich auch mit den Teilen großer romanischer Völker, wie der Franzosen und Italiener, soweit sie im Alpenraum siedeln, zu beschäftigen. Es geht uns vielmehr um die Frage, ob und unter welchen geopolitischen, historischen Bedingungen sich im Alpenraum eine besondere romanische Sprache und ein dazugehöriges Volkstum ausgebildet hat. Das Problematische des Gegenstandes wird bereits durch die Uneinheitlichkeit der Namensgebung angedeutet. Alpenromanisch, diese Bezeichnung, von Gamillscheg vorgeschlagen, hat sich bis heute nicht durchgesetzt, und zwar hauptsächlich aus dem Grunde, weil damit die Teilgebiete französischer und italienischer Nationalität mitverstanden werden könnten. Friedrich Diez, der Begründer der romanischen Philologie, hat in seiner Romanischen Grammatik im Jahre 1836 von dem »Churwälschen« gesprochen. Die anderen Gebiete waren eigentlich noch gar nicht in seinen Gesichtskreis getreten. Erst Christian Schneller, der Tiroler Landesschulinspektor, dessen Büchlein, Die romanischen Volksmundarten in Südtirol, auch heute noch lesenswert ist, hat im Jahre 1870 auf die Einheit des friaulisch-ladinisch-churwälschen Sprachkreises hingewiesen. Beinahe um dieselbe Zeit hat dann der große italienische Sprachforscher Ascoli in seinen heute klassischen Saggi ladini zum erstenmal das Gesamtproblem aufgegriffen und systematisch behandelt. Seither ist in der italienischen Sprachwissenschaft der Ausdruck *ladinisch* üblich, der allerdings auch einen gewissen Nachteil mit sich bringt, insofern nämlich, als die Romanen des Dolomitengebietes sich selbst als ladinisch bezeichnen und andererseits die Engadiner auch, also wiederum Teilgebiete gemeint sein könnten. Wenn wir so wollen: als *ladinos* im Gegensatz zu ihrer Umgebung bezeichnen sich die spanischsprechenden Juden auf dem Balkan und im Orient. Das Wort *Ladiner/ladinos* hat natürlich eine lange Bedeutungsgeschichte. Hier könnten Mißverständnisse auftauchen. Zehn Jahre nach Ascoli hat Theodor Gartner, der andere große Erforscher dieses Sprachgebietes, seine Rätoromanische Grammatik veröffentlicht, im Jahre 1883,

[1] Der vorliegende Vortrag, gehalten am 11. April 1962 auf der Tagung des Konstanzer Arbeitskreises für mittelalterliche Geschichte auf der Reichenau, erschien zuerst in VOX ROMANICA 22 (1963), 100 ff.

und von da an ist die Bezeichnung *rätoromanisch* in der deutschen Romanistik die
übliche. Es sei nur erwähnt, daß die Romanen in der Schweiz, in Graubünden, sich
selbst als *romanisch/romauntsch* bezeichnen, aus lat. *romanice,* wofür man dann
deutscherseits *bündnerromanisch* sagt. Sie merken ja wohl, daß schon das Wort *rätoromanisch* an die Substratfrage rührt, als einen der Gründe des Sprachwandels. Ich
nehme an, daß Ihnen der Begriff des Substrats in der Sprachwissenschaft einigermaßen
geläufig ist; es handelt sich da um die Theorie, daß die Entwicklung einer Sprache, die
von einer übergeordneten Schicht auf eine sei es politisch-militärisch oder kulturell
unterlegene übertragen wird, daß die Weiterentwicklung dieser Sprache irgendwie
beeinflußt und bestimmt wird von der untergehenden Sprache beziehungsweise den
Sprechgewohnheiten der betreffenden Menschen. Das wäre einer der Gründe des
Sprachwandels, den man seit Jakob Grimm schon anführt und dann insbesondere seit
Schuchhardt und Ascoli. Ascoli ist einer der Hauptvertreter dieser sogenannten
Substrattheorie. Nun, die Sprache ist ja geistiger Besitz einer Gemeinschaft, unterliegt
also auch soziologischen Bedingungen, politischen und historischen. Straßen, Verkehrs-
und Verwaltungsgrenzen müssen hier eine entscheidende Rolle spielen, insofern sie
Gemeinschaften zusammenfassen und andererseits von anderen trennen, aber auch
wieder die Verbindung herstellen können. Diese zwei Momente, diese zwei Haupt-
faktoren des Sprachwandels, die wir ja im Vorjahr auch schon in den Diskussionen
über das Frankoprovenzalische hervorzuheben hatten, wo ja Ascoli wiederum derjenige war, der ein solches geschlossenes Sprachgebiet herausgehoben hat, diese zwei
Faktoren müssen wir im Auge behalten. Das Rätoromanische wurde schon von Robert
von Planta als durch die Lage an den wichtigen Paßstraßen bestimmt bezeichnet.
Nachdem Drusus im Jahre 15 vor Christus den restlichen, noch unabhängigen Teil
des Alpenraumes unterworfen hatte, wurde daraus die römische Provinz *Raetia*
gebildet, die *Raetia prima* und die *Raetia secunda.* Die Unterteilung ist von den
Römern vollzogen worden. Die mutmaßliche Grenze der römischen *Raetia* – im
einzelnen mag manches noch diskutabel sein – reicht vom Ende des Untersees hinunter, ungefähr in der geraden Richtung über den Gotthard nach Süden, umfaßt den
heutigen Tessin und weicht dann nach Norden aus und deckt sich nur noch zum Teil
mit den heutigen Grenzen des Kantons Graubünden und verläuft dann ungefähr in
der Richtung auf das Stilfser Joch, biegt wiederum nach Süden aus, geht über die
Etsch nördlich von Trient und von hier, einen Teil des Dolomitengebietes umfassend
und das Pustertal östlich von Toblach überquerend, zum Inn, dann innabwärts zur
Donau. Dieser nördliche Teil ist das antike Vindelicien. Nun die Frage, mit der wir
uns zu beschäftigen haben: Das Rätoromanische, ist das die Sprache der romanisierten
Räter, und gibt uns die Substrattheorie irgendwelche Aufklärungen darüber? Was
war das Rätische für eine Sprache? Wir wissen darüber eigentlich so gut wie nichts;
es sind wenige Stammesnamen überliefert, wie derjenige der *Venostes* im Vintschgau,
der *Isarker* im Eisacktal, der *Breuni* oder *Breones* am Brenner, der *Genauni* im Inntal,

kaum Ortsnamen und so gut wie gar keine Gattungsnamen. Man ist sich allgemein darüber einig, daß es sich um eine nichtindogermanische Sprache handeln muß. Nun wissen wir aus Angaben bei Livius und dem älteren Plinius, daß versprengte Etrusker, vor dem Einbruch der Gallier in der Po-Ebene ausweichend, sich in die Alpen geflüchtet haben. Dann wären die Räter, wie man lange Zeit angenommen hat, entweder überhaupt ein Zweig der Etrusker, oder aber sie hätten wenigstens eine starke etruskische Beimischung. An der letzteren ist kaum zu zweifeln, insbesondere nach jüngeren Funden auch im Raum von Bozen, wo man auf Inschriften etruskische Schrift gefunden hat. Auf alle Fälle aber waren die Räter keine Kelten. Über ihre Beziehungen zu den Venetern und den Illyrern, über deren Verhältnis zum Indogermanischen man ja auch noch nicht ganz im klaren ist, darüber wissen wir nicht viel. Gartner in seinem Handbuch der rätoromanischen Sprache und Literatur äußert sich über dieses Problem in folgender Weise: »Wie die Gallier und die Franken das nach Nordgallien verpflanzte Latein ihren Anlagen und Sprechgewohnheiten gemäß zu einer romanischen Sprache ausgebildet haben, so haben auch die Räter und die sich ihnen anschließenden Nachbarn, Kelten, Germanen, vielleicht auch Veneter und Karner, das Latein der italischen Nordgrenze und Rätiens in ihrer Weise bearbeitet.« Also waren die Räter eben im wesentlichen wohl das Substratvolk für das Rätoromanische. Aber über die eigentliche Substratwirkung des Rätischen können wir nichts sagen, was ja in den meisten Fällen von der Substrattheorie gilt, was ich aber nur in Klammer bemerkt haben möchte. Ich möchte nur andeuten, daß ich sehr viele Vorbehalte habe gegen die Überspannung der Substrattheorie, insbesondere dagegen, daß man alle möglichen Erscheinungen in den romanischen Sprachen, so etwa, wie das heute noch von manchen Kollegen geschieht, den Wandel von *u* zu *ü* im Französischen, immer wieder den Kelten in die Schuhe schiebt, obwohl es so viele Gegenbeweise gibt. Im großen und ganzen können wir mit der Substrattheorie nicht sehr viel anfangen. Und zwar aus folgendem Grunde: Eine Sprache, die fremde Elemente übernimmt, wird immer das Bestreben haben, sie ihren eigenen Gesetzen einzugliedern, dem, was man heute im Sinne des Strukturalismus »phonologisches System« nennt. Es wird also meist mit den sogenannten Substratwirkungen auf lautlichem Gebiet so sein, daß diese Veränderungen ebensogut auch bodenständig sein könnten. Ich habe in verschiedenen Fällen versucht, das nachzuweisen; auch einmal beispielsweise hinsichtlich des Rumänischen, wo man natürlich gern mit slawischen Superstraten arbeitet. Wobei sich dann ergeben hat, daß eine Erscheinung wie zum Beispiel die Jotazierung eines silbenanlautenden *e*, von der man sofort sagen möchte, das sei natürlich slawisch, sich ganz anders erklärt. Wenn man dem nachgeht, ergibt sich folgendes: Aus den eigenständigen Diphthongierungen eines *è-* kann im Rumänischen ein *j*-Vorschlag in so und so vielen Fällen entstanden sein und sich dann verallgemeinert haben. So ist das mit den Substratwirkungen! Anders natürlich dort, wo es sich um Wortrelikte handelt; da können wir sozusagen mit Händen greifen, wenn eine neue Sprache aus der unterlegenen Wortformen übernimmt. Hier können wir den direkten Nachweis führen. Das gilt ja dann ganz besonders für die Ortsnamenforschung. Diesen Vorbehalt möchte ich nur so in Parenthese anbringen. Unsere Grundfrage wird also sein: Wie war das Fortleben des Rätolateins? Es geht dabei hauptsächlich um die Zurückdrängung des werdenden Rätoromanischen vom Norden her durch die Germanen. Dafür muß ich jetzt einige Daten anführen, die wenigstens das Gerippe der Entwicklung aufzeigen sollen. Um 455 setzten die Alemannen aus dem Rheinknie hinüber mit einem Vorstoß einerseits in das Elsaß und bis in die Burgundische Pforte, von wo sie aber dann von den Burgundern wieder zurückgeworfen wurden, und südlich in das Schweizer Voralpengebiet. Es scheint aber, daß sie erst nach ihrer Niederlage bei Zülpich durch die Franken, im Jahre 496, nach Südosten ausgegriffen haben, in die Gegend südlich des Bodensees, in den Bereich des heutigen St. Gallen. Im Kanton St. Gallen sind immerhin noch 50 Prozent romanische Ortsnamen nachzuweisen. Aber schon in dieser Zeit – sagen wir ungefähr nach Zülpich – dürfte die Germanisierung dieses Teiles begonnen haben. Als die Franken Rätien im Jahre 537 dem fränkischen Reich angliederten, trennten sie den nordwestlichen Teil der *Raetia prima* ab; das war nach einer Linie, die vom Speer nördlich des Walensees über den Säntis hinüber nach Oberriet und den sogenannten Hirschensprung über den Rhein nach Götzis im heutigen Vorarlberg verlief. Dieser nordwestliche Teil der *Raetia prima*, das Gebiet südlich des Bodensees, wurde abgetrennt und unterlag eben einer besonders frühen Germanisierung durch die Alemannen. Diese Germanisierung griff auch in das Rheintal über; allerdings müssen sich hier die Romanen verhältnismäßig lang daneben noch gehalten haben, denn die undeutsche Betonung von Ortsnamen wie Sargans und Ragaz weist noch auf die rätische Aussprache zurück. Nun einige wichtige Jahreszahlen. 537 kommt Rätien zum Frankenreich. Die Ostgoten, in ihrer Bedrängnis durch die Byzantiner, sahen sich veranlaßt, es den Franken abzutreten, und dadurch wurde nun Rätien sozusagen für immer von Italien getrennt. Das Jahr 806 bringt die Einführung der Grafschaftsverfassung in Rätien, die Einsetzung fränkischer und alemannischer Grafen und Herren. Die bis dahin geltende frühere Provinzial- und Munizipalverfassung unter einem einheimischen Präses oder – wie er später genannt wurde – Rektor, aus dem Geschlechte der Viktoriden, die meist auch zugleich Bischöfe von Chur waren, wurde dadurch beseitigt. Karl der Große trennt 806 die weltliche und die bischöfliche Gewalt und richtet ein Herzogtum Oberrätien und Unterrätien ein. Oberrätien ist im wesentlichen identisch mit dem heutigen Kanton Graubünden. Nun kommen deutsche Gefolgsleute mit der fremdsprachigen Herren- und Adelsschicht ins Land. Aber das war an sich noch nicht der letzte, ausschlaggebende Faktor der fortschreitenden Germanisierung im rätischen Raum. Wir werden auch bald auf die Rolle der Walser zu sprechen kommen. Ein weiteres wichtiges Datum, 843. Im Gefolge der Reichsteilung wurde das Bistum Chur von Mailand gelöst und dem Erzbistum Mainz unterstellt. Es sei an dieser Stelle aber gleich bemerkt, daß das Bistum Chur offenbar von Anfang an eine gewisse Sonderstellung gehabt haben muß. Das ergibt sich zum Beispiel aus der sehr interessanten und aufschlußreichen Untersuchung von Jakob Jud, Geschichte der bündnerromanischen Kirchensprache. Wir finden in der bündnerromanischen Kirchensprache vielfach die lateinischen Ausdrücke statt der altchristlichen griechischen, also *basilica* statt *ecclesia, quinquagesima*, bündnerroman. *tschinkaisma* statt *pentecoste* usw. Sie hat also früh eine gewisse Selbständigkeit gehabt.

Die *Raetia secunda*, das nördliche Alpenvorland bis zur Donau, war, wie man allgemein annehmen darf, rascher und gründlicher romanisiert worden. In der Ebene konnten sich Siedlungen, Städte, leichter ausbilden. Und dort finden wir daher auch Spuren des Romanentums trotz Besitznahme durch Bajuwaren und Sueven noch länger erhalten. Schon seit Jung, und nach seinem Buch Römer und Romanen, weiß man, daß Romanen, sogar *vici romani*, in der Umgebung von Regensburg und Salzburg noch im 9. Jahrhundert anzutreffen sind und auch sonst im Alpenvorland. Worauf auch Ortsnamen wie *Walchensee* usw. hinweisen. Die Umgebung von Innsbruck war im 13. Jahrhundert noch zum Teil romanisch, und als Innsbruck das Stadtrecht erhielt (1234), war ein Teil der Bürger noch Ladiner. Im hinteren Stubaital wurde noch im 16. Jahrhundert zum Teil rätoromanisch gesprochen. Die Landnahme der Bayern stieß also nicht in einen von den Romanen völlig entleerten Raum vor. Im Vintschgau, der zunächst vom Bistum Chur abhängig war und erst im Jahre 1618 zur Grafschaft Tirol kam, wurde besonders im oberen Teil noch im 16. Jahrhundert romanisch gesprochen. Im Montafon noch im 18. Jahrhundert. Seit 592 sitzen die Bayern auf dem Brenner und im Brixner Becken. Über die Rolle des Bistums Brixen als des zweiten großen Zentrums im rätischen Raum nach Chur wird noch zu sprechen sein.

Zunächst wollen wir noch einen Blick zurück auf Chur und Umgebung werfen. Die Rückzugskämpfe des Rätoromanischen im weiteren Umkreis von Chur haben sich etwa in folgender Weise abgespielt. Die Stadt Chur selbst war im 15. Jahrhundert mehrheitlich deutsch; auf eine noch vorhandene romanische Minderheit weist aber der Name einer Vorstadt »welsches Dörfli« hin. Ragaz, Pfäfers, Sargans, Liechtenstein waren im 13. bis 14. Jahrhundert zum Teil noch romanisch.

Und nun zum Bodenseeraum. Hier finden wir mindestens noch um die Mitte des 7. Jahrhunderts Romanen. In der Vita et miraculi S. Galli von einem unbekannten St.-Galler Mönch heißt Columban Gallus im zerstörten Bregenz zum Volke reden, da er durch den Schmuck seiner lateinischen Rede hervorrage und ihm dessen Idiom vertraut sei. Und Seite 50 findet sich folgendes: »Vierzig Jahre nach dem Tode des heiligen Gallus durchzog ein gewisser Ortwinus praeses mit einem größeren Heer einen Teil des Thurgaues, verbrannte Konstanz und Arbon und plünderte und mordete überall. Die Arbonenser flüchteten mit ihrer besten Habe zur Zelle des heiligen Gallus und vergruben dort ihre Schätze.« Die Feinde aber fanden sie doch, indem sie sogar das Grab des Heiligen öffneten, indem sie sagten, wie berichtet wird, »*isti Romani ingeniosi sunt, ideo sub loculum bona sua absconderunt*«. Worauf sich später noch

Walahfrid Strabo mit den Worten bezieht, »*isti Rhetiani calliditate abundant*«. (»Diese Räter zeichnen sich durch besondere Schlauheit aus [1].«)

In diesem Zusammenhang seien auch noch die ältesten romanischen Glossare erwähnt, die gerade hier in diesem Raum, wenigstens zum Teil, entstanden sind. Da sind die bekannten Reichenauer Glossen aus dem Ende des 8. Jahrhunderts, in welchen schwierigere Stellen der Vulgata durch romanische Formen erklärt werden, durch romanische Sprachformen, die man allerdings heute übereinstimmend als eine ältere Stufe des Nordfranzösischen ansieht. Dann aber auch die Kasseler Glossen. Dort werden romanische Worte, nach Sachgebieten geordnet, durch deutsche Vokabeln erklärt. Gegen Schluß verrät sich der Schreiber oder vielleicht Verfasser; es heißt da: »*stulti sunt romani, sapienti* – nicht sapientes – *sunt Paioari*« (dumm sind die Welschen, gescheit sind die Bayern). Der Verfasser war also offenbar ein Bayer, der in irgendeiner nachbarlichen Beziehung zu den Romanen, also den Rätoromanen, gestanden haben muß; das möchte man annehmen. Allerdings behauptet auch hier die neuere Forschung, es könnte sich doch nicht um Rätoromanisch handeln, sondern wiederum um ältere französische Formen. Wie dem auch sei; auf der damaligen Stufe waren ja das Altfranzösische und das Rätoromanische wohl noch nicht so sehr verschieden, und die Glossare sind auf alle Fälle ein Zeugnis dafür, daß man hier am Bodensee, im Kloster Reichenau, mit Romanen verkehrte und zu tun hatte und das Bedürfnis hatte, die romanische Sprache besser zu kennen. Der Rückgang des Rätoromanischen ist aber nicht allein durch die fränkisch-alemannische Herrenschicht zu erklären. Wenn man die Aufgabe einer angestammten Sprache zugunsten einer anderen, derjenigen der übergeordneten Schicht, verfolgt, so stößt man meist darauf, daß da eine lange Periode der Zweisprachigkeit vorangegangen sein muß. Einer Zweisprachigkeit, die uns einen Hinweis auf ein Nebeneinander, auf ein Durcheinander gibt, auf einen intimen Verkehr und Austausch. Denken wir etwa an das Elsaß, an Elsässerdeutsch, Elsässerfranzösisch, wo sich der zweisprachigen Bevölkerung die Vokabeln bald aus der einen, bald aus der anderen Sprache darbieten. So ähnlich muß es im rätoromanischen Raum gewesen sein.

Hier wurde die Rolle der Walser entscheidend. Ein Teil der Alemannen zog in der Zeit zwischen 800 und 900 aus der inneren Schweiz hinüber in das obere Wallis, die sogenannten Walser, die dann von da aus Vorstöße mit Siedlungen nach den verschiedensten Seiten unternahmen, auch an den Südhang der Alpen gelangten und heute noch in Sprachinseln südlich des Monte Rosa zu finden sind, dann über den Furkapaß und weiter hinüber nach Graubünden wanderten. So finden wir sie früh in Davos, das sich im 16. Jahrhundert, wie uns Campell in seiner Descriptio Raetiae berichtet, allein des Deutschen, und zwar des oberwallisischen Dialekts, bedient, allein im Gegensatz

---

[1] Ich entnehme diese Zitate und andere historische Hinweise dem Aufsatz von C. Pult über die *Raetia prima* im Mittelalter, RLiR 3 (1927), 157 ff. Weiteres (insbesondere über die Rolle der Walser, s. u.) bei R. von Planta (ib. 7, 1931, 80 ff.).

zur Umgebung. Später greifen dann die Walser weit aus in den Raum von Chur, Ragaz, Sargans, Prättigau, nach Vorarlberg, wo ja heute noch das große und kleine Walsertal nach ihnen benannt ist. Die erste belegbare Walsersiedlung stammt aus dem Jahre 1273. Von den ersten Zentren Rheinwald und Davos aus breiten sie sich dann rasch nach den verschiedensten Richtungen aus, meist nach den höheren, noch unbesiedelten Alpentälern. Sie wurden nämlich meist von den Feudalherren gerufen, welche diese abgehärteten und arbeitsamen Walserleute gut gebrauchen konnten zur Rodung einsamer, unbewohnter Täler und namentlich auch für den Bergbau, um daraus bessere Einnahmen erzielen zu können. So mußten 1475 die Lugnezer ein Gesetz gegen die Überfremdung erlassen, mit Verkaufsverboten, Verbot der Überlassung von Erbrechten und dergleichen. Aus dem freien Walserrecht, aus dem freien Recht dieser alemannischen Bauern und Krieger einerseits und aus dem Niedergang des Feudalismus entstanden dann in der Folgezeit die drei Bünde, der Graue Bund, der Bund der Zehn Gerichte und der Gotteshausbund, der letztere benannt nach dem bischöflichen Gotteshaus in Chur. Dieser Bund hatte dann insbesondere die Rechte des Bistums Chur im Inntal, im Engadin und im Vintschgau gegenüber der Grafschaft Tirol und den Habsburgern zu verfechten. In Tirol nimmt man an, daß das Zentralalpengebiet von vornherein nicht so gründlich romanisiert war wie das Alpenvorland und daß die aus diesem zurückweichenden Romanen hauptsächlich zur Romanisierung des zentralen Gebietes beigetragen haben. Die inneren Alpentäler waren aber im Altertum und früheren Mittelalter so gut wie unbesiedelt. Mit dem Vordringen der Bayern über den Brenner beginnt die Germansierung des Eisack-, Etsch- und Pustertales oder, wie die Bayern es nannten, des Nurichtales. Das Hochstift Brixen, das seit etwa der Mitte des 8. Jahrhunderts anstelle des früheren Bistums von Säben oder Sabiona trat, das seit der Besetzung durch die Langobarden im Jahre 591 nirgends mehr erwähnt wird, dieses Hochstift Brixen hatte von Anfang an Deutsche als Bischöfe. Im Jahr 1027 kam auch die Grafschaft im Inn- und Eisacktal unter das Bistum Brixen. Von Brixen aus erfolgten nun die Neubesiedlungen der bis ins 12. Jahrhundert unbewohnten Dolomitentäler. Das Bistum Brixen hat sich dabei romanischer Untertanen bedient, die offenbar noch in den Seitentälern des Eisacktales saßen, also romanisierter Isarker, römischer Siedler, geflüchteter Romanen aus Vindelicien und Noricum. Genaueres wissen wir darüber nicht. Aber es waren Romanen, mit denen das Bistum Brixen diese Dolomitentäler besiedelte. Interessanterweise sagt dazu Battisti, mit dessen Anschauungen wir uns noch wiederholt zu beschäftigen haben werden, »nelle valli dolomitiche dovremmo riconoscere il riflesso d'un latino provinciale, retico nella valle dell'Isarco, norico in quella della Rienza«. Er spricht hier also von einem provinzialen Latein, mit dem man es zu tun hatte. Das ist interessant, weil das eigentlich ein Gegenargument gegen seine These ist. Dieses provinziale Latein würde sich ja von dem Latein in Oberitalien von vornherein abheben. Im Gegensatz zu Brixen war das Werk des italienischen Bistums Trient das einer Italianisierung oder Lombardisierung des unteren

Avisiotales, der unteren Etsch und der Gebiete jenseits der Etsch, also Sulzberg und Nonsberg, wo es sich von Haus aus um ladinische Mundarten handelt, die aber eine starke italienische beziehungsweise lombardische Überschichtung aufweisen. Bei dieser Gelegenheit will ich auch gleich erwähnen, daß auch das westliche rätoromanische Gebiet in den Tälern, die zum Kanton Graubünden gehörten und heute noch gehören, sich aber nach Süden öffnen wie beispielsweise das Bergell, das von Haus aus und heute auch noch erkennbar rätoromanisch ist, eine starke lombardische Überschichtung aufweist. Im Poschiavotal natürlich in entsprechender Weise ebenfalls. Das Bistum Trient hat seinerseits nun von Süden herauf entscheidend dazu beigetragen, daß es zum endgültigen Riß zwischen dem westlichen Teil des Rätoromanischen und dem zentralen kam. Vom Norden herunter Germanisierung, vom Süden herauf Italianisierung.

Was nun Friaul betrifft – es ist das Gebiet im östlichen Teil der venezianischen Ebene –, so gehört es, wie Sie ja aus den Grenzen Rätiens ersehen, von vornherein nicht zur *Raetia*, und das wäre ein Grund, den ich vorhin vergessen habe zu erwähnen, der sich gegen die Bezeichnung »rätoromanisch« wendet, wie das ja Gamillscheg auch geltend gemacht hat. Das Friaulische bliebe dann außerhalb. Im Friaulischen kann man dann wohl schlechterdings kaum von einem rätischen Substrat sprechen; die Bezeichnung »rätoromanisch« würde hier nicht gut zutreffen. Im Friaul werden wir nun mit einer sekundären Sprachschicht zu rechnen haben. Das Friaulische reicht von den Ausläufern der Alpen bis an die Livenza und besitzt gegenüber dem Venezianischen eine ganz ausgesprochene Sprachgrenze. Das sind zwei so verschiedene Sprachtypen wie Wasser und Feuer, die sich nicht gut mischen. Wohingegen es sich zwischen Rätoromanisch und Lombardisch ganz anders verhält. In Friaul hätten wir es offenbar mit einer sekundären Sprachschicht zu tun, da Friaul von jeher das offene Tor für Einfälle aus dem Osten war und die verschiedensten Völkerwellen darüber hinweggegangen sind, Einfälle von fremden Völkern, die Zerstörungen, Verwüstungen mit sich brachten und im Gefolge davon Neubesiedlungen. So erklärt zum Beispiel Gamillscheg in seiner *Romania Germanica* im 2. Band, daß die neue Bevölkerung Frauls aus dem Alpengebiet, in erster Linie aus Noricum, stamme, wo die Slaweninvasion um die Wende des 6. zum 7. Jahrhundert die Romanen zur Auswanderung zwang. Wir können auf Detailfragen nicht eingehen; es würde sich die Frage daran knüpfen – eine sehr wesentliche Frage –, ob die spezifisch rätoromanischen Züge des Friaulischen nun von einer aus Noricum stammenden Bevölkerung eingeschleppt werden konnten. Das würde unsere Vorstellungen von der Ausbildung des rätoromanischen Alpengebietes wesentlich verschieben. Da müßte auch Noricum wesentlich rätoromanisch gewesen sein, das heißt nicht rätisch, aber es müßte Züge mitbekommen haben, die das übrige Rätoromanische charakterisieren. Diese These stößt auf gewisse Schwierigkeiten.

Battisti denkt an Wiederbesiedlung von Carnien aus im Gefolge der Ungarneinfälle der Jahre 899, 904, 923, 942. Ich kann hier auf die Einzelfragen nicht weiter eingehen. Es sei nur erwähnt, daß dieses Gebiet nun als geistiges Zentrum das Patriarchat von Aquileja hatte, so daß wir im rätoromanischen Raum mit drei großen geistigen Zentren zu rechnen haben: Chur, Brixen und Aquileja. Noch eines sei kurz gestreift: in Triest wurde zu Beginn des vergangenen Jahrhunderts noch eine rätoromanische Mundart gesprochen. Wir haben Dokumente davon erhalten. Viel länger hat sich diese Sprachform in dem jenseits des Golfes, Triest gegenüberliegenden Muggia erhalten. Das wirft vielleicht doch noch mancherlei Fragen auf, die heute nicht gelöst sind. Denn darüber hinaus müßte man sich auch die Frage vorlegen nach den ursprünglichen Zügen der Mundarten von Istrien, nicht der italianisierten beziehungsweise venezianisierten, sondern der älteren romanischen Schicht, des »Istriotischen«. Schon Ascoli weist darauf hin, daß da noch Fragen zu lösen sind. Eine ältere Stufe des Romanischen liegt ja darunter, die vielleicht illyroromanisch war.

Was nun die heutige Verbreitung des Rätoromanischen betrifft, so sehen Sie ja, daß es sich hier um ein Trümmerfeld handelt. Wir haben da das Rätoromanische in der Schweiz, vom Norden und vom Süden her angenagt. Am Oberrhein und südlich davon am Hinterrhein sitzen Deutsche. Zwischen dem Obwaldischen am Vorderrhein und dem Oberhalbstein gibt es nur noch einen ganz schmalen Zusammenhang da in der Gegend von Tiefencastel und einen weiteren hinüber zum Engadinischen mit dem Zipfel des Münstertales. Das ist also ein Gebiet, das seinerseits schon sehr stark eingeengt, nun noch völlig getrennt vom Zentralladinischen, von den Mundarten des Dolomitengebietes ist, so wie diese wieder vom Friaulischen getrennt sind. Es handelt sich also um ein Trümmerfeld, um Rückzugsgebiete, die nie eine geopolitische und staatliche, das heißt keine Verkehrseinheit und keine staatliche Einheit besessen haben und auch kein gemeinsames geistiges, kulturelles Zentrum, dafür aber, wie gesagt, die drei Bistümer Chur, Brixen und Aquileja. Gebiete, die auch nie eine gemeinsame Schriftsprache als ausgleichenden, einigenden Faktor hervorgebracht haben. Dafür hat Graubünden aus den Anfängen im 16. Jahrhundert, das heißt aus den mit der religiösen Bewegung sehr stark zusammenhängenden Bibelübersetzungen usw., mindestens drei Schriftsprachen entwickelt. Eine ober-, eine unterengadinische und eine obwaldische. Dazu gibt es noch Ansätze einer Oberhalbsteiner Schriftsprache. In Friaul hat seit je das Italienische die Rolle der Schrift-, Kultur- und Amtssprache innegehabt, wobei in den Städten allerdings in den gebildeteren Schichten auch das Venezianische als Verkehrssprache eine Rolle spielt. In den ladinischen Mundarten in Südtirol hat in der österreichischen Zeit das Deutsche die Geltung einer Amts- und Kultursprache besessen.

In Ansehung dieser Verhältnisse kann man da von einer Gemeinsamkeit oder gar von einer Einheit sprechen? Man denkt natürlich sofort wieder an das gemeinsame Substrat; aber das besagt ja nicht viel. Da wäre wiederum Battisti zu zitieren: »Nella struttura grammaticale neolatina dei dialetti non c'è nulla che possiamo attribuire al sostrato retico o illirico.» (»In der neulateinischen grammatischen Struktur der Dia-

lekte gibt es nichts, was wir einem rätischen oder illyrischen Substrat zuschreiben können.«) – Offenkundiger ist der Zusammenhang des Rätoromanischen mit dem Gallo-
romanischen im Westen. Da sind gewisse Gemeinsamkeiten im Vokalismus, wovon
wir noch zum Teil zu sprechen haben werden, insbesondere bei den unbetonten Vokalen, die ja in weitem Maße vernachlässigt werden und abfallen so wie auch in den
galloitalischen Mundarten. Hier haben wir also eine Gemeinsamkeit. Gallische Ortsnamen und Siedlungen finden wir in einem gewissen Maße im Westen des rätoromanischen Gebietes. Nehmen wir als letzten östlichen Zeugen *Bregenz/Brigantii*; das
Wort stimmt überein mit dem schweizerischen *Brienz*, mit der italienischen *Brianza*
und dem französischen *Briançon*. Solche gallische Ortsnamen finden wir hauptsächlich
im Westen; vom Gotthard bis zum Brenner fehlen sie dann so gut wie ganz, in Noricum sind sie dann natürlich wieder zu Hause. In Friaul finden wir wieder vereinzelt
gallische Ortsnamen. Im Wortschatz des Bündnerischen ist die Zahl der gallischen
Wörter größer als in den weiter östlich gelegenen Gruppen. Man könnte also von
einer Abstufung der gallischen Substratwirkung von West nach Ost sprechen. Aber
von keinem gemeinsamen gallischen Substrat. Was nun die Spuren vorindogermani-
scher Sprachen in Ortsnamen und dergleichen betrifft, so können wir damit für die
Erklärung des Aufbaus eines rätoromanischen Volkstums und rätoromanischer
Sprache nichts anfangen. Das sind vereinzelte Spuren, die so gut wie nichts besagen.

Hat es also eine ursprüngliche Einheit und Zusammengehörigkeit der drei rätoromanischen Sprachgruppen gegeben? Christian Schneller (im Jahre 1870) sagt: »Wir
haben somit einen eigenen friaulisch-ladinisch-churwälschen Kreis als selbständiges,
wenn auch nie zu einer eigenen Schriftsprache gelangtes, ja nicht einmal vom Bewußtsein eines inneren Zusammenhanges charakterisiertes Hauptgebiet der romanischen
Sprachen vor uns.« Ascoli in seinen Saggi ladini ging es aber gerade darum, die Einheit des Ladinischen im Gegensatz vor allem zu den norditalienischen Mundarten darzulegen, und zwar mittels seiner Methode der Herausarbeitung der »particolar combinazione«, der besonderen Kombination von Merkmalen. Theodor Gartner geht ungefähr denselben Weg und verwendet auch in der Hauptsache dieselben Kriterien wie
Ascoli. Nun hat Battisti, ein Nonsberger von Geburt, hervorragender Romanist und
Sachkenner, Wert darauf gelegt, darauf hinzuweisen, daß er als erster in einem Aufsatz aus dem Jahre 1910, Lingua e dialetti nel Trentino, die These verfochten habe,
die dann bald darauf der Tessiner Carlo Salvioni in einem Vortrag ›Ladinia e Italia‹
im Jahre 1917 auch herausgestellt hat, daß nämlich den ladinischen Mundarten jede
Selbständigkeit abzusprechen sei. Sie seien nichts anderes als archaische Stufen der
norditalienischen Mundarten. Diese These hat damals, im Anschluß an den Vortrag
von Salvioni, sofort den heftigen Widerspruch der Schweizer Romanisten, vor allem
Jakob Juds, gefunden, aber auch der Rätoromanen selbst, eines Mannes wie Robert
von Planta und anderer. Und in Italien hat sie den Widerspruch von Clemente Merlo
als des treuesten Bannerträgers Ascolis und seiner Anschauungen gefunden, auch Ber-

tonis und anderer. Auch in Italien ist die Meinung keineswegs einheitlich auf der Seite Battistis. Dazu nun folgendes: Durch Volksbefragung vom 20. Februar 1938 wurde das Rätoromanische als vierte Landessprache der Schweiz – Landessprache, aber nicht Amtssprache – anerkannt. Battisti und sein Stab in dem »Istituto di studi per l'Alto Adige« in Florenz hält nach wie vor an seiner These fest.

Diese Streitfrage ist letzten Endes ja viel älteren Datums. Schon Ulrich Campell in seiner Descriptio Raetiae aus dem Jahre 1570 bezeichnet die Sprache der Raetia Curiensis, vor allem aber die des Engadins und oberen Vintschgaus, als »lingua raetica« oder »idioma raeticum« und fügt hinzu, auch nach Meinung der Lombarden sei sie vom Italienischen sehr verschieden, was auch aus der rauheren Wesensart der Sprecher hervorgehe.

Der Begriff »Einheit«. Können wir hier damit überhaupt etwas anfangen? Wie verhält es sich mit dem Begriff der Einheit einer Sprache, der »unità della lingua«? Benedetto Croce hat in seiner Kritik der Stellungnahme Manzonis zur jahrhundertealten Streitfrage, der questione della lingua, der Frage nach der Einheit und der letzten Vorbildlichkeit einer bestimmten Form der italienischen Sprache, die jener in dem heute noch gesprochenen Florentinischen fand, folgendes gesagt: »Il problema dell'unità della lingua è un problema inesistente, non essendovi niente di comune tra il concetto di lingua e il concetto di unità.« (»Das Problem der Einheit der Sprache ist ein nichtexistentes Problem, da es nichts Gemeinsames zwischen dem Begriff ›Sprache‹ und dem Begriff ›Einheit‹ gibt.«) In der Tat, auch der große Sprachforscher Hugo Schuchardt betonte immer wieder, daß alles sprachliche Leben auf Mischung beruht, und wenn wir uns an den modernen Strukturalismus halten, der die Sprache einer Gemeinschaft als ein System von Ausdrucksmitteln ansieht, die alle irgendwie aufeinander angewiesen sind, so daß man kein einzelnes Element herausnehmen kann, ohne den ganzen Bau in Unordnung zu bringen, selbst der Strukturalismus muß heute bekennen, etwa nach E. Coseriu, daß Sprache ein System, ja, aber ein offenes System, ein in ständigem Umbau begriffenes System ist. Also mit der Frage nach der Einheit kommen wir nicht weiter; sie wird immer umstritten sein. Wir sollten sie ersetzen – und im Grunde hat das ja Ascoli auch schon getan – durch die Frage nach der Abgrenzbarkeit. Wenn wir nicht Sprachen selbst abgrenzen können, sondern nur ihre Merkmale, so wie wir das seit Schuchardt wissen, muß man beachten, daß es auch solche Merkmale gibt, welche eine abzugrenzende Sprachgemeinschaft gerade noch mit der Nachbargemeinschaft teilt, wohingegen andere dann stufenweise wieder wegfallen können. Auf diese Weise erklärt sich die Abstufung großer Mundartgebiete im Raum. Wofür Schuchardt das Bild vom Regenbogen gebrauchte, dessen Farben allmählich ineinander übergehen. Projizieren wir diese räumliche Abstufung zurück in die zeitliche, das heißt die Sprachentwicklung, so heißt das folgendes: Bei der Differenzierung des Vulgärlateins, bei der Ausbreitung im Raum des römischen Imperiums, bei dem, was wir mit von Wartburg auch die Ausgliederung der romanischen Sprachräume nennen können, ist zu unterscheiden zwischen archaischen Zügen, das heißt bewahrten Merkmalen, und Neuerungen. Wichtiger sind natürlich die Neuerungen. Bei der »particolar combinazione« ist also zu beachten, daß dabei ein Moment der Willkür letzten Endes nie ganz ausgeschaltet werden kann. Und selbst Battisti sagt an einer Stelle, es bleibe Geschmacksache, wohin man die ladinischen Mundarten zuweisen will. Das entschlüpfte ihm einmal; aber wir werden ja bald sehen, daß viele Kriterien tatsächlich schwer in dem einen oder anderen Sinne gedeutet werden können.

Für diese ganze Problematik will ich einige illustrative Beispiele geben. Aus der Wortschichtung im Raume des ganzen römischen Imperiums. Nehmen wir ein Wort wie lat. *pulcher*. Das war nie ein volkstümliches Wort, sondern ein literarisches. Die Volkssprache drückte sich anders aus. Für den antiken Menschen war »schön« das Formenschöne, das Wohlgestaltete. Das eigentliche Wort der Volkssprache war *formosus*. Und nehmen wir, um gleich zwei Fliegen mit einem Schlag zu treffen, den Komparativ *pulcherior*, im Vulgärlateinischen analytisch ausgedrückt *magis formosus*: dafür finden wir im Westen der Romania, das heißt des römischen Imperiums, heute noch port. *mais formoso*, span. *más hermoso* – das ist alles *magis formosus* – und im äußersten Osten rum. *mai frumos*. Die mittleren Gebiete, das, was ich die »Mittelachse« der Romania nennen möchte, Italien und Gallien, dieser Raum, der noch viel länger einen Zusammenhalt im Verkehr gehabt hat, nachdem die äußeren Provinzen kaum noch von Neuerungen aus dem Innern erreicht wurden, die haben den anderen Ausdruck, der auch schon da war, im lateinischen *bellus* ›niedlich, hübsch‹. Das ist ein Wort mit einem gewissen Affektwert in der Familiensprache, das sich offenbar später durchgesetzt hat, *bellus*, und nicht *magis bellus*, sondern *plus bellus*, it. *più bello*, fr. *plus beau*, bündnerroman. *plü* oder *pli biâlts*; friaul. *plui biél* usw. Der mittlere Raum hat also diesen Ausdruck. Oder noch ein anderes Beispiel, das die Dinge vielleicht noch besser illustriert: *invenire* ›finden‹; dieses Wort ist in keiner romanischen Sprache erhalten, das konnte sich nicht halten, denn es litt an lautlicher Schwindsucht. Dafür tritt eine neue Bezeichnung auf, eine merkwürdige, zunächst *afflare* ›anblasen, beschnuppern‹, also wahrscheinlich aus der Jägersprache von dem Jagdhund gebraucht, der etwas findet. Dieses Wort *afflare* finden wir im äußersten Westen, im Portugiesischen *achar*, im Spanischen *hallar*, diesmal auch im äußersten Süden Italiens, der ja auch sehr archaisch ist, in sizilian. *aśśari*, kalabr. *ah'h'ari*, rum. *a aflà*, rätoroman. *aflar*. Der ganze Umkreis hat den älteren Worttyp erhalten, wobei im Rätoromanischen freilich noch ein anderes Ersatzwort auftritt, das auch sonst im Romanischen vorkommt, *captar*. In den Gebieten der »Mittelachse« finden wir die Neuerung *tropare*, it. *trovare*, fr. *trouver*. Was besagt uns das? Ältere Sprachformen haben sich in einem ehemals großen, zusammenhängenden Sprachgebiet an der Peripherie, in Randlage erhalten. Also die Randlage ist aufschlußreich für das, was einmal auch im Innern vorhanden gewesen sein muß. Wir brauchen nur die verschiedenen Überreste in der Randlage zusammenzustellen und sozusagen an diesem Zipfel ein Tuch wegzuheben, und darunter kommt die alte Schicht zum Vorschein. Die Randlage bewahrt die archaischen Stufen. Nun, von der Romania her gesehen ist das Rätoromanische eine Sprache in der Randlage, und wir dürfen uns nicht mehr wundern, daß wir hier auch noch andere ältere lateinische Ausdrücke erhalten finden, die in den anderen romanischen Sprachen entweder ganz oder nur vereinzelt vorkommen, zum Beispiel *incipere* ›anfangen‹, bündnerroman. *entscheiver*, in diesem Fall allerdings auch rum. *a începe*. Oder andere wie *quiescere*, bündnerroman. *quescher* ›verschweigen‹; *encurir* ›suchen‹, *coccinus*, bündnerroman. *cótschen* in der Bedeutung ›rot‹, sonst nirgends erhalten. Oder *mus*, Akkusativ *murem*, ›Maus‹, als *mür* oder *mir* im Bündnerromanischen, während sonst die romanischen Sprachen dafür *sorex* gewählt haben. Diese Beispiele ließen sich noch lange fortsetzen. Bei der Randlage in einem so großen, ursprünglich zusammenhängenden Sprachgebiet wie der Romania können nun aber Neuerungen natürlich aus der benachbarten Fremdsprache hereinkommen. Es können Entlehnungen erfolgen. Im Rätoromanischen also aus dem Deutschen, und davon hat das Rätoromanische auch ausgiebigen Gebrauch gemacht. Wir finden darin sehr viele deutsche Lehnwörter in allen drei Gebieten, das heißt im Bündnerromanischen und Zentralladinischen natürlich mehr als im Friaulischen. Worte wie *Brust, Metzger, Sattler, Schneider, Bäck* und dergleichen finden sich da in großer Zahl. Nun noch etwas anderes, die Vorliebe für untrennbare Vorsilben: zum Beispiel *scriver sü* ›aufschreiben‹, *rir oura* ›auslachen‹ und dergleichen. Nun haben die anderen romanischen Sprachen gewiß auch Wendungen, die sich vergleichen lassen, Verbindungen von Verb mit Adverb, aber in beschränktem Maße. In der Weise wie das Bündnerromanische kennt keine Sprache die Vorliebe für solche Bildungen, und in den paar Beispielen haben Sie ja wohl gesehen, daß es sich da vielfach um Lehnübersetzungen handelt.

Wir wollen aber nun noch in aller gebotenen Kürze die wichtigsten Merkmale diskutieren, mit Hilfe deren Ascoli und dann Gartner und andere nach ihnen das Rätoromanische als Gesamtheit von den romanischen Nachbarsprachen, vor allem den italienischen Mundarten abzutrennen versucht haben.

Das Rätoromanische bewahrt das auslautende -*s* wie die gesamte Westromania im Gegensatz zur Ostromania, das heißt Italien und Rumänien. Der Schwund oder die Bewahrung dieses auslautenden -*s* ist deshalb natürlich von großer Bedeutung, weil davon die Pluralbildung der Nomina, zum Teil auch die Verbalflexion, abhängt. Die Pluralbildung, indem also bei den Maskulinen, zum Beispiel der zweiten Deklination, der Nominativ auf -*i* im Italienischen, im Rumänischen usw. sich durchgesetzt hat. Im Plural ist hier der alte Nominativ erhalten. Im Westen aber wird, wie Sie ja aus dem Französischen und Spanischen wissen, der Plural mit -*s* gebildet. Das Rätoromanische hat ebenfalls die Pluralbildung mit -*s*. Nun macht auch hier wieder Battisti seine Einwendungen und weist darauf hin, daß das -*s* in Oberitalien ja auch ziemlich spät verstummt sein muß, später als im transapenninischen Italien. Heute noch sagt man etwa im Venezianischen in der Frageform: *Gas-tu?* – hai (tu)? *Vas-tu?* Darüber hinaus konnte man darauf hinweisen, daß es auch sonst in Oberitalien Spuren einer längeren Erhaltung des -s gibt. In dieser Hinsicht hätte das Rätoromanische dann nur eben eine archaische Stufe erhalten. Battisti weist auch noch auf folgendes hin: auf ein längeres Schwanken auch im Rätoromanischen im Plural der Substantive der lateinischen zweiten Deklination zwischen -i und -s. Es finde sich beides, es herrsche Schwanken in dem ältesten überlieferten romanischen Text, in dem sogenannten Codex Einsiedlensis aus dem 12. Jahrhundert. Aber abgesehen davon, daß es sich da um den ersten überlieferten Versuch der Aufschreibung und Niederschrift rätoromanischer Rede handelt, um die Übersetzung eines lateinischen Homiliars, abgesehen davon kann man sagen, das sei eben ein Hinweis darauf, daß im Rätoromanischen das Zweikasusflexionssystem, die Unterscheidung vom Nominativ und Akkusativ, so wie es für das Altfranzösische und Altprovenzalische charakteristisch ist, sich noch länger erhalten hat. Das zeigt sich in diesen Schwankungen, und dafür gibt es noch ein anderes sehr charakteristisches Beispiel, wie es keine andere romanische Sprache besitzt. Am Vorderrhein finden wir nämlich beim prädikativen Adjektiv den Nominativ noch durch -s gekennzeichnet. Es heißt: *il mir ei alfs* ›die Mauer ist weiß‹, oder in anderen Fällen: *il vin ei biálts e buns* ›der Wein ist recht gut‹. Oder *al čadún ei nofs* ›der Löffel ist neu‹. Das ist ein deutlicher Hinweis, daß das Gefühl für den Nominativ, für die Unterscheidung wenigstens zweier Kasus noch lange Zeit nachgewirkt hat. Um dieses Argument nun zu Ende zu führen (wir wollen hier nicht auf Einzelheiten eingehen): in der Endung -as beim Femininum Pluralis finden wir auf dem ganzen rätoromanischen Gebiet das -s von vorneherein erhalten.

Ein anderes Merkmal, die Entwicklung der Gruppe *Konsonant* in Verbindung mit einem folgenden *l*. Bekanntlich ist dieses *l* im Italienischen zu *i* geworden. Wiederum sagt Battisti, in den altnorditalienischen Texten fänden wir noch die Schreibung mit *l*. Das beweist nicht viel. Er weist ferner daraufhin, daß im Voralpengebiet nördlich von Bergamo und Brescia auch heute noch das *l* gesprochen wird. Wenn wir so vorgehen, dann könnten wir natürlich sagen: Die den norditalienischen benachbarten Mundarten haben auch das *l* bewahrt, da sind auch noch ältere Stufen im Provenzalischen und Frankoprovenzalischen. Wo ziehen wir aber da die Grenze? Wir sehen also hier das Willkürmoment bei solchen Kriterien, namentlich wenn es sich um die Bewahrung von Merkmalen handelt. Außerdem dürfen wir folgendes nicht außer acht lassen: die Po-Ebene war sozusagen die Drehscheibe zwischen Ost- und Westromania; das Verstummen des auslautenden -s hat sich hier relativ spät durchgesetzt. In einem anderen Fall geht die gesamte Po-Ebene von vorneherein mit der Westromania, nämlich in der Erweichung der stimmlosen Verschlußlaute zwischen den Vokalen. Das gesamte Norditalien einschließlich des Venezianischen hat in diesem Fall sich der Westromania angeschlossen. Man hat geradezu den Eindruck, auch wenn man die altnorditalienischen Literaturdenkmäler betrachtet und ihr Streben nach einer Schriftsprache, es wäre beinahe möglich gewesen, daß sich eine selbständige norditalienische

Schriftsprache etwa auf venezianischer Grundlage herausgebildet hätte, wenn nicht dann der überragende kulturelle Einfluß der Toskana, Florenz', der großen Dichter wie Dante, Petrarca und Boccaccio diese Frage endgültig entschieden hätte. Es ist sehr schwer, mit den norditalienischen Verhältnissen so oder so zu operieren.

Nun aber Züge der Neuerung, die wichtiger sind. Da ist die Entwicklung der Lautgruppe *ca-, ga-* zu *c'a, g'a*, das heißt »gequetschten Lauten«. Sie gehört in einen großen Zusammenhang. Dieser ganze Sprachwandel ist augenscheinlich von Nordfrankreich ausgegangen, wo wir die gleiche Veränderung haben. In Nordfrankreich ist die fortgeschrittene Stufe unter Verlust des Verschlußelements bereits erreicht (*cha, ja*), die Vorstufe, wie wir sie heute im Rätoromanischen noch haben, war sicher dort auch gesprochen worden. Es sei aber gleich in Klammer erwähnt: in Nordfrankreich ist ein Gebiet ausgeschlossen, das pikardische und normannische. Es ist längst bekannt, daß das dort erhaltene *ka* auf die Franken beziehungsweise Normannen zurückgeht, daß die Germanen im Kontakt mit den Romanen die ihnen ungewohnte galloromanische Entwicklung wieder rückgängig gemacht haben. Das ist deshalb wichtig, weil wir auf rätoromanischem Gebiet etwas Ähnliches finden werden. Von Nordfrankreich ausgehend, das gesamte Nordfranzösische und Frankoprovenzalische umfassend mit einer Grenzzone auch zum Provenzalischen hinüber, hat diese Erscheinung sich im gesamten Alpenraum durchgesetzt bis hinunter nach Friaul. Überall finden wir diese Entwicklung in den verschiedenen mundartlichen Abstufungen.

Nun, wie wird Battisti mit dieser Erscheinung fertig? Es sei im voraus schon erwähnt: er weist darauf hin, daß auch im lombardischen Voralpengebiet die Erscheinung zu Hause ist. Gewiß, es wurde davon mit umfaßt; ich glaube aber nicht, daß er recht hat, wenn er behauptet, dort sei sie älter gewesen. Das ist aus dem ganzen geographischen Zusammenhang heraus ja höchst unwahrscheinlich. Im Rätoromanischen, im Bündnerromanischen, finden wir Unterbrechungen, räumliche Unterbrechungen der Erscheinungen und auch Einschränkungen auf besondere Bedingungen, sei es auf die betonte Silbe, sei es auf unbetonte Silbe vor Labial. Damit hat sich bereits Robert von Planta auseinandergesetzt durch seine Untersuchung der bündnerischen Orts- und Flurnamen in einem Aufsatz in der Revue de linguistique romane, 7. Band. Er hat gezeigt, daß da die Walser von entscheidender Bedeutung waren. Die Walser: wiederum sind es also Germanen, denen diese romanische Lautentwicklung fremd war, die aber das deutliche Bewußtsein der Entsprechung hatten. So haben sie nicht nur entsprechend selbst, soweit sie mit den Rätoromanen verkehrten, sondern darüber hinaus dann auch als deutsche Schreiber in den Amtsstuben, in den Ortsnamen usw. korrektes *k* wieder hergestellt. Daher die vielen Stufen der Unterbrechungen dieser Erscheinung im bündnerromanischen Raum. Nach Battisti ist die Erscheinung schon in Graubünden weder alt noch vollständig. Was die Vollständigkeit betrifft, so wissen wir ja, wie es damit steht. Daß sie nicht vor dem 16. Jahrhundert zu bezeugen ist: nun, die rätoromanische Literatur beginnt erst im 16. Jahrhundert, und die alte korrekte, das heißt latinisierende Schreibung hat sich natürlich lange halten können. Battisti weist ferner darauf hin, daß sie räumlich getrennt sei vom Zentralladinischen und vom Friaulischen und daß man davon weder in den eingedeutschten Mundarten indirekte Spuren fände noch in den Ortsnamen, obwohl er selbst in seinem Dizionario toponomastico altoatesino aus der Gegend von Teufers Ortsnamen belegen muß wie *Ciasté, Ciänál, Ciomp* usw. oder selbst *tumgrant* aus *campu grande,* wo die Deutschen dann den rätoromanischen Laut *t'*- einfach durch *t* wiedergegeben haben. Für den sprachgeographisch Geschulten kann es sich hier natürlich um keine bloß zufällige Übereinstimmung zwischen den zwei getrennten Gebieten handeln. Es muß ein Zusammenhang bestanden haben. Solche spezifischen Erscheinungen treten eben nicht zufällig an räumlich getrennten Stellen auf. Da treffen wir nun auf eine überraschende Auffassung bei Battisti in seiner Storia della questione ladina (p. 57): ein Zusammenhang der zentralladinischen Erscheinung mit Chur als Ausstrahlungszentrum sei historisch unmöglich, da das untere Inntal, der Brenner und das Eisacktal seit dem 6. Jahrhundert bayrisch gewesen seien und man andererseits im Vintschgau auf Störungen dieser Entwicklung durch die Auswirkung aus dem Raum von Trient stoßen müßte. Dazu ist nun folgendes zu sagen: Aufgabe des Sprachwissenschaftlers ist es, aus seinem Material, seinen Gegebenheiten, die Schlüsse zu ziehen und sich dabei nicht auch noch den Kopf des Historikers zu zerbrechen, sondern hintendrein mit seinen Schlüssen und Gegebenheiten an den Historiker heranzutreten. Aus der Zusammenarbeit beider muß sich dann ergeben, wie die sprachlichen Verhältnisse mit der Historie in Einklang gebracht werden können. Diese Stellungnahme ist um so erstaunlicher, als Battisti selber für die bayrische Hochebene und das Alpenvorland auf längeres Zusammenleben beider Bevölkerungsgruppen bis mindestens ins 9. Jahrhundert hinweist und er in diesem Punkte auch von Wartburgs Auffassung widerspricht, durch den Vorstoß der Alemannen aus dem Rheinknie nach Süden, nach dem schweizerischen Hochland sei die West-Ost-Verbindung zwischen Nordfrankreich und Rätien endgültig unterbrochen worden, denn der Alpenübergang über Furka- und Oberalppaß sei ja während des größten Teiles des Jahres unbenützbar. Wir werden noch auf einen Punkt zurückkommen, der ein merkwürdiges Licht darauf wirft. Bei dem alemanischen Vorstoß widerspricht Battisti der Auffassung Wartburgs und will offenbar doch damit anerkannt haben, daß die Alemannen bei ihrem Eindringen in die nördliche Schweiz auch noch neben Romanen siedelten und daß dadurch kein Einschnitt, keine Verkehrsunterbrechung gegeben war. Wie sollen wir also die Verbreitung dieser Erscheinung erklären? Für Nordfrankreich nimmt Elise Richter in ihrem Buch über die Chronologie der Romanismen (ein übrigens merkwürdiger Titel; es ist eigentlich eine Geschichte der Entwicklung vom Vulgärlatein zum Altfranzösischen) ein sehr frühes Datum an: daß nämlich die Erscheinung in Nordfrankreich sich mindestens im 6. Jahrhundert schon ausgebreitet haben müsse. Dem wird man wohl zustimmen müssen. Man wird dann etwa sagen können, daß wahrscheinlich bald oder

gleich im Anschluß an die Angliederung Rätiens an das Frankenreich diese Erscheinung
eben durch den ganzen Alpenraum weitergewandert sein muß.

Nun noch eine andere Erscheinung, wiederum ein Merkmal der Neuerung. Ascoli
hat bei verschiedenen Gelegenheiten den Wandel eines betonten *á* zu *é*, wie wir ihn im
Französischen finden, als »l'acutissima fra le spie celtiche«, als das markanteste Beispiel keltischer Substratwirkung, bezeichnet. Diese Erscheinung greift Battisti auf
für das Rätoromanische und die oberitalienischen Mundarten, allerdings um sie im
umgekehrten Sinne zu verwenden. Einen solchen Wandel von betontem *á* zu *é* findet
man in der Val Leventina, dann im Bergell, von Bergün bis hinüber ins Engadin und
davon räumlich getrennt auch im Zentralladinischen. In der Po-Ebene ganz sporadisch,
in den piemontesischen Mundarten nur im Infinitiv der ersten Konjugation auf -*are*,
dann aber südlich, von der Romagna ausgehend in einem Keil längs der Via Aemilia
bis Piacenza. Es ist also offenkundig, daß die Erscheinung hier von der Romagna ausgegangen ist. Dazu meint Battisti: nachdem diese Erscheinung auch im Norditalienischen vorkomme, aber wahrscheinlich von Mailand, von dem Kulturzentrum aus,
rückgebildet wurde, dürfe man nicht, wie Ascoli meinte, etwa mit einer Ausstrahlung
aus dem rätischen Raum in die norditalienische Ebene rechnen, sondern es handle sich
hier, wie auch bei der Verbreitung des Diphthongen *ei* für *e*, um die Hebel einer
Zange, die die norditalienische Ebene umschließen. Nach den Kriterien von vorhin,
mit den Erscheinungen in Randlage, wäre das Dazwischenliegende nur überdeckt, und
die ältere Stufe müsse also da auch einmal vorhanden gewesen sein. In diesem Falle
stimmt das aber nicht. Und zwar deshalb nicht, weil wir die beiden Erscheinungen in
einen größeren Zusammenhang hineinstellen müssen. Es ist längst erkannt, daß der
Wandel von *á* zu *é*, wie er im Französischen und in den italienischen Mundarten vorkommt, eine Erscheinung im Zusammenhang einer großen Diphthongierung ist.
Einer Längung der betonten Vokale überhaupt, dort wo sie gelängt werden können,
das heißt vor einfacher Konsonanz. Und in der Tat: in dem ältesten französischen
Literaturdenkmal, in der Sequenz auf die heilige Eulalia, findet man ja auch einmal
geschrieben: *maent* aus lat. *manet*. Das ist also in dieser Schreibung die ältere Stufe
eines Diphthongen, aus dem dann später *e* wird. Solche Diphthongstufen könnte ich
aus italienischen Mundarten, insbesondere aus den romagnolischen, die ich ja von Ort
zu Ort aufgenommen habe, zahllos aufführen und zeigen, wie sie an gewissen Orten
dann durch Monophthongierung aus den Diphthongen schließlich wieder zu *e* werden.
Wir müssen diese Erscheinung hineinstellen in den Zusammenhang der Diphthongierung überhaupt dort, wo sie in dieser Weise konsequent auftritt. Wo sie bodenständig
ist und im Prinzip alle Vokale ergreift, nicht etwa bloß zwei, etwa *a* und *e*. Das ist der
Fall im Nordfranzösischen mit dem Frankoprovenzalischen, im Rätoromanischen, wo
die Diphthongierung sämtlicher Vokale, und zwar auch *i* und *u*, erscheint, im Romagnolischen und im Abruzzesisch-Apulischen. Die Dinge verhalten sich da offenbar
so: der Anstoß zu diesen Diphthongierungserscheinungen, zu den Längungen betonter

Vokale, und zwar nur in dieser Stellung vor einfacher Konsonanz, der ist wahrscheinlich von Nordfrankreich ausgegangen. Er ist wiederum nur der Mittelachse der
Romania eigen, dem nordfranzösischen, frankoprovenzalischen und rätoromanischen
Raum und den meisten italienischen Mundarten in verschiedenen Abstufungen, wobei
das Venezianische und das Toskanische eine gewisse Sonderstellung haben. In der
Mittelachse hat sich offenbar eine neue Akzentlage zu irgendeiner Zeit einmal ausgebreitet. Ob sie im Zusammenhang steht mit dem germanischen Superstrat, wie Wartburg annimmt, dem fränkischen in Nordfrankreich, eventuell dem langobardischen in
Norditalien, das mögen wir dahingestellt lassen. Aber nachdem diese Erscheinung
irgendeinmal – und zwar wahrscheinlich wiederum ziemlich früh – sich ausgebreitet
hat, hat sie ein besonderes Betätigungsfeld im rätoromanischen Raum gefunden, und
dort finden wir in den vielen Talschaften, die keinen starken Verkehr untereinander
haben, eine solche Fülle von Diphthongformen, wie sie kaum irgendwo, nicht einmal
in der Romagna, höchstens in Apulien und den Abruzzen, ihresgleichen haben. Das
hat also nichts zu tun mit den vorhin erwähnten Erscheinungen im lombardisch-
piemontesischen Raum; dort müssen es Ausstrahlungen aus der Nachbarschaft gewesen sein.

Weil ich das gerade noch erwähnt habe: die Diphthonge aus *i* und *u* finden wir
auch bei den Rätoromanen und in einem beschränkten Raum, in Bergün, Oberhalbstein, Engadin dazu die Erscheinung der sogenannten »verhärteten« Diphthonge, und
zwar entstanden aus den geschlossenen Vokalen. Es handelt sich hier um folgendes:
indem bei der Diphthongierung durch Längung der letzte, bereits geschlossenere Teil
des Vokals gehörfällig wird, kann er zu einem Konsonanten werden, statt daß durch
Differenzierung des betonten Bestandteiles die Form entsteht, die wir ja auch in
diesem Raum finden; also beispielsweise *fikl* (Oberengadin) gegenüber *feil* (Oberhalbstein) aus *filum*, *ogra* (Bergün) gegenüber *owre* (Oberhalbstein) für *hora*. Ganz
entsprechende Formen finden wir in den Seitentälern des romanischen Wallis. Ist das
Zufall? Solche spezifischen Übereinstimmungen, können die zufällig sein? Oder hat
die Wanderung einer sprachlichen Welle über die zeitweilig schwer begehbare Alpenstraße Furka–Oberalp doch stattgefunden? Das ist natürlich schwer zu beantworten;
es kommt darauf an, für wie alt man die Erscheinung hält. Wenn sie nämlich nicht
sehr alt ist, so muß man sagen, ja, der obere Teil des Wallis war ja von den Alemannen,
von den Oberwallisern besiedelt, ist durch das germanische Gebiet hindurch die Erscheinung von dem romanischen Unterwallis hinüber zum Rätoromanischen getragen
worden? Das sind wohl Probleme, die den Sprachforschern mancherlei Kopfzerbre-
chen verursacht haben. Darüber hat im Jahre 1906 L. Gauchat in einem interessanten
Aufsatz, Sprachgeschichte eines Alpenüberganges, gehandelt.

Nur noch aus dem Wortschatz zur Charakteristik folgendes. Für den Begriff *genug*
hat das Bündnerromanische das Wort *avunda*. Schon das älteste Denkmal fängt damit
an; das gleiche findet sich in Friaul. Dazwischen liegt das Zentralladinische, welches

das italienische *assai* übernommen hat. Kann das wiederum ein Zufall sein? Bei einem solchen Wort, das in dieser Bedeutung und Form sonst nirgends in den romanischen Sprachen vorkommt, kann das »zufällig« im Bündnerromanischen und in Friaul übereinstimmen?

Und damit wollen wir zum Ende kommen. Alle erörterten Züge des Rätoromanischen oder Alpenromanischen in Bewahrung und Neuerung verraten einen hohen Grad von Eigenständigkeit und mehr oder minder erkennbare ältere Zusammenhänge, wenn schon keine Einheit. Es waren hier alle Ansätze und Voraussetzungen zur Entstehung einer besonderen romanischen Sprache vorhanden, zu der es nur mangels eines eigenstaatlichen Zusammenhangs mit einem geistig-kulturellen Mittelpunkt und einer daraus entwickelten Schriftsprache als einigendes Band nicht gekommen ist. Was blieb, war eine Vielfalt verwandter Mundarten, die sich in steigendem Maße ihrer Eigenständigkeit bewußt werden. Den Nachbarn obliegt es, deren Bestrebungen um Bewahrung ihrer Tradition und Eigenart, welche in Graubünden insbesondere von der Societad Retorumantscha und der Lia Rumantscha getragen werden, mit Sympathie zu verfolgen und zu unterstützen, so wie es seitens der Eidgenossenschaft in vorbildlicher Weise geschieht. So will es nämlich der Sinn des von dem bekannten rätoromanischen Dichter der jüngeren Zeit, Peider Lansel, geprägten geflügelten Wortes unter den Rätoromanen: »Ni Talians, ni Tudais-chs! Rumantschs vulains restar.« Weder Italiener noch Deutsche, Romanen wollen wir bleiben! Es ist aber ein Ruhmestitel der abendländischen Geschichte, daß sie Raum gelassen hat für die Entfaltung und Bewahrung jeglicher Eigenart.

Bibliographische Angaben über die im Text zitierten Arbeiten und darüber hinaus bei
ALWIN KUHN, Romanische Philologie. Erster Teil, Die romanischen Sprachen. Wissenschaftl.
Forschungsberichte, geisteswissenschaftl. Reihe. Bd. 8. Bern, Francke Verlag, 1951, S. 241 ff.
GERHARD ROHLFS, Romanische Philologie, II, 197 ss., Heidelberg, Carl Winter, 1952.
SEVER POP, La dialectologie, I, 619 ss., Louvain, Université.
Dazu jetzt auch:
E. GAMILLSCHEG, Gesammelte Aufsätze, II, Zur Entstehungsgeschichte des Alpenromanischen,
p. 161 ss. Tübingen, Max Niemeyer, 1962.

Le Dauphiné médiéval: quelques problèmes

VON BERNARD BLIGNY

Introduction

Les problèmes que j'étudierai sont ceux qui se posèrent au gouvernement du Dauphiné indépendant (c. 1029–1349), et non au Dauphiné devenu français à la suite du «transport» de 1349. Je dis «indépendant» bien que ce comté, depuis 1038, relevât de l'empereur germanique au même titre que la Comté de Bourgogne, la «Petite» Bourgogne helvétique, le Lyonnais, la Savoie et le comté de Provence, tous membres de l'ancien Royaume de Bourgogne devenu le royaume «d'Arles et de Vienne» au XIIe siècle. Mais on sait que ces contrées de langue française (français au nord, franco-provençal ailleurs) menaient une existence distincte de celle de l'Empire: c'est si vrai qu'en 1349 le roi Philippe VI, lors du rattachement du Dauphiné à sa couronne, se soucia peu de l'appartenance juridique de celui-ci à la couronne impériale; et le privilège de 1378, par lequel l'empereur Charles IV instituait le dauphin de France son «vicaire» pour le royaume d'Arles, n'y changea rien non plus.

Ceci précisé, je rappellerai que, comme le comté de Savoie, le Dauphiné apparut d'abord (première moitié du XIe siècle) comme une «seigneurie de route», constatation qui aide à comprendre comment se sont posés à ses maîtres les premiers problèmes.

A. – En fait, ces «seigneuries de route» furent assez nombreuses en France, et il est clair que nombre de grands et de petits seigneurs ont eu le souci de dominer certains itinéraires, cf. les vues très suggestives de J. Hubert, Les routes de France des origines à nos jours, Paris 1959, p. 25 sq.

B. – Dans les Alpes, cf. Oehlmann, Die Alpenpässe im Mittelalter, l'importance des routes était accrue par l'impossibilité d'en modifier le tracé comme dans les régions de plaines, p. ex. dans la grande plaine nord-européenne qui s'étend de France jusqu'en Russie. Pour tenir les routes, il était en outre indispensable d'être maître des passages, des cols. C'est à quoi, concurremment, s'employèrent, et avec quelle ardeur! les comtes de Provence au Xe siècle et, au XIe, le comte de Savoie et le comte d'Albon (appelé «dauphin» à partir de 1133). J. Roman, dès 1893, attirait l'attention sur Les routes à travers les Alpes, in Bullet. de la Soc. d'Etudes des Htes Alpes; G. de Manteyer, un peu plus tard, dans Les origines de la route nationale n° 94 d'Espagne en Italie, Gap 1921, et dans son Histoire de Provence, montra comment le comté de Forcalquier, «seigneurie de route», avait été formé au XIIe siècle, cf. N. Didier, Les églises de Sisteron et de Forcalquier . . . . . ., Paris 1954, p. 57 sq.

a) le comté de Provence s'est constitué à partir de deux grandes voies romaines, la via Aurelia d'Arles à Gênes, par Aix, Fréjus, Vence et Cimiez, – et la route de la Durance (via Domitia) de Beaucaire au Genèvre par Saint-Gabriel, Glanum, Cavaillon, Apt, Sisteron, Gap, Embrun et Briançon. Ces deux routes étaient reliées entre elles par une voie de moindre importance, celle des cols, de Fréjus à Sisteron par Riez. A Gap, la route de la Durance était rejointe par une autre route transversale, celle de Valence, qui passait par Aoste-en-Diois, Die et Mont-Saléon; enfin la voie d'Agrippa courait le long du Rhône, sur la rive gauche du fleuve.

b) plus au nord, une troisième grande route franchissait les Alpes, celle de Lyon au Mont-Genèvre par Vienne, Tourdan, Moirans, Grenoble, Vizille, l'Oisans et le Lautaret; puis une quatrième, de Lyon-Vienne au Col du Petit Saint-Bernard par Bourgoin, Aoste, Lémenc et la Tarentaise (Séez). D'Aoste, une cinquième voie menait au Grand Saint-Bernard par la rive gauche du Rhône et la rive sud du Léman; en Valais elle se confondait avec celle de Besançon à Milan. Entre ces trois dernières routes, surtout entre la troisième et la quatrième ainsi qu'entre la troisième et celle de Valence, des voies secondaires de raccordement permettaient des relations longitudinales: il était possible de se rendre de Tarentaise dans les pays de la Durance en empruntant le Sillon alpin et la Croix Haute.

Il est caractéristique que ces anciens itinéraires romains, notamment les transversaux (qui avaient recu pour rôle de souder la Gaule et l'Occident à l'Italie), aient eu tant d'importance lorsque se constituèrent les principautés féodales des Alpes françaises. Il est vrai, pour de multiples raisons, l'Italie attirait alors les grands seigneurs de cette région, comme la Rhénanie ceux de Lorraine et l'Espagne les Aquitains. Déjà, du temps de Charlemagne, les Francs n'étaient-ils pas descendus dans la péninsule? Charles le Chauve, Boson, Charles le Gros, Bérenger de Frioul, Guy de Spolète puis, au Xe siècle, Louis de Provence, dit l'Aveugle, et Hugues d'Arles ne sont-ils pas allés y chercher fortune? De même Rodolphe II de Bourgoge de 921 à 924 et, trente ans plus tard, Otton le Grand. Cet attrait de l'Italie, inévitablement, allait faire de nos guichetiers des Alpes, de nos portiers des monts, de très importants personnages, à commencer par le Savoyard. Mais voyons-les à l'œuvre pour comprendre leurs problèmes: ceux du compte d'Albon furent si ardus que, derrière une façade assez belle, nous découvrons en définitive un édifice fragile.

Trois sortes de problèmes se sont posés au dauphin.

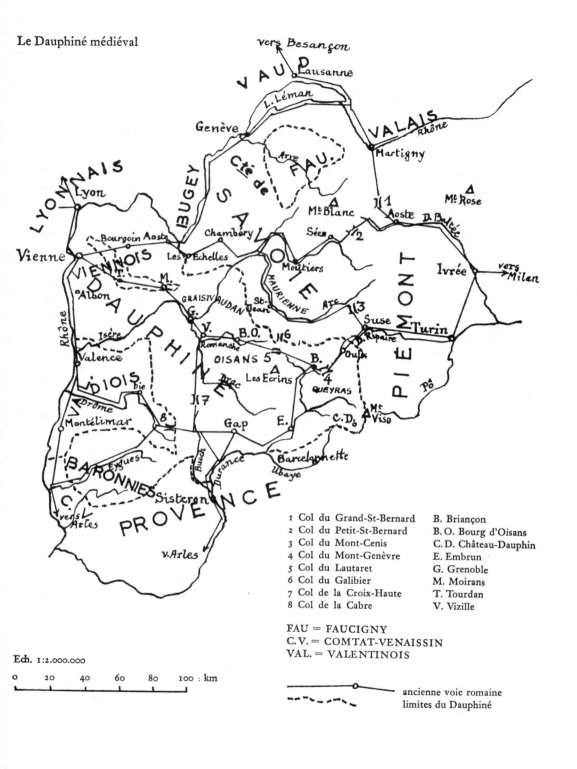

Le Dauphiné médiéval

vers Besançon
Lausanne
VAUD
L. Léman
Genève
VALAIS
Rhône
Martigny
Cté de
Arve
FAU.
LYONNAIS
Lyon
BUGEY
SAVOIE
Mt Rose
Mt Blanc
1
Aoste
D. Baltée
Bourgoin Aoste
Chambéry
Séez
2
Vienne
Les Echelles
VIENNOIS
Moûtiers
Ivrée
vers Milan
T.
M.
PIEMONT
Albon
GRAISIVAUDAN
MAURIENNE
DAUPHINÉ
St Jean
Arc
3
Rhône
G.
Suse
Turin
Isère
V.
B.O.
6
Romanche
D. Ripaire
Valence
OISANS
5
B.
Oulx
DIOIS
Die
Drac
Les Ecrins
4
Pô
7
QUEYRAS
Drôme
8
Gap
E.
C.D.
Mt Viso
Montélimar
VAL.
Barcelonnette
BARONNIES
Eygues
Buech
Durance
Ubaye
C.V.
Sisteron
vers Arles
PROVENCE
v. Arles

1 Col du Grand-St-Bernard   B. Briançon
2 Col du Petit-St-Bernard   B. O. Bourg d'Oisans
3 Col du Mont-Cenis   C. D. Château-Dauphin
4 Col du Mont-Genèvre   E. Embrun
5 Col du Lautaret   G. Grenoble
6 Col du Galibier   M. Moirans
7 Col de la Croix-Haute   T. Tourdan
8 Col de la Cabre   V. Vizille

FAU = FAUCIGNY
C.V. = COMTAT-VENAISSIN
VAL. = VALENTINOIS

Ech. 1:2.000.000

0   20   40   60   80   100 : km

————————o———————— ancienne voie romaine
– – – – – – – – – limites du Dauphiné

I. Des problèmes relatifs à la formation du comté, c. à d. surtout politiques

Le Dauphiné s'est formé lentement – plus lentement, p. ex., que les duchés allemands: c'est là un trait typique des principautés montagnardes, à cause du compartimentage naturel, compartimentage que l'on retrouve dans les Pyrénées ou même en Grande-Bretagne. Il s'est formé en trois temps:

– entre 1029 et 1050, le «dauphin» devint maître des principaux territoires de son comté, c. à d. le sud du Viennois (Basse Isère), le Graisivaudan (moyenne Isère et Oisans, y compris le Trièves, la Matésine, Tullins et une partie du Sermorens) et le Briançonnais (partie italienne comprise, la ligne de partage des eaux ne constituant pas plus une frontière linguistique qu'ethnique); en outre le comte d'Albon avait des intérêts dans Vienne et, depuis 1037, possédait la moitié indivise de Grenoble, cf. G. de Manteyer, Les origines du Dauphiné de Viennois, Gap. 1925; – en 1202 Guigues VI, dit André-Dauphin, acquit l'Embrunais et le Gapençais, dot de sa deuxième femme; – en 1236, Guigues VII annexa le mandement d'Allevard, puis, de 1282 à 1342, le comté s'accrut encore des baronnies de la Tour du-Pin, de Montauban, de Meuillon, de Sassenage, de Royans et de Romans. Quant au Faucigny, il fut delphinal de 1241 à 1355.

Comme on le voit, 150 ans se sont écoulés entre les premières acquisitions et l'Embrunais-Gapençais, et 60 années entre celui-ci et les Baronnies. Plus intéressante est la manière dont ces accroissements territoriaux furent réalisés. Il apparaît, en effet, qu'imitant le comte humbertien de Savoie, le dauphin a très consciemment exploité les bonnes grâces de l'Eglise et de l'empereur, puisque la naissance des deux comtés coïncida avec l'effacement du dernier Rodolphien et l'intervention de Conrad II en Bourgogne. Sur ce point, ou peut toujours se reporter aux ouvrages classiques de Philippon, Le second Royaume de Bourgogne; R. Poupardin, Le royaume de Provence et Le royaume de Bourgogne; Fournier, Le royaume d'Arles et de Vienne; Jacob, Le royaume de Bourgogne sous les empereurs franconiens.

A. Les dauphins et l'Eglise

C'est de l'archevêque de Vienne que Guigues d'Albon obtint l'inféodation du Sud-Viennois; de l'évêque de Grenoble (son parent), celle du Graisivaudan – encore les choses sont-elles moins claires ici. La qualité d'avoué d'églises cathédrales et autres permettait de réaliser de gros profits: ainsi le comte de Genevois, qui tenait les avoueries de Genève et de Lausanne, sans parler de celles de quelques abbayes. Mais le dauphin n'était pas seulement avoué: il était aussi gardien *(custos)*, et se faisait payer les services rendus. Quatre évêques successifs de Grenoble furent de sa famille, qui s'intéressa aussi au siège de Valence.

Avec s. Hugues Ier, conflit: cet évêque n'est pas un d'Albon, et il entreprend de faire restituer à la cathédrale les biens que les comtes ont usurpés, cf. Didier, Etude sur le patrimoine de l'église cathédrale de Grenoble du Xe au XIIe siècle; l'accord de 1116 n'est d'ailleurs qu'un compromis, qui fait la part du feu. Le dauphin n'entend pas abandonner ses droits sur Grenoble, et il va en acquérir en 1202 à Gap et à Embrun, où il songe à un pariage avec l'autorité épiscopale de ces villes. S'associer aux évêques pour, ensuite, leur enlever leurs attributs temporels (leurs *regalia*), telle est la tactique delphinale.

Cette attitude, dans le contexte de l'époque, était risquée; mais si le dauphin, à plusieurs reprises, ne craignit pas de s'opposer à la politique pontificale (c'était l'époque de la réforme de l'Eglise), c'est qu'il avait ou recherchait l'appui de l'empereur. Au XIIe siècle, au XIIIe également, le Dauphiné fut momentanément «gibelin»; il est même possible que l'influence allemande y ait été à son apogée (mais tout est relatif) sous le règne de Frédéric II, de 1220 à 1250, après une phase active sous Frédéric Ier. Dans Grenoble, la présence d'un évêque «guelfe» était une cause de conflit supplémentaire entre les deux pouvoirs.

Avec le clergé régulier, particulièrement les Chartreux, les Bénédictins blancs de Chalais et les chanoines réguliers d'Oulx, l'attitude du dauphin fut celle de tous les princes de l'époque: de l'amitié intéressée. Grâce aux moines, en effet, il était possible de faire progresser une influence politique: ainsi par l'affiliation à Chalais de Boscodon, abbaye embrunaise, au milieu du XIIe siècle, l'autorité delphinale s'avança-t-elle du Briançonnais dans les pays de la Moyenne Durance.

B. Les dauphins et l'empereur

L'octroi du Briançonnais se place peu après l'intervention de Conrad II en Bourgogne, où la succession du dernier roi rodolphien n'avait pas été sans provoquer des remous. C'est en effet entre 1039 et 1043 environ, donc au début du règne de Henri III, que Guigues de Vion obtint de l'empereur l'investiture de ce nouveau fief, et capital: le Briançonnais, dont le territoire semble avoir été détaché du diocèse de Maurienne, avec lequel les communications, par le col du Galibier, étaient d'ailleurs interrompues à la suite de vastes éboulements de rochers. Cette acquisition assurait au comte d'Albon la maîtrise de la route reliant Vienne au Genèvre, puisqu'il obtenait le col du Lautaret, la Haute Durance et les petites vallées affluentes; par conséquent, elle était comme une porte ouverte sur le Piémont par Oulx et la haute Doire (il s'y ajoutait même le Valcluson), où il s'établissait aussi. Déjà arrière-vassal de l'empereur pour ses territoires du Viennois et du Graisivaudan, le comte devenait vassal direct dans cette zone essentielle à ses ambitions, où les avantages militaires, administratifs et économiques de la route ne manqueraient pas – du moins l'espérait-il – d'apparaître bientôt.

Plus tard (en 1155), Barberousse octroya ou reconnut, par privilège impérial, le droit du dauphin à frapper sa monnaie à Rame (Briançonnais), où les comtes d'Albon possédaient une mine de plomb argentifère convoitée par l'église d'Embrun, cf. M. Fornier, Histoire générale des Alpes maritimes ou cottiènes et particulière de leur métropolitaine Ambrun, éd. par P. Guillaume, 1891.

A la mort de Frédéric II, c'est l'influence française qui l'emporta en pays dauphinois: en 1294 Humbert Ier devint l'homme – lige de Philippe le Bel. C'est en France, en effet, que désormais le dauphin chercha un appui contre les entreprises de son voisin savoyard. Il s'est avéré que l'empereur, passé cette date, renonçait en fait à faire valoir sa suzeraineté sur les Alpes; d'ailleurs sa bienveillance avait été surtout profitable aux intérêts du comte de Savoie.

C. Le dauphin et le comte de Savoie

Entre les deux voisins, depuis 1140 et pendant deux siècles, sévit une âpre rivalité dégénérant assez souvent en guerres.

Dès 1040 (et sans doute plus tôt), le conflit est en germe dans l'attribution du haut Piémont aux deux hommes. Le partage assurait le Mont Cenis, avec le col et Suse, au Savoyard, – le Mont Genèvre avec le col et Oulx au dauphin: Turin était à peine à 50 km de chacun de ces nouveaux fiefs. Et de même que l'inféodation du Viennois, partagé auparavant par l'archevêque Burchard, avait fait du Sermorens et du Massif de Chartreuse le terrain d'une vive rivalité, de même que vers Montmélian la compétition était âpre (avant d'être delphinal, le haut Graisivaudan fut savoyard), de même elle le fut dans la région des cols, à partir de la Maurienne et du Briançonnais. Tout indique que le Savoyard avait été le mieux partagé, ne serait – ce que parce qu'au Moyen Age la vallée de l'Arc (relativement peu fréquentée à l'époque romaine) acquit une importance que n'eurent jamais les autres voies d'accès à l'Italie, si l'on excepte le Grand-St-Bernard et le Brenner, cf. Manteyer, Les origines de la Maison de Savoie, plus des Notes additionnelles.

Des guerres, il y en eut de 1140 à 1165 puis, après une accalmie à la faveur de laquelle le dauphin reçut le Faucigny, de 1282 à 86, de 1289 à 93, de 1299 à1314 et de 1324 à 34, voire au-delà. Manifestement, c'est avec les encouragements du roi de France que le dauphin s'employait à résister à la pression savoyarde ou à prendre au besoin l'offensive contre la Savoie. Il est vrai, tout comme le dauphin, le comte humbertien mit plus d'un siècle à assimiler ses premières acquisitions, celles du XIe; le XIIe siècle fut pour lui une période ingrate, assez difficile, et au début du XIIIe il se tournait vers le pays du Léman et le Valais.

Le plus souvent, le Savoyard a exploité la faveur impériale et l'a fait avec assez d'adresse pour ne pas s'aliéner le pape: ainsi pour la deuxième Croisade. Sa politique a gêné le dauphin, qui en Italie ne progressa guère, exception faite pour la région située au sud du Queyras avec Château-Dauphin (Casteldelfino), Pontechianale, Bertines, Bellino et de très vagues droits sur le marquisat de Saluces. La question du Faucigny compliqua, sans profit pour personne, une situation déjà tendue, et le dauphin ne pouvait empêcher le Cenis et la Maurienne de prendre, comme nous l'avons dit, au détriment du Genèvre et de la route de l'Oisans (voire de celle, plus longue encore, du Champsaur et de l'Embrunais), une importance croissante. Il est certain que, lors de la formation et de l'essor du Dauphiné, la puissance savoyarde a été surtout un obstacle; la concurrence, toujours âpre, fut défavorable au dauphin.

Mais d'autres problèmes se posaient.

II. Des problèmes d'organisation

Distinguons les problèmes administratifs et les problèmes économiques.

A. L'administration

Au cours d'une première phase, qui couvre les XIᵉ et XIIᵉ siècles au moins, le dauphin a exercé une simple domination de caractère féodal, appuyée sur des châteaux. Le fief delphinal était non pas un territoire compact et homogène s'étendant du Rhône à Oulx, mais un ensemble de droits de seigneurie portant sur une partie seulement des territoires dauphinois, principalement sur ceux que traversait la route. Pas de capitale fixe, pas de chancellerie avant le XIIIᵉ siècle, et des institutions fort rudimentaires: les châtelains du comte, qui étaient aussi ses vassaux, exerçaient des attributions tout à la fois militaires et, aidés des mistraux, judiciaires et financières. Outre les revenus domaniaux (les plus importants à l'origine), le dauphin levait des péages, des tonlieux, des droits de justice; il percevait également des leydes ainsi que les dîmes dont il frustrait nombre d'églises. Remarquons le caractère imparfait et incomplet de cette organisation: dans leurs mandements, les châtelains delphinaux n'obéissaient pas toujours, et surtout la noblesse dauphinoise était loin de prêter tout entière hommage au comte; en dehors des vastes alleux comme celui des Aynard de Domène ou des domaines autonomes de l'Eglise, le dauphin n'ignorait pas que ses propres vassaux n'avaient fait hommage que d'une partie de leurs patrimoines. Quelle différence avec la féodalité de la France du nord, des pays d'oïl!

Au XIIIᵉ siècle, à l'imitation du royaume capétien, apparurent les bailliages: sept en tout, et notablement plus petits que ceux de France. Mais il faut voir, dans cette création, la preuve que le pouvoir delphinal progressait. En effet, les châtelains devenus révocables et Grenoble la capitale du Dauphiné (dans cette ville le dauphin était maintenant plus fort que l'évêque, et certes davantage qu'à Gap, Vienne ou

Embrun), l'organisation administrative s'affermissait: assisté d'un juge-mage et d'un procureur fiscal, le bailli exerçait de larges attributions. Puis, toujours pour renforcer l'autorité centrale (ce phénomène est alors, très général), le dauphin créa en 1310 un «gouverneur de Dauphiné» capable de le représenter en permanence, en 1318 un juge-mage «des appellations de tout le Dauphiné» pour recevoir les appels à sa place, un «Conseil delphinal» qui reçut les attributions d'une cour souveraine de justice (1336), enfin une Chambre des comptes à partir de Humbert II. Grosse activité administrative, on le voit, surtout depuis 1282, époque où la «troisième race» des dauphins laissa prévaloir l'influence française dans la vallé de l'Isère.

B. Mais il nous faut tenir compte, dans le même temps, d'un vaste développement des libertés publiques, pour l'étude desquelles on peut se reporter à P. Vaillant, Les libertés des communautés dauphinoises, Paris 1951, ouvrage extrêmement documenté.

Jusqu'en 1355 et pour 183 localités différentes, le nombre des chartes de franchises et privilèges s'est élevé à 548, dont 417 pour la seule époque dite «de la troisième race», qui s'ouvre en 1282. Ces nombreux actes contenaient des privilèges de quatre sortes: juridiques pour définir les limites de la franchise, les conditions d'admission et d'usage; fiscaux, et comme tels relatifs aux prestations en argent, en nature et corporelles ainsi qu'à la gestion fiscale; économiques (foires et marchés, monnaie, exportation, importation et transit, etc.); enfin militaires, avec toutes les précisions souhaitables quant à l'ost, aux chevauchées, au droit de réquisition, au service de garnison et de guet, aux fortifications. Pour le dauphin, cette politique était un élément de la rivalité delphino-savoyarde, car les franchises étaient octroyées principalement dans les régions de contact, y compris ce Briançonnais où les Vaudois étaient habitués de longue date à plus de libertés qu'il n'en existait dans les autres parties du comté, cf. Comba, Histoire des Vaudois, 1901. Le Briançonnais partageait d'ailleurs cet avantage avec l'Oisans, où les servitudes collectives dues au sol ou au climat avaient de bonne heure appris aux hommes à s'organiser en communautés conscientes d'elles-même: A. Allix, Le trafic en Dauphiné au Moyen Age, in Revue de géo. alp., 1923, et L'Oisans au Moyen Age 1929.

Ces libertés, comme le fait que le servage ait disparu du Dauphiné dès le XIe siècle peut-être, sûrement au XIIe, achèvent de donner au grand fief d'Albon un visage plus moderne que celui de la Savoie. Leur octroi a permis au dauphin de progresser au détriment de l'Eglise, plus réticente à les accorder, mais sa générosité n'alla pas jusqu'à renoncer à toute tutelle: rien ici ne ressemble aux communes de la France du nord, non plus qu'aux villes italiennes, d'ailleurs autrement peuplées. On penserait plutôt aux consulats de Provence. A Grenoble, à Gap, ces libertés ne gênaient pas l'exercice de l'autorité delphinale.

C. Au point de vue économique

Le Dauphiné comporte une région riche, le Graisivaudan, et partant âprement disputée; plusieurs régions pauvres aussi, soit à cause de la sécheresse, soit de l'altitude, cf. Th. Sclafert, Le Haut Dauphiné au Moyen Age, 1927. L'Oisans, le Briançonnais, l'Embrunais, le Gapençais, le Queyras, autant de hautes vallées plutôt sèches et peu fertiles; en revanche, le nord humide (Viennois, Graisivaudan, Trièves) favorisait les herbages et la forêt, et aussi l'agriculture. Dans ces conditions, le commerce apparaît au moins comme une ressource d'appoint destinée à pallier l'insuffisance des revenus de la terre. De fait, avec l'établissement de la papauté à Avignon et dans le Comtat, la route de la Durance prit une grande importance au XIVᵉ siècle. Mais l'autre route, celle de l'Oisans, le dauphin n'était pas seul à l'exploiter: en effet la collégiale d'Oulx, cf. Rivautella et Berta, Ulciensis ..... chartarium, et surtout Collino, Le carte della prevostura d'Oulx, possédait des églises ou levait des dîmes en Briançonnais et dans l'Oisans, et par suite apparaissait comme une rivale. Quelle était l'importance exacte des revenus que le dauphin tirait de la route, il est impossible de le savoir; sans doute variaient-ils assez largement d'une année à l'autre.

Il reste que Briançon, comme Romans et Grenoble, fut un actif centre de foires et un marché permanent pour le bétail, le sel, les draps, etc. Le Bourg d'Oisans aussi avait des foires annuelles et un marché de la saint-Jean. L'élevage, l'activité minière, la draperie procuraient enfin des ressources au dauphin. Aux Juifs et Lombards également, qui de plus en plus nombreux venaient s'installer en Dauphiné – les premiers, au plus tard, au cours de la seconde moitié du XIIIᵉ siècle. Mais ici nous touchons à une troisième catégorie de problèmes, au moins aussi préoccupante pour le dauphin que les deux premières.

III. Des problèmes d'orientation

On ne trouve pas, dans la politique delphinale, la fermeté de la politique savoyarde: le Dauphiné a été orienté vers un autre destin peut-être parce que, de la première à la troisième «race» qui l'ont gouverné, les buts ou les objectifs manquèrent de continuité, ou les hommes de moyens.

Des hésitations surprenantes, l'obstacle savoyard, enfin l'impécuniosité, telles sont les raisons de l'échec.

A. Les hésitations de la politique delphinale

D'abord, avec la première race, celle d'Albon, ce fut l'orientation italienne. Le Briançonnais, plus tard Château-Dauphin, étaient les indispensables jalons d'une pénétration de l'Italie, de ce haut Piémont où la langue parlée était alors la même que dans la montagne proche, c. à d. le franco-provençal. En somme, les d'Albon imitèrent les Humbertiens, avec lesquels ils se brouillèrent peu à peu parce que l'objectif visé était le même.

Puis, avec le dauphin Hugues III (en même temps duc de Bourgogne, qui mourut en Terre sainte en 1192), le Dauphiné sembla regarder vers le nord capétien, exactement comme s'il n'eût pas été inféodé par le duc à Henri VI. Avec André-Dauphin, l'attention se tourna au contraire vers le sud provençal: par l'acquisition de Gap et d'Embrun, dot de sa deuxième femme, le dauphin s'assurait une partie de la route de la Durance. Malheureusement, le remariage d'André avec Béatrice de Montferrat n'incita point le dauphin suivant, Guigues VII, à poursuivre cette politique: celui-ci, en effet, épousa une princesse savoyarde. De même, avec l'avènement de la troisième race, l'Italie paraît tout-a-fait oubliée: Jean II († 1318) est le mari de Béatrice de Hongrie, Guigues VIII (tué devant La Perrière en 1333) prend pour femme Isabelle de France, fille de Philippe V le Long; Humbert II, Marie de Baux. Certes, lors même qu'il annexe les Baronnies et, par là-même, contribue à morceler davantage la Provence, le dauphin ne néglige pas ses intérêts dans les vallées de la Guisane et de la Doire: mais, manifestement, il est tiraillé par des appétits contradictoires, jusqu'à se lancer dans la très grande politique. Nous avons déjà remarqué qu'au XIIIᵉ siècle il s'est détourné de l'empereur, que le Savoyard continuait de flatter. En gagnant toujours davantage vers le Rhône (il lui manquait encore le Valentinois-Diois), le Dauphiné tendait à affecter une forme triangulaire; il s'exposait aussi à l'influence française, qui devint pression et explique, certes, plus d'une option delphinale.

B. L'obstacle savoyard

On n'a pas assez insisté, jusqu'ici, sur le fait capital qu'à l'arrière des possessions delphinales d'Italie, le Savoyard était le principal seigneur du Piémont.

Vers 1050, le mariage d'Odon avec Adélaide de Turin établissait la présence savoyarde dans cette ville. Si, au XIIᵉ siècle, une branche cadette des Humbertiens restait seule à Turin, le chef de la famille conservait Aoste et Suse, et les cols. Au XIIIᵉ, on constate que le comte intervient de plus en plus vigoureusement dans le Piémont, où il a resserré son alliance avec Turin, en attendant le jour où il y installera définitivement sa puissance (1419). En 1388, il est maître du comté de Nice (qui englobe alors la Vallée de Barcelonnette) et, ainsi, dépèce lui aussi la Provence. Mais on conçoit que la position savoyarde, dans cette région, gêne le dauphin et lui interdise toute expansion territoriale à l'est. Le Dauphiné apparaît comme bloqué, ses débouchés étant à la merci de l'humeur du rival.

Dans ces conditions, pris entre la grande Savoie, la Provence angevine (c. à d. capétienne) et le royaume de France, alors le plus fort d'Occident, que reste-t-il d'autre à faire au dauphin, sinon de végéter? En développant les institutions publiques du comté, la troisième race marqua sa volonté d'en améliorer le rendement. Mais cette attitude ne suffit point à conjurer le sort qui, à l'est comme à l'ouest, vouait le pouvoir delphinal à l'impuissance. Le roi de France attendait son heure.

C. L'impécuniosité

L'incommodité de cette situation est soulignée par le fait qu'un mal impitoyable, l'endettement, rongeait le pouvoir du dauphin. Si, comme il est probable, les revenus se sont accrus, il est non moins certain que les charges politiques, administratives, somptuaires et militaires se sont beaucoup alourdies. On ne sait à quelle époque remonte l'endettement: peut-être au XIIIe siècle. Au XIVe, avec Humbert II «aux mains vides» (1333–49), le déficit devint béant: jamais dauphin n'avait autant dépensé. Et prêteurs intéressés de s'offrir, ou de se laisser fléchir: tour à tour le roi de Sicile, le pape et nombre de banquiers juifs ou lombards (ceux-ci sont de plus en plus nombreux en Dauphiné, comme partout) prêtent des fonds. Autre chose est de rembourser: Humbert n'y parvient pas, engage des biens, et ses dettes s'élèvent à quelque 200 000 florins lorsque se montre le spectre de la banqueroute. De la banqueroute, autrement dit de la démission d'une dynastie inférieure à sa tâche.

Conclusion

Ce dernier problème parut insoluble, et Humbert eut par surcroît le malheur de perdre son fils unique. Incapable de continuer la politique de ses prédécesseurs, perpétuellement aux prises avec la Savoie, soumis à la pression française et, enfin, inspirant peu de confiance autour de lui, Humbert préféra mettre fin à ses embarras en vendant son Etat à Philippe VI pour le futur Charles V. Désormais, tandis que le dernier dauphin chercherait l'oubli dans une vie contemplative, il appartiendrait à l'acquéreur de se charger du fardeau d'un comté dont les revenus étaient inférieurs aux dépenses. Ainsi fut consommé l'échec du Dauphiné indépendant alors que les destinées savoyardes brillaient d'un éclat toujours plus vif.

La formazione della potenza sabauda come dominazione alpina

VON GIOVANNI TABACCO

La potenza dei conti di Savoia cominciò a presentarsi come organizzazione unitaria di un territorio, pur nella varietà della sua interna costituzione, fra il XIII e il XIV secolo. Nei tre secoli precedenti la potenza sabauda fu soltanto una dominazione che ricercava affannosamente i propri strumenti di affermazione in zone diverse e lontane e trovava la sua maggiore consistenza nel controllo di alcune vallate alpine [1].

Questa dominazione trasse origine nel regno di Borgogna e dal regno di Borgogna, seguendo tradizioni che erano state proprie della dinastia regia dei Rodolfingi: tradizioni politiche e religiose, che ebbero la più chiara espressione nella continuità dei legami con l'abbazia di S. Maurizio di Agauno, nel Vallese [2]. Il fondatore del regno, Rodolfo I, fu abate di S. Maurizio, e nella sua basilica si fece eleggere re ed incoronare nell' 888: *»apud sanctum Mauricium, adscitis secum quibusdam primoribus et non-nullis sacerdotibus, coronam sibi imposuit et regem se appellari iussit«* [3]. S. Maurizio

---

1) Fondamentali i lavori di G. DE MANTEYER, Les origines de la Maison de Savoie en Bourgogne, in »Mélanges d'archéologie et d'histoire«, 19 (1899); id., Les origines de la Maison de Savoie en Bourgogne. Notes additionnelles, in: »Le moyen âge«, 14 (1901), pp. 255–314, 437–505; id., Les origines . . .: La paix en Viennois, Grenoble, 1904; id., Les origines . . .: Manassès, comte de Chaunois, et Garnier, comte de Troiesin, in »Bulletin de la Société d'études hist., scient. et litt. des Hautes-Alpes«, 44 (1925), pp. 38–49; id., Les origines de la Maison de Savoie e du Dauphiné de Viennois. Leurs monnaies féodales, in »Bulletin« cit., 48 (1929), pp. 123–244; C. W. PREVITÉ ORTON, The early history of the House of Savoy (1000–1233), Cambridge, 1912; F. COGNASSO, Umberto Biancamano, Torino, 1937. Per il sec. XIII: L. WURSTEMBERGER, Peter der Zweite, Graf von Savoyen, 4 voll., Bern u. Zürich, 1856–1858; F. COGNASSO, Tommaso I ed Amedeo IV, Torino, 1940; M. CHIAUDANO, Le curie sabaude nel secolo XIII, Torino, 1927 (Biblioteca della Società storica subalpina, 53, II); id., La finanza sabauda nel sec. XIII, Torino, 1933–1937 (Biblioteca cit., 131–133).

2) Sulle origini dell'abbazia nel VI sec.: J. M. THEURILLAT, L'acte de fondation de l'abbaye de Saint-Maurice d'Agaune, in »Bibliothèque de l'Ecole des Chartes«, 110 (1952), pp. 57–88. Sui primi tre secoli dell'abbazia: id., L'abbaye de Saint-Maurice d'Agaune, I: Des origines à la réforme canoniale, in »Vallesia«, IV, Sion, 1954. Per le recenti scoperte archeologiche cfr. »Studi medievali«, 3ª serie, II (1961), p. 763.

3) Reginonis abb. Prumiensis Chronicon, edito da F. KURZE, Hannover, 1890, p. 130, in Mon. Germ., Script. rerum Germ. in usum schol. Cfr. R. POUPARDIN, Le royaume de Bourgogne (888–1038), Paris, 1907, p. 11.

rimase »*in potestate et regimine*« dei Rodolfingi sino alla fine della dinastia. La sua cancelleria funzionò più volte come cancelleria regia. La chiesa fu luogo di sepoltura di Rodolfo II. L'abbazia fu il soggiorno preferito di Rodolfo III, l'ultimo re[4]. Centro morale del regno, dunque, senz'alcun dubbio. E, quando la dinastia regia declinò e si spense, S. Maurizio passò in mano degli Umbertini. I figli del conte Umberto, progenitore dei Savoia, vi ricercarono gli uffici di preposito e di abate, i suoi eredi e discendenti vi esercitarono la tutela signorile, ne divennero avvocati, promossero la riforma della comunità canonicale, custodirono e venerarono fedelmente per secoli le reliquie del santo[5].

Il luogo, famoso per il martirio di Maurizio e della legione tebea, era in pari tempo un passaggio obbligato per i pellegrini, le milizie, i mercanti, che si avviassero al colle di Monte Giove, l'attuale Gran S. Bernardo, o ne provenissero. Era sull'importante strada che univa la Lotaringia all' Italia, attraversando il Giura, percorrendo la valle del Rodano dal lago Lemano a Martigny, di qui risalendo la valle di Entremont fino allo spartiacque, poi discendendo per la valle del Gran S. Bernardo fino ad Aosta e per la valle d'Aosta fino alle chiuse di Bard e alla pianura piemontese e lombarda[6]. La chiesetta carolingia con la sua casa ospitale, che era presso l'attuale Bourg St. Pierre nella valle di Entremont, rappresentò in certo modo il legame ideale fra la potente abbazia di S. Maurizio di Agauno, da cui forse dipendeva in origine, e l'ospizio che, sorto nel corso dell' XI secolo sulla sommità di Monte Giove e dedicato originariamente a s. Nicola, divenne poi celebre col nome di Gran S. Bernardo[7]. L'importanza del valico era grande per i Carolingi: Lotario II nell' 859, quando cedette al fratello Ludovico, re d'Italia e imperatore, le diocesi di Ginevra, Losanna e Sion, si riservò l' »*hospitale quod est in monte Iovis*«: l'ospizio di S. Pietro[8]. Tutta quella regione – »*ducatus inter Iurum et montem Iovis*« – apparteneva allora all'abate di S. Maurizio, il violento e sregolato Uberto, che si ribellò all'imperatore e fu combattuto e vinto dal conte Corrado, il padre del futuro re di Borgogna, Rodolfo I[9]. Fu per tal modo che S. Maurizio di Agauno e il ducato del Giura e il dominio sulla grande strada pervennero ai Rodolfingi. Essi controllarono il valico col diretto possesso dell'abbazia di S. Pietro nella valle di Entremont, come risulta dalla donazione che Rodolfo III nel 1011

---

4) POUPARDIN, op. cit., pp. 65; 85, n. 4; 186, n. 8; 329, nn. 2, 5; 363.

5) Cfr. COGNASSO, Umberto Biancamano cit., p. 90; COGNASSO, Tommaso I cit., II, p. 312; B. BLIGNY, L'église et les ordres religieux dans le royaume de Bourgogne au XIe et XIIe siècles, Paris, 1960, p. 215.

6) M. C. DAVISO DI CHARVENSOD, I pedaggi delle Alpi Occidentali nel medio evo, Torino, 1961, p. 38 sgg.; Y. RENOUARD, Les voies de communication entre la France et le Piémont au moyen âge, in »Bollettino storico-bibliografico subalpino«, 61 (1963), p. 233 sgg.

7) L. QUAGLIA, La Maison du Grand-Saint-Bernard des origines aux temps actuels, Aosta, 1955, pp. XXII, XXX.

8) POUPARDIN, op. cit., p. 8, n. 2.

9) R. POUPARDIN, Le royaume de Provence sous les Carolingiens, Paris, 1901, pp. 49, 53.

ne fece alla propria consorte Ermengarda: quella regina Ermengarda, che fu in stretti rapporti col conte Umberto, i cui discendenti, i Savoia, furono larghi di protezione, non meno che all'abbazia di S. Maurizio, alla casa del Gran S. Bernardo, sorta nel valico stesso [10].

Rimane così confermata la continuità di tradizioni dai Rodolfingi ai Savoia; una continuità che del resto non si limitò alla zona finora considerata da S. Maurizio a Monte Giove, ma si allargò all'intera valle d'Aosta, alla difesa delle chiuse di Bard, e più generalmente al controllo delle strade, delle valli e dei passi che fra la Moriana e il Vallese conducevano attraverso le Alpi occidentali in Italia. L'importanza della regione per le comunicazioni dell' Europa nord-occidentale con l'Italia è attestata nella lettera che Canuto il Grande mandò ai vescovi inglesi nel 1027 da Roma, informandoli dell'esito dei suoi colloqui coi prìncipi ivi convenuti per l'incoronazione imperiale di Corrado II: egli aveva esposto le sue lagnanze per le molteplici *clausurae* che recavano impedimento ai pellegrini e ai mercanti e li aggravavano di ingiusti pedaggi, dal Mar del Nord fino all'Italia meridionale, e ne aveva ottenuto promesse a favore dei propri sudditi, in particolare da Rodolfo III di Borgogna, *»maxime ipsarum clausurarum dominator«*. Si trattava certo anzitutto delle celebri chiuse della val di Susa e della val d'Aosta, tradizionali difese del confine occidentale d'Italia, ma si trattava in pari tempo di quei numerosi posti di arresto e di vigilanza, che il moltiplicarsi delle dominazioni locali aveva fatto sorgere lungo le strade, nell'interno delle valli e sui colli, a gran profitto dell'aristocrazia signorile [11]. Se e in quale misura Rodolfo III fu in grado di mantenere la promessa fatta a Canuto, non è documentato. Ma non toccò a lui né agl'imperatori che gli succedettero nel regno, bensì ai conti di Savoia, di procedere un giorno – fra il XIII e il XIV secolo – a un primo riordinamento dei pedaggi, della giurisdizione sull' *iter publicum*, della protezione e della manutenzione delle strade [12].

In tutto il periodo intermedio, compreso fra la dissoluzione del regno di Borgogna entro l'impero e la prima costruzione di un assetto territoriale coerente da parte dei conti di Savoia, la dominazione degli Umbertini nella regione si esercitò in forme eterogenee e incerte, minacciata talvolta nella sua stessa esistenza, ma sempre radicata in quelle valli, in quei valichi, in quelle chiese, in una lotta continua con altre forze concorrenti. Pur nella continuità delle tradizioni e nella persistente elementarità della concezione politica, vi è un netto contrasto fra il regno dei Rodolfingi e la potenza

10) QUAGLIA, op. cit., pp. XXVIII, XXX sg., 82 sgg.; F. COGNASSO, La casa del Gran San Bernardo nelle ricerche recenti, in »Bollettino storico-bibliografico subalpino«, 55 (1957), p. 164 sgg.; C. G. MOR, Conte di Savoia, feudali e comunità in valle d'Aosta, in »La Valle d'Aosta. Relazioni e comunicazioni presentate al XXXI Congresso storico subalpino (settembre 1956)«, I, 1958, pp. 249, 253 sg.

11) PREVITÉ ORTON, op. cit., p. 26, n. 7; P. DUPARC, Les cluses et les frontières des Alpes, in »Bibliothèque de l'Ecole des Chartes«, 109 (1951), p. 29.

12) DAVISO DI CHARVENSOD, op. cit., p. 95 sgg.

sabauda in formazione. Gli Umbertini ereditarono gli orientamenti religiosi, le dire-
zioni politiche, le condizioni economiche del regno: li sperimentarono, in un ambito
geografico minore, con la stessa intensità. Ma non furono una dinastia regia, non ereditarono la sacra lancia di san Maurizio, che dai Rodolfingi passò ai re tedeschi [13], non
ebbero consacrazioni solenni. Furono uno dei tanti gruppi parentali in cui si articolava
la grande aristocrazia militare di Borgogna e d'Europa: durarono fatica a diventare
una dinastia. Non dominavano un territorio compatto, né avevano titolo che confe-
risse alla loro dominazione un significato unitario. Utilizzarono la dignità comitale,
raggiunta sotto i Rodolfingi in Borgogna, integrandola in Italia con quella marchio-
nale, conseguita a metà dell'XI secolo. Ma la marca di Torino, a cui pervennero col
favore imperiale mediante il matrimonio di Oddone, figlio di Umberto I, con la contessa di Torino Adelaide, si sfasciò alla morte di lei, lasciando agli Umbertini la valle
di Susa o poco più. E i loro comitati in Borgogna, nell'XI secolo, non erano raggrup-
pati in una regione coerente: si disponevano, con imperfetta continuità, lungo un arco
che dal Belley, attraverso la Moriana, raggiungeva la valle d'Aosta. In realtà non i
territori comitali, come distretti amministrativi, furono la base della loro potenza,
bensì i molti beni e diritti che, dentro e fuori di quei distretti, essi raccoglievano nelle
proprie mani, a titoli diversi, spesso all'ombra delle chiese, in zone di particolare importanza militare, religiosa e commerciale.

Il nucleo più antico dei loro beni era ai margini occidentali della regione alpina, in
una zona compresa fra le diocesi di Belley, di Grenoble e di Vienne. Esso era costituito
specialmente dalle terre che gli Umbertini tenevano in precaria da abbazie e da catte-
drali, soprattutto da chiese di Vienne [14]. Dal Viennese si può dunque supporre che
abbia avuto origine la loro fortuna, qualunque sia stata la loro ascendenza. Essi poi
si ingrandirono stringendo rapporti simultaneamente con le maggiori chiese del regno [15] e coi Rodolfingi, soprattutto con Rodolfo III e con la regina Ermengarda, forse
legata al loro gruppo parentale [16]; a lei rimasero fedeli dopo la morte del re e trassero
nuovi vantaggi dall'appoggio dato ai primi successori tedeschi di Rodolfo. Poterono
così, fra il X e l'XI secolo, collocare membri della propria famiglia in più sedi episco-
pali, conseguire diritti comitali in più *pagi* e allargarsi verso oriente, fino al Vallese,
ad Aosta e a Torino, controllando importanti valichi alpini: il Gran S. Bernardo, il
Piccolo S. Bernardo, il Moncenisio.

13) POUPARDIN, Le royaume de Bourgogne cit., p. 148, cfr. p. 32; M. UHLIRZ, Zu den heiligen
Lanzen der karolingischen Teilreiche, in »Mitt. d. Inst. f. österr. Gesch.«, 68 (1960), pp. 199–
203.
14) DE MANTEYER, Les origines cit., 1899, pp. 423 sgg., 483 sg., 532 sgg.
15) Op. cit., pp. 465 sgg., 501 sgg.; F. SAVIO, Gli antichi vescovi d'Italia: Il Piemonte, Torino,
1898, p. 87 sg.; PREVITÉ ORTON, op. cit., pp. 20 sg., 92, 122 sg.; COGNASSO, Umberto Biancamano cit., p. 86 sgg.
16) DE MANTEYER, op. cit., pp. 386, 390, 394 sg., 397, 503; PREVITÉ ORTON, op. cit., pp. 13
sgg., 29 sg., 38, 47 sgg.; COGNASSO, op. cit., pp. 28 sg., 89.

Fino alla metà dell'XI secolo fu uno sviluppo abbastanza coerente. L'insediamento di Umberto I nel comitato di Aosta e quello di suo figlio Burcardo nel vescovato, voluti certamente l'uno e l'altro da Rodolfo III, furono senza dubbio connessi fra loro, anche se non sappiamo in qual modo. E il controllo della valle consentì nel 1034 al conte Umberto di condurre le milizie dell'arcivescovo di Milano e del marchese di Toscana dall'Italia in Borgogna, in aiuto di Corrado II, che vi penetrava dal nord. L'impresa, a sua volta, dovette procurare ad Umberto dall'imperatore l'assegnazione della Moriana – la lunga e stretta valle dell'Arc –, di cui i suoi discendenti si intitolarono conti per tutto il XII secolo [17]. La Moriana valeva, per gli Umbertini, a stabilire un collegamento fra i domìni del Viennese, del Belley, del *pagus Savogiensis* e quelli, così lontani, di Aosta, collegati a loro volta con S. Maurizio di Agauno attraverso il Gran S. Bernardo. È vero che val d'Aosta e valle dell'Arc non erano contigue: vi si frapponeva la valle dell'Isère, la Tarentasia, il cui comitato era stato attribuito da Rodolfo III a quell'arcivescovo. Ma in Tarentasia gli Umbertini avevano dei possessi, come è provato per il 1051 [18]: punti di appoggio importanti, quando occorreva loro passare dalla val d'Aosta, attraverso il Piccolo S. Bernardo, nella valle dell'Isère, per recarsi in quella dell'Arc o nei *pagi* di Savoia e di Belley. Il percorso divenne anzi tradizionale: i signori e le comunità della val d'Aosta, ancora secoli dopo, attendevano la discesa del conte dal valico del Piccolo S. Bernardo, quand'egli veniva fra loro a riceverne omaggio e obbedienza [19].

Un'eccezionale importanza aveva poi la M o r i a n a per il controllo del Moncenisio. Soltanto l'assoluta fiducia imperiale negli Umbertini, nata nel corso della conquista del regno di Borgogna, può spiegare l'assegnazione della valle dell'Arc alla stessa famiglia che dominava ad Agauno e ad Aosta: quella fiducia medesima, che consentì il matrimonio di Oddone con Adelaide di Torino e il conseguente possesso dell'intera zona del Moncenisio, al di qua e al di là delle Alpi, da parte degli Umbertini [20]. E si noti che non si trattava soltanto di controllo del valico e delle valli immediatamente contigue, che di là scendevano in Italia e in Borgogna, bensì di tutta la strada che collegava, seguendo il tracciato carolingio, la pianura del Po con la pianura del Rodano, raccogliendo a Torino il traffico proveniente da Pavia e da Genova, e a Chambéry il traffico proveniente da Valence, da Lione e, attraverso Pont d'Ain, dalla Champagne [21]. Quest'ultima strada, che dalla Champagne conduceva a Chambéry, attraversava proprio il comitato di Belley, di cui Amedeo I, figlio di Umberto I, si disse espressamente conte intorno al 1050, e toccava il Mont du Chat, dove Umberto

17) PREVITÉ ORTON, op. cit., pp. 97 sgg.; 308, n. 12; 421 sg.; A. GROS, Histoire de Maurienne, I, Chambéry, 1946, p. 151.
18) PREVITÉ ORTON, op. cit., p. 99.
19) F. COGNASSO, Il Conte Verde, Torino, 1930, p. 71; MOR, op. cit., p. 247, n. 33.
20) M. A. DE LAVIS-TRAFFORD, Le pal de Bonizone, in »Bollettino storico-bibliografico subalpino«, 57 (1959), p. 393 sgg.
21) DAVISO DI CHARVENSOD, op. cit., p. 44 sg. e la carta di p. 462.

insieme coi figli due volte fece donazioni a Cluny[22]. Similmente la strada che da Chambéry volgeva a sud-ovest verso Valence toccava Les Echelles, dove Umberto e i figli avevano chiese e terre[23]; e la strada che da Chambéry volgeva ad ovest verso Lione raggiungeva il Rodano a St. Genix, nel comitato di Belley[24]. Appare dunque chiaro che i primi possessi della famiglia consentivano di controllare le strade convergenti da occidente su Chambéry; di qui la strada fra i monti, diretta al Moncenisio, entrava ben presto nella Moriana e la percorreva per tutta la sua lunghezza; tutto il successivo percorso, dal Moncenisio fino al Po, era in mano dei marchesi di Torino.

Un diploma dell'imperatore Corrado II a favore del vescovo di Asti, del 1037, non lascia dubbi sul preminente interesse di questo percorso per i mercanti di allora[25]. Il diploma fa riferimento alla richiesta di libero accesso dei cittadini di Asti *per omnes valles et per omnia montana et per vias asperas et planas et per transitus aquarum et per angiportus tocius nostri regni*, ma ricorda espressamente la sola valle di Susa, e la nomina subito all'inizio della richiesta, prima di quel generico riferimento ad ogni altra valle o via del regno. Abbiamo inoltre una testimonianza precisa del possesso del pedaggio di Avigliana, all'entrata della valle, da parte della contessa Adelaide: nel 1083 ella concesse al prevosto di Oulx l'esenzione dal teloneo per tutte le cose *que per Clusa in Secusia transierint*[26]. La medesima contessa nel 1075 donò all'abbazia di Pinerolo metà del mercato e del teloneo del luogo, venti chilometri a sud delle chiuse di Avigliana, all'entrata della valle del Chisone, da cui si accedeva, non meno che dalla val di Susa, al colle del Monginevro[27]: il valico attraverso cui passava la strada diretta a Grenoble, parallelamente a quella del Moncenisio, della Moriana e di Chambéry; mentre altre strade si dipartivano da Pinerolo dirette a sud-ovest, per altri valichi, verso il bacino del Rodano, o a sud-est verso il mare, o a nord-est verso Torino. La protezione dell'abbazia di Pinerolo rappresentava dunque un'integrazione importante del possesso della val di Susa, ed è perciò ben naturale che i discendenti sabaudi della contessa Adelaide abbiano avuto cura di conservare quella protezione non meno di questo possesso, pur non riuscendo a controllare il Monginevro, che insieme con le strade dirette a Grenoble e in Provenza entrò nella dominazione dei conti di Albon, i delfini di Grenoble e di Vienne[28].

In verità l'acquisto della marca di Torino, attribuendo a Oddone una vasta e compatta dominazione sulle Alpi Cozie, Marittime e Liguri e su tutto il territorio che dai comitati di Torino e di Asti si stendeva a sud fino al mare[29], complicò d'improvviso

22) PREVITÉ ORTON, op. cit., pp. 48 sg., 55.
23) Op. cit., p. 53.
24) Op. cit., p. 47.
25) M. G., D. K. II, nr. 245: 18 giugno 1037.
26) DAVISO DI CHARVENSOD, op. cit., p. 344.
27) Op. cit., p. 327.
28) COGNASSO, Tommaso I cit., p. 219 sgg.
29) COGNASSO, Umberto Biancamano cit., p. 98.

la potenza degli Umbertini con responsabilità a cui essi non erano preparati e che erano allora del resto manifestamente superiori alle attitudini politiche dell'aristocrazia militare di gran parte d'Europa. La dissoluzione della marca, liberandoli da compiti di governo ancor troppo gravosi e limitandone la dominazione in Italia quasi soltanto alla valle di Susa, restituì loro il carattere di signori delle strade e dei passi ed anzi accentuò la natura della loro dominazione, ormai chiaramente imperniata sulla difesa di una linea, che muovendo dal Viennese tagliava le Alpi occidentali fino alle chiuse di Avigliana, dove la valle di Susa sboccava nella pianura del Po. Ma ciò appunto doveva condurre i conti di Moriana a insistere – in nome dei diritti marchionali, ma non propriamente per rivendicare la vasta marca di Adelaide – in direzione di Torino, di dove la signoria vescovile e il nascente comune, appoggiati dall'impero, tendevano ad escluderli. Torino dominava la strada che usciva dalle chiuse di Avigliana: la dominava per evidenti ragioni geografiche, e per la concessione che Enrico V fece alla città nel 1111 [30].

Un diploma estremamente significativo. L'imperatore concedeva »*Taurinensi civitati et omnibus eius incolis*«, col dichiarato scopo di assicurarsene la fedeltà, »*publicam stratam, que de ultramontanis partibus per burgum sancti Ambroxii Romam tendit, eundo et redeundo*«, e cioè il tratto di strada, considerato nei due sensi, che era compreso fra Torino e S. Ambrogio, borgo situato esattamente alle chiuse, sopra Avigliana, »*et iusticiam transeuncium peregrinorum ac negociatorum*«, i diritti dunque di giurisdizione e pedaggio su pellegrini e mercanti. Il diploma, che vale a indicare il significato primo di Torino e delle ambizioni che su Torino si appuntavano, fu seguito cinque anni dopo dal riconoscimento imperiale dei buoni usi – »*omnes usus bonos*« – della città, e della libertà spettante ai cittadini, »*salva solita iusticia Taurinensis episcopi*« [31]. Vescovo e comune: ogni altro potere o diritto sulla città è ignorato. Il comitato come ordinamento territoriale non esiste. La città e il territorio sono divisi fra enti e signori, che hanno una base autonoma di potere: ci sono, fra i signori, i visconti di Torino, ma confusi fra gli altri, in concorrenza con gli altri. È vero che nel 1136 l'imperatore Lotario, confermando diritti e libertà ai suoi *fedeli Torinesi*, ha cura di riservare il diritto regio e comitale: »*salvo tamen in omnibus iure nostro seu comitis illius cui vicem nostram comiserimus*« [32]. Ma questa è soltanto la previsione di una possibilità. Il distretto comitale è puramente teorico.

Quando dunque il conte di Moriana Amedeo III tende verso Torino – vi perviene al tempo di Lotario, prima del diploma ora ricordato, e, costretto poi da Lotario ad abbandonare la città, ben presto vi ritorna –, egli non pensa all'occupazione di un

---

30) F. Cognasso, Documenti inediti e sparsi sulla storia di Torino, Pinerolo, 1914 (Biblioteca della Società storica subalpina, 65), p. 6: 23 marzo 1111. Per l'autenticità del documento cfr. M. G., D. Loth. III, p. 171.

31) Cognasso, op. cit., p. 7: 30 giugno 1116.

32) M. G., D. Loth. III, nr. 106.

distretto, che non esiste, ma alla conquista di un caposaldo: il più orientale dei capisaldi – abbazie, chiese, castelli – della lunga strada che egli domina, *»eundo et redeundo«*, per servirci delle parole del diploma del 1111. Naturalmente gli è utile un
titolo: per lo più gli soccorre quello di *marchio*, che contraddistinse gli Arduinidi, gli
ascendenti della contessa Adelaide. Ma giunto a Torino, gli viene suggerita una deno-
minazione più rispondente a quella realtà: in un atto del 1131, datato appunto dalla
città, egli inaugura il titolo di *comes Taurinensis* 33). Ciò non significa il proposito di
organizzare un distretto, bensì ambizione di coordinare intorno a sé i minori potenti
della zona, in prolungamento del dominio sulla val di Susa, lungo la grande strada e
nelle sue adiacenze immediate. La natura del suo potere e le forme in cui esso si va
ordinando appaiono con grande chiarezza in una concessione di libero passaggio per
le sue terre – *»per omnem suam potestatem sive per villas seu per castra sive per prata
nondum ad secandum parata«* –, che egli fece nel 1137 al monastero di Lucedio 34). Il
conte *»cum uxore sua«* diede l'ordine di esecuzione ai suoi dipendenti: *»hoc precepit
castellanis suis de Seguxia, hoc prepositis, hoc clusariis, hoc custodiis pratorum, hoc
dominis de Casellis, vicecomiti de Baratonia, hoc etiam omnibus aliis castellanis sive
vernaculis aliis«*. I visconti di Baratonia sono i visconti di Torino 35), ma nel documento sono ricordati non certo in ragione di un ufficio vicecomitale esercitato nell'ambito di una *contea*, bensì per i loro possessi fra la Stura di Lanzo e la Dora Riparia,
in una zona che interessava il passaggio dei monaci di Lucedio dal Vercellese, dov'era
l'abbazia, alla grande strada di Avigliana, di Rivoli e di Torino: per la stessa ragione
cioè per cui sono immediatamente prima ricordati i signori di Caselle, un luogo pros-
simo alla medesima Stura. I visconti di Baratonia e i signori di Caselle sono entrati
nella clientela del conte, e ne ricevono gli ordini come vassalli, in modo non molto
dissimile dai castellani di Susa, pure ricordati nel documento, nonostante il diverso
carattere della dipendenza in un caso e nell'altro, essendo qui insieme confusi i signori
dipendenti per ragione feudale e ogni altra persona preposta dal conte all'amministra-
zione delle sue terre e dei castelli suoi propri.

Questa dobbiamo supporre sia stata la struttura di tutta la dominazione dei conti
di Moriana nel XII secolo, in tutte le valli alpine e alla loro uscita nelle pianure del
Po e del Rodano: una preminenza più o meno contestata, a seconda dei luoghi, e fon-
data sulla coordinazione di alcuni capisaldi, tenuti da ministeriali o da enti e signori
strettamente legati al conte. Ma dentro le valli, lungo la strada di Chambéry, della
Moriana e di Susa, e lungo l'altra strada di Agauno, del Gran S. Bernardo e di Aosta,
la coordinazione era più semplice, suggerita dallo sviluppo lineare della dominazione

---

33) F. COGNASSO, Cartario della abazia di San Solutore di Torino, Pinerolo, 1908 (Biblioteca
della Società storica subalpina, 44), p. 51.
34) COGNASSO, Documenti cit., p. 10: 30 luglio 1137.
35) F. RONDOLINO, Dei visconti di Torino, in »Bollettino storico-bibliografico subalpino«, 6
(1901), p. 276 sgg.

e imperniata su capisaldi naturali, offerti dai monti. Là dunque stava il nerbo della forza del conte, nonostante la sua ambizione di uscirne, di oltrepassare le chiuse. Quando nella seconda metà del secolo il Barbarossa, ricostituita la potenza del vescovo di Torino e collegatosi col delfino di Grenoble, fece più volte percorrere le valli dei conti di Moriana e superare i valichi del Moncenisio e del Gran S. Bernardo da forze tedesche, senza rispetto della potenza dei conti, tutta la dominazione sabauda fu in crisi [36]. Umberto III, figlio e successore di Amedeo III, si rivolse al re d'Inghilterra: offrì la propria figlia Alice in moglie a un figlio del re, promettendo di cedere *totum comitatum suum*. Nel caso poi che al conte fossero nati dei maschi, il principe inglese avrebbe avuto il comitato di Belley con i castelli di Rossillon e di Pierre Châtel, dominanti la strada proveniente dalla Champagne; la valle di Novalesa, sulla medesima strada, a sud di Belley; Chambéry e alcune località prossime; i castelli viscontili di La Chambre in Moriana e di Châtillon in val d'Aosta; i diritti su Torino e località circostanti; l'omaggio dei conti del Canavese e di Castellamonte, nella regione d'Ivrea, all'uscita dalla valle d'Aosta [37]. In tal modo la dominazione inglese si sarebbe intrecciata con quella sabauda e l'avrebbe integrata, politicamente coprendola, nel controllo della grande arteria stradale, dal Belley a Torino, e degli accessi dalla valle d'Aosta all'Italia. Il trattato non ebbe esecuzione per la morte di Alice, ma il suo contenuto è di grande interesse, in quanto rivela la natura della dominazione sabauda. Indipendentemente dai vecchi schemi amministrativi dell'età carolingia e postcarolingia, essa già era concepita unitariamente – *totus comitatus* fu l'oggetto delle disposizioni di Umberto III –, e a fondamento della sua unità non vi era soltanto la persona del principe, ma una organizzazione virtualmente territoriale, praticamente rappresentata da due linee di comunicazione convergenti sull'Italia.

Superata la crisi e avvenuta, dopo molte vicende, la riconciliazione con gli Staufer, i conti di Moriana s'impegnarono sempre più fortemente nella zona di Torino. Tommaso I si collegò con i comuni di Chieri e Testona e se ne fece infeudare il territorio da Filippo di Svevia nel 1207 [38]; si alleò col potente comune di Vercelli per assicurarsene l'appoggio specialmente fra Rivoli ed Avigliana. Non riuscì tuttavia a dominare Torino, e nello sforzo di aggirarla finì col trovarsi impegnato sempre più largamente in Piemonte, in direzione del Tanaro, tanto da indursi – di fronte all'impossibilità di sostenersi con le sole forze sue proprie – a subordinarsi feudalmente al grande comune di Asti per alcuni luoghi a sud e a sud-ovest di Torino e per tutti gli acquisti a cui

36) Sul passaggio di forze tedesche per il Gran S. Bernardo e il Moncenisio nell'età del Barbarossa cfr. Ottonis et Rahewini gesta Friderici I (M. G., SS. rerum Germ. in usum schol.), agli anni 1155 e 1158; Chronica Coloniensis (ivi), agli anni 1166 e 1168; Ottonis Morenae et continuatorum historia Friderici I, all'a. 1168 (M. G., SS. rerum Germ., N. S., VII, p. 213).

37) PREVITÉ ORTON, op. cit., p. 339 sg. L'accordo fu concluso nel 1173. Cfr. pure S. HELLMANN, Die Grafen von Savoyen und das Reich bis zum Ende der staufischen Periode, Innsbruck, 1900, p. 54 sgg.

38) G. TABACCO, Lo stato sabaudo nel sacro romano impero, Torino, 1939, p. 9 sgg.

aspirava nella regione[39]. Ma una spedizione sabaudo-astigiana contro Torino fallì. Tuttavia l'insuccesso e le complicazioni determinate nella regione piemontese dalla politica di riordinamento imperiale di Federico II non valsero a distrarre i conti di Savoia – così ormai essi si chiamavano – dalle loro aspirazioni nella zona torinese. Significativa è l'insistenza del conte Amedeo IV dal 1245 al 1247 per assicurarsi il castello di Rivoli, tenuto dall'imperatore[40]. In quel medesimo tempo, nel 1246, per procurarsi un annuo finanziamento, ma anche in armonia con gli accordi tentati dall'avo suo Umberto III, il conte Amedeo fece omaggio al re d'Inghilterra per Susa, per il castello di Avigliana, per il castello di Bard, alle chiuse della val d'Aosta, e per la villa di S. Maurizio nel vecchio Chiablese (o basso Vallese): ancora una volta, pur se in un modo prevalentemente formale, si cercava di interessare il re inglese al controllo sabaudo delle vie di accesso all'Italia[41]. Finalmente, nel 1247, la cessione imperiale del castello di Rivoli ai Savoia aprì loro la via di Torino. La città fu raggiunta nel 1251. Ma per pochi anni. Asti ben presto prevalse, e poi Carlo d'Angiò, e Guglielmo VII di Monferrato. Torino divenne definitivamente sabauda soltanto nel 1280.

La lunghissima lotta si chiudeva, quando ormai gl'interessi sabaudi in Piemonte, sollecitati per due secoli dalla questione torinese, si trovavano profondamente inseriti in un mondo di signori e comuni in via di organizzazione territoriale. Torino, già meta ambita per dare compiutezza alla dominazione alpina dei Savoia, diveniva punto di partenza di un'espansione politica di carattere nuovo. Simultaneamente, nel corso del XIII secolo, l'attenzione dei Savoia si era rivolta con vivacità via via maggiore in un'altra direzione, suggerita anch'essa inizialmente da una grande via alpina di comunicazione, quella del Giura e del Gran S. Bernardo. Il diploma d'infeudazione concesso da re Filippo a Tommaso I nel 1207 non concerneva soltanto Chieri e Testona, nei pressi di Torino, ma il castello di Moudon, a nord del Lemano: un castello posto al centro del paese di Vaud, già oggetto di contrasto fra il conte di Ginevra e il vescovo di Losanna, sostenuto dal suo avvocato, il duca di Zähringen. Nel 1211 il conte Tommaso fondò Villeneuve, sulla strada del Gran S. Bernardo. Sorsero su di essa nei decenni seguenti, per iniziativa sabauda, altre due stazioni: Aigle e Sembrancher. Ma i Savoia si trovarono di fronte alle dinastie tedesche in espansione dal Reno verso il bacino del Rodano, lungo il Giura: prima gli Zähringer, poi i Kyburg e gli Habsburg. Si trovarono in contrasto anche col conte di Ginevra, coi borghesi di Losanna, con Berna, con Morat, minacciati dall'avanzata sabauda nella regione. Pietro di Savoia, fratello del conte Amedeo IV, riuscì tuttavia a occupare Romont, a est di Moudon; a divenire avvocato dell'abbazia di Payerne, a nord di Romont; ad acquistare sul lago di Neuchâtel il castello di Estavayer, non lontano da Payerne; a legare a sé feudalmente per due castelli prossimi a Friburgo il signore di Aarberg. La protezione accor-

39) Cognasso, Tommaso I cit., II, p. 51 sgg.
40) Op. cit., II, p. 278 sgg.
41) Op. cit., II, p. 346.

data a Friburgo da Rodolfo di Habsburg ne arrestò l'espansione. L'ostilità fra le dinastie di Savoia e di Absburgo nella regione durò fino a quando più vaste ambizioni, rispettivamente sul Po e sul Danubio, li distrassero dall'ormai sterile contesa. Il trattato matrimoniale sabaudo-austriaco, concluso a Zurigo nel 1310 sotto gli auspici di Enrico VII re dei Romani, consentì una stabile definizione dei rapporti fra le due dinastie, ormai impegnate nella costruzione di cospicui stati territoriali [42].

In quel medesimo anno la contea di Savoia fu da Amedeo V donata a re Enrico, che la restituì al conte in feudo e la eresse in principato: consacrazione ufficiale di uno stato territoriale già in via di organizzazione [43]. La contea non era il vecchio *pagus Savogiensis*, non era un comitato carolingio o rodolfingio [44], ma un'entità politica nuova, il cui nome fu dato con crescente fortuna, nel corso del XIII secolo, al complesso di beni, di giurisdizioni, di poteri, che i Savoia andavano via via unificando [45]. Era il *totus comitatus* che Umberto III intendeva destinare ad Alice, ma ormai sviluppato in un vero ordinamento politico, attraverso le ricognizioni dei visconti e signori pievalenti nelle valli sabaude, attraverso l'acquisto o il ricupero di giurisdizioni e castelli, attraverso una prima rudimentale legislazione [46], quello statuto concernente l'attività dei giudici e dei notai, che il conte Pietro II emanò dopo il 1262, volendo provvedere, egli disse, »*utilitati ... hominum omnium tam nobilium quam innobilium, atque clericorum seu religiosorum, burgensium, rusticorum seu agricolarum et omnium aliorum tocius comitatus Sabaudie*« [47].

42) H. AMMANN, Zur Geschichte der Westschweiz in savoyischer Zeit, in »Zeitschrift f. schweizerische Geschichte«, 21 (1941); G. TABACCO, Il trattato matrimoniale sabaudo-austriaco del 1310 e il suo significato politico, in »Bollettino storico-bibliografico subalpino«, 49 (1951).
43) M. G., Const. et acta publ., IV, n. 479, p. 433; cfr. n. 995, p. 1037 sg. Per l'interpretazione del diploma del 1310, concesso da Enrico VII come re dei Romani, e di quello di confermazione imperiale del 1313: TABACCO, Lo stato sabaudo cit., p. 19 sgg.; E. E. STENGEL, Land- und lehnrechtliche Grundlagen des Reichsfürstenstandes, in »Zeitschrift der Savigny-Stiftung für Rechtsgeschichte«, Germ. Abt., 66 (1948), pp. 326 sgg., 340 sgg. (ora in: E. E. STENGEL, Abhandlungen und Untersuchungen zur mittelalterlichen Geschichte, Köln, Graz, 1960, pp. 159 sgg., 170 sgg.).
44) Pagus Savogiensis: cfr. PREVITÉ ORTON, op. cit., p. 15, n. 3; p. 52. Comitatus Savogiensis: op. cit., p. 15, note 2 e 3; DE MANTEYER, Les origines cit., 1899, p. 378; P. DUPARC, Le comté de Genève. IXe–Xe siècle, Genève, 1955 (Mémoires et documents publiés par la Société d'histoire et d'archéol. de Genève, 39), p. 54, n. 2.
45) P. DUPARC, La Sapaudia, in »Académie des Inscriptions et Belles Lettres. Comptes-rendus des séances de l'année 1958«, Paris, 1959, p. 382, n. 2.
46) WURSTEMBERGER, op. cit., III, pp. 159–356. Cfr. l'appendice del PREVITÉ ORTON, op. cit., per le ricognizioni dei visconti di Aosta e di Tarentasia e di altri signori.
47) A. TALLONE, Parlamento sabaudo, VIII, Bologna, 1935, p. LVI (Atti delle assemblee costituzionali italiane dal medioevo al 1831, serie I, sez. V), p. 25 sgg. Cfr. M. CHIAUDANO, Note agli statuti di Pietro II conte di Savoia, in »Bollettino storico-bibliografico subalpino«, 32 (1930), p. 233 sgg.

Wege der politischen Raumbildung im mittleren Alpenstück

VON FRANZ HUTER

Die staatliche Raumbildung im mittleren Alpenstück endigt im Lande Tirol. Der Prozeß der Territorialbildung erstreckt sich von der Mitte des 12. bis zum Beginn des 16. Jahrhunderts. Wenn man genau sein wollte, müßte man anführen, daß sie sogar erst zu Beginn des 19. Jahrhunderts beendet war, da erst 1803 de jure die Reste der geistlichen Fürstentümer Brixen und Trient durch den Reichsdeputationshauptschluß und erst 1815 die ehemaligen Salzburgischen Gerichte im Zillertal und in Osttirol dem Lande Tirol einverleibt worden sind. De facto waren es die Brixnerischen und Trientnerischen Gebiete allerdings schon seit dem 14. Jahrhundert, da durch die sogenannten Conföderierungen (weitgehende Schutzverträge) Außenpolitik, Kriegs- und Steuerwesen dieser geistlichen Fürstentümer den Tiroler Landesfürsten übertragen worden waren.

Die Bildung des Landes Tirol ist aber nur e i n e Lösung, und es ist meine Aufgabe zu zeigen, daß zuvor noch a n d e r e Lösungen gesucht und gefunden, bzw. in die Tat umzusetzen versucht worden sind. Es ist ferner meine Aufgabe zu zeigen, inwieweit die natürlichen Voraussetzungen maßgeblich an diesen Lösungen beteiligt sind. Freilich muß dabei ausdrücklich festgestellt werden, daß die natürlichen Voraussetzungen nicht allein entschieden. Vielmehr sind es immer wieder die Menschen, ihr Wille, ihre Kraft, ihr Zielstreben, ihre Ausdauer, und zwar der Einzelmensch wie die Familien und anderen Gemeinschaften, die, wenn schon unter Nutzung der natürlichen Voraussetzungen und mitunter an sie gebunden, die staatliche Entwicklung formen. Und es ist nicht zuletzt das biologische Moment, das Wachsen und Sterben der Sippen und insbesondere großer Einzelpersönlichkeiten, das bestimmend in die staatliche Raumbildung eingreift. Dies gilt vor allem in einer Zeit, da das dynastische Ehebündnis für die Raumbildung eine so entscheidende Rolle spielte.

Betrachten wir nun die n a t ü r l i c h e B a s i s der Staatsbildung, so finden wir im Vergleich des mittleren Alpenstücks mit Ost und West, daß die Alpen hier am breitesten und zugleich mit den tiefsten Übergängen bedacht sind. Sie messen von Ebene zu Ebene etwa 250 km und sind an zwei Stellen, am Brenner (1370 m) und am Reschen (1508 m), in tief eingeschnittenen Mulden der zentralen Alpenkette in einem einzigen Auf- und Abstieg überschreitbar. Die den zentralen Alpen in Nord und Süd vorgelagerten Gebirgssysteme bilden dafür kein Hindernis; denn der breite Graben des Inntales, der die nördlichen Kalkalpen von den Zentralalpen trennt, führt gleichsohlig ins Vorland hinaus. Die steilaufragenden Ketten und Gebirgsgruppen der Lechtaler Alpen, des Wetterstein, des Karwendel und des Sonnwendgebirges verlieren überdies den Hindernischarakter, den sie in dem aus dem Inntal aufschauenden Betrachter erwecken mögen, dadurch, daß sich zwischen ihnen im Fernpaß (1209 m), in der Seefelder Senke (1180 m) und im Sattel von Maurach (Achental, 960 m) Breschen öffnen, die in einem zweiten An- und Aufstieg leicht durchquert werden können und ebenfalls in das Vorland hinausführen.

Außer Brenner und Reschen weist der Zentralalpenkamm in der Ötztalergruppe 18, in den Stubaiern 27 und in den Zillertaler Alpen 50, das sind zusammen 95 Übergänge auf, von denen allerdings mehr als die Hälfte vergletschert sind und nur fünf (Timmelsjoch 2500 m, Pfitscherjoch 2250 m, Krimmler Tauern 2634 m, Birnlücke 2670 m, Felbertauern 2545 m) einige Verkehrsbedeutung erlangt haben.

Aber was nützte diese D u r c h g ä n g i g k e i t des Alpenhauptkammes, wenn nicht so wie von Norden auch von Süden her aus der vor den Alpen liegenden Ebene d u r c h d i e S ü d a l p e n hindurch günstige Anmarschwege gegeben wären. Hier stehen nun die Dinge noch glücklicher als im Norden, obschon das Gebirge hier, im Raume von Gardasee–Verona, 40–50 km weiter nach Süden vorstößt als westlich und östlich davon, so daß das am Gebirgsrande erwachsene Verona auf der gleichen geographischen Breite wie die weit draußen in die Ebene vorgeschobenen Städte, z. B. Mailand und Venedig, zu liegen kommt.

Im Gegensatz zum Inn entwässert die Etsch mit ihrem größten Nebenfluß, dem Eisack, südwärts. Die Etsch-Eisack-Tallinie ist, wie sich Rungaldier ausdrückt, das einzige meridionale Flußsystem der Alpensüdabdachung, das bis zur Alpenhauptwasserscheide zurückgreift und zugleich das längste inneralpine Meridionaltal der Alpen überhaupt. Dadurch wird der Brenner, der etwa 50 km nördlicher als der Gotthard liegt, infolge des größeren Gefälles der Südabdachung zum nördlichsten Hauptquerpaß der Alpen überhaupt. Von Osten aber greift entlang der Drau und über den Sattel von Toblach (Toblacherfeld 1209 m) die Querfurche des Pustertales herein und liefert eine ideale V e r k l a m m e r u n g mit den kärntnerischen Beckenlandschaften der Südalpen.

In der Großgliederung ist die Südabdachung mannigfaltiger als die nördliche, da sich im Herzen dieses südlichen Gebirgskeils die wohlumgrenzte Gruppe der Sarntaler Alpen und das Bozener Quarzporphyrplateau zwischen Zentralalpen und südliche Kalkalpen eingeschoben und durch den hier besonders ausgeprägten Stockwerkbau des Gebirges und die gesteinsbedingten Formen- und Farbunterschiede die größten landschaftlichen Gegensätze der Alpen vereinigt haben.

Hier ist eine gewisse Parallele zum Nordosten des mittleren Alpenstücks gegeben, wo das Brixental und das Gebiet der Kitzbühler Ache die Verbindung mit der Raum-

bildung zum benachbarten Lande Salzburg herstellen, wenn schon baumäßig und hy-
drographisch die Verklammerung nicht so klar ausgebildet erscheint. Es darf schon
hier darauf hingewiesen werden, daß die Randstücke des späteren Landes Tirol von
Flüssen entwässert werden, die nicht zu den Flußsystemen von Inn und Etsch gehören: so im Norden von Lech, Loisach und Isar, im Südosten von der Drau mit Isel
und Gail, und im Süden von Boite, Cordevole, Brenta mit Cismone, bzw. Sarca und
Chiese. Es handelt sich bezeichnenderweise um Räume, die zum Teil nicht zum Kern
des Tiroler Territoriums gehören, sondern erst später hinzuerworben worden sind.

Nur im Westen gibt es keine solchen Randstücke. Hier ist umgekehrt
der oberste Lauf des Inn (Engadin) außerhalb des Landes Tirol geblieben. Die innere
Verklammerung des Gebietes der Innquellen mit den anderen Graubündner Tälern
über die Pässe des Julier und Flüela (2284 m bzw. 2382 m) hinweg war stärker als
der Zug entlang dem Flußlauf nach Osten. Im östlichen Stück (Unterengadin) wurde
der Kampf um die Zugehörigkeit allerdings erst in einer langen Entwicklung zugunsten der Bündner Bindungen entschieden.

Damit ist nun auf jenes Element der natürlichen Voraussetzungen der staatlichen
Raumbildung hingewiesen, das neben der Durchgängigkeit von wesentlichster Bedeutung ist: die einende Wirkung der Pässe im Gebirgskörper, welche die Talschaften beiderseits, trotz der Zugehörigkeit zu verschiedenen Flußsystemen, ja sogar
beide Abdachungen der pariadriatischen Wasserscheide untereinander zu übergeordneten Räumen zusammenzufügen vermag.

Hier scheint sich ein Gegensatz zu den Feststellungen über die Zugänglichkeit des
mittleren Alpenstücks von außen her zu ergeben. Von dieser her gesehen, könnte man
annehmen, daß sich die politischen Kräfte der Ebene wirksam genug erweisen möch-
ten, die Berge bis zur Wasserscheide hinan in ihre Raumbildungen mit einzubeziehen.
Aber einmal handelt es sich beim Gebirge um eine den Menschen der Ebene nicht nur
den äußeren Gegebenheiten, sondern auch dem inneren Wesen nach fremde Welt, die in
früheren Zeiten etwas Dräuendes oder wenigstens Geheimnisvolles an sich gehabt
haben mag. Auch standen sich die Gebirgler untereinander, trotz nachbarlicher Gegensätze, näher als sie und die Menschen der Ebene. Das gilt ebenso von äußerer Art
und Lebensweise wie namentlich von der inneren, freieren und doch konservativeren
Haltung des Gebirglers.

Vor allem aber wird jene Zugänglichkeit von außen stark gemindert durch die
Talengen, die den Eintritt aus der Ebene in das Gebirge oder auch in den weiteren
Talverlauf alpeneinwärts maßgeblich behindern. So laufen die äußeren Grenzen des
Tiroler Territoriums, wie es bis 1919 bestand, nur zum Teil über Gebirgsketten und
Jöcher, zum Teil liegen sie gerade auch an solchen Talengen, die deutliche Einschnitte
in den aus den Alpen heraus entwässernden Flußtälern darstellen. Die Engen von Fin-
stermünz und Füssen, die Ehrwalder Schanze und Scharnitz, Achenpaß und Kufsteiner
Klause, Paß Strub und Grießenpaß, Oberdrauburg und Untertilliach, Caprile und

Primolano, die Veroneserklause und die von Caffaro am Chiese seien als die wichtigsten dieser Verschlußstellen, die zum Teil den charakteristisch-redenden Namen der »Klause« tragen, genannt. Solche Verschlußstellen finden sich auch im Innern des Alpenkörpers und spielen hier bei der Grenzziehung der Graf- und Großtalschaften eine wesentliche Rolle (Salurner Klause, Töll, Finstermünz, Pontlatz, Klause von Säben, Haslacher und Lienzer Klause, Sachsenklemme, Bergisel).

Schwierige Zugänglichkeit von außen, aber gute Durchgängigkeit im Innern ist, nach Ratzel, Sölch u. a., die Formel, die uns die politisch-geographische Entwicklung im Alpenraum verstehen lehrt. Denn auch westlich und östlich vom Alpenmittelstück ist die verbindende Kraft der Pässe bei der mittelalterlichen Territorienbildung mit wirksam gewesen. Freilich nirgends vielleicht so schulbeispielmäßig wie in Tirol.

Aber bevor dieser Prozeß namentlich im Hinblick auf die geographischen Voraussetzungen geschildert werden kann, ist die ältere Entwicklung kurz darzulegen. Die älteste staatliche Raumbildung fällt in die römische Kaiserzeit. Während sich in den östlichen Ostalpen die keltischen Stämme spätestens im 2. Jahrhundert v. Chr. zum Königreich Noricum zusammenschlossen, das dann allerdings sehr bald zu einem römischen Satellitenstaat wurde, haben es die Stämme im mittleren Alpenstück, die etwa seit dem Ausgang der Bronzezeit beiderseits des Alpenhauptkammes siedelten, nicht zu einer staatlichen Zusammenfassung gebracht. Bemerkenswert ist auch, daß sie sich überhaupt, geschützt von den Bergen, gegenüber der von allen Seiten andrängenden keltischen Flut in einer Art eigenständiger Rückzugskultur zu erhalten vermochten – ein eindrucksvolles Zeugnis der bewahrenden Kraft natürlicher Voraussetzungen (Osm. Menghin).

Die Römer faßten das Alpenvorland von der Donau bis zu den Alpen und diese selbst bis hinab in ihre Südabdachung an der Talstufe der Töll bei Meran und an der Klause unter Säben am Eisack zur Provinz Rätien zusammen. So wie sie auch weiter ostwärts den Raum von der Donau südwärts über die Alpen hinweg zunächst in der Provinz Noricum zusammenfügten. Die Grenze zwischen der italischen Region Venetia cum Histris und der Grenzprovinz gegenüber Germanien verlief also nicht über die Alpenhauptwasserscheide, sondern hielt sich an Talengen im Innern des Alpenkörpers. Auch als dann unter Diokletian die Alpenprovinzen aufgegliedert wurden, blieb im rätischen Raum der west-östliche Aufbau der Provinzeinteilung erhalten, d. h. die beiden neuen Provinzen Raetia prima (mit der Hauptstadt Curia-Chur) und Raetia secunda (mit der ehem. über das ganze Rätien gesetzten Hauptstadt Augusta Vindelicorum-Augsburg) umfaßten jeweils Gebiete des Alpenvorlandes und der Alpen selbst, zumindest die Raetia secunda auch solche südlich der Hauptwasserscheide bis zu den vorerwähnten Klausen. Die römische Durchsiedlung Rätiens war vergleichsweise gering. Das erweist nicht zuletzt die schüttere Zahl der Städte (Munizipien): der größte Teil des späteren Tirol gehörte zum Stadtgebiet von Augsburg (dies ist zu berücksichtigen, wenn man die Auffassung bejaht, daß Säben Fluchtbistum für Augsburg darstellte), das Pustertal zum norischen Aguntum (bei Lienz), der Süden zum italischen Tridentum. Im übrigen beschränkte sich das römische Siedlungsnetz im Gebirge auf Poststationen und Kastelle (z. B. Wilten, das den Zugang zum Brenner zu sperren hatte) und auf einige Veteranensiedlungen an den großen Flußtälern des Inn und der Etsch. Im Gegensatz dazu wurde der norische Raum in der römischen Zeit viel stärker durchsiedelt und kam es dort zur Teilung in die Provinzen Noricum ripense und Noricum mediterraneum entlang der Wasserhauptscheide der Alpen. Das Ausgrabungsgut des norischen Raumes ist gegenüber dem des rätischen fast erdrückend zu nennen.

Inwieweit die germanischen Reichsgründungen auf dem Boden der Apenninenhalbinsel (Odoaker, Ostgoten) die Alpengebiete oder gar ihre Vorländer in der Hand zu behalten oder auch nur zu kontrollieren vermochten, ist im einzelnen schwierig zu beurteilen. Für die Zeit Theoderichs formuliert R. Heuberger die Lage so, daß die beiden Rätien wie Binnennorikum mehr oder weniger sich selbst überlassene Marken Italiens dargestellt hätten, in denen Einheimische die Wehrmannschaften und den Dux stellten.

Vorübergehend kamen Teile des mittleren Alpenstücks bereits unter Theudebert I. unter fränkische Herrschaft, als dieser, im Kampfe zwischen Ostgoten und Ostrom Partei nehmend, in Churrätien eine Art Vasallenstaat errichtete (zu dem auch das oberste Etschtal bis zur Töll gehört haben dürfte) und von hier aus seine Italienzüge deckte (538). Diese Aktionen gehören zu den ersten Zeichen fränkischer Universalpolitik. Ebenso Episode blieb die übrigens zum Teil wohl auf den Anspruch begrenzte Wiederherstellung der römischen Herrschaft über die östlichen Südalpen unter dem oströmischen Feldherrn Narses nach dem Abzug der Ostgoten aus Oberitalien; denn bereits 568 erschienen hier, aus dem nordnorischen und pannonischen Raum vorbrechend, die Langobarden, gründeten ihr oberitalienisches Königreich (Pavia) und schoben ihr Herzogtum Trient und befestigte Siedlungen gegen den Brenner vor.

Ihre Nordgrenze wurde bald von den Franken bedroht, die wiederholt, wohl von Churrätien her, ins Etschtal eindrangen und die langobardischen Kastelle der Bozner und Meraner Gegend brachen (575, 590). Sie sind es auch gewesen, die die schon seit Mitte des 6. Jahrhunderts unter ihre Oberhoheit geratenen Bajuwaren dazu anleiteten, den Brenner zu überschreiten und die Langobarden nach Süden zurückzudrängen. Über deren Herkunft nur soviel, daß die ältere Anschauung, sie seien Nachkommen der Markomannen Böhmens (so noch Stolz 1955), auf Grund der Forschungen Löwes und Mitscha-Märheims aufgegeben ist und dieser deutsche Stamm als aus dem Zusammenschluß mehrerer west- und ostgermanischer Gruppen und Splitter entstanden gedacht wird. Den Schmelztiegel für diesen Vorgang sucht man im heutigen Lande Österreich ob der Enns und in Niederbayern.

Die zweite noch wichtigere Aufgabe, mit der die Franken die Bajuwaren betrauten, war die Abwehr der Slawen, die, von den Avaren nach Westen vorgeschoben, im späteren 6. Jahrhundert in Nachfolge der Langobarden Norikum besetzt hatten und im Donauvorland bis zur Traun, entlang der Drau bis ins Lienzer Becken vorgestoßen waren.

Wir sehen also, daß das Mittelstück der Alpen im Altertum und Frühmittelalter keineswegs Herzstück staatlicher Raumbildungen war. In der römischen Zeit ging die Grenze zwischen dem Kernland des Imperiums und den Grenzprovinzen, bzw. zwischen diesen selbst mitten durch dieses Mittelstück und später griffen von außen her größere Raumbildungen lappenartig in die Talschaften um den Brenner herein. Durch den Vorstoß der Bajuwaren über den Brenner erscheint schließlich die Bedeutung dieses Passes für die weitere Entwicklung der Raumbildung vorgezeichnet, zumal es dem deutschen Stamm gelang, das weitere Vordringen der Slawen aufzuhalten und die Langobarden über Bozen zurückzuwerfen. Nach der Langobardengeschichte des Paulus Diaconus erscheint Bozen um 680 jedenfalls fest in bairischer Hand, das dortige Kastell steht unter dem Befehl eines *comes Baiovariorum, quem illi gravionem dicunt.* Um das Becken von Meran, ohne dessen Besitz Bozen kaum haltbar war, entspann sich im 8. Jahrhundert ein längerer Kampf zwischen Baiern und Langobarden, in den zeitweilig auch der Bozener Raum miteinbezogen wurde; doch konnten schließlich die Baiern beide Teile behaupten; das Gebiet rechts der Etsch zwischen Bozen und Meran blieb langobardisch, Grenzfestung war Schloß Firmian am Zusammenschluß von Etsch und Eisack. Der Vintschgau dürfte bei Churrätien geblieben sein, wenngleich die Baiern, worauf die Patrozinien des untersten Vintschgaus hinzuweisen scheinen (St. Martin in Tschars – St. Zeno in Naturns), zeitweilig über die Töll nach Westen ausgegriffen haben dürften. Im übrigen war das oberste Etschtal wie die Quelltäler von Inn und Rhein ein alpenromanisches Reservat, während sich im bairischen Teil des Alpenmittelstücks, wenn schon in durchaus friedlicher Weise und keineswegs in planmäßiger Verdrängung des Alpenromanischen, das deutsche Element auszubreiten begann. Das bisherige geistliche und geistige Zentrum des Alpenromanentums, das Bistum Säben, lockerte seine Beziehungen zur bisherigen Metropole Aquileja und ging schließlich an den von Karl dem Großen für die Slawenmission errichteten Metropolitanbezirk von Salzburg über. Aber schon vorher hatten die Baiernherzöge, insbesondere Tassilo III., mit der Mission begonnen: Kremsmünster nördlich der Alpen, Innichen im Pustertale in den Südalpen sind beredte Zeugen dieser Tätigkeit. Sie sind etwa zusammen mit der Anlage von Wehrsiedlungen auf Agilolfingernamen im Brunecker Becken auch Beweis dafür, daß das bairische Herzogtum der Agilolfinger sich seiner Aufgaben durchaus bewußt und seine Herrschaft in den Alpen zu befestigen und auszubreiten bereit gewesen ist (Heuberger, Osträtien; Stolz, Ausbreitung; Klebel, Südosten).

Eine hervorragende Rolle fiel dabei dem bairischen Hochadel zu. Erst jüngst wurde von Erich Zöllner aufgezeigt, daß die als Zeugen der Klostergründung genannten bairischen *optimates* und *iudices* selbst Kirchen- und Klostergründer nach Eigenkirchenrecht waren. Unter ihnen nehmen die Huosi, Gründer von Scharnitz und Inhaber der Herrschaft im Oberinntal, das nach einem der ihrigen Poapintal heißt, eine besondere Stellung ein. Auch die Rapotonen (im Unterinntale reich begütert und Inhaber der dortigen Grafschaft) werden auf sie zurückgeführt (Plank). Neben der bairischen Hochadelsschicht vermochten sich, vereinzelt wenigstens, Adelige aus der alpenromanischen Schicht an der Macht zu halten, wie das Beispiel des *Quarti nationis Noricorum et Pregnariorum*, eines Wohltäters von Innichen, der im mittleren Inntal und oberen Eisacktal reich begütert war, zeigt (Versippung mit den Rapotonen?).

Die Beseitigung des bairischen Stammesherzogtums bzw. Einverleibung Baierns ins großfränkische Reich brachte neue Herrensippen ins Land. Andererseits mußte Karl mit den alten Kräften rechnen; er brauchte sie für die Sicherung und Neuorganisation der Ostgrenze gegen die Avaren und deren Nachfolger. Außerdem scheint sich der bairische Hochadel, in Sorge um seine Stellung und in richtiger Einschätzung der fränkischen Macht, geradezu auf Karls Seite gestellt und Tassilo im Stich gelassen zu haben (Zöllner).

König Karl hatte sich wenige Jahre vorher (774) auch Langobardien einverleibt und damit wohl erst die Voraussetzung für das Vorgehen gegen die Agilolfinger geschaffen. Die gemeinsame Gefahr aus dem Westen hatte in den 60er Jahren die alten Gegner (Langobarden und Baiern) zusammengeführt (Ehe Tassilo–Liutperga), was namentlich auch der Kulturbegegnung zwischen Nord und Süd förderlich war und zu den ersten literarischen Leistungen auf deutschem Boden (Arbeos Abrogans) geführt hat.

Kaiser Karl hat 806 sein Reich für den Fall seines Todes unter seine Söhne so geteilt, daß Pippin, der zweite Sohn, Italien und Oberdeutschland südlich der Donau erhalten sollte. Doch starb Pippin vor dem Vater und sein Sohn Bernhard war nur einige Jahre Unterkönig von Italien. Der bairische Raum und mit ihm der größere Teil des mittleren Alpenstücks blieben beim Gesamtreich, in dem im übrigen nicht mehr die alten, das Siedlungsgebiet der Stämme berücksichtigenden großen Verwaltungseinheiten, sondern die Grafschaftseinteilung das Gerüst des staatlichen Aufbaus bildete. Sie war den heimischen Adelskräften günstig, da diese, soweit sie im wohlverstandenen eigenen Interesse auf die fränkische Seite getreten waren, neben den Geschlechtern der fränkischen Reichsaristokratie in der Verwaltung der Grafschaften und Markgrafschaften eingesetzt wurden.

In der Ordinatio Imperii von 817 und im Verduner Vertrag von 843 trat keine Änderung der Grenzen zwischen Ostfranzien und Italien und damit zwischen den Herrschaftsbereichen Lothars und Ludwigs des Deutschen ein. Die Zugehörigkeit der Becken von Bozen und Meran sowie des Eisack- und Pustertales und des Inntales zum Reiche Ludwigs d. D. und seiner Nachfolger in Ostfranzien bis auf Ludwig das Kind ist durch verschiedene Urkunden von 845 aufwärts – 816 urkundete noch Ludwig der Fromme selbst für Innichen – ausdrücklich belegt. 888 erscheint Völs (im Eisacktale bei Bozen) als in dem an Italien angrenzenden Teil Baierns gelegen *(in Babarie partibus inter montana alpesque Italiae parti contiguas)*. 845 werden im herzoglichen Gericht zu Trient unter den Schöffen ein *Launulfus de Bavarius* und *alii tam Teutisci quam et Langobardi* genannt; daraus wird man schließen dürfen, daß deutscher Adel über die staatliche Grenze zwischen Italien und Ostfranzien hinaus im nördlichsten Zipfel des Lotharingischen Machtbereichs eingesickert war (zwei andere dieser Schöffen mit germanischen Namen Hagilo de Prissianum und Fritari de Apiano stammen aus dem rechtsufrigen zu Langobardien-Italien gehörigen Etschtal zwischen Bozen und Meran).

Der Zusammenbruch der karolingischen Herrschaft und schon vorher die tödliche Bedrohung durch die Ungarn haben u. a. in Bayern und Schwaben die herzogliche Gewalt wieder aufleben lassen. Churrätien erscheint nun, vielleicht bereits seit der Zuteilung Churrätiens und Schwabens an Karl d. Kahlen 829, als Teil des Herzogtums Schwaben; der Kern des mittleren Alpenstücks als solcher ist Teil des Herzogtums Bayern, der Süden im Besitz eigener langobardo-italienischer Könige. Der Bayernherzog Arnulf, der sich erfolglos als Gegenkönig gegen Heinrich I. aufgemacht hatte und in seinem Bereich eine fast königliche Stellung einnahm, versuchte ebenso vergeblich die Herrschaft über Langobardo-Italien zu gewinnen. Die alte territoriale Dreiteilung des mittleren Alpenstücks besteht also, wenn schon etwas verändert, weiter. Den U m s t u r z bringt erst Otto der Große, und zwar schon v o r Aufrichtung des Imperiums: als ihm Berengar 952 die Lehenshuldigung für Langobardo-Italien leistete, mußte er auf den Nordosten verzichten, der als *Marca Veronensis et Aquilegiensis* an den Bayernherzog, Ottos Sohn Heinrich, gegeben wurde. Dies diente der Verstärkung der Ungarnabwehr; die ganze Ostfront sollte unter einem Kommando stehen, gerade der Raum von Aquileja war mit bedroht. 976 fielen die beiden Marken an das gegenüber Bayern verselbständigte Herzogtum Kärnten. Sie konnten sich später wieder von dieser Nordorientierung lösen, obschon der Patriarch von Aquileja durch Unterstellung der Marken Krain und Istrien der Ostaufgabe verpflichtet blieb. Die Mark Trient (Nordteil der Mark Verona?) aber trat spätestens 1004, als sie durch Heinrich II., der die Wichtigkeit Trients für den Eintritt nach Italien selbst verspürt hatte, an den dortigen Bischof gegeben wurde, in das *regnum teutonicum* ein und die Stadt Trient selbst erscheint 1182 unter den *regni teutonici civitates*. Damit ist im gewissen Sinne die Südgrenze des späteren Landes Tirol bereits vorgezeichnet: sie folgt im Etschtal der Veroneser Klause. Die Übertragung der Grafschaft Trient an den Bischof Ulrich I. von Trient ist die erste der Verfügungen, die im Zuge des Ausbaus des ottonisch-salischen Reichskirchensystems das mittlere Alpenstück betrafen. Unmittelbar Anlaß zu den weiteren Regelungen war die Tatsache, daß sich unter den Verschwörern, die Konrads II. Abwesenheit zur Kaiserkrönung in Rom zu einem Aufstand benutzt hatten, Graf Welf von Schwaben befand. Dem Kaiser mochte der Anlaß nicht ungelegen sein, denn Welf und seine Sippe waren, wir wissen nicht seit wann, im Besitze mehrerer Grafschaften mit Zugehör von Schwaben bis an die Etsch; es bestand also die Gefahr einer übermächtigen gegnerischen Machtkonzentration, die die Salier gerade am Hauptweg zwischen Deutschland und Italien nicht brauchen konnten.

Hier ist es nun Zeit, sich mit den Grafschaften im mittleren Alpenstück, ihren Abgrenzungen und Schicksalen zu beschäftigen:

I. Der *pagus inter valles* des Indiculus Arnonis darf im späten 9. und im 10. Jahrhundert als Besitz der Rapotonen gelten; einer von ihnen gründete in der 1. Hälfte des 10. Jahrhunderts die Zelle St. Georgenberg. Plank führt sie auf die Huosi zurück und nimmt an, daß einer der ihren (Egino) die Tochter des alpenromanischen Adeligen Quarti geheiratet und damit in den Besitz des Erbes von Quarti gekommen sei. Anfangs des 11. Jahrhunderts verloren sie die Grafschaft (wohl wegen Gegnerschaft zum König), Heinrich II. gab sie im Zuge der Neuregelung der Machtverteilung zugunsten der Reichskirche (er und seine Nachfolger haben, wie wir hören werden, auch die Bischöfe von Trient und Brixen mit Grafschaften im mittleren Alpenstück ausgestattet) an den Bischof von Regensburg; die Rapotonen erhielten die Grafschaft aber im Laufe des 11. Jahrhunderts wieder, wenngleich nun als Lehen von Regensburg. 1133 erscheinen die Herzöge von Bayern als Vasallen von Regensburg im Besitze der Grafschaft. Die *comitia Leukental* (das spätere Gericht Kitzbühel) ist im 12. Jahrhundert ausgeschieden und an die Grafen von Falkenstein gegeben, aber dann bald wieder von den Bayernherzögen an sich gezogen worden.

Die Abgrenzung ist wesentlich von der Natur bestimmt: Die Engen der Kufsteiner Klause, des Passes Strub, des Grießenpasses (Hochfilzen), des Paß Thurn und der Ziller sind Markpunkte der Begrenzung.

Kirchlich gehört das Gebiet der Grafschaft zum Erzbistum Salzburg, das hier seit dem 8. Jahrhundert reichen Grundbesitz und über ihn zum Teil auch die Immunität hatte.

II. Der *comitatus Nurihtale* (Norital) reichte über den Brenner hinweg von Bozen bis ins Inntal. Er war im 10. Jahrhundert ebenfalls im Besitze der Rapotonen, dann zu Beginn des 11. Jahrhunderts des Grafen Welf. 1027 gab Konrad II. *comitatum quendam Welfoni commissum ab eo scilicet termine qui Tridentinum a Prixinensi dividit episcopatum quousque porrigitur in valle Eniana* an den Bischof von Brixen. In den Bestätigungen Heinrichs III. und Heinrichs IV. (1040 bzw. 1057) wird der *comitatus situs in valle Enica ab eo termine qui Tridentinum a Prixinense dividit episcopatum* genannt. Der Name *vallis Norica* (Eisacktal) erscheint im Privileg Heinrichs III., das die *liberi in valle Norica residentes ad episcopatum predicti episcopi pertinentes* von allen Abgaben befreit. Die kirchliche Grenze gegenüber dem Bistum Trient liegt in der Klause unter Säben und am Kardaunerbach bei Bozen; es ist also spätestens damals das G e b i e t v o n B o z e n selbst, das, wie eine Traditionsnotiz von 923 beweist, noch zur Grafschaft Norital gehörte, abgetrennt und zu einer e i g e n e n, sogenannten jüngeren G r a f s c h a f t gemacht worden; wohl um die Bistums- und Grafschaftsgerechtsame zwischen Brixen und Trient in Übereinstimmung zu bringen, vielleicht aber auch aus anderen Gründen (später!).

Die Angabe über die Nordbegrenzung ist insofern nicht eindeutig, als man darüber verschiedener Meinung sein kann, ob das *quousque porrigitur* auf den *comitatus* oder *episcopatus* zu beziehen sei. Im letzteren Falle wäre das ganze nordalpine Bistumsgebiet Brixens vom Ziller bis zur Höhe des Arlbergs und bis Finstermünz einzubeziehen. Ganz abgesehen von der im Verhältnis zu den anderen alten Grafschaften anormalen Größenausdehnung bestehen hinsichtlich der Erstreckung der Brixner Grafschaft auch über das Oberinntal noch andere Schwierigkeiten: Im 8. Jahrhundert erscheinen Orte dieses Talabschnittes im *pagus Vallenensium* bzw. *pagus Poapintal*, was doch, da sich in dieser Zeit die *pagi* oft mit Grafschaftsbezirken decken, auf eine eigene Grafschaft hinzuweisen scheint. Andererseits hat Stolz (Gerichte) aufgezeigt, daß Brixen im 13. Jahrhundert das Kuppelfutter im Oberinntal eingehoben hat, und stammt die ausdrückliche Erwähnung der *comitia et districtus vallis Oeni superioris* erst aus der Mitte des 13. Jahrhunderts. Überdies ist der Ausdruck *comitia* meist für später ausgeschiedene Teile von Grafschaften gebräuchlich.

Aus der Grafschaft Norital (im Inn- und Eisacktale) wurde der nördliche Teil (Grenze am Brenner) spätestens im 12. Jahrhundert als *comitia vallis Oeni inferioris* ausgeschieden. Die Grenze gegenüber der *comitia vallis Oeni superioris* liegt an der Mellach und bei Zirl.

III. *Pagus Bustrisse* und *comitatus in valle Bustrissa* werden erst in urkundlichen Belegen seit dem früheren 11. Jahrhundert genannt. Die Grafennamen des 11. Jahrhunderts (Engelbert) weisen in den Lurngau, von Kärnten kamen auch die Nonnen des von den Pustertaler Grafen gestifteten Benediktinerinnenklosters Sonnenburg. 1091 überwies Heinrich IV. die Grafschaft an das Bistum Brixen, das hier schon von früher her die kirchliche Jurisdiktion besaß. Die Grenzen lagen im Westen an der Mühlbacher Klause, doch zählten das linksufrige Gadertal, das innere Gadertal und Buchenstein sowie Fassa zur Grafschaft Norital; in die beiden letzteren Talschaften konnte man vom Eisacktal her nur durch einen zweimaligen Jochübergang gelangen, sodaß die verbindende Kraft der Pässe hier besonders deutlich wird; in ihrem Ursprung ist diese Grenzziehung wohl auf den Weidegang (also Wirtschaftsnutzung) zurückzuführen und haben sich dann Grafschafts- und Bistumsgrenzen an sie angeschlossen. Die Ortsgrenze gegenüber der Grafschaft Lurn liegt am Kristenbach, bzw. an der sogenannten Lienzer Klause; bei Kartitsch-Tilliach griff die Grafschaft Pustertal in den Quellast des Gailtales hinüber. In der Grafschaft liegt die große Immunität von Innichen. Ihre Vögte waren der Reihe nach die Grafen von Morit (Bozen), Heinrich der Löwe, die Grafen von Andechs und von Görz. Eine kleinere Immunität bildete das oben erwähnte, bald nach 1000 gegründete Sonnenburg. Sie umfaßte außer der unmittelbaren Umgebung des Stiftes große Teile des Gadertales (Enneberg).

Die Vogtei über Sonnenburg ist mit Bischof Ulrich von Trient, der aus der Stifterfamilie stammte, an das Bistum Trient gekommen und von den Grafen von Flavon, die derselben Herkunft sind, im Auftrage des Bistums ausgeübt worden.

IV. Der *pagus Uenusta (comitatus Berhtolti)* (931) und *comitatus Recie in valli-*

bus Uenuste et Ignadine (967) oder *comitatus Uenustensis* (1027), *pagus Finsgowe* (*comitatus Gerungi*, 1077) ist der Ostteil des erwähnten fränkischen Churrätien und von diesem wohl erst in nachkarolingischer Zeit getrennt worden; die kirchliche Zugehörigkeit Chur blieb erhalten. 930/31 gehörte er jedenfalls zum *regnum teutonicum*, wahrscheinlich zum Herzogtum Schwaben. 1027 ging er an Trient, doch scheint sich die Herrschaft des Bischofs gegen die Churer Rechte (Immunität) und den rätisch-schwäbischen Hochadel (Tarasp, Burgeis-Wanga) nicht recht durchgesetzt zu haben. Auch die vom Trientner Bischof im 12. Jahrhundert hier eingesetzten Grafen, die sich nach der Burg Tirol nennen, kamen erst in einem längeren, bis ins 14. Jahrhundert hinein währenden Prozeß zu einer wirklichen gräflichen Position. Sie werden von Adalbert, dem Vizedom des Hochstifts Freising im Kärntner Lurnfeld, abgeleitet und als mit dem Kärntner Grafen von Ortenburg gleichen Stammes gesehen; neuestens sah Klebel in dem in Trientner Urkunden des frühen 12. Jahrhunderts neben Arpo von Flavon genannten Grafen Adalbert den Vater der ersten sich nach Tirol nennenden Grafen Albert und Bertold (1141) und einen nahen Verwandten der Flavoner.

Die Grenzen liegen an der hohen Brücke (Puntota-Pontalt) am hohen Inn (Enge) und an der Talstufe der Töll bzw. an der Passer (mit örtlichen Verschiebungen). Alte Klöster liegen an der Grenze zwischen Vintschgau und Engadin: Marienberg-Schuls, die Stiftung der Tarasper, die wie ihr Zweig, die Matscher, darüber auch die Vogtei übten (Marienbergs Mönche kamen 1146 aus Ottobeuren) und Münster, vielleicht Stiftung Karls des Großen, ebenso von den Matschern bevogtet, wie die Churer Rechte im Vintschgau.

V. Der *comitatus (marchionatus et ducatus) Tridentinus* entspricht wohl dem langobardischen Herzogtum und der Nordmark Langobardo-Italiens. Über die Angliederung an Bayern bzw. Kärnten haben wir schon berichtet, ebenso über ihre Hingabe an den Ortsbischof (1004 bzw. 1027). Bischof Ulrich II. berief seine Verwandten aus Kärnten zur Verwaltung der Grafschaft und als Vögte und stattete sie u. a. mit der kleinen Grafschaft Flavon im Nonsberg aus. Zu Beginn des 12. Jahrhunderts – Klebel bringt diese Wendung mit der Durchführung des Wormser Konkordats in Zusammenhang – scheint der größere Teil des *comitatus Tridentinus* unter die unmittelbare Verwaltung des Bischofs zurückgekehrt zu sein. Dies gilt nicht vom Gebiet um die Salurner Klause und am rechten Etschufer nördlich davon, wo die Grafen von Eppan mit den Grafschaftsrechten belehnt erscheinen. Sie gründeten zusammen mit dem Bischof das Augustinerchorherrenkloster St. Michael a. d. Etsch südlich der genannten Klause. Einer ihrer letzten Sprossen, Bischof Egno von Trient (gest. 1273), sagt in einer Urkunde von 1270, daß die Stifter des Kl. Weingarten, d. s. die Welfen, *de sanguine comitum de Piano exorti* seien. Die Sondergrafschaftsbildung Eppan-Ulten dürfte die Ausbreitung des Deutschtums in den zugehörigen Talschaften begünstigt haben.

Die Grenzen entsprachen im Süden, Westen und Osten dem Gebiet der bischöflichen Jurisdiktion, im Norden bildete das zum Bistum gehörige Gebiet von Bozen eine eigene Grafschaft.

VI. Wir hörten, daß zu Ende des 7. Jahrhunderts in B o z e n ein bairischer Graf gebot; er wird auch über den Etappenweg zum Brenner gesetzt gewesen sein. Jedenfalls erscheinen 923 Mölten und Terlan bei Bozen als in der Grafschaft Norital gelegen: Die Eisacktalgrafschaft grenzte also bei Bozen unmittelbar an die Mark Trient. 1027 aber erhielt Trient den *comitatus Bauzani;* es wurde damit die bairische Entwicklung, die den Nordzipfel des Bistumsgebietes abgetrennt hatte, in gewissem Sinne korrigiert und die Grenze der Grafschafts- und kirchlichen Jurisdiktionsrechte des Trientners im Gebiet von Bozen in Einklang gebracht. Die Grafen Altmar oder Altmann, Ulrich und Friedrich, die im 11. Jahrhundert hier nachweisbar sind, und die ihnen in der Grafschaftsgewalt folgenden Arnolde gelten wie die Eppaner als welfischen Stammes und werden nach dem Tode des letzten Arnold (um 1170) von den Eppanern beerbt. Der letzte dieser Arnolde oder vielleicht schon der vorletzte, war Vogt von Brixen, Neustift und Innichen, natürlich auch von Kl. Au bei Bozen, das er zusammen mit seiner Frau Mathilde von Vallei kurz vor seinem Tode gegründet hatte. Die Vogteien von Brixen, Neustift und Innichen gingen dann an die Andechser über (unter Bertold von Andechs, Bischof von Brixen).

Die Grenzen an der Passer und bei Klausen bzw. am Eggentalerbach lagen als Nordgrenzen des Bistums wie der Grafschaft fest, im Südosten gehörten noch der Berg Deutschnofen und der heutige Bozner Vorort Leifers zu unserer Grafschaft, im Westen grenzte sie an die Etsch.

Aus all diesen Darlegungen ergibt sich als wichtiges Fazit der Entwicklung, daß zu Beginn des 11. Jahrhunderts – es folgte 1091 noch das Pustertal nach – die genannten Grafschaften an die Bischöfe von Brixen, Trient und Regensburg übergegangen sind. Die Bischöfe haben die Grafengewalt, wie wir sahen, größtenteils nicht selbst ausgeübt, sondern an Grafengeschlechter, die zum Teil auch die Vogtei innehatten, weitergegeben. Dabei spielten mitunter enge verwandtschaftliche Bindungen zum verleihenden Bischof eine entscheidende Rolle. Hochstifts- und Klostervogteien waren neben den Grafschaftsrechten sehr begehrt.

Neben den Grafschaftsrechten wurden den Bischöfen von den deutschen Königen F o r s t r e c h t e verliehen. Dem Trientner mit der Grafschaft Bozen der *forestum Ritine,* dem Brixner noch vor der Verleihung der Grafschaft im Pustertal (1048) der Forst in Antholz; Augsburg erhielt den Forst- und Wildbann an der oberen Iller und am Lech (1059). Brixen besaß schon von früher den Forst von Lüsen, der zugleich die Nordgrenze der Eisacktal- gegen die Pustertalgrafschaft bildete. Freising erhielt zu seiner kleinen Immunität in Lajen im Eisacktale den *forestum Gredine.* Brixen besaß bedeutende Waldgebiete im inneren Eggentale, in Buchenstein und Fassa. Sie alle bildeten die Grundlage zu ausgedehnter Kolonisation und damit eine nicht zu unterschätzende Machtquelle, auch Grundlage der Gericht- und Gemeindebildung. Im oberen Eisacktale lagen solche in der Enge von Mittewald (heute noch Zentrum der Holzwirtschaft, da Siedlung nur in geringem Maße möglich) und am Brenner, dessen Paßsenke einmal (im oberen) Mittewald hieß.

Nach dem Gesagten gab es im 12. Jahrhundert nacheinander zwei M a c h t k o n - z e n t r a t i o n e n , aus denen die im Zuge der Zeit liegende Territorialbildung auf Kosten der weltlichen Herrschaft der Bischöfe im Lande möglich gewesen wäre: die der Moriter von Bozen aus und dann die der Andechser vom Raume Innsbruck her. Beide sind nicht geglückt, sondern das Los fiel den Tiroler Grafen zu. Die Einigung ist also nicht von jenen Grafengeschlechtern ausgegangen, die in der Grafschaft im Inn- und Eisacktal die Mittelachse des späteren Landes besaßen, sondern vom Rande her. Die Tiroler, die zur Vintschgaugrafschaft schon früh die Trientner Hochstift-vogtei erlangten und im Vintschgau harte Widersacher ihrer Machtausbreitung zu überwinden hatten, drückten von ihrer am Ostrande des Vintschgaus stehenden, ins freie Etschland hinabblickenden stolzen Dynastenburg in die Grafschaft Bozen herab und verhinderten die Nachfolge der Eppaner in dieser Grafschaft; 1208 befanden sie sich, zusammen mit ihrem bischöflichen Lehensherrn, bereits im Mitbesitz dieser Grafschaft. Die Ächtung der Andechser machte ihnen dann den Weg zur Vogtei über das Hochstift Brixen frei (1210); nach deren Aussterben erbten sie die Grafschaft im mittleren Inntal und im Pustertal – das Kernstück Tirols war so geschaffen (1248).

Um Bozen hatten sie noch kurz, bevor sie zum Ziele gelangten, bangen müssen. Bischof Konrad von Trient hatte 1205 die Stadt Bozen an König Philipp verpfändet. Das Jahr 1248 darf also als Geburtsjahr Tirols bezeichnet werden, die Klammer zwi-schen Inn und Etsch war erstmals fest geknüpft worden. An Stelle der mehr neutralen Bezeichnung *in Montanis* tritt 1254 zuerst die Benennung *dominium comitis Tyrolis*. Es ist allerdings nur der Kern des Landes um den Brenner: das mittlere Inn-, das Eisacktal mit Bozen, das Pustertal und der Vintschgau, soweit er überhaupt in tiro-lischer Hand war. Die anderen Stücke mußten erst noch hinzutreten.

Wir haben oben von einer dritten Machtkonzentration gesprochen, die die Deutsch-Italien-Wege durch das mittlere Alpenstück bedrohten und dabei den Namen der Welfen genannt. Dies verlangt noch einige Nachweise über das W e l f e n g u t in un-serem Bereich; dabei wird auch vom Staufer- und Reichsgut zu sprechen sein. Beide liegen vor allem im Oberinntal und Vintschgau, also in jenen Grafschaften, wo wir über die Ausübung der Grafschaftsgewalt im 11. und 12. Jahrhundert (Oberinntal) wenig wissen, bzw. wo diese durch andere starke Kräfte wesentlich eingeschränkt war (Vintschgau).

Die ältere Forschung hat zum Teil die Oberinntalgrafschaft des 10./11. Jahrhun-derts den Welfen zugeteilt; Stolz (Landesbeschreibung) lehnt dies ab: es gäbe bis zum 12. Jahrhundert zwar eine einheitliche Grafschaft Oberinntal von Zirl bis Landeck, vielleicht bis Finstermünz; sie befand sich in der Hand der schwäbischen Markgrafen von Ronsberg, bei deren Aussterben (1212) ging der westliche Teil (Imst-Petersberg) an die Grafen von Eppan-Ulten, der östliche (Hörtenberg) an die Grafen von Berg-Burgau und von diesen als Lehen an die bairischen Grafen von Eschenlohe (bei Partenkirchen) über. Ältere Herschaftsrechte der Welfen und der Staufer über diese Grafschaft im Oberinntale seien ganz unbeweisbar.

Stolzs Ablehnung gilt auch gegenüber den Argumentationen Klebels, der 1925 von außen (Bayern-Schwaben) her jene These zu stützen versucht hat. Klebel glaubte aufzeigen zu können, daß das Gericht Imst, zu dem im späteren Mittelalter auch das Außerfern gehörte, von Norden und Süden (Prutz) her durch Gebiete eingeschlossen werde, in denen die Hohenstaufen die Hochgerichtsbarkeit übten, so daß also anzunehmen sei, daß das eingeschlossene Gebiet ebenfalls hohenstaufisch bzw. welfischer Provenienz sei. Stolz vermißte bei Prutz die ausdrückliche Erwähnung von gräflichen Rechten (es ist nur von *possessiones* die Rede).

Aber auch Stolz erkennt natürlich den reichen welfischen Landbesitz am Lech und in die Alpen hinein, der 1191 durch Welf VI. an die Hohenstaufen übergegangen ist und den schon Krüger zu einem erheblichen Teil in seinem Buch über den Ursprung des Welfenhauses aufgezeigt hat (1899); Klebels Liste ist gerade durch die Quellenstudien von Stolz noch vermehrt worden. Es handelt sich um Güter der Welfen selbst und ihrer Ministerialen, um Vogteien über Klostergüter und vor allem um Schenkungen an schwäbische und tirolische Klöster (Marienberg, Ottobeuren, Steingaden, Weingarten) im Bereiche des westlichen Oberinntales und des ganzen Vintschgaus bis hinunter an die Passer bei Meran und darüber hinaus bis ins benachbarte Ulten. Eine besonders starke Besetzung weist das Ötztal und das von dort aus über das Niederjoch gut erreichbare Gebiet von Schlanders-Tschars im Mittelvintschgau auf. Tschars, Gut und Kirche, wurden von Welf VI. an Steingaden gegeben, die Kirche Schlanders von K. Friedrich II. an den Deutschen Orden. Sind hier die Hohenstaufen Erben der Welfen oder handelt es sich um Reichsgut? Das ist die Frage auch bei den Grafschaftsrechten im Inntal, zumal die Grafen von Ulten dort nicht näher bestimmte Reichslehen besaßen. Das ist auch die Frage bei den Reichslehen, die die Herren von Montalban, das im Mittelvintschgau bis in die Mitte des 13. Jahrhunderts die Grafenrechte übende welfische Ministerialengeschlecht, von Konrad IV. noch 1251 erhielt und die als zum königlichen Amte Augsburg gehörig bezeichnet werden. Der äußere Anschein legt wohl nahe anzunehmen, daß Haus- und Reichsgut zusammengeflossen sind und daß sich unter dem Reichsgut staufischer Zeit im Oberinntal und Vintschgau welfisches Erbe der Staufer befindet. Aber solange es nicht möglich ist, dies im einzelnen nachzuweisen, wird man auch die Kontroverse um die Grafenrechte der Welfen im Vintschgau und vielleicht auch im Oberinntal nicht eindeutig entscheiden können.

Jedenfalls war die staufische Stellung auf Grund der aufgezeigten Besitz- und Rechtsverhältnisse im Westen des mittleren Alpenstücks so stark, daß die Dynastien, die sich um die Territorienbildung bewarben, mit ihr zu rechnen hatten. Vielleicht ist die treue Hinneigung der Tiroler Grafen zu den Staufern auch daraus zu verstehen.

Nach dem Zusammenbruch der staufischen Macht war der Weg für die territorialen Kräfte frei. Meinhard von Görz-Tirol besaß in der Ehe mit Elisabeth von Bayern, der Witwe Konrads IV. und Mutter Konradins, zudem eine wichtige Legitimation, gerade staufischen Nachlaß zu gewinnen; die Gewinnung Westtirols wäre ohne jenes Erbe kaum möglich gewesen.

LITERATUR

EGGER, JOSEF, Die Barbareneinfälle in die Provinz Rätien und deren Besetzung durch Barbaren. In: Archiv für österreichische Geschichte, Bd. 90, Wien 1901, S. 77–232 und S. 324–400.

HAUSHOFER, ALBRECHT, Paßstraßen in den Alpen, Berlin 1928.

HEUBERGER, RICHARD, Die Grenzen der Römerprovinzen innerhalb Tirols. In: Der Schlern, 27. Jg., 1953, S. 517–531 und 28. Jg., 1954, S. 319–325.

HEUBERGER, RICHARD, Rätien im Altertum und Mittelalter I (Schlernschriften Bd. 20), Innsbruck 1932.

HEUBERGER RICHARD, Vom alpinen Oströtien zur Grafschaft Tirol. Die raumpolitische Entwicklung einer mittelalterlichen Grenzlandschaft (Schlernschriften 29. Bd.), Innsbruck 1935.

Historischer Atlas der Österreichischen Alpenländer, I. Abt. Landesgerichtskarte, 2. und 3. Lieferung, Wien 1900 und 1921.

HUTER, FRANZ, Die Herren von Montalban (Zeitschrift für bayerische Landesgeschichte 11. Bd.), München 1938, S. 341–361 (mit Stammtafel).

HUTER, FRANZ, Kloster Innichen und die Besiedlung Tirols. In: Stifte und Klöster. Entwicklung und Bedeutung im Kulturleben Südtirols – Jahrbuch des Südtiroler Kulturinstituts Bd. 2, S. 11–32, Bozen 1962.

HUTER, FRANZ, Tiroler Urkundenbuch, Abt. I.: Die Urkunden des deutschen Etschlandes und des Vintschgaus, Bd. 1 (769–1200), Bd. 2 (1201–1230), Bd. 3 (1230–1253), Innsbruck 1937, 1949, 1957.

HUTER, FRANZ, Trient, Reich oder Tirol. Aus einem entscheidenden Jahrhundert der Bozner Stadtgeschichte (Tiroler Heimat, 11. Bd. 1947, S. 57–65).

HUTER, FRANZ, Zur älteren Geschichte der Eppaner Grafen I, II (Der Schlern, 16. Bd., 1935, S. 304–309, 394–400).

KINZL, HANS, Das Tal des Inn. Die Kernlandschaft Nordtirols. In: Merian, Aprilheft 1961, S. 83–90.

KLEBEL, ERNST, Das Hohenstaufenerbe im Oberinntal und am Lech. In: Schlernschriften, 9. Bd., Innsbruck 1925, S. 16–28, und Probleme der bayerischen Verfassungsgeschichte, München 1957, S. 430–439.

KLEBEL, ERNST, Kärnten und die Grafen von Tirol (Schlernschriften, 207 Bd.), Innsbruck 1959, S. 181–194.

KLEBEL, ERNST, Siedlungsgeschichte des deutschen Südostens (Veröffentlichungen des Südostinstituts München Nr. 14), München 1940.

KREBS, NORBERT, Die Ostalpen und das heutige Österreich, 2 Bde., Darmstadt 1961 [3], (Stuttgart 1928 [2]).

KRÜGER, EMIL, Der Ursprung des Welfenhauses und seine Verzweigung in Süddeutschland, Wolfenbüttel 1899.

LÖWE, HEINZ, Die Herkunft der Bajuwaren (Zeitschrift für bayerische Landesgeschichte, 15. Bd.), München 1949, S. 5–67.

MENGHIN, OSMUND, Zur Historisierung der Urgeschichte Tirols. In: Tiroler Heimat, Jahrbuch für Geschichte und Volkskunde, Bd. 25, 1961, S.5–39 (mit chronologischer Übersichtstabelle).

MEYER-MARTHALER, ELISABETH, Rätien im frühen Mittelalter (Zeitschrift für Schweizer Geschichte, Beiheft 7), Zürich 1948.

OEFELE, FREIHERR, EDMUND, Geschichte der Grafen von Andechs, Innsbruck 1877.

PLANK, CARL, Die Regensburger Grafschaft im Unterinntal und die Rapotonen (Veröffentlichungen des Museum Ferdinandeum, 31. Bd.), Innsbruck 1951, S. 561–565 (mit Stammtafel).

POPELKA, FRITZ, Die Streitfrage über die Herkunft der Baiern (Zeitschrift des histor. Vereins für Steiermark, 43. Bd.), Graz 1952, S. 160–183 (Literaturbericht).

RATZEL, FRIEDRICH, Die Alpen inmitten der geschichtlichen Bewegungen. In: Zeitschrift des Deutschen und Österreichischen Alpenvereins, Jg. 1896, Bd. 27, S. 62–88.

RUNGALDIER, RANDOLF, Sütirols Sonderstellung im Alpenraum. Beobachtungen und Gedanken über Landschaft und Wirtschaft (Mitteilungen der österreichischen Geographischen Gesellschaft, 101. Bd., 1959, S. 291–322).

SANTIFALLER, LEO, Die Urkunden der Brixner Hochstiftsarchive, Bd. 1, (845–1295), Innsbruck 1929 (= Schlernschriften, Bd. 15); Bd. 2 (1295–1336), zus. mit H. APPELT, Leipzig 1941/42.

SÖLCH, JOHANN, Geographische Kräfte im Schicksal Tirols. In: Mitteilungen der Geographischen Gesellschaft in Wien, 66. Bd., 1923, S. 13–45.

SÖLCH, JOHANN, Die Ostalpen als geographischer Nachbar. In: Zeitschrift für Geopolitik, 8. Jg., 1931, S. 278–295.

STOLZ, OTTO, Die Ausbreitung des Deutschtums in Südtirol im Lichte der Urkunden, Bd. 1–4, München–Berlin 1927–1934.

STOLZ, OTTO, Erläuterungen zum Historischen Atlas der Österreichischen Alpenländer, 3. Teil, 1. Heft, Wien 1910.

STOLZ, OTTO, Geschichte der Gerichte Deutschtirols. In: Archiv für österreichische Geschichte, Bd. 102, S. 84–334, Wien 1912 (Abhandlungen zum Hist. Atlas der Österr. Alpenländer, Landgerichtskarte).

STOLZ, OTTO, Geschichte des Landes Tirol, 1. Bd.: Quellen und Literatur, Land und Volk in geschichtlicher Betrachtung, Allgemeine und politische Geschichte in zeitlicher Folge (bis zur Gegenwart), Innsbruck 1955.

STOLZ, OTTO, Politisch-historische Landesbeschreibung von Tirol. Erster Teil: Nordtirol (Archiv für österreichische Geschichte, 107. Bd.), Wien 1925/26.

STOLZ, OTTO, Politisch-historische Landesbeschreibung von Tirol. Zweiter Teil: Südtirol (Schlern-Schriften, Bd. 40), Innsbruck 1937–1939.

VOLTELINI, HANS, VON, Das Welsche Südtirol. Erläuterungen zum Histor. Atlas der Österr. Alpenländer (I. Abt., 3. Teil, 2. Heft), Wien 1918.

WIESFLECKER, HERMANN, Die Entstehung des Landes Tirol. Das Paßland an der Etsch und im Gebirge. In: Die Brennerstraße. – Jahrbuch des Südtiroler Kulturinstituts. Bd. 1, S. 66–83, Bozen 1961.

Kartenskizzen der Römerprovinzen, der mittelalterlichen Grafschaftseinteilung und der Bildung der Grafschaft Tirol finden sich in dem vom Verfasser herausgegebenen Sammelwerk Südtirol. Eine Frage des europäischen Gewissens. München 1965.

ZÖLLNER, ERICH, Der bairische Adel und die Gründung von Innichen (MIÖG 68, 1960), S. 362–387.

Das Werden des deutschen Sprachraumes in Tirol im Lichte der Namenforschung

VON KARL FINSTERWALDER

Bei dem Mangel an direkten geschichtlichen Nachrichten, der Spärlichkeit des verwendbaren Materials über die Ansiedlung der Baiwaren im Gebirgsland kommt einer kritischen Auswertung der Ortsnamen große Bedeutung zu. Ähnliche Wichtigkeit haben die Ortsnamen auch noch für die spätere Zeit, wo die Quellen reichlicher fließen, d. h. in den auf die Landnahme folgenden Jahrhunderten, in denen auch die abgelegeneren Teile Tirols Dauersiedlungen erhielten und wo erstmals die bis dahin öde liegende oder kaum genutzte Almende, die Weide- und Waldgebiete eine intensive Bewirtschaftung erfuhren. Die Orts- und Flurnamen können breite Lücken ausfüllen, weil sie natürlich ein viel engmaschigeres Netz von Erkenntnissen über das Land ausbreiten als geschichtliche Nachrichten, sie stehen ja schließlich von Tal zu Tal, von Gemeinde zu Gemeinde zur Verfügung, wenn auch nicht alle Namen geschichtlich auswertbar sind. Wir verwenden hier

a) gewisse charakteristische Ortsnamen aus deutscher Wurzel wie die auf -ing, freilich nicht mit formalistischer sprachlicher Gleichsetzung von sachlich Verschiedenartigem, sondern mit gewisser Vorsicht, nur zusammen mit Kriterien geschichtlicher Art, sie für eine Chronologie der Besiedlung heranziehend – auch mit einer gewissen Sichtung der in ihnen enthaltenen Personennamen, nach deren zeitlichen Schichten sowie nach genealogischen oder geographischen Zusammenhängen;

b) andererseits können Auskünfte (und zwar noch exaktere) die nichtdeutschen Ortsnamen geben, wenn sie auf die Lautveränderungen, die sie im deutschen Munde erlitten und deren Wirkungszeit bekannt ist, hin geprüft werden.

Diese letzteren Untersuchungen der Form von Ortsnamen sind nicht abhängig von der recht subjektiven und oft wechselnden Deutung des Stammes solcher Ortsnamen durch die Etymologen und enthalten deshalb nicht einen solchen Unsicherheitsfaktor wie jene. Die Lautveränderungen, die als Kriterium dienen, betreffen vielmehr einige immer wieder in romanischen Ortsnamen vorkommende Silben (ableitende Suffixe) wie das romanische *-în, -île* (im Deutschen zu *-ein, -eil* geworden), ferner *-ône, -ûra, -úle*, im Deutschen zu *-aun, -aur* und *-aul* gewandelt, und außerdem ganz bekannte, häufig verwendete Namenwörter wie *clivus* »Abhang«, *gûla* »Schlucht«, *campus* »Feld« usw. Auf diese Weise kann der zeitliche Ausgangspunkt für die Ein-

wirkung der deutschen Sprache in dem betreffenden Gebiet erschlossen werden, ohne
daß das Ergebnis in den Meinungsstreit über Herkunft von Ortsnamen hineingezogen
wird.

Im Vergleich zu solchen Lautwandlungen an gesichertem Sprachstoff tragen die
deutschen Ortsnamentypen, die man ebenfalls glaubt, zeitlich fixieren zu
können, auf unserem Gebiet lange nicht soviel Sicheres zur Siedlungsgeschichte bei,
da sie auch zur Zeit ihrer stärksten Blüte aus besonderen geschichtlichen Gründen im
heutigen Tirol nicht immer verwendet wurden. So sind z. B. aus einem der, wie man
glaubt, ältesten Ortsnamentypen, den Namen auf -ing, nur bei ortskundigem Arbeiten einwandfreie Ergebnisse zu gewinnen. Die Verwendung dieser Namengattung
für Siedlungen des Baiernstammes ging nämlich in einem Raume, der etwa östlich der
Isar beginnt, lange nach der Landnahmezeit noch bis ins Spätmittelalter fort, sie allein
kann also kein genaues Alterskriterium liefern. Das ist zu den vielen -ing-Orten und
Einzelhöfen dieser Namenklasse in ungünstigen Rodungslagen Nordosttirols, also im
Gebiet um Kufstein, im Brixental und im Tiroler Achental (um Kitzbühel) hier gleich
vorwegzunehmen, aber auch für solche Orte in spätgerodeten Lagen Bayerns wie z. B.
in dem ursprünglichen Waldland um Miesbach, im benachbarten Alpenland östlich
des Inns, im Bayerwald zu sagen, da wir vielfach noch im 16. Jahrhundert und später
die Entstehung von Weilernamen auf -ing aus einfachen Personennamen (Beinamen)
urkundlich verfolgen können; so z. B. bei Grilling nächst Walchsee (Tirol), das nachweislich erst im 16. Jahrhundert aus einem Beinamen »Grüll, Grillen« zum ing-Namen umgeprägt wurde; außerdem bei ing-Namen, die Pflanzen- oder Bodenbenennun-
gen enthalten wie Kranzing bei Niederndorf, die sogar täuschend den echten alten
pluralischen ingen-Orten in der Endung angeglichen wurden, 1240 Crencinge, obwohl dieser das Wort Kranzach für »Wacholdergestrüpp« enthält, Laiming (bei
Frasdorf, Oberbayern), das zur Bodengattung Laim = »Lehm« zu stellen ist, als
»Laimingen« genannt, Gagering (zweimal vorkommend), aus dem nicht sehr alten
Flurnamentyp Gagers, gâh-gras, nach Schnetz entstanden, aber als Kaegringen in die
Form eines echten -ingen-Ortes gegossen; ferner die mit den Ortsadverbien niden,
oben, ent, vor gebildeten ing-Orte Niding, Obing, Enting, Fohring im Unterinn- und
Brixental. Dann denke man noch an die ing-Ortsnamen in einem ausgesprochenen
Schwaighofgebiet, das erst im Spätmittelalter dauernd besiedelt wurde, wie dem
Zemmgrund (Zillertal), wo Ginzling, um 1400 Güntzing (zum Personennamen
Gunze), und solche selbst in die Gipfelregion des Hochgebirges hinaufreichende Flur-
namen auf -ing wie der ebenso früh genannte »Velding« beim Feldkopf nächst der
Berliner Hütte liegen. Gegenüber solchen Umständen im einzelnen verliert das -ing
jede zeitliche Beweiskraft. Im bairischen Gebiet östlich der Isar hat eben, wie schon
Bohnenberger und Wallner bemerkten, die -ing-Bildung weitergewuchert. Wollte
man mit solchen jüngeren -ing-Orten eine Karte des ältesten bairischen Siedlungs-
gebietes zeichnen, so käme es zu einer grotesken Verzerrung der wirklichen Verhält-

nisse, wie ich in Festschrift f. O. Stolz 1961 zeigte. Dagegen tragen freilich im Westen der Isarlinie n u r bedeutendere, wahrscheinlich alte, Orte die Endung *-ingen*, meist sind dies auch altbezeugte Gemeinden mit großer Gemarkung, kirchlich selbständige, in günstiger Ortslage entstandene. Bei ihnen allein ist es angebracht, aus der Endung *-ing* auf frühmittelalterliche Entstehung zu schließen.

Eine solche kommt in Tirol zumal für die Oberinntaler Gruppe in Betracht. Hier stimmt das Zeugnis solcher echter alter *-ing*-Orte mit der Erscheinung, daß auch nichtdeutsche Ortsnamen sehr früh eingedeutscht wurden, genau zusammen. Zum Teil setzt sich dieses Beisammenliegen von Beweisen aus Ortsnamen germanischer und nichtdeutscher Wurzel über die Brennerlinie bis ins Eisack- und Pustertal fort. Den Schlüssen dieser Art widersprechen hier nirgends solche Ortsnamen, die chronologisch etwas anderes aussagen könnten – wenn auch selbstverständlich in höheren, abseitigen Tallagen neben dem Oberinntal vereinzelte vordeutsche Namen neben den alt eingedeutschten sich gehalten haben und infolge der Entlegenheit des Ortes nicht so früh in deutschen Mund kamen, so z. B. Lüsens im Sellrain, urkundlich Malusinus (spr. Malùsinus), Paida ebendort, urkundlich Ampeide, beide noch sogar am Akzent der romanischen Sprachperiode festhaltend, und noch viel mehr von letzterer Gattung im Wipptal, entlang der Brennerlinie bis ins Eisacktal.

Bevor wir die deutschen Ortsnamen dieser Gebiete mustern, muß noch geklärt werden, warum die charakteristischen Namen deutscher Wurzel, vor allem die *-ing*-Namen in unserem Gebirgsland Tirol nicht so dicht abgelagert wurden wie im bairischen und schwäbischen Alpenvorland, wo die Karte der *ing*-Orte geradezu als Spiegelbild der Niederlassung in der Landnahmezeit (der baiwarischen im 6. Jahrhundert) genommen werden kann. Warum sind nicht die besiedlungsfähigen Haupttäler Tirols ebenso dicht von *-ing*-Orten bedeckt wie die nahen Ebenen von München, Aibling oder das offene Land zwischen Isar und Lech? Der Grund kann nur der sein: Die Landnahme fand in den Alpen andere Voraussetzungen vor als im Alpenvorland. Von diesem berichtet uns Eugippius, wenigstens für das Noricum des 6. Jahrhunderts, daß das flache Land großenteils entvölkert war. In diesem Vakuum konnte sich die baiwarische Landnahme ungehindert ausbreiten, auch ohne die Vorbewohner erst vertreiben oder zurückdrängen zu müssen. Unsere Alpen dagegen boten dank ihrer Schutzlage einen Raum, der in den Stürmen der Völkerwanderung nicht menschenleer geworden war. Die unzähligen vordeutschen Namen in Tirol für Orte wie für Fluren beweisen, daß hier die Bevölkerung in ihren Sitzen geblieben war, daß es sogar eine dichte Einwohnerschaft von Ackerbauern gab. Überflüssig zu betonen, daß diese von den Baiwaren nicht vertrieben oder vernichtet worden sein können. Es ist vielmehr anzunehmen, daß die Neuankömmlinge sich n e b e n der vorhandenen Bevölkerung angesiedelt haben – in jedem bestehenden vorgermanischen Ort mit Vorrechten in sozialer Stellung und an Grundbesitz – so wie die Langobarden in Italien. Daher konnten sowohl der Name solcher vordeutscher Orte wie auch viele vordeutsche

Flurnamen in seiner Gemarkung weitergeführt werden. In manchen anderen Fällen
ist bloß der vordeutsche Ortsname durch den deutschen verdrängt worden, wie meine
Hypothese bei dem deutsch benannten Ort *Kolsass* (mit Erhaltung romanischer Flurnamen) annimmt (in Festschrift für Huter), der vorher vielleicht Gagelòn, wie heute
noch ein Großflurname lautet, hieß. Der Vorgang dieses Nebeneinandersie-
delns von Romanen und Baiwaren ist uns zwar nicht direkt beschrieben worden;
aber neben jenem Modellfall, den uns in Vorarlberg Rankweil liefert, wo neben
dem vordeutschen Vinomna die Alemannensiedlung Rangowilla entstand und jeder
dieser Orte sogar seine eigene Pfarrkirche bekam, ist in Tirol doch das schöne Beispiel
von Sterzing auf uns gekommen (erst i. J. 1180 als Sterzengum bezeugt), wo die
Pfarrkirche (Unsere liebe Frau) ebenfalls abseits der germanischen Siedlung an der
Stelle des alten römischen Vipitenum steht, auf das sie vielleicht zurückreicht; sie
bildete den wichtigen kirchlichen Mittelpunkt, von dem der Name Wibettal, Wipptal
ausging; ihr ganz benachbart findet sich der offenbar auf das römische und romanische
Ortszentrum zurückgehende, im Mittelalter oft bezeugte Name Haidenschaft
– also auch hier das romanische und germanische Zentrum getrennt wie in Rankweil.
Ja, hier konnte der germanische Name lange nicht-gegen den älteren aufkommen. Wo
die romanischen Zentren und ihre Namen derart bestehen blieben, war freilich nicht
Raum für unbeschränkte Anwendung der ältesten deutschen Ortsnamentypen auf
-ing und *-heim* wie im Alpenvorland.

Wir sind damit schon in die Grundlegung der Sprachenverteilung, wie sie in Tirol
durch die Völkerwanderungszeit entstand, eingetreten. Dieser Vorgang nötigt aber
doch auch dazu, der an Tirol beteiligen Stammesmundarten zu gedenken.

Wenn der als Chronist verläßliche Dichter und Reisende Venantius Fortunatus
i. J. 565, trotz zweimaliger Erwähnung der Baiern im Vorland der Alpen, in
deren Innerem, in Tirol, dagegen an zwei Stellen übereinstimmend die vor und
nachher viel bezeugte vorrömische Völkerschaft der Breonen nennt, die Baiern nicht,
wenn für 25 Jahre später Paulus Diaconus zum Jahre 590 den Zug des Herzogs Grimoald ins Drautal (Aguntum) – offenbar durch das Pustertal gehend – beschreibt,
dann muß die Landnahme der Baiern in den Alpen zwischen beiden Zeitpunkten anzusetzen sein. Der gleiche Geschichtsschreiber liefert uns dann mit seiner Erwähnung
von Zusammenstößen mit den Langobarden im 8. Jahrhundert die zeitlichen und
örtlichen Angaben der äußersten baiwarischen Ausdehnung gegen das Etschland, die
wir gleich zusammen mit den Ortsnamen verwerten werden.

Für den alemannischen, genauer gesagt, schwäbischen Raum, den Tirol besitzt,
das Außerfern (Bezirk Reutte), fehlen uns Nachrichten, die so weit zurückgehen. Erschlossen werden kann nach Stolz, daß das Lech- und Vilstal unterhalb Reutte seit
der alemannischen Landnahme in diesem Raum zur Markgenossenschaft des
alten Foetibus – Füssen, das nach Schnetz, Flußnamen und vordeutsche Ortsnamen
Schwabens (Augsburg 1953), auf eine frühe alemannische Siedlergruppe zurückgeht

und einen germanischen Namen trägt, gehörte. Die bedeutendste, frühgenannte Pfarre Wängle-Aschau, die fünf Orte im Becken von Reutte umfaßte, gehörte schon zu der Ausstattung, die der heilige Magnus von Pippin dem Kurzen im 8. Jahrhundert für seine Klostergründung bekam. Die Mundart des Außerfern hängt folgerichtig mit der des bairischen Schwabens zusammen (darüber siehe unten), auch jener Talzug, der von Reutte bis zum Fernpaß reicht, hat bei dieser frühen Ausdehnung des Alemannenstammes die im wesentlichen alemannischen Grundzüge seiner Mundart erhalten, wenngleich besonders dieser Abschnitt (Zwischentoren) als Übergangsmundart zwischen Bairisch und Schwäbisch bezeichnet wird. Über eine andere Verzahnung der beiden Mundarten im Außerfern (oberes Lechtal) vergleiche man unser Schlußkapitel über das Hochmittelalter. Bei so verschiedenen Stammesverhältnissen zwischen Außerfern und Inntal ist es interessant, daß ein schwäbischer Ort wie Lermoos ebenfalls eine Schicht von vordeutschen Namen und die gleiche Chronologie ihrer Eindeutschung aufweist.

Der höhere Altersrang der -ing-Orte des Oberinntales gegenüber den zeitlich nicht so gut zu klassifizierenden Ortsnamen Außerferns ist schon angesichts außertirolischer Zusammenhänge augenscheinlich. Von den dichten Schwärmen der ing-Orte im bayerischen Ammer-Loisach-Gebiet, wo sich ein P o l l i n g findet, darf man offenbar dem Leitfaden der Via Claudia Augusta entlang die baiwarische Landnahme über den Seefelder Sattel ins Oberinntal, wo wieder ein Ortsname Polling, 763 Pollinga, auftritt, gehen lassen. Freilich liegt dazwischen ein Gebiet, wo Romanen länger geschlossen fortdauern konnten, wie der fast unveränderte römische Stationsname Parthanum, heute Partenkirchen, und die Erhaltung romanischer Flurnamen dortselbst, außerdem der Name Walhogoi von 763, heute Walgau an der Isar, bezeugt. Jenem Polling ist im Oberinntal benachbart das antike Teriolis (Martinsbühel), im Jahre 799 Cyreolu, ein Name, der schon im 7. Jahrhundert durch die hochdeutsche Lautverschiebung aus »Teriolis« entstanden sein muß. Ostwärts setzen sich die -ing-Namen bis *Hetininga, heute Hötting bei Innsbruck (urkundlich Hettningen) fort, obwohl dazwischen auch vordeutsche Namen wie »Perfuß«, urkundlich Pervenes, und »Völs« erhalten blieben; auch im Westen von Zirl und Polling finden sich Zentren vorgermanischen Alters wie Telves, jetzt Telfs, Silles, jetzt Silz, Mezzis, jetzt Mötz – dazwischen und daneben die germanischen Orte in etwas ungünstigerer Lage auf der Terrasse, was wieder auf ein duldsames D a n e b e n s i e d e l n der Baiwaren schließen läßt: Wilramingen, heute Wildermieming, ferner Mieming und Haiming. Als den eigenartigsten Synkretismus in dieser Zone des Zusammenlebens entdecken wir den Ortsnamen Flaurling, 763 Fluringa, der diese Siedlung nach einem Romanen mit dem schon damals in Rätien nachweisbaren Namen Florinus benennt, sie aber germanisch mit der Endung der -ing-Orte bezeichnet.

Für diese Symbiose über die Landnahmezeit (6. Jahrhundert) hinaus spricht hier außerdem, daß der häufige Namentyp Telves (Telfs) länger im romanischen Munde blieb als obiges »Teriolis« (bei ihm keine Lautverschiebung), das gleiche erst recht bei den unbedeutenderen Namen wie den zwei aus *tabulatum* »Heustadel« gebildeten urkundlichen Tablat (jetzt Tabland und Dobleten); andererseits erhielten denn doch auch diese »unwichtigen« Namen, wo der Baiware sie in der Talsohle antraf, den germanischen Akzent (spätestens im 11. Jahrhundert), was man auch an »Wolbell« bei Axams, aus *val bella* (»schönes Tal«) sieht, während mehr gebirgseinwärts, um Sellrain und Kühtai, der »*mons Malusinus*« (jetzt Alpe Lüsens), die Orte »Ampeide«, jetzt »Paida« (St. Sigmund) und »Marail« (aus *marriola* »kleine Muhr«) den romanischen Akzent bewahrt haben, also n o c h   s p ä t e r eingedeutscht wurden.

Aus zwei Ortsnamen und einem g e s c h i c h t l i c h   b e z e u g t e n   P e r s o n e n -n a m e n ergibt sich hier zur Sozialverfassung des landnehmenden Zweiges der Baiwaren vielleicht ein gewisser Anhaltspunkt: der Name Poapintal (763) für das Inntal von Telfs bis Zirl, der nach Z ö l l n e r an den Angehörigen des Huosi-Geschlechtes Poapo erinnert, und die Wiederholung jenes Namens Polling bei Weilheim im Huosigau in dem tirolischen Pollinga (763); dieses Polling wird von den beiden Gründern des Klosters Scharnitz aus dem Geschlecht der Huosi zur Ausstattung des Klosters verwendet, ist also trotz seines Namentyps (auf -*ing*) nicht eine Siedlung von Gemeinfreien, sondern Besitz einer der ältesten Grundherrschaften des Baiernstammes, nämlich der Huosi, gewesen (vgl. dazu unten das zu den Agilolfingernamen im Pustertal zu Sagende!).

Nicht so sprechend wie im Oberinntal sind die Namenzeugnisse im Unterinntal, da wir hier neben lautverschobenen Namen wie Lantchampha, jetzt Langkampfen bei Kufstein, Uitaradorf (903), jetzt Itter, Flußname Ziller, aus *Tilarus, wenig alte -*ing*-Namen, eigentlich bloß ein Wisinga, jetzt Wiesing bei Jenbach finden, von dem unbedeutenden Imming im Unterzillertal abgesehen.

Dagegen stimmen die geschichtlichen Folgerungen aus vordeutschen u n d germanischen Namen entlang der Brennerlinie, dem Weg der Baiwaren bei der Landnahme nach Südtirol, auffallend zusammen; freilich treten hier die deutschen Ortsnamen etwas zurück. Die Lautverschiebung läßt sich bei Innsbruck schon im Namen Wilten aus antik Veldidena, im Namen Pfons, urkundlich Phans, aus einer völlig gesicherten indogermanischen Wurzel *pan- »Sumpf« und von »Pflersch«, aus einem im illyrischen Gebiet belegten P l e r a , feststellen (Pfons und Pflersch mit dem vorrömischen Lokativ-*s* versehen). Urkundlich überliefert ist uns der Archetypus, der dem verschobenen althochdeutschen Namen N u r i h t a l für das Eisacktal zugrunde liegt, nämlich *Vallis norica, noricana*. Auf dieses sichere Beispiel von Eindeutschung im 7. Jahrhundert und auf fast alles hier zu Erwähnende wies schon ein Aufsatz von Ernst Schwarz in »Paul-Braunes Beiträgen« Bd. 50, S. 242 ff. hin, der mit der irrigen Ansicht, in Südtirol gäbe es keine lautverschobenen Ortsnamen, 1929 aufräumte. Die Kette der lautverschobenen Namen setzt sich allerdings – aus guten Gründen, wie wir sehen werden – von der *valle Norica*, dem Eisacktal, nicht gegen das Bozner

Becken hin fort, sondern gegen das Pustertal, wo das alte Duplago (769) zu »Toblach« und wo »Indica« zu »Innichen« verschoben wurde. Neben diesen Spuren deutscher Sprache des 7. und 8. Jahrhunderts konnte ich Beweise aus anderen Lauten in den Ortsnamen Brixen, Kiens, Onach und Olagun erbringen.

Weiter ins Etschtal führen zwar nicht Namen mit der Lautverschiebung des 7. Jahrhunderts, aber aufeinanderfolgende Fälle von Primärumlaut *a* zu *e*. Da ist Köstlan bei Brixen, aus *Castellianum*, Säben aus *Sabiona*, Etisa, Etsch aus *Athesis*, die alte Form Evis für den Grenzfluß *Avisio*, Eppan aus *Appianum* (so bei Paulus Diaconus). Selbst entlegene Orte auf besiedelten Terrassen wie Vöran, aus *Varianum* – das war zur Römerzeit das Landgut eines Varius, so wie Eppan das eines Appius – und das von Paulus Diaconus als Maletum überlieferte heutige Mölten, von ihm für 570 erwähnt, erfuhren diesen frühen deutschen Umlaut. Warum ist nun im Etschland k e i n e   L a u t - v e r s c h i e b u n g, diese aber im Pustertal nachzuweisen? Im Etschland haben die Baiwaren zu Anfang des 8. Jahrhunderts ihre Stellung noch nicht gefestigt gehabt, sie verloren da eine Reihe fester Plätze *(Castella)* an die Langobarden, erst die 769 in B o z e n ausgestellte Gründungsurkunde Herzog Tassilo's für das Stift Innichen zeigt Bozen als sicheren baiwarischen Besitz; das Pustertal und Obereisacktal dagegen muß ununterbrochen bei den Kriegszügen der Baiwaren gegen die Slawen zwischen 590 und 610 und auch nach ihrer Niederlage bei Agunt in ihrer Hand gewesen sein.

Ein Einblick in die Sprachverhältnisse südlich von Bozen i. J. 845: Bei einem *placitum*, 845 in Mori (b. Rovereto) abgehalten, unterscheiden sich durch das F e h l e n d e s   U m l a u t s die Namen der langobardischen Schöffen von denen der Baiwaren (beide Sprachen werden dabei ausdrücklich erwähnt, *»tam Theotisci quam Longobardi«*); die Baiwaren haben Namen wie Regin(h)eri (m i t Umlaut); zwei von Überetsch stammende, ein »Hagilo« von Prissian (oder von Pressano bei Trient?) und ein »Fritari (Frictari) de Appiano« (dieser zweifellos von Eppan) weisen sich durch das Fehlen des Umlauts als Langobarden aus! Das Überetsch blieb länger in der Hand der Langobarden als Bozen, um 845 hat es hier also noch langobardisch Sprechende gegeben, vgl. FN S. 21 f. Aus diesem Namenschatz kamen anscheinend unter die in Bozen später gebräuchlichen Namen die germanischen Namen mit »Brand« im ersten Glied (Pranthoch), die sonst in Tirol kaum auftreten.

An der wichtigen ehemaligen Front gegen die Slawen, genauer gesagt, in der Etappe dahinter, sprechen zusammen mit den vordeutschen Ortsnamen auch die d e u t s c h e n wieder ein gewichtiges Wort zur älteren Geschichte. Nach dem Vorgesagten ist die Annahme vom Vorhandensein agilolfingischer Siedlungen im Brunecker Becken, die schon der alte Ludwig Steub geäußert hatte, weniger phantastisch. Vier Orte, darunter zwei bedeutende auf *-heim*, tragen Personennamen aus dem Agilolfingerhaus: Dietenheim den Namen Theodo, Uttenheim, 993 Outenheim, den Frauennamen Uota. Weniger bedeutend sind die Orte Greinwalden, urkundlich Greimolting, und Tesselberg (vgl. Tessenberg bei Sillian); sie erinnern an die Herzogsnamen Grimoald und

Tassilo. Eine solche Häufung von Namen aus dem Herzoghaus kann kein Zufall sein;
es können von den Agilolfingern Militärgrenzer in der Etappenstellung gegen die Slawen angesiedelt worden sein, so wie der alte -ingen-Ort Tittmoning bei Salzburg samt
den dort wohnenden *homines exercitales* im 8. Jahrhundert weitergegeben wird (Klebel). Eine ähnliche mindere Rechtsstellung mögen auch diese Orte gehabt haben; dazu
paßt dann besser die Kleinheit anderer -ing-Orte im Brunecker Becken: Reiperting
(bei St. Lorenzen), Sleuling (Sleuninge) bei Reischach (Santifaller), Alpling bei Ste-
gen und Issing bei Pfalzen – klein trotz ihrer alten, v o r l i t e r a r i s c h e n G r ü n d e r -
n a m e n; es waren vielleicht Siedlungen der Frühzeit, die in der Folge durch nahge-
legene Verkehrssiedlungen wie Ragen (Bruneck) überflügelt oder durch grundherr-
liche Umorganisationen zur Bedeutungslosigkeit verurteilt wurden. Was noch siche-
rere Schlüsse als das -ing in solchen Ortsnamen verspricht, sind auch vorliterarische
Wörter – also schon im Althochdeutschen nicht mehr verwendbare –, die hier noch
Ortsnamen bildeten wie das westgermanische *bûrja n.* für »stattliches Gebäude« im
Pustertal (Ortsname Peuern für St. Sigmund) und »Peuern« am Heerweg über den
Ritten nach Bozen, 875 ad Puron; Biburg für »Lagerburg (Wallburg)«, wieder am
Ritten (Pipperbühel), in einer massenhaften Verwendung, die langes Fortleben anzeigt,
im Pustertal. Ferner die besonders altertümlichen nominalen Zusammensetzungen mit
der Präposition auf- in Ortsnamen – wieder am Ritten (Aufheim) und im Pustertal,
dort als Aufhofen, Aufkirchen! In den obigen Namen Sleuninge und Issing stecken Per-
sonennamenstämme *(Sliw-ni, Isso)*, die nur in ältesten Ortsnamen des bairischen Kern-
landes im Freisinger Bereich (Sliw-esheim = Schleißheim, Issendorf) vorkommen.

Im Puster- und Eisacktal finden sich überdies als Personennamen laut Urkunden
verwendet Namen aus solchen altnordischen Helden- und Göttersagen, die nicht
durch alt- oder mittelhochdeutsche Dichtungen am Leben erhalten wurden, also aus
noch älterer Überlieferung stammen müssen, bis ins 10. Jahrhundert: aus der Wäl-
sungensage Sintarvizzilo und Welisinch (in Innichen und Brixen), Witigauwo 9. Jahrhundert aus dem ostgotischen Sagenkreis und viele ebenso altertümliche Namen, die
Stolz in »Ausbreitung« nachweist, *Roduni, Egizi*, die heute noch dort, wo sie beur-
kundet sind, in verschiedenen Familiennamen fortleben. Aus dem alten deutschen
Wortschatz hat Tirol manches bewahrt, das schon mittelhochdeutsch nicht mehr bekannt ist, z. B. *»antisch«* (Pustertal) für »unheimlich«, besonders für die wilden Leute
der Sage gebraucht (angelsächsisch *endisc geweorc* »Werk vom Riesen«); ahd. *fezzôn*
für »unachtsam verschütten« lebt in Südtirol noch als Verbum *»fetz'n«* in gesunkener
Bedeutung (in physiologischem Sinn verwendet); ahd. *wît-chelli* für »Beleuchtungs-
nische in Wohnräumen« ist in Südtirol (Reggelberg) als *waikhèl* noch vorhanden, das
Wort »Planke« in einer sonst im ganzen deutschen Sprachgebiet unbekannten lautverschobenen Form *»pflånkche«* (Zillertal).

Eine wichtige Ergänzung der Ortsgeschichte gestatten die F l u r n a m e n einer
Gemeinde. Der Ortsname ist sehr oft um einen wesentlichen Zeitraum früher

eingedeutscht als die Flurnamen der gleichen Gemeinde. Der Ortsname kann schon
zur Landnahmezeit in der Sprache der Herrenschicht gebraucht und umgewandelt
worden sein, die Flurnamen, die die breite Masse der Bodenbebauer kannte und verwendete, erscheinen oft erst gegen das Ende der althochdeutschen Zeit hin in deutschem Mund abgewandelt. Bei dem alten Siedlungszentrum Imst im Oberinntal weist
der Ortsname Imst, der zwar keinen verschiebbaren Laut enthält, aber doch im alten
Räteromanisch wesentlich anders, »Umiste«, gelautet hat (heute noch dafür im Engadin »D'Umaischt«) die deutsche Akzentverlegung auf die erste Silbe (Üm-, Im-) auf,
die Flurnamen haben dort aber den romanischen Akzent bewahrt, z. B. Lasìgg aus
lacu siccu (»trockener See«) oder Arzìll (für den Ort einer Ziegelei verwendet) aus
argilla = »Lehm«. Genau so in Absam bei Innsbruck, 1050 Abazanes (beides auf der
1. Silbe zu betonen), aber die Flurnamen mit dem Akzent auf der romanischen Ton-
silbe (hier Endsilbe), Agertìtsch, Lafàtsch, Laveis (Pfeis). Auch dieser Sprachstoff, der
für die Sprache der Bauernbevölkerung zeugt, weist schon Eindeutschung im 12. Jahrhundert auf. So wie ein urkundlich belegter Ortsname in Ridnaun, Morith, zum heutigen Mareith diphthongiert wurde, so auch die kleinsten Flurnamen: *clîvus* »Hügel«
zu Gleif, *gûla* »Schlucht« zu Gaul, die vielen Pflanzennamen auf *-êtum* wie *fraxinê-*
tum »Eschenwald« zu Fraschneid, Verschneid (*-êtum* über *-ît* zu *-eid*) – dieser letztere
in Südtirol (Mölten). Diese glücklicherweise in sehr vielen romanischen Namen Tirols
vorkommenden l a n g e n V o k a l e zeigen sich von der deutschen Zwielautung i m
g a n z e n R a u m erfaßt – ausgenommen nur eine schmale Randzone, die als G ü r t e l
das heute noch ladinisch sprechende Dolomitengebiet vom Brunecker Becken (Pustertal) an zu den östlichen Seitentälern des Eisacktals bis zum Tiersertal umfaßt, genauer, nur deren innere Teile einnimmt. Ebenso fehlt die Diphthongierung den Flurnamen zumeist im Obervintschgau (den Ortsnamen dagegen nicht: Schleis, Burgeis,
Taufers), dann im Stanzertal (Landeck), das an die alemannischen Monophthonge *î*
und *û* der Vorarlberger grenzt, und im Kalsertal, Osttirol, dessen Namen besonders
frisch die romanischen Laute bewahrt haben. Jenen länger romanisch gebliebenen
Gürtel um die Dolomiten mit Orten wie Ellen, Onach, Lüsen, Afers, Villnöss, Gufi-
daun, Kastelruth, Seis kann man mit einem Bild der Deckenlehre aus der Geologie als
die »Wurzelzone« bezeichnen, aus der die heutige ladinische Bevölkerung der Dolomiten stammt, von der aus sie sich über das Dolomitenland ausbreitete, als im Zuge
des Landausbaus durch deutsche Grundherrschaften des Hochmittelalters diese größtenteils noch siedlungsleeren Täler Bewohner bekamen. Die damals noch ladinisch sprechenden Talabschnitte längs Eisack und Rienz haben ihr Romanisch daher dorthin
verpflanzt. Nicht aber kann damals d a s g a n z e E i s a c k - u n d P u s t e r t a l noch
romanisch gesprochen haben, da das letztere prozentual verschwindend wenig romanische Namen hat und die Geltung der deutschen Sprache teils direkt für 1060, teils durch
eine schon um 1000 urkundlich genannte beträchtliche Anzahl (19) von Flur- und
Hofnamen wie Wasah, Hagabah, Pochespach, Hahhilstein, Drâssil (= »Drechsler«)

bezeugt ist. Aus der hochmittelalterlichen Besiedlung der Dolomiten durch Romanen kann man also nicht den Rückschluß ziehen, daß diese aus einem völlig romanisch sprechenden Pustertal gekommen sein müssen (vgl. Südtiroler Jahrb. 1964).

Von den Ergebnissen der neuen Urkundenforschung und Namenkunde unberührt, haben überhaupt geschichtliche Irrtümer auffallend lange ihr Leben fristen können. Die sensationell, fast journalistisch geprägte Meinung Steubs, die Stadt Innsbruck habe zur Zeit ihrer Stadtrechtsverleihung (1234) einen Großteil ladinisch sprechender Einwohner gehabt, ging in abgeschwächter Form in das Werk von Jung, Römer und Romanen in den Donauländern, und in Otto Behaghel's »Geschichte der deutschen Sprache« (1928) über (allerdings hat der bedeutende Germanist nur bei der berechtigten Zurückweisung eines tendenziös und dilettantisch arbeitenden Lokalforschers und fleißigen Sammlers, des allzu germanophilen Valentin Hintner, so übers Ziel zugunsten des Romanischen hinausgeschossen). Vor der Wirklichkeit verblassen die Phantasien von ladinischen Innsbrucker Bürgern. Diese Wirklichkeit geben die vielen rein deutschen Einwohnernamen der Stadt Innsbruck zwischen 1180 und 1300 (nach den Urkundenregesten bei Stolz, Geschichte der Stadt Innsbruck), die gleichzeitigen Einwohnernamen aus der Umgebung, besonders in den landesfürstlichen Steuerbüchern (1312), die ausdrückliche Bezeugung des Deutschen als Sprache des Volkes i. J. 1239 und die konsequent deutsche Umformung selbst der Flurnamen im 12. Jahrhundert. Die letzte Erwähnung von Romanen b e i Innsbruck – übrigens im Stadium des Sprachenwechsels – mit Namen wie Solvangnus (= Sulvanus) – datiert von 1160.

Gegenüber einer anderen waghalsigen Folgerung Steubs, romanische Namen, die mit Tscha- anlauten wie Tschafinnes, Tschafalles, Tschafatten im Stubai (z. B. letzteres = cavatu »Gegrabenes« oder »Hohlform«) bewiesen ein Fortleben der romanischen Sprache bis ins 16. Jahrhundert, sprechen die durch Urkundenwerke Huters aufgedeckten viel älteren Schreibungen wie »Shamplung, Schampflur« aus dem 13. Jahrhundert (zu lat. *campus*), Tschavernagk, Schivernaun (im Eisack- und Valstal, vom Ende dieses Jahrhunderts, zu lat. *caverna* »Höhle«) für ein viel höheres Alter dieses romanischen Wandels von *ca-* zu *tscha-*. Außerdem müssen Regressionen und Schriftumsetzungen des romanischen Lautes in seinem früheren Stadium in deutsch *ka-* in Betracht gezogen und muß die Entstehung dieses *tscha-* noch um Jahrhunderte vor den frühesten urkundlichen Schreibungen datiert werden. Stolz konnte dazu Wertvolles aus dem Tiroler Material beibringen (Gesch. Folgerungen etc.), aber als Nichtlinguist nicht das letzte Wort sprechen.

Ins Hoch- und Spätmittelalter führt meine Betrachtung, die die deutschen Rodungsnamen und ihre vielfache Verbreitung in Nord- und Südtirol (außer der eigenartigen Verwendung selbst des -ing in dieser Schicht in Nordosttirol) n i c h t u n t e r -s u c h t e, auch, wenn wir nochmals einen Blick auf Ortsnamen in Westtirol, besonders im Außerfern (Bezirk Reutte), in seinen gebirgigen Teilen werfen. Die vielen romanischen Namen für Täler und Siedlungen in den Lechtaler Alpen zwischen der Furche

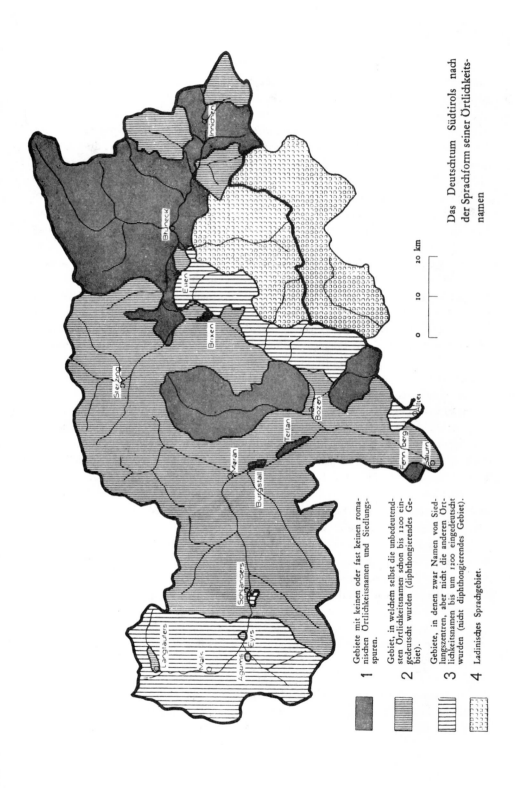

Das Deutschtum Südtirols nach der Sprachform seiner Örtlichkeitsnamen

1 Gebiete mit keinen oder fast keinen romanischen Örtlichkeitsnamen und Siedlungsspuren.

2 Gebiet, in welchem selbst die unbedeutendsten Örtlichkeitsnamen schon bis 1200 eingedeutscht wurden (diphthongierendes Gebiet).

3 Gebiete, in denen zwar Namen von Siedlungszentren, aber nicht die anderen Örtlichkeitsnamen bis um 1200 eingedeutscht wurden (nicht diphthongierendes Gebiet).

4 Ladinisches Sprachgebiet.

Inntal-Stanzertal-Arlberg einerseits und dem Lechtal andererseits, so Almejùr, Alperschòn, Madau (urk. Mataun), Gramais, Bschlabs, Pfafflàr, neben deutschen Siedlungsnamen wie Kaisers, Boden, Kelmen, Namlos, Zwieslen, rühren keineswegs von Dauersiedlern der romanischen Zeit her. Wie der Verlauf der Gemeinde-, Pfarr- und Gerichtsgrenzen (selbst noch in der Neuzeit) zeigt, gehörten diese Gegenden und Nebentäler des Lechtals knapp bis vor ihre Mündung in dieses Haupttal hin nicht zu diesem; sie bekamen ganzjährige Bewohner erst in der deutschen Zeit und zwar von der genannten südlichen Längstalflucht her, von den alten Siedlungszentren wie Imst, Zams, Stanz, Nasserein am Arlberg. In romanischer Zeit waren diese entlegenen Weideböden nur im Sommer genutzt, erst die Schwaighofsiedlung des Spätmittelalters legte dauernd bewohnte Höfe hier an. Als Zeit dieser Umwandlung der Almende, die zu Orten im Inntal gehörte, in Schwaighöfe kann man in Einzelfällen dank verschiedener Beschwerden der davon betroffenen Gemeinden genau die Wende vom 13. zum 14. Jahrhundert, also den deutschen Siedlungsabschnitt, bestimmen. In der Folge strömte der Bevölkerungsüberschuß dieser Höfe ins Lechtal ab, wie man aus den dort schon um 1400 vorkommenden Familiennamen, Herkunftsnamen wie Maldoner, Zwiesler entnehmen kann. Wenn auch die ältesten Zusammenhänge von diesem Talabschnitt durchaus nach Schwaben weisen, sind doch keine älteren Ortsnamentypen da, die für frühmittelalterliche Siedlung sprechen: Naturnamen wie Elmen (Elmenoe = »Elmau«, »Ulmenau«), Forchach (Forche = »Föhre«), Holzgau (»Holzige Au«), Hägerau (urkundlich Heugernawe »Au der Heumähder«) und sogar Elbigenalp, ein »Alp«-Name am Talboden (die »elmige«, ulmige Alp). Die mundartlich baiwarischen Zuschüsse aus den Seitentälern werden in diesem Gebiet doch sehr ins Gewicht gefallen sein, daher konnte sich oberhalb des schwäbischen Reutte ein nichtschwäbischer, fast rein bairischer Mundartraum bilden, der geschlossen von Forchach (oberhalb Reutte) bis Steeg reicht. Erst oberhalb von Steeg folgt nach einer siedlungsleeren Strecke wieder alemannisches Gebiet mit dem walserischen Tannberg bei Lechleiten und Warth.

Das Tannheimertal erhielt dagegen die Bewohner des westlichen Teiles von Hindelang und Sonthofen her, die zur Grundherrschaft der Abtei Kempten und zu Allgäuer Adeligen gehörten, der Ostteil wurde wie das Gebiet um Reutte aus altem markgenossenschaftlichem Besitz innerhalb der südöstlichsten Grafschaft des Herzogtums Schwaben, Keltenstein, herausgelöst.

Noch ein sprechendes Beispiel, wie sich grundherrschaftliche Verhältnisse im Sprachlichen spiegeln: der Übergang vom baiwarischen Tirol zur Grenze des Alemannischen am Arlberg vollzieht sich auf Tiroler Boden in einer von Ost nach West gestaffelten Übergangszone, in der die Gemeinsamkeiten mit dem Alemannischen westwärts immer mehr zunehmen (doch auch mit sprachlichen Eigenschöpfungen innerhalb dieser Zone wie es die *ar*, *al* in Wörtern wie *parg*, *galt* für »Berg, Geld« sind). Die gleiche Staffelung ist außerhalb der Alpen zwischen Isar und Lech festzustellen, wie es Bohnenberger in »Paul-Braune's Beiträgen« 1929 gezeigt hat. Die Übergangszone der Voralpen wird gleichsam in die inneralpine Längstalfurche hinein projiziert. In geschichtlicher Schau ist es unverkennbar die Siedlungstätigkeit der Grundherrschaften im Alpenvorland gewesen, die diese gleichartigen Verhältnisse geschaffen hat. Nach Stolz, Landesbeschreibung, folgten mit Besitzungen im Oberinntal von Osten nach Westen weltliche und geistliche Grundherrschaften aufeinander wie die Klöster und Stifte Benediktbeuren, Diessen, Wessobrunn, Raitenbuch, die Herren von Weilheim, Besitzungen der Staufer, der Welfen, Besitz der Grafen von Ronsberg (bei Isny), der Klöster Steingaden und Ottobeuern. Mit den Hörigen, die diese Grundherren ins Alpenland verpflanzten, wurde über die älteren Schichten, die vordeutsche und die der Völkerwanderungszeit, eine neue gelagert, die sich zwar mehr in der Mundartgliederung abhebt, vereinzelt aber doch auch im Wort- und Namenschatz zu spüren ist. So kommt hier statt des östlichen bajuwarischen »Gasteig« für »jäher Anstieg« mehr vom schwäbischen Raum das Wort die »Staige«, das »Gstaig« (»Gstoag«) herein (Ortsname Obsteig und viele »Gstoag« in diesem Gebiet); statt der gewohnten tirolisch-bairischen »Lacke« für »Lache, Tümpel« erscheint die schon seit 1484 im Alpenvorland bei Weilheim bezeugte »Lach« für diesen Begriff in Namen des Oberinn- und Stanzertals. Dazu drängten von Westen hier aus einem ehemals keltischen Sprachareal die Formen für das keltische Wort *teia* »Sennhütte« als *taja, toaja, toja* bis nach Zirl vor oder das keltische *selia, silia* »Ackerstreifen, Ackerfurche« im Ortsnamen Silz im Oberinntal, urkundlich genau wie Sils im Engadin als Silles erwähnt, ein weiteres Moment der west-östlichen Gliederung.

Ist mundartlich und namenkundlich das Wirken außeralpiner Grundherrschaften noch weiter im Innern Tirols zu spüren, etwa im Vintschgau und Burggrafenamt? Der Historiker, der das Urkundenwesen dieser Landschaften kennt, zahlreichen Spuren schwäbischer Sprache, schwäbischen mit Namen genannten Schreibern begegnet und von reichem Besitz von Klöstern wie Steingaden weiß, stellt die Frage, ob ähnliche Einflüsse nicht auch auf die lebende Mundart gewirkt haben. Die Antwort muß negativ ausfallen. Keine deutlich nordsüdlich verlaufene Laut- und Wortgrenzen ziehen vom Inntal herüber. Der Kontakt mit den außeralpinen Herrschaftsgebieten war hier eben doch nicht so frontal, wie dort, sondern er beschränkte sich auf Schwerpunkte einzelner auswärtiger grundherrlicher Besitzungen, die beim sprachlichen Ausgleich zum geschlossenen Mundartraum keine nachhaltige Wirkung ausüben konnten.

ABKÜRZUNGEN UND UNTER STICHWÖRTERN GESAMMELTE LITERATUR

Außerfern. Dazu vgl. Außerferner Buch, Schlernschriften, Innsbruck, Bd. 111, 1955, mit Beiträgen von J. SCHEDLE, O. STOLZ, Jos. WÖRLE. Ferner Jos. WÖRLE in Festschrift des Klosters St. Mang in Füssen, 1955, und KARL BOHNENBERGER, Über die Südostecke des Schwäbischen, Zs. f. hochdeutsche Mundarten, III. Bd., 1902.

BOHNENBERGER = K. BOHNENBERGER, Zu den Ortsnamen, Germanica, Fs. f. Ed. Sievers, 1926.
FN = Verf., Die Familiennamen in Tirol etc. Innsbruck 1951, Schlernschriften Bd. 81, bes.
    § 10, S. 21 ff.
Fs. = Festschrift für ...
Fs. GAMPER = Verf. in Fs. für HANS GAMPER, III. Bd., 1962, mit Beitrag über die unbehauch-
    ten k-Anlaute in den Tiroler Mundarten.
Fs. HUTER = Verf. in Fs. f. FRANZ HUTER, 1959, mit Beitrag über die Ortsnamen Kolsaß und
    Weer.
Fs. KUHN = Verf. in Fs. für ALWIN KUHN (»Weltoffene Romanistik«), Innsbruck 1962, mit
    Beitrag über »Romanische Ortsnamensuffixe etc.«.
Fs. SCHWARZ = Verf. in Fs. für ERNST SCHWARZ, Jahrbuch f. fränk. Landesforschung, Bd. 20,
    1960, mit Beitrag über »Die Ortsnamen der Salzburger Güterverzeichnisse etc.«.
Fs. STOLZ = Verf. in Fs. für OTTO STOLZ, Veröfftl. des Museums Ferdinandeum, 1961.
    Darin enthalten K. FINSTERWALDER, Die Schichten der Ortsnamen auf -ingen etc. im Innern
    der Alpen. Zu letzteren auch: ders. in Jahrbuch des Alpenvereins 1961, Namengeschichte im
    Bereich des Kaisergebirges.
HUTER = Huter, Tiroler Urkundenbuch I,1, Innsbruck 1927.
KLEBEL = ERNST KLEBEL, Siedlungsgeschichte des deutschen Südostens, Veröfftl. des Südost-
    instituts München, H. 14, München 1940.
Lautveränderungen an Tiroler Ortsnamen, vgl. hierzu auch Ausführungen des Verf. über Um-
    laut und Diphthongierung in »Tiroler Heimat«, hrsg. F. Huter, Innsbruck, Jg. 1963 und 1965.
Pustertaler Namen auf -ing: dazu vgl. LEO SANTIFALLER, Urkunden der Brixener Hochstifts-
    archive II, 2 Bde., Leipzig 1941–43.
Pustertaler und Eisacktaler Namen (siedlungsgeschichtlich): Dazu vgl. außer STOLZ, »Ausbrei-
    tung etc.«, Besprechung von K. FINSTERWALDER in Zs. f. Namenforschung, Bd. 17, 1942,
    S. 282 ff.; ferner derselbe, Ortsnamen und Schicksale der deutschen Sprache im Wipp- und
    Eisacktal, Jahrbuch des Südtiroler Kulturinstituts Bozen I, 1962; derselbe: Woher stammt
    das ladinische Volkstum in den Dolomiten? Ebendort, Bd. III/IV, Bozen 1963/64.
Südt. Jahrb. = Jahrbuch des Südtiroler Kulturinstituts, s. oben.
    Archiv f. österreichische Geschichte, Bd. 107, 1924.
STOLZ, Landesbeschreibung = OTTO STOLZ, Historisch-politische Landesbeschreibung etc.,
    Archiv f. österreichische Geschichte, Bd. 107, 1924.
STOLZ, Ausbreitung = O. STOLZ, Die Ausbreitung des Deutschtums in Südtirol, 4 Bde., 1927
    bis 1934. – Ders., Geschichte der Stadt Innsbruck, 1953.
STOLZ, Geschichtliche Folgerungen = O. STOLZ, Geschichtliche Folgerungen aus Orts-, insbes.
    Hofnamen etc., Zs. f. Ortsnamenforschung, hrsg. von Jos. Schnetz, Bd. VII, 1931.
Venantius Fortunatus: dazu vgl. H. Wopfner, Die Reise des V. F. durch die Alpen, Schlern-
    schriften Bd. 9.
WALLNER = Ed. WALLNER, Altbayerische Siedlungsgeschichte in Ortsnamen etc., München
    1924.
ZÖLLNER = ZÖLLNER, Die Gründung von Innichen durch Herzog Tassilo und die Beteiligung
    des bairischen Adels; Mitteilungen des Inst. f. österreichische Geschichtsforschung, Bd. 68.
ZONF, ZNF = Zeitschrift für Ortsnamenforschung (Namenforschung), München, hrsg. von
    Jos. Schnetz (bis 1945).

Salzburg, ein unvollendeter Paßstaat

VON HERBERT KLEIN

Der Begriff Paßstaat, Paßland, scheint von Friedrich Ratzel geprägt worden zu sein. Besonders intensiv hat sich Albrecht Haushofer damit beschäftigt, der in seinem Buch »Paß-Staaten in den Alpen« (1928) übrigens auch Salzburg in seine Betrachtung einbezogen hat[1]. Danach sind Paßstaaten politische Gebilde, die entweder ihre Existenz einem Passe verdanken, oder deren Funktionen wesentlich an einen Paß geknüpft sind, ohne daß sie gerade durch ihn ins Leben gerufen wurden[2].

Daß das spätere Land Salzburg sein Entstehen nicht einer Paßstraße verdankt, ist von vornherein klar. Daß aber die Salzburger Erzbischöfe beim Aufbau ihres Territoriums wenigstens zeitweise ganz bewußt danach strebten, auch die Südabdachung der von ihrem Metropolitansitz aus durch die Alpen nach Süden führenden Straßen in die Hand zu bekommen, deren Nordteil ihnen z. T. schon von altersher mehr oder minder zufällig in die Hand geraten war, wird aus dem Folgenden deutlich werden[3].

Das Land des Erzstifts Salzburg, von dem das heutige Bundesland den verstümmelten Rest darstellt, ist ein Gebilde des späteren Mittelalters, seine Wurzeln reichen aber viel weiter zurück. Von den meisten österreichischen Bundesländern, ja von den meisten Ostalpenländern überhaupt, unterscheidet sich Salzburg dadurch, daß es teils Voralpengebiete umfaßt, ja seinen Schwerpunkt dort hat, zugleich aber tief

---

1) S. 159 ff.

2) ebd. S. 8.

3) Wichtigste herangezogene Quellenwerke u. Literatur: W. HAUTHALER u. F. MARTIN, Salzburger Urkundenbuch, Bd. 1–4, Salzburg 1910–1933. – A. VON MEILLER, Regesten zur Geschichte der Salzburger Erzbischöfe 1106–1246, Wien 1866. – FR. MARTIN, Regesten der Erzbischöfe und des Domkapitels von Salzburg 1247–1343, Salzburg 1928–1934. – A. v. JAKSCH und H. WIESSNER, Monumenta historica ducatus Carinthiae, Bd. 1–8, Klagenfurt 1896–1963. – H. WIDMANN, Geschichte Salzburgs, Gotha, Bd. 1–3, Gotha 1907–1914. – A. JAKSCH, Geschichte Kärntens bis 1335, 3 Bde., Klagenfurt 1928/29. – Hist. Atlas der österr. Alpenländer, I., Landgerichtskarte, Erläuterungen I/1, 2. Auflage Salzburg v. E. RICHTER u. A. MELL, Wien 1917, IV/1, Kärnten v. A. v. JAKSCH u. M. WUTTE, Wien 1914. – E. LENDL, Salzburg-Atlas, Salzburg 1955, Kartenblatt 49, Erzstift Salzburg u. seine Nachbarterritorien und Text v. H. KLEIN. – H. KLEIN, Beiträge zur Siedlungs-, Verfassungs- und Wirtschaftsgeschichte von Salzburg. Mitt. d. Ges. f. Salzb. Landeskunde, 5. Erg.-Bd., ebd., 1965.

in das Gebirgsland bis auf den Alpenhauptkamm hineinreicht. Nieder- und Ober-
österreich, Bayern, nehmen ja nur einen schmalen Anteil an den Nordalpen, Tirol und
Kärnten liegen zur Gänze innerhalb des Alpenraums (bei Steiermark liegen andere
Verhältnisse vor).

Wie ist es so gekommen? – Versetzen wir uns in die Zeit des 6. Jahrhunderts:
Ufernoricum war seit 488 von den Römern geräumt, d. h. die romanische, vorwiegend
in den Städten angesiedelte Oberschicht war nach Italien abgezogen, vielfach aber war
die weitgehend romanisierte illyrisch-keltische Unterschicht, gemeinhin Keltoromanen
genannt, zurückgeblieben. Es trat gewissermaßen eine Rückbildung ein. Die typisch
mediterrane Stadtkultur versank. An Stelle der verfallenden römischen Stadtsiedlun-
gen traten bestenfalls wieder den keltischen *oppida* entsprechende Restsiedlungen
oder Fluchtburgen, das siedlungsmäßige Schwergewicht aber verlagerte sich wieder
auf das Land, freilich nicht mehr in derselben Intensität wie ehedem. Der katastro-
phale Bevölkerungsrückgang der spätromanischen Zeit, der wohl zum Untergang des
großen Reiches mehr beigetragen hat als der Ansturm von außen, wirkte sich besonders auch im Innern der Alpen aus. Allerdings war, wenn wir uns auf den salzburgischen Raum beschränken, schon in der Latènezeit und zur römischen Frühzeit das
Gebirge nicht mehr so dicht besiedelt als zur Zeit des vorgeschichtlichen Besiedlungs-
maximums der Bronzezeit. Nun aber war dasselbe nördlich der Tauernkette – südlich
davon im Lungau, der zu dem von Odoaker und den Goten noch gehaltenen Binnennoricum gehörte, mag sich keltoromanisches Leben bis zu einem gewissen Grad gehalten haben – mit e i n e r Ausnahme so gut wie leer, wenigstens von Dauersiedlungen,
geworden. Diese Ausnahme war das Becken von Saalfelden–Zell a. See. Dort im alten
Zentrum des Keltenstamms der Ambisontier beweisen eine Anzahl vordeutscher Ortsnamen die Siedlungskontinuität. Charakteristischerweise lassen sich auch dort allein
eine beträchtliche Zahl echter deutscher -ing- und -heim-Namen nachweisen. Letzteres ein Zeichen für die Überschichtung durch die zugewanderten Bajuwaren, die sich
ja zunächst auch nur im kultivierten keltoromanischen Siedland festsetzten. Deutlicher im einzelnen ist das im nicht so verödeten Vorland. Hier blieben die Keltoromanen südlich der ehemaligen Stadt Juvavum (Salzburg) bis zum Gebirge nach
Ausweis der Ortsnamen und der Flurformen in beträchtlichem Ausmaß sitzen – ein
zweiter Siedlungskern war um die Salzquellen von Reichenhall, deren Ausbeutung
wohl niemals ganz zum Erliegen kam –, nördlich davon siedelten überwiegend Bajuwaren. Unter ihnen erhielten sich nur ganz vereinzelte Siedlungshorste (Walchenorte
und dergleichen). Juvavum selbst lag im wesentlichen in Trümmern, nur eine Rest-
siedlung auf dem Nonnberg (*castrum superius, castrum Juvavensium*) scheint sich
erhalten zu haben. Der ganze Raum aber hieß *pagus Joboacensium*, später Salzburggau [4].

---

4) Vgl. dazu H. KLEIN, Juvavum-Salzburg, Forschungen und Vorträge 4, S. 77 ff.

Ob es im 6. Jahrhundert zu einem Übergreifen der Bajuwaren in den inneren Alpenraum kam, läßt sich nicht sagen. Die Nachricht, daß man im 13. Jahrhundert in St. Michael im Lungau ein bajuwarisches Herzogsgrab gefunden haben wollte [5], ist zu vage, um daraus Schlüsse zu ziehen. Jedenfalls machte der unter awarischer Führung um 590 stattgefundene Slaweneinbruch, der aus Binnennorikum die romanische Bevölkerung verdrängte, solchen Versuchen ein rasches Ende. Vom heutigen Salzburger Gebiet wurde der Lungau slawisch, im steirischen Ennstal drangen sie bis etwa zur späteren salzburgisch-steirischen Grenze vor. Der Pongau aber und benachbarte Landstücke blieben als Grenzwald zwischen Baiern und Slawen nun erst recht menschenleer.

Der Salzburggau bildete also den südöstlichsten baierischen Siedlungsraum an der Grenze gegen die Slawenwelt. Dies mag auch die Ursache sein, daß um das Jahr 700 der rheinfränkische Bischof Hrodbert (St. Rupertus) auf dem Trümmerfeld Juvavums, das er sich von Herzog Theodo schenken ließ, das Kloster St. Peter gründete, das zumindest 738 zum Sitz eines Diözesanbischofs wurde. Damit beginnt die mittelalterliche Geschichte Salzburgs.

Schon der Bischof Rupert und laufend seine Nachfolger erhielten von den Baiernherzögen, später im steigenden Maße auch von den *liberi Baioarii* reichen Besitz vor allem im Salzburggau, aber auch in vielen anderen Gegenden Baierns, besonders im Isengau. Eine Schenkung ist dabei für die spätere Entwicklung von besonderer Wichtigkeit. Zur Zeit des hl. Rupert, also bald nach 700, zogen zwei Männer romanischer Abkunft in die Wildnis, um – gleich den Trappern der Indianergeschichten unserer Jugend – zu jagen und Gold zu waschen. An der Stelle des heutigen Bischofshofen im Pongau hatten sie wunderbare Lichterscheinungen, worauf Bischof Rupert dort dem alten norischen Heiligen Maximilian eine Kapelle mit einer Mönchszelle errichtet, die zunächst Pongau genannt wurde, und Herzog Theodbert dazu den Forst in drei Meilen Umkreis schenkte. Wir wollen hier die weitere um die Mitte des 8. Jahrhunderts zu verschiedenen Konflikten führende Geschichte dieser Gründung nicht verfolgen und nur erwähnen, daß in der Zwischenzeit die Zelle von einbrechenden Slawen zerstört wurde und daß Herzog Otilo die Grenzen der Waldschenkung noch beträchtlich erweiterte. Dieses große Forstgebiet wurde im Nordosten noch unter den Agilolfingern weiter vergrößert! Nach Osten hin, wo die Grenze offenbar unbestimmt war, von Salzburg in das Gebiet des Ennstales bis zur heutigen salzburgisch-steirischen Landesgrenze willkürlich ohne eigentlichen Rechtstitel ausgedehnt. Einen solchen schuf es sich erst mit der großen Fälschung von etwa 970, einer Urkunde König Arnulfs zu 890, dem sog. Arnulfinum. In diesem in der Folge durch Rodung – in besonderer Intensität allerdings erst vom 11. bis zum 13. Jahrhundert – besiedelten Raum konnte sich wegen der geschlossenen erzbischöflichen Grundherrschaft eine Grafengewalt niemals durch-

---

5) MG SS XVII, 360, Auctuarium Ekkehardi Altahense.

setzen noch Herrschaftsgebiete hochfreier Geschlechter bilden; alle Herrschaftsrechte blieben vielmehr stets in der Hand der Salzburger Kirche. Ein typischer Fall von Landeshoheit auf Grund von Forsthoheit, worüber Wilhelm Bosl namentlich im Hinblick auf das benachbarte Berchtesgaden gehandelt hat[6]. Recht deutlich wird uns der Gegensatz, wenn wir den angrenzenden Pinzgau betrachten, wo zwar Salzburg auch schon im 8. Jahrhundert Besitz erlangte, wo aber sich nicht nur Grafschaften bildeten, sondern wo auch eine ganze Anzahl gräflicher und hochfreier Familien Besitz hatten oder ansässig waren. Ähnlich im Lungau.

Wichtig war dies Geschehen aber auch deshalb, weil Salzburg damit entlang der Nord-Süd-Furche des Salzachtales in das Innere des Gebirges vorstieß und die Nordabdachung des wichtigsten von Salzburg nach Süden führenden Alpenquerweges, der Radstädter-Tauernstraße, in die Hand bekam.

Einige Worte über diese Straße: Die heutige Radstädter-Tauernstraße entspricht im wesentlichen einer Römerstraße, die ihrerseits natürlich einem vor- und frühgeschichtlichen Verkehrsweg[7] folgt. Vom Lungau aus wandte sie sich ursprünglich die Mur abwärts nach der binnennorischen Hauptstadt Virunum (Maria Saal), im Jahre 201 wurde aber eine nähere Trasse angelegt, die, bei Mauterndorf abzweigend, die Gurktaler Alpen über die Laußnitzhöhe östlich des heutigen Übergangs Katschberg überquerte und die Munizipalstadt Teurnia (St. Peter im Holz, bei Spittal in Oberkärnten) erreichte und über das Kanaltal, auch über den Plöckenpaß zum nordostitalienischen Emporium Aquileia führte. Diese Straße blieb auch im Frühmittelalter eine wichtige Verkehrslinie, trotzdem sie in ihrem Mittelteil von dem Slaweneinbruch überflutet wurde[8]. Hier am Südfuß wird auch im Jahr 1002 als erste inneralpine Zollstätte östlich von Chur Mauterndorf genannt. Auch im frühen Mittelalter scheint der Verkehrsweg vom Radstädter Tauern murabwärts gegen Unterkärnten zumindest bevorzugt worden zu sein. Dort entstand Anfang des 12. Jahrhunderts nach mehrfachen Verlegungen am Fuß der noch zu nennenden Feste Friesach die gleichnamige salzburgische Stadt, die – hier, wo ja auch die wichtige Semmeringstraße durchzog – im 12. und 13. Jahrhundert eine erstaunliche Blüte erreichte. Vom späteren 12. Jahrhundert an ist aber auch wieder die kürzere Strecke belegt, die aber nun nicht mehr wie zur Römerzeit über die Laußnitzhöhe, sondern über den Katschberg führte.

Neben der Hauptroute über den Radstädter Tauern wurden aber seit vorgeschichtlicher Zeit auch die übrigen Tauern begangen. Das Wort Tauern (nach Kranzmayer[9]

6) Forsthoheit als Grundlage der Landeshoheit in Bayern, Gymnasium und Wissenschaft, Festgabe z. 100-Jahr-Feier des Maximiliangymnasiums in München (1949), S. 1 ff.

7) Siehe dazu neuerdings J. WERNER, Bemerkungen zu norischem Trachtenzubehör und zu Fernhandelsbeziehungen der Latènezeit im Salzburger Land, Mitt. d. Ges. f. Salzb. Landeskunde 101 (1961), S. 143 ff.

8) H. KLEIN, Der Saumhandel über die Tauern, Mitt. d. Ges. f. Salzb. Landeskunde 90 (1950), S. 107 f.

9) Ortsnamenbuch von Kärnten I (1956), S. 21, II (1958), S. 220.

von idg. (s)Teur = Stier, groß, Berg) bezeichnete ursprünglich einen Gebirgsübergang (Hochpaß), erst seit dem 19. Jahrhundert die Gebirgskette der Hohen und Niederen Tauern, in der diese Bezeichnung für Übergänge hauptsächlich vorkam: Krimmler Tauern, Felber Tauern, Kalser Tauern, Rauriser Tauern, Naßfelder Tauern. Von diesen war der Rauriser Tauern, der auf der Kärntner Seite Heiligenbluter Tauern heißt und sich im Norden in die Rauriser und Fuscher Tauern teilt, der besuchteste. Im späteren Mittelalter führte über ihn eine ausgesprochene Parallelroute zum Radstädter Tauern für den Großverkehr, die sogenannte »obere Straße« im Gegensatz zur »unteren« über den Radstädter Tauern.

Was die allgemeine Bedeutung der Salzburger Alpenstrecke betrifft, so lag sie ausgesprochen auf dem Warenverkehr (mit Friaul und Venetien). Als Pilgerstraße nach Rom hatte sie keine Bedeutung und auch für die Italienzüge der deutschen Kaiser kam sie nicht in Frage. Nur Konrad III. überschritt den Radstädter Tauern 1149 auf der Rückkehr vom Kreuzzug und Friedrich I., als er 1170 nach der Niederwerfung des alexandrischen Erzbischofs von Salzburg Adalbert III. einen Umritt durch die Salzburger Besitzungen machte.

Nun aber zurück ins 8. Jahrhundert. In den 40er Jahren desselben riefen die Slawen des ehemaligen Binnennoricum, nun Karantanien genannt, Bajuwaren unter Herzog Otilo gegen die Awaren zu Hilfe, mit dem Erfolg, die vormalige awarische gegen eine baierische, später fränkische Oberhoheit einzutauschen [10]. Mit diesem Zeitpunkt begann zunächst tastend, dann systematischer die Christianisierung der Alpenslawen – Karantanier vom Zentrum Salzburg aus. 767 entsandte Bischof Virgil von Salzburg den Chorbischof Modestus dorthin, der in den zerstörten Römerstädten Virunum (Maria Saal) und Teurnia (St. Peter im Holz), sowie im steirischen Murtal kirchliche Zentren errichtete. Das war zunächst ein rein kirchliches Fußfassen Salzburgs in Kärnten. Ein herrschaftliches erfolgte erst, nachdem Salzburg inzwischen auf Veranlassung Karls des Großen zum Erzbistum erhoben und mit der Mission über Pannonien betraut worden war, unter den späteren Karolingern. Aus dem Jahre 860 ist uns die große Schenkungsurkunde König Ludwigs d. Dt. erhalten, mit der er der Salzburger Kirche auf Bitte des Erzbischofs Adalwin die *civitas Sabaria* (Steinamanger, Szombathely) schenkt, außerdem aber noch 24 *curtes* in Niederösterreich, Burgenland, Westungarn, Steiermark und Kärnten, die der Erzbischof bisher als *beneficia* von seiten des Königs oder anderer innegehabt hatte. Von den hier genannten Besitzungen im heutigen Kärnten sind manche später wieder durch Verlehnung oder auf andere Art verlorengegangen. Drei aber *ad Lubantam* (Lavant, um St. Andrä im Lavanttal), *ad Carantanam ecclesiam sancte Marie* (Maria Saal) und *ad Friesah* bildeten bis zum Reichsdeputationshauptschluß die Kerne des salzburgischen Besitzes in Unterkärnten. Eine nicht allzu große Vermehrung erhielt er nur 953 durch die Schenkung des Gutes

10) Dazu und zum folgenden E. KLEBEL, der Einbau Karantaniens in das ostfränkische und deutsche Reich, Carinthia I 150 (1960), S. 663 ff.

Krapfeld (um Althofen bei Friesach) durch Otto I. Der Besitzzuwachs Salzburgs in der
Ottonenzeit war also bescheiden, gemessen an den großen Vergabungen, die an Bamberg fielen (Villach-Kanaltal, wohl auch im oberen Lavanttal und im Lungau). Es hatte
sich's mit dem Herrscherhause seit der Beteiligung Erzbischof Herolds am Ludolfini-
schen Aufstand 953/55 etwas verdorben. Auch der gebefreudige Heinrich II. bedachte
wohl Salzburger Stifte, nicht aber unmittelbar den Erzbischof. 1002 erhielten von ihm
das Kloster Nonnberg und namentlich das Domkapitel reichen Besitz im Lungau,
letzteres besonders auch den Zoll von Mauterndorf und den ganzen Südhang des Radstädter Tauern.

Wenden wir uns aber einmal der Entwicklung Kärntens zu: Seit der Mitte des
8. Jahrhunderts sind slawische Herzoge von Karantanien nachweisbar, wobei unter
Karantanien nicht nur das heutige Kärnten, sondern auch Steiermark, Teile von Krain
und ein Stück Niederösterreichs (Mark Pütten-Wiener Neustadt) zu verstehen ist.
Wann und wie dieses zunächst unter baierischer, dann unter fränkischer Oberhoheit
stehende slawische Herzogtum sein Ende fand, ist nicht genau feststellbar. Die ver-
muteten Zeitansätze schwanken zwischen 817 und 828. Karantanien wurde jetzt zu
Bayern gezogen und einzelnen Grenzgrafen unterstellt. Trotzdem bildeten diese karantanischen Grafschaften eine gewisse Einheit, wie sie dann auch König Karlmann nach
876 seinem unehelichen Sohn Arnulf insgesamt übergab. Ein eigentliches Reichs-
herzogtum entstand aber erst wieder 976, als Otto II. nach dem Aufstand Herzog
Heinrichs II. von Bayern Karantanien von Bayern trennte und es einem Liutpoldin-
ger, Heinrich, als Herzog übergab. Es war nochmals das alte große Karantanien mit
der den Ungarn wieder abgenommenen Mittel- und Untersteiermark. Das hatte aber
keinen langen Bestand. Um 1000 wurde die Steiermark wieder Bayern unterstellt und
das neue Herzogtum Kärnten im wesentlichen auf das heutige Bundesland beschränkt.
Im Westen reichte es allerdings bis über die Lienzer Klause und die Dreiherrnspitze
(ungefähr das heutige Osttirol einschließend), weiters gehörte bis ins 15. Jahrhundert
das obere Murtal dazu, ursprünglich jedenfalls auch der heute salzburgische Lungau,
auch im Osten griff es in die frühere Untersteiermark (um Windischgrätz) hinein. Es
bestand ursprünglich im wesentlichen aus drei großen Grafschaften: Lurn im Westen,
Friesach in der Mitte und Jaun im Osten. Dazu kam der vormals friaulische Teil (Villach-Kanaltal) im Süden. Merkwürdigerweise spielte dieses Herzogtum Kärnten un-
verhältnismäßig lange – freilich öfter durch äußere Verhältnisse bedingt – die Rolle
eines Amtsherzogtums älteren Typs. In rascher Folge wechselten Herzoge aus den
Häusern der Salier (gelegentlich hatte der König bzw. Kaiser Heinrich III. das Herzogtum selbst inne), der Eppensteiner, Welfen, Lothringer, Zähringer. Erst ab 1077
gelang es den Eppensteinern eine Dynastie zu bilden, die aber schon 1122 erlosch,
worauf die ursprünglich aus Rheinfranken stammende Familie der Spanheimer folgte,
von denen eine Linie, die Grafen von Ortenburg (in Niederbayern, nicht zu verwech-
seln mit dem Kärntner Grafengeschlecht von Ortenburg bei Spittal), heute noch blüht.

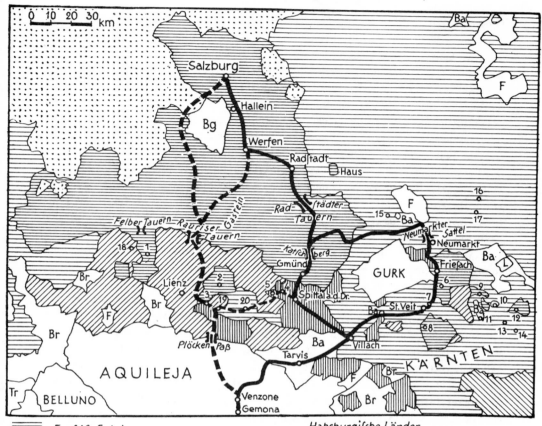

Erzstift Salzburg
Sonstige geistliche Gebiete
Ba Bamberg
Bg Berchtesgaden
Br Brixen
F Freising
L Lavant
Tr Trient

Habsburgische Länder
Bayrische Herzogtümer
Graffchaft Görz
Graffchaft Ortenburg
Graffchaft Cilli

obere Straße
untere Straße

Salzburger Besitzungen:
 1 Windisch-Matrei
 2 Stall
 3 Lengberg
 4 Feldsberg
 5 Sachsenburg
 6 Althofen
 7 Taggenbrunn

 8 Maria Saal
 9 Reisberg
10 St. Andrä
11 Lichtenberg
12 Stein
13 Löschental
14 Lavamünd
15 Bayersdorf

16 Bischofsfeld
17 Fohnsdorf

Andere Örtlichkeiten:
18 Virgen
19 Oberdrauburg
20 Greifenburg

Dieser vielfältige Wechsel und der Umstand, daß so lange landfremde, in Kärnten selbst nicht begüterte Persönlichkeiten die Herzogswürde innehatten, mag dazu beigetragen haben, daß die Stellung eines Landesfürsten dort immer eine relativ schwache blieb. Das spiegelt sich noch in den Verhältnissen des späteren Mittelalters wieder, wo der Raum von Kärnten viel mehr den territorial zersplitterten Gebieten Westdeutschlands ähnelt als den geschlossenen Territorien des Südostens (Österreich, Bayern) oder des deutschen Ostens im allgemeinen. Auf dem beigegebenen Kärtchen sieht man z. B., wie in Oberkärnten der Herzog noch im 15. Jahrhundert eine einzige Position hatte: Burg und Herrschaft Greifenburg, und diese scheint er erst Anfang des 13. Jahrhunderts erworben zu haben. Aber auch in Unterkärnten, wo das Zentrum des Kärntner Herzogtums seit jeher lag, ist er auch in dieser Spätzeit keineswegs der alleinige Herr. Unter diesen Umständen ist es nicht auffallend, daß der Herzog im Ringen um politische Vormacht mancherlei Konkurrenten hatte. Der vornehmste unter ihnen war der Erzbischof von Salzburg.

Bevor wir darauf eingehen, einiges über die Machtgrundlagen der geistlichen Fürstentümer in dieser Zeit. Seitdem im 10. Jahrhundert das alte militärische Aufgebotssystem der Grafschaften und Herzogtümer den Vasallenkontingenten der Großen gewichen war, stellten bekanntlich auch die Reichskirchen eine selbständige politische Macht dar, namentlich dann, wenn sie sich, wie das bei Salzburg der Fall war, einer Übermacht des Hauptvogts erfolgreich erwehren konnten. Die Machtgrundlage der Bistümer lag allerdings nicht wie in späteren Zeiten in einem Territorium, sondern den weit zerstreuten Einzelbesitzungen. Da es sich darum handelte, sich durch Verlehnung und Vergabung eine möglichst große Gefolgschaft ursprünglich freier Vasallen, später unfreier Ministerialen zu schaffen, war diese Streuung eher ein Vorteil als ein Nachteil. Zum Grundbesitz kam bei den Bischöfen ein zweites, das sie zeitweise einem Großteil der Laienherren überlegen machte: das ist ihr je nach Ausdehnung ihrer Diözese kleinerer oder größerer, immer aber ungeheurer Zehentbesitz. In Salzburg war es üblich, daß der Erzbischof $2/3$ des Zehent, $1/3$ der Pfarrer erhielt. Allerdings setzte Salzburg gerade im karantanischen Slawengebiet das volle kirchliche Zehentrecht erst im Zusammenhang mit der kirchlichen Reform des 11. Jahrhunderts durch; bis dahin hatte man sich dort seit der Missionierung mit bescheideneren Forderungen begnügt. Auch die Zehentrechte wurden verlehnt oder sonst veräußert, wie anderes Gut.

Zu einer selbständigen Ausübung ihrer Machtstellung unabhängig vom Reiche kamen die Reichskirchen im wesentlichen aber doch erst, als das ottonische Reichskirchensystem im Investiturstreit auseinanderfiel. Das sieht man in Salzburg ganz deutlich. Erzbischof Gebhard (1060/88) war von Anfang an einer der entschiedensten Anhänger der Reform und der Kurie, in Südostdeutschland fast der einzige unter den Großen. Unter diesen Umständen galt es, seine Stellung militärisch zu sichern und im Jahre 1077 baute er vorderhand wohl nur behelfsmäßig – der eigentliche Ausbau fand erst nach 1122 statt – drei starke Burgen, deren Lage ganz deutlich ihre Bezogenheit auf die Salzburger Alpenstraße zeigen, damals also schon das Rückgrat der salzburgischen Position: Hohensalzburg, Hohenwerfen und Friesach (Petersberg). Allerdings hatte ihre Anlage vielleicht ein ganz bestimmtes Ziel. Bekanntlich hatte die deutsche Fürstenopposition, darunter auch Gebhard, als König Heinrich IV. im Januar 1077 seinen Bußgang nach Canossa getan hatte, im März Rudolf von Rheinfelden zum Gegenkönig gewählt und beschlossen, die Alpen zu sperren, um Heinrich die Rückkehr nach Deutschland zu wehren. Der Burgenbau Gebhards mag sein Anteil an dieser Maßnahme gewesen sein. Trotzdem gelang es König Heinrich über Friaul, wo der Patriarch von Aquileia sein Anhänger war, und Kärnten, wo er von Italien aus Liutold von Eppenstein, den Gegner des bisherigen Herzogs Berthold von Zähringen, der zur Opposition gestoßen war, zum Herzog eingesetzt hatte, Bayern (Regensburg) zu gewinnen. Wenn wir nach dem Weg fragen, den der König von Kärnten nach Bayern nahm, so kann nur einer der Tauern des Pinzgaus in Frage kommen, da der Pinzgau damals noch nicht zum Salzburger Machtbereich gehörte. Wahrscheinlich der Rauriser Tauern, der niederste nach dem Radstädter, oder der Felber Tauern.

Kärnten blieb nun auf Jahrzehnte der Hauptschauplatz der mit wechselndem Erfolge geführten Kämpfe zwischen den Kaiserlichen und den Salzburger Gregorianern. Letzten Endes erwies sich Salzburg auf diesem lokalen Kriegsschauplatz als der Überlegene. Im Jahre 1121 geriet Konrad I. von Salzburg, damals freilich mit dem Kaiser bereits ausgesöhnt, mit dem letzten Eppensteiner Herzog Heinrich und seinem Bruder, dem Patriarchen Ulrich von Aquileia, wegen der Salzburger Besitzungen in Friaul, die im 11. Jahrhundert erworben worden waren – auch ein Zeichen des Salzburger Ausgreifens nach Süden, im 13. wurden sie aber wieder aufgegeben –, in Konflikt. Konrad erschien daraufhin mit so überlegener Macht in Kärnten, daß er Herzog Heinrich unter bewußt demütigenden Formen zur Kapitulation zwingen konnte.

Machtpolitische Bedeutung für Salzburg hatte auch – wenngleich kirchenpolitische Erwägungen im Vordergrunde standen – die Errichtung von Suffraganbistümern mit kleinen Diözesen auf Kärntner Boden, die in strengster Unterordnung unter dem Metropolitansitz verbleiben sollten (1072 Gurk, 1228 Lavant).

Kein Wunder, daß sich Salzburgs Stellung in Kärnten festigte, zumal da das nun 1122 neu auftretende Kärntner Herzogsgeschlecht der Spanheimer im ganzen auch mehr der päpstlichen Partei zuneigte und sich den Salzburger Expansionsbestrebungen gegenüber ziemlich passiv verhielt. Ein Symbol für die nun starke Stellung Salzburgs in Kärnten war die um 1125 von Konrad I. durchgeführte Verlegung des seinerzeit von Graf Wilhelm von Zeltschach gegenüber dem salzburgischen Hof gegründeten Markts an die Stelle des Hofes Friesach zu Füßen der genannten Burg. Er war vorher an das Bistum Gurk gefallen, das sich aber gegenüber den Herzogen nie recht durchzusetzen vermocht hatte. Diese neue, nun salzburgische Stadt Friesach erlangte schnell, wie schon erwähnt, eine hervorragende wirtschaftliche Bedeutung. Charakteristisch dafür ist der Wirkungsbereich des hier ab etwa 1130 von Salzburg geschlagenen Friesacher Pfennigs, der bis zur Mitte des 13. Jahrhunderts den ganzen altkarantanischen Raum und darüber hinaus Friaul und Ungarn umfaßte [11].

Nun gelang es Salzburg auch in Oberkärnten, wo es bisher kaum begütert war, sich festzusetzen. Dort waren bisher die Grafen des Lurngaus die herrschende Macht. Der letzte des alten Geschlechts, Bischof Altmann v. Trient, vermachte 1142 seine Stammburg Hohenburg bei Spittal mit Zubehör an Salzburg. Zu diesem Zubehör gehörte zweifellos die Burg Feldberg, die Nachfolgerin von Altenburg und das nahe Sachsenburg, sowie die letzterem angrenzende Herrschaft Lind, später Salzburger Lehen der Grafen von Tirol bzw. Görz. Höchstwahrscheinlich gehörte auch die große Herrschaft Gmünd dazu, der Nordteil (Rauhenkatsch) allerdings mag nach Moro [12] durch den Übertritt der Freien von Katsch in die salzburgische Ministerialität noch in der ersten Hälfte des 12. Jahrhunderts unter Salzburger Hoheit gekommen sein. Diese Erwerbung war für Salzburg von besonderer Wichtigkeit, weil sie ihm den Südhang der Katschbergstraße in die Hand gab, aber auch deswegen, weil sie mit dem dortigen Eisenvorkommen, zusammen mit denen des altsalzburgischen Hüttenberg, dem Erzbischof die wichtigsten Eisenproduktionsstätten in die Hand gab. Hatte das Kärntner Eisen auch nicht mehr dieselbe große Bedeutung wie in keltischer und römischer Zeit, von der namentlich die Ausgrabungen auf dem Magdalensberg laufend Zeugnis ablegen, so war es doch ein höchst wichtiges Exportgut für den Handel mit Italien.

Die weiteren Erwerbungen Salzburgs in Oberkärnten, wo nun die Grafen von Görz, die schon früher Grafschaftsrechte um Lienz hatten, an Stelle der Grafen von Lurn treten [13], daneben aber auch die Grafen von Ortenburg, die von Tirol und die von Lechsgemünd an Bedeutung gewinnen, fallen dann in die Zeit der beginnenden Territorialbildung. Der Erzbischof, der diese am meisten förderte, war Eberhard II. von Regensberg. Im Gegensatz zu seinen Vorgängern betont kaiserlich eingestellt, durch die reichen Gewinne des kurz vor ihm eröffneten Salzbergwerks Dürrnberg bei Hallein, das in unglaublich kurzer Zeit sich zur größten Saline des südlichen Mitteleuropa entwickelte, finanziell leistungsfähig, versuchte er während seiner langen Regierungszeit (1200–1246), das Zentrum seines Herrschaftsgebietes systematisch territorial abzurunden. Erleichtert wurde ihm dies durch das Aussterben der Grafengeschlechter von Lebenau und Plain, über deren Grafschaften im ehemaligen Salzburggau die Salzburger Kirche zu einem unbekannten Zeitpunkt die Lehensherrlichkeit erworben haben mußte. Nicht war dies der Fall im Pinzgau, wo die Grafschaftsrechte

---

11) A. Luschin / v. Ebengreuth, Friesacher Pfennige, (Wiener) Numismat-Zeitschr., Bd. 15/16 (1922/23).

12) G. Moro, Zur Geschichte des Lieser- u. Katschtales. Caranthia I, Bd. 136/138 (1948), S. 176 ff.

13) E. Klebel, Die Grafen von Görz als Landesherren in Oberkärnten, Carinthia I. Jahrgang 125 (1935).

vom Herzog von Bayern zu Lehen gingen; die Grafschaft Unterpinzgau hatten die Plainer, Oberpinzgau die Lechsgemünder inne. Beide erwarb Eberhard 1228 auf dem Tauschwege von Bayern, nachdem er schon 1207 die lechsgemündischen Herrschaften in Oberkärnten – wahrscheinlich auch der Grundbesitz im Oberpinzgau (Mittersill) – gekauft hatte. Es handelte sich um Windisch-Matrei, Lengberg und vielleicht auch Stall im Mölltal (wenn dieses nicht schon zum altmannischen Erbe gehört hatte). Damit griff Salzburg an einer zweiten Stelle (am Felber Tauern) unmittelbar über die Tauernkette über. Vorher schon, 1213, hatte sich der Erzbischof von König Friedrich II. die Reichsrechte im Lungau schenken lassen, wodurch er, wenn auch noch nicht den sofortigen Erwerb der dortigen Grafschaft, so doch die Anwartschaft darauf erreichte [14]. Damit war auch mit einer einzigen Ausnahme, der *Provincia* Gastein, die Anfang des 13. Jahrhunderts von den Grafen von Peilstein an die Herzöge von Bayern gefallen war, in breiter Front die Nordseite des Alpenhauptkammes erreicht. Immerhin gelang es ihm zweimal, die Gastein in Pfandbesitz zu bekommen (1218, 1241). Gekauft hat sie Salzburg erst 1297. Zur selben Zeit gelang es übrigens auch Eberhards Zeitgenossen, dem Kärntner Herzog Bernhard aus dem Hause Spanheim, den herzoglichen Besitz einigermaßen abzurunden, wenn er auch immer noch ein recht bescheidener blieb.

Nachdem Erzbischof Eberhard II. 1246 im Banne gestorben war, wurde Philipp, der jüngere, Sohn Herzog Bernhards von Kärnten, zu seinem Nachfolger gewählt. Er blieb stets nur »Erwählter«, denn er hatte nur die Subdiakonatsweihe. Zum Priester und zum Bischof sich weihen zu lassen, weigerte er sich immer, weil er darauf rechnen zu können glaubte, nach dem Tode seines kinderlosen Bruders Ulrich das Kärntner Herzogtum zu erben. Alles zerrann ihm schließlich zwischen den Fingern, das Erzbistum Salzburg, das Patriarchat Aquileia und das Herzogtum Kärnten. Als Pensionär des Hauses Habsburg starb er schließlich in Krems im Jahre 1279. Und doch war er ein hochbegabter Mensch, freilich zum Geistlichen nicht geschaffen, aber ein glänzender Soldat, und in seiner rücksichtslosen und verwegenen Art ein Mensch, der für die wirren Zeiten des österreichisch-steirischen und des deutschen Interregnums so recht eigentlich geschaffen war, sich durchzusetzen. Das Erzbistum Salzburg regierte er bis 1257 legal, bis 1263 illegal. Während dieser Zeit hat er zweifellos die territoriale Expansion des Erzstifts energisch weitergetrieben, wenn auch schließlich durch sein persönliches Scheitern das meiste wieder verlorenging, und den salzburgischen Aspirationen hat er auf lange Zeit die Wege gewiesen. Endgültig festgesetzt hat Salzburg – wenigstens nach der Hypothese Ernst Klebels – nach dem Aussterben der Babenberger sich unter ihm im Lungau und auch die Grafschaft Ennstal, über die Salzburg alte lehensherrliche Rechte hatte, zog er fürs erste ein. Vor allem erschien sich ihm aber die Gelegenheit zu bieten, die zerstreuten Salzburger Besitzungen in Oberkärnten

14) E. KLEBEL, Der Lungau, Eine hist.-pol. Untersuchung, Salzburg 1960.

zu einem geschlossenen Herrschaftsgebiet zu vereinigen und eventuell bis an die Pforten Italiens vorzustoßen. Die Notwendigkeit, in Kärnten einzugreifen, ergab sich, als 1252 Graf Albert II. von Tirol und sein Schwiegersohn und präsumtiver Erbe Graf Meinhard von Görz kriegerisch gegen Bernhard von Kärnten vorgingen. Während sie aber Greifenburg, die einzige Feste des Kärntner Herzogs in Oberkärnten, belagerten, eilte Philipp seinem Vater zu Hilfe und schlug die Görz-Tiroler vor dieser Burg in blutiger Schlacht (Johann von Viktring erzählt später, Philipp hätte sich damals absichtlich die Hände mit Menschenblut befleckt, um weiterer Weihen unfähig zu werden). Der alte Graf Albert von Tirol und zahlreiche seiner Leute gerieten in Gefangenschaft. Seine Lösung ließ sich der Erwählte Philipp teuer bezahlen. Graf Albert mußte im Frieden von Lieserhofen Virgen und Oberdrauburg abtreten und das salzburgische Lehen Lind zu Pfand stellen. Ebenso mußte Graf Meinhard, um seinen Schwiegervater zu lösen, fast allen seinen Besitz im Drau- und Mölltal an Salzburg verpfänden, einschließlich der Burg von Lienz. Wäre es Salzburg gelungen, diese Neuerwerbungen zu halten und noch weiter auszubauen, hätte es schließlich fast der alleinige Herr in Oberkärnten werden müssen. Es hätte schließlich wohl auch den Zugang zu den Pforten der italienischen Ebene erreicht, wenn auch nicht beim bambergischen Villach und im Kanaltal, so doch vielleicht am Plöckenpaß, und wäre somit zu einem richtigen alpinen Paßland geworden wie etwa Savoyen-Piemont, die Schweiz und Tirol.

Dazu sollte es aber nicht kommen. Die Erwerbungen Philipps gingen durch seine eigene Schuld verloren. Da er, wie erwähnt, die Weihen nicht nehmen wollte, setzte ihn 1257 der Papst ab. Er verteidigte sich zwar, unterstützt von seinem Bruder Ulrich, seit 1256 Herzog von Kärnten, und seinem Vetter Przemisl Ottokar von Böhmen noch lange Zeit, mußte aber 1263 doch weichen und verzichtete 1267 endgültig auf den Salzburger Bischofssitz. In diesen Kämpfen waren die Eroberungen wieder verlorengegangen, wenn auch Salzburg erst 1292 und 1298 endgültig auf die Errungenschaften des Lieserhofener Friedens verzichtete. Übrig blieb schließlich nur die wenig bedeutungsvolle Lehensabhängigkeit von Lind und Oberdrauburg, die sogar noch Kaiserin Maria Theresia 1755 von Salzburg zu Lehen nahm[15].

In seinem Testament vermachte übrigens Philipp der Salzburger Kirche als Entschädigung für die Schäden, die er ihr zugefügt hatte, aus seinen Erbgütern das mehrfach genannte Schloß Greifenburg. Das wäre wieder eine vortreffliche Ergänzung des Salzburger Besitzes in Oberkärnten gewesen, wenn die Verfügungen des Titularherzoges von Kärnten von irgendeiner Wirkung gewesen wären. Auch sein Bruder Ulrich hatte sich vor seinem 1264 erfolgten Tod zu einer Wiedergutmachung bequemt. Er hatte dem Erzstift die Stadt St. Veit, Markt und Burg Klagenfurt und die Burg St. Georgen im Jauntale geschenkt und sie von ihm unter der Bedingung wieder zu Lehen genommen, daß sie nach seinem söhnelosen Tod an Salzburg zurückfielen. Als dieser

15) M. WUTTE, Ein Salzburgischer Lehenstreit. Carinthia I, Bd. 101 (1911), S. 18 ff.

aber eintrat, bemächtigte sich König Przemisl Ottokar, bereits Herr von Österreich und Steiermark, auf Grund eines mit Ulrich geschlossenen Vertrages auch Kärntens, die Ansprüche Philipps achtlos beiseite schiebend, ebenso natürlich die Salzburgs.

Mit dem Umsichgreifen Przemisl Ottokars kam Salzburg erstmals in den Bannkreis eines übermächtigen Nachbarn. Ein Zustand, der sich auch später nicht mehr ändern sollte und Salzburger Expansionsbestrebungen ein Ziel setzten, wenn man sich dessen auch nicht gleich bewußt wurde. Gegen das beängstigende Übergewicht des Böhmenkönigs suchte sich Erzbischof Friedrich II. von Walchen (1270–1284) dadurch zur Wehr zu setzen, daß er eifrigster Vorkämpfer des neuen Königs Rudolf wurde. Er kam dabei freilich in große Bedrängnis, als dieser zu lange zögerte, in Österreich zu erscheinen. 1275 stürzte sich Ottokar auf die salzburgischen Besitzungen und zerstörte die Stadt Friesach. Die erste der drei Verwüstungen, die die Stadt im letzten Viertel des 13. Jahrhunderts über sich ergehen lassen mußte und die ihre Blüte für immer brachen.

Die Przemislidengefahr ging mit der Schlacht auf dem Marchfeld zu Ende. Für Salzburg veränderten sich dadurch aber die Verhältnisse wenig. 1282 verlieh bekanntlich König Rudolf Österreich und Steiermark seinen Söhnen. Gerne hätte er auch Kärnten seinem Hause verschafft, mußte jedoch seinen Bundesgenossen Grafen Meinhard II. von Tirol damit belehnen (1286). Es war dies der Sohn des Grafen Meinhard IV. von Görz, Enkel und Erbe des Grafen Albert II. von Tirol, die wir als die Besiegten von Greifenburg kennenlernten. Meinhard und sein Bruder Albert teilten sich ihr großes Erbe so, daß Albert den alten Görzer Besitz und das tirolische Pustertal erhielt, Meinhard aber Tirol, wozu jetzt Kärnten kam. Mußte Salzburg schon diese Machtvermehrung der Meinhardiner unangenehm sein, so sollte ihm die Festsetzung der Habsburger in den Ostalpen, wozu es doch so viel beigetragen hatte, noch viel gefährlicher werden. Es nützte nichts, daß das Domkapitel nach dem Tode des Erzbischofs Friedrich 1284 den langjährigen Kanzler König Rudolfs, Rudolf von Hohenegg, zu dessen Nachfolger wählte. 1289 brach namentlich über die seit Philipps Zeiten ungeklärten Hoheitsverhältnisse im Ennstal der Krieg aus, der Beginn einer Reihe von wilden Kriegen, die sich auch unter Erzbischof Konrad IV. von Fohnsdorf (1291 bis 1312) fortsetzen, der schließlich froh sein mußte, mit Herzog Albrecht, als sich dieser zum deutschen Thronstreit rüstete, 1297 zu einem glimpflichen Frieden zu gelangen. Seit diesem Wiener Frieden blieb Salzburg mit Österreich bis auf wenige Ausnahmen für immer eng verbündet, mußte aber natürlich alle seine Aspirationen in dieser Richtung begraben. Im Süden ging es nicht viel anders. Zwei Kriege, die Erzbischof Konrad mit Kärnten-Tirol 1292 und 1307 führte, blieben ohne praktischen Erfolg. Immerhin gelangen ihm dort noch zwei kleine aber günstig gelegene Erwerbungen: 1300 bzw. 1310 Lavamünd und Löschental am Ausgang des Lavanttales und 1318 Neumarkt am Neumarkter Sattel. Aber auch mit diesem Ausbau im kleinen hatte es sein Ende, als im Jahre 1335 das Herzogtum Kärnten an die Habsburger fiel.

Für diese bedeutete Kärnten den ersten Pfeiler der Landbrücke zwischen ihrem Herrschaftsbereich in den Ostalpen und ihren schwäbisch-schweizerischen Erblanden. Mit der Erwerbung Tirols 1363 und der Festsetzung in Vorarlberg 1375 wurde sie im wesentlichen vollendet.

Das einzige größere Hindernis auf dieser Brücke war hier im Osten der oberkärntnerische Block von Kleinterritorien: Görz, Ortenburg, Salzburg, Bamberg. Daß er einmal fallen mußte, war offensichtlich. Vorderhand aber war er verkehrspolitisch für Salzburg recht günstig und gewissermaßen ein Ersatz für den nicht gelungenen salzburgischen Paßstaat, denn beide Straßenzüge (die obere und die untere Straße) führten durch die Gebiete von Herren, die nur an diesen allein interessiert waren. Habsburg hatte hier ja nur nach wie vor das abseitige Greifenburg inne. Einmal freilich, 1350 bis 1365, hatte es auch gerade am südlichen Endpunkt dieser Straßen Fuß gefaßt, als es vorübergehend Venzone-Peuscheldorf erworben hatte. Es ist charakteristisch, daß Herzog Rudolf IV., als er gerade damals (1363) auch Tirol erwarb, dem Dogen von Venedig stolz schreiben konnte: Er habe nun alle Straßen zwischen Italien und Deutschland in der Hand.

Bevor wir aber auf die allmähliche Aufsaugung dieses Blockes im 15. und 16. Jahrhundert eingehen, ist ein kurzes Wort über die inzwischen eingetretene Verschiebung der Machtgrundlagen der Fürsten einzuschieben. Wir haben vorhin davon gesprochen, daß bis zum 12. Jahrhundert die Möglichkeit ausschlaggebend war, durch Vergabungen sich eine ausgedehnte Vasallität zu schaffen. Im 13. Jahrhundert, als die alten Bande der Ministerialität und des Lehenwesens sich lösten und an dessen Stelle mehr oder minder das Soldwesen trat, kam es auf reiche finanzielle Einkünfte, sei es aus Grundherrschaft, Zöllen, Bergwerken usw. an. Bald genügte das aber nicht mehr, und die Fürsten waren immer mehr genötigt, die Steuerkraft und die sonstige Mitarbeit der Bewohner ihrer neuentstandenen Territorien heranzuziehen. Im 13. Jahrhundert lösten sich ja auch die letzten Reste der Personalverbände des alten Reiches, die Herzogtümer und Markgrafschaften vollständig auf und an ihre Stelle traten aus Herrschaftsrechten unterschiedlichster Herkunft sich bildende Territorien. Dabei waren natürlich die reinen Neuschöpfungen, wie, um bei den heutigen österreichischen Bundesländern zu bleiben, Tirol, Salzburg und Vorarlberg im Nachteil gegenüber denen, die an ältere Einheiten anknüpfen konnten, wie Österreich, Steiermark, Kärnten und, um über den österreichischen Umkreis wieder hinauszugehen, Bayern. Von all diesen Territorialherren war das junge brutal handfest zugreifende Geschlecht der Habsburger entschieden das erfolgreichste. In Österreich und Steiermark gelang es ihnen bald, den Rahmen der alten Verbände auch mit den jüngeren Landesherrschaften auszufüllen. Etwas weniger glücklich waren die Wittelsbacher in Bayern, obwohl das geradezu epidemische Aussterben der alten Grafengeschlechter zu Beginn des 13. Jahrhunderts ihnen sehr zu Hilfe kam. Das sehen wir besonders im Falle Salzburg: Hier ist der weitaus größte Teil des späteren neuen Stiftslandes auf bayerischem Boden entstanden,

nur der kleinere Teil – vom heutigen Bundeslande nur der Lungau – auf altkärnt-
nerischem.

Dieses neue Land Salzburg tritt uns, wenn auch nicht dem Namen nach, zuerst im
Jahre 1327 entgegen, als wir erstmals von Landständen hören, bzw. von einer von den
Ständen bewilligten Steuer und im Jahre darauf der Erzbischof eine Art Landesord-
nung erläßt. Die Grenzen zwischen dem engeren Lande Salzburg und den von Salzburg
zwar ebenfalls immer als reichsunmittelbar betrachteten Außenherrschaften waren noch
lange schwankend, besonders in Kärnten, wo ja auch die habsburgischen Herzöge zunächst noch eine sehr schwache Stellung hatten. Erst im 15. Jahrhundert griff hier
Herzog Ernst der Eiserne (1386–1424) und sein Sohn, der spätere Kaiser Friedrich III.,
energisch ein. So sollte auch der Erzbischof von Salzburg gezwungen werden, auf den
Landtagen Kärntens und Steiermarks zu erscheinen und damit die Landesherr-
lichkeit der Habsburger anerkennen. 1458 sah sich der Erzbischof gezwungen, diese
und andere Ansprüche durch Hingabe der letzten Erwerbungen (Neumarkt, Lavamünd, Löschental sowie Arnfels in Untersteier) Friedrich III. abzukaufen. Zugleich
war dies das erste Abbröckeln des Salzburger Besitzes.

Den Habsburgern war aber inzwischen hier ein gefährlicherer Konkurrent erwachsen, als Salzburg das war. Die südsteirischen Grafen von Cilli (ursprünglich Freie von
Saneck, erst 1341 gegraft) waren mächtig in die Höhe gekommen, hatten sich in Untersteiermark, Krain, Kroatien und Slawonien starke Machtpositionen geschaffen,
selbst nach Bosnien übergegriffen und waren durch die Gunst Kaiser Sigismunds, der
eine Cillierin zur Gattin hatte, noch höher gestiegen (1436 wurden sie Reichsfürsten).
Im Jahre 1418 hatten sie die Oberkärnter Ortenburger aufgeerbt und hatten damit auch
in Kärnten festen Fuß gefaßt [16]. Aber rascher noch als das Steigen der Cillier war ihr
Ende. 1456 wurde der letzte des Stammes, der am Hofe König Ladislaus' von Ungarn
allmächtige Graf Ulrich, von der ungarischen Adelspartei in Belgrad ermordet. Im Streit
um sein Erbe traten eine ganze Reihe von Bewerbern auf den Plan, darunter in bezug auf
die Grafschaft Ortenburg auch die Grafen von Görz. Schließlich bemächtigte sich aber
Kaiser Friedrich, der den Feldhauptmann der Cillier, Jan Witowez, auf seine Seite brachte,
des Ganzen und ließ 1460 durch diesen die Görzer nicht nur aus dem Ortenburgischen
hinauswerfen, sondern ihnen auch ihre alten Stammlande im Osten der Lienzer Klause
ohne jeden Rechtsgrund abnehmen (Frieden von Pussarnitz). 1462 gewannen die
Görzer wenigstens ihre alte Residenzstadt Lienz wieder zurück. Das übrige blieb aber
verloren. Die nunmehrige Westgrenze des habsburgischen Gebietes ist bis heute die
Kärntner/Tiroler Grenze geblieben, da König Maximilian, als 1500 das Haus Görz
ausstarb, den Restbesitz nicht zu Kärnten, sondern zu Tirol schlug. Das habsburgische
Gebiet lag jetzt schwer über den beiden Routen der Salzburger Italienstraße.

16) Über die Folgen dieses Ereignisses für den Salzburger Italienhandel. H. KLEIN, Kaiser
Sigismunds Handelssperre gegen Venedig und die Salzburger Alpenstraße, Aus Verfassungs-
und Landesgeschichte. Festschrift für Theodor Mayer, Bd. II/1955, S. 317 ff.

Salzburg war jetzt die einzig nennenswerte Macht neben dem Hause Österreich, die südlich der Tauern überblieb, da Bamberg wegen seiner weiten Entfernung kaum zählte. Es war nur eine Frage der Zeit, wann auch an das Erzstift die Reihe kommen sollte. Die Gelegenheit hierzu schien der sogenannte Ungarische Krieg zu bieten. Zu ihm kam es, als 1478 der Kaiser dem Salzburger Erzbischof Berhard von Rohr ein halbes Abdankungsversprechen abgerungen hatte, um das Erzstift seinem Günstling, dem aus Ungarn entflohenen Erzbischof von Gran, Johann Beckenschlager, zuzuspielen. Als Bernhard sein Versprechen unter dem Druck seines Domkapitels und seiner Landstände wieder zurückzog, griff der Kaiser die Salzburger Besitzungen an, Bernhard warf sich daraufhin dem König von Ungarn, Matthias Corvinus, in die Arme und nahm ungarische Truppen in die salzburgischen Festen in Steiermark, Kärnten und im Lungau auf. Der Krieg dauerte durch Jahre, Steiermark, Kärnten und den Lungau zusammen mit sich wiederholenden Türkeneinfällen furchtbar verwüstend, und hörte auch nicht auf, als Bernhard 1482 klein beigab und zugunsten Johann Beckenschlagers wirklich abdankte. Der Kaiser und Ungarn kämpften sozusagen über der Leiche Salzburgs weiter. Der Krieg nahm erst ein Ende, als der Corvine 1490 starb. Die Ungarn zogen daraufhin aus dem Lungau, Friesach, Althofen und Hüttenberg ab, die sie wieder an Salzburg übergaben. Alles übrige an Salzburger Besitz in Kärnten und Steiermark blieb auch jetzt in österreichischen Händen. Erst Maximilian ließ sich herbei, die steirisch-kärnterischen Besitzungen Salzburgs mit Ausnahme von Gmünd in Kärnten, Pettau und Rann in Steiermark gegen eine schwere Ablösungssumme auszuliefern und verkaufte später (1502) auch Gmünd, aber mit Vorbehalt eines Rückkaufrechtes, an das Erzstift zurück. Damit war äußerlich der Salzburger Besitzstand in Kärnten wieder hergestellt. In Wirklichkeit aber gelangte Salzburg nie mehr wieder in den Besitz der Hoheitsrechte über sie, wenn es diesen Zustand auch erst in einer zweiten Schwächeperiode – nach den Bauernkriegen – in einem Vertrag mit König Ferdinand von 1535 – offiziell anerkannte. Im letztgenannten Jahr verzichtete auch Bamberg auf seine Hoheitsrechte. Die übrigen geistlichen Gebiete hatten sie, soweit sie solche überhaupt besaßen, schon früher verloren.

Hinsichtlich der Herrschaft Gmünd, die vor dem Ungarischen Krieg immer zum engeren Lande des Erzstifts gezählt hatte, wollte Salzburg auch nach 1535, obwohl es damals den Katschberg als Kärntner Landesgrenze anerkannt hatte, nicht gleich nachgeben. Vertreter der Stadt und der Gerichtsgemeinde Gmünd erschienen noch weiterhin auf den Salzburger Landtagen, bis im Jahre 1555 Österreich von seinem Rückkaufsrechte Gebrauch machte.

Damit hatte Salzburg seinen letzten Halt jenseits des Alpenhauptkamms verloren. Nur im Westen verblieb ihm ein kleiner Appendix in der Herrschaft Windischmatrei und der winzigen Enklave Lengberg. Es ist recht charakteristisch, daß Salzburg hier die Landeshoheit bis zuletzt, wenn auch nicht ganz unangefochten, erhalten konnte, im Gegensatz zu den Herrschaften in Kärnten und Steiermark, obwohl die Rechtsgrundlage seines Besitzes genau dieselbe war. Ja sogar eine schlechtere, denn in Windischmatrei besaß es im Gegensatz zu den meisten Kärntner Besitzungen nicht einmal die volle Blutgerichtsbarkeit. Dasselbe gilt für das Zillertal. Die Sache war eben doch so, daß sich im Falle Windischmatrei weder Görz noch später Tirol, selbst junge Länder, auf die Zugehörigkeit zu alten überherrschaftlichen Verbänden berufen konnten, während die Habsburger es verstanden, dem Landesbegriff der alten Herzogtümer Österreich, Steiermark und Kärnten auch in der Zeit der jüngeren Territorialentwicklung neues Leben einzuhauchen.

Die geänderten Verhältnisse südlich der Tauern machten sich bald auch hinsichtlich der Tauernstraße bemerkbar. Schon 1554 errichtete König Ferdinand bei Kremsbrücken südlich des Katschbergs eine neue Maut mit sehr hohen Zollsätzen, die dazu bestimmt war, die Konkurrenz der Radstädter Tauernstraße mit den österreichischen Alpenstraßen einzuschränken. Sie war letzten Endes die Ursache, daß der Verkehr hier in der Folge weitgehend zum Erliegen kam.

Es ist die Frage, ob diese Abschnürung der uralten Nord-Süd-Linie schließlich nicht Kärnten noch mehr geschadet hat als Salzburg. Jedenfalls ist es auffallend, wie sehr Kärnten im 17. und 18. Jahrhundert wirtschaftlich und kulturell in den Schatten tritt. Heute ist Kärnten zwar unter den österreichischen Ländern das reichste an Denkmalen der Romanik und Gotik. Die große Kulturwelle des Barocks, die doch alle Lande bajuwarischen Stammes so intensiv umgestaltete, hat Kärnten nur ganz unwesentlich berührt.

Die Burgen im deutschen Sprachraum

Ihre rechts- und verfassungsgeschichtliche Bedeutung

1976. Band XIX, 1, 2 der Reihe »Vorträge und Forschungen«, hg. vom Konstanzer Arbeitskreis für mittelalterliche Geschichte. 2 Teilbände mit 1082 Seiten, 182 Abbildungen und 2 Faltplänen in Kartentasche. 17 x 24 cm. Leinen.

Inhalt: H. Beumann: Vorwort; F. Arens: Die Datierung staufischer Pfalzen und Burgen am Mittelrhein mit Hilfe des Stilvergleichs; F. Arens: Staufische Pfalz- und Burgkapellen; K. S. Bader: Burghofstatt und Herrschaftseigen. Ländliche Nutzungsformen im herrschaftlichen Bereich; F. Benninghoven: Die Burgen als Grundpfeiler des spätmittelalterlichen Wehrwesens im preußisch-livländischen Deutschordensstaat; O. P. Clavadetscher: Die Burgen im mittelalterlichen Rätien; H. Dopsch: Burgenbau und Burgenpolitik des Erzstiftes Salzburg im Mittelalter; H. Ebner: Die Burg als Forschungsproblem mittelalterlicher Verfassungsgeschichte; R. Endres: Zur Burgenverfassung in Franken; P. Fried: Hochadelige und landesherrlich-wittelsbachische Burgenpolitik im hoch- und spätmittelalterlichen Bayern; W. Hübener: Die frühmittelalterlichen Wehranlagen in Südwestdeutschland nach archäologischen Quellen; H. Jankuhn: Die sächsischen Burgen der karolingischen Zeit; W. Janssen: Burg und Territorium am Niederrhein im späten Mittelalter;. M. Last: Burgen des 11. und frühen 12. Jahrhunderts in Niedersachsen; H. van Lengen: Der mittelalterliche Wehrbau im ostfriesischen Küstenraum; U. Lewald: Burg, Kloster, Stift; H.-M. Maurer: Rechtsverhältnisse der hochmittelalterlichen Adelsburg vornehmlich in Südwestdeutschland; H. Maurer: Die Rolle der Burg in der hochmittelalterlichen Verfassungsgeschichte der Landschaften zwischen Bodensee und Schwarzwald; M. Mitterauer: Burg und Adel in den österreichischen Ländern; J. Naendrup-Reimann: Weltliche und kirchliche Rechtsverhältnisse der mittelalterlichen Burgkapellen; H. Patze: Rechts- und verfassungsgeschichtliche Bedeutung der Burgen in Niedersachsen; H. Patze: Burgen in Verfassung und Recht des deutschen Sprachraumes; F. Rapp: Zur Geschichte der Burgen im Elsaß mit besonderer Berücksichtigung der Ganerbschaften und der Burgfrieden; M. Schaab: Geographische und topographische Elemente der mittelalterlichen Burgenverfassung nach oberrheinischen Beispielen; F. Schwind: Zur Verfassung und Bedeutung der Reichsburgen, vornehmlich im 12. und 13. Jahrhundert; A. Verhulst: Die gräfliche Burgenverfassung in Flandern im Hochmittelalter; P. Wiesinger: Die Funktion der Burg und der Stadt in der mittelhochdeutschen Epik um 1200; H. Patze: Zusammenfassung.

Jan Thorbecke Verlag Sigmaringen